Wolfgang W. Schüler
Klaus Richter

Bibliografie
Lauftherapie

3333
Publikationen
zum gesundheitsorientierten Laufen
aus fünf Jahrzehnten

Bibliografische Information der Deutschen Nationalbibliothek
Die Deutsche Nationalbibliothek verzeichnet diese Publikation in der Deutschen Nationalbibliografie; detaillierte bibliografische Daten sind im Internet über http://dnb.d-nb.de abrufbar.

Wolfgang W. Schüler & Klaus Richter
Bibliografie Lauftherapie
3333 Publikationen zum gesundheitsorientierten Laufen aus fünf Jahrzehnten

Hamburg: tredition GmbH 2015

ISBN: 978-3-7323-6002-4 (Paperback)
ISBN: 978-3-7323-6003-1 (Hardcover)

1. Auflage 2015

Titelfoto: Torsten Schubert, © Klaus Richter
Umschlaggestaltung: Wolfgang W. Schüler, Klaus Richter, Michael Schulte
Layout & Satz: Michael Schulte

Wichtiger Hinweis
Die Zusammenstellung und Überprüfung der in diesem Buch zusammengetragenen Angaben erfolgte nach bestem Wissen und mit größtmöglicher Sorgfalt. Einzelne eDokumente können inzwischen wieder aus dem Netz entfernt worden sein, sodass ein direkter Zugriff per Link nicht mehr möglich ist.

Vorwort

Gesundheit ist Gabe und Aufgabe. Die Aufgabe fordert den gesundheitsbewusst handelnden Menschen.

Wir wissen: Gesundheit stellt sich nicht bewegungslos ein; Gesundheit braucht Bewegung. Ein ebenso einfaches wie wirkungsvolles Rezept lautet: Laufe! Wer regelmäßig läuft, lange und langsam, fördert seine Gesundheit, stärkt Körper und Geist. Ebenso können Krankheitsverlauf und Rehabilitation günstig beeinflusst werden.

Wenn in der Vergangenheit von den Gesundheitswirkungen des Dauerlaufens gesprochen wurde, dann geschah dies fast immer im Hinblick auf körperliche Beeinträchtigungen und Erkrankungen. Erst in den letzten Jahrzehnten rückte die seelisch wirksame Seite stärker in den Fokus. Inzwischen haben beide im Gesundheitssektor ihren Platz gefunden, und zwar in pädagogischen, medizinischen sowie psychotherapeutischen Einrichtungen und Verwendungszusammenhängen. Ebenso wird langsames Laufen – bis zu einem gewissen Grad der Beeinträchtigung – auch als Mittel der Selbstbehandlung empfohlen.

Laufen als Therapie verdankt seine Anerkennung und Legitimation zahlreichen wissenschaftlichen Studien, national und international. Daneben finden sich auch viele gut belegte Erfahrungsberichte, die manches Forschungsinteresse erst geweckt haben und wecken. Schließlich hat zur Verbreitung der Lauftherapie in Deutschland entscheidend beigetragen, dass sie lehr- und lernbar geworden ist.

Der Kenntnisstand zum und die Anwendung des gesundheitsorientierten und therapeutischen Laufens in den für ihre Entwicklung entscheidenden letzten 50 Jahren spiegeln sich in der vorliegenden deutschsprachigen Bibliografie wider. Sie umfasst 3.333 Titel einer in ihrer quantitativen Fülle kaum mehr zu überblickenden Literatur – Primär-, Sekundär- und Tertiärquellen, solche, die sich ganz, teil- oder bezugsweise mit dem gesundheitsbezogenen Laufen beschäftigen, aber auch Grenzen und Kontraindikationen nicht vernachlässigen.

Der thematische Bogen spannt sich von phänomenologischen und empirischen Erkenntnissen sowie Entdeckern und Wegbereitern über Theorieverständnisse, Konzeptionen und Praxen hin zu im Feld tätigen Organisationen und Ausbildungsinstituten. Im Anhang finden sich Hausarbeiten, die im Rahmen von Weiterbildungen zum/zur Lauftherapeuten/in erstellt wurden.

Erfasst wurden sowohl Print- als auch Online-Medien, ergänzt um Filmmaterial. Die Zusammenstellung der Titel ist alphabetisch. Beiträge ohne Nennung von Autoren gehen mit dem Titel voran. Genannte Daten am Ende der Online-Medien verweisen auf den Tag ihrer Einstellung ins Netz.

Wir hoffen, mit der „Bibliografie Lauftherapie" zur Dokumentation der Entwicklung des gesundheitsorientierten Laufens beitragen, zur weiteren Rezeption anregen und Arbeitshilfen für Praxis, Lehre und Forschung geben zu können.

Wolfgang W. Schüler M.A.
Wiesbaden

Klaus Richter, Doctor of Theology (Unisa)
Menden (Sauerland)

AAKEN, E. v. (1969): Die Dauerfunktion der biologischen Oxydation als Krebsprophylaxe. Waldniel

AAKEN, E. v. (1971): Statistischer Beweis einer möglichen Krebsprophylaxe durch jahrelange vermehrte Dauerfunktion der biologischen Oxydation mit Ausblick auf die letzte Ursache der Krebserkrankung. Waldniel

AAKEN, E. v. (1973): Programmiert für 100 Lebensjahre. Wege zur Gesundheit und Leistungsfähigkeit. Celle

AAKEN, E. v. (1974): Die Dauerbewegung als Voraussetzung der Gesundheit (Beiträge zur Gesundheitsvorsorge, Bd. 4). Düsseldorf

AAKEN, E. v. (1977): Die schonungslose Therapie – Ein Gesundheitsbrevier. Celle

AAKEN, E. v. (1977): Das Lauftraining des Anfängers. In: SPIRIDON, 3. Jg., H. 6, Beilage: Rundbrief Nr. 6, S. 131

AAKEN, E. v. (1977): Krebsentstehung und seine relative Verhütung durch vermehrten Sauerstofftransport. In: BIOLOGISCHE MEDIZIN, 6. Jg., S. 491-501

AAKEN, E. v. (1978): Ärzte verunsichern Langläufer und Trimm-Traber. In: CONDITION, 9. Jg., H. 4, S. 20-21

AAKEN, E. v. (1978): Ärzte verunsichern unsere Langläufer. In: SPIRIDON, H. 5, S. 24-25

AAKEN, E. v. (1979): Zivilisationskrankheiten und ihre Verhütung. Krebs und Herzinfarkt müssen nicht sein. Celle

AAKEN, E. v. (1979): Die Ausdauer des Kindes. Tatsachenberichte, Dokumente, Kritik zur medizinischen, pädagogischen und offiziellen Leichtathletikmeinung zum Kinder-Langlauf in den letzten 25 Jahren. Hilden

AAKEN, E. v. (1980): Langlauf – ein natürliches Therapeutikum. In: SPIRIDON, H. 1, S. 15-17

AAKEN, E. v. (1980): Was müssen Ärzte vom Jogging wissen? In: SPIRIDON, H. 3, S. 40

AAKEN, E. v. (1980): Gibt es Gegenindikationen zum „sauerstoffreichen" Langlauf und wann nicht? In: ACTA CARDIOLOGICA, 18-19, S. 89-119

AAKEN, E. v. (1982): Laßt die Krebszellen doch leben! In: SPIRIDON, H. 1, S. 11

AAKEN, E. v. (1982): Ist das Krebsproblem nicht schon längst gelöst? Düsseldorf

AAKEN, E. v. (1984): Krebsvorbeugung und Heilung durch Jogging und gesundes Leben. Aachen

AAKEN, E. v. (1984): Alternativ-Medizin durch Ausdauer. Düsseldorf

AAKEN, E. v. (1984): Das van Aaken Lauflehrbuch. Aachen

AAKEN, E. v. (1984): Grundsätze der schonungslosen Therapie: Dauerlaufen als Alternativ-Medizin. In: WEBER, A. (Hrsg.), Gesundheit und Wohlbefinden durch regelmäßiges Laufen. Paderborn, S. 55-62

AAKEN, E. v. & STEFFNY, M. (1979): Laufen. Länger leben durch Jogging. Bern

AAKEN, E. v. & ARDENNE, M. v. (1985): Lieber Herr van Aaken, lieber, verehrter Professor von Ardenne. Ein Briefwechsel. In: CONDITION, 16. Jg., H. 3, S. 25-27

AAKEN, E. v. & LENNARTZ, K. (1985): Das Laufbuch der Frau. Aachen

AAKEN, W. v. (o. J.): Dr. Ernst van Aaken. In: http://www.dr-van-aaken.com/index.htm

ABEL-WANEK, U. & SCHNEIDER, H. (2013): Sport und Down-Syndrom: Ich kann laufen so wie du. [Interview mit Prof. Holm Schneider, Universitäts-Kinder-und-Jugendklinik Erlangen] In: PHARMAZEUTISCHE ZEITUNG, Ausg. 3; http://www.pharmazeutische-zeitung.de/index.php?id=44800

ABELE, A. & BREHM, W. (1984): Laufe, staune, gute Laune. In: PSYCHOLOGIE HEUTE, 11. Jg., H. 3, S. 42-45

ABELE, A. & BREHM, W. (1984): Befindlichkeitsveränderungen im Sport. Hypothesen, Modellbildung und empirische Befunde. In: SPORTWISSENSCHAFT, 14. Jg., H. 3, S. 252-275, hier S. 255-256

ABELE, A. & BREHM, W. (1985): Laufe, staune, gute Laune. In: REDAKTION PSYCHOLOGIE HEUTE (Hrsg.): Die Körper, die wir sind. Mit Leib und Seele leben. Weinheim, Kap. 16

ABELE, A. & BREHM, W. (1990): Sportliche Aktivität als gesundheitsbezogenes Handeln. In: SCHWARZER, R. (Hrsg.): Gesundheitspsychologie. Göttingen, S. 131-150

ABELE, A. & BREHM, W. (1994): Welcher Sport für welche Stimmung? Differentielle Effekte von Fitness- versus Spielsportaktivitäten auf das aktuelle Befinden. In: NITSCH, J. R. & SEILER, R. (Hrsg.): Gesundheitssport – Bewegungstherapie. Health Sport – Movement Therapy. (Bewegung und Sport. Psychologische Grundlagen und Wirkungen, Bd. 4) Sankt Augustin, S. 133-149

Abnehmen: Laufen oder doch Walken? (2013) In: http://www.hdsports.at/laufsport/174-training/6886-abnehmen-laufen-oder-walken (23.10.2013)

ABRELL, A. (2015): Kampf gegen Orangenhaut. Das wichtigste Mittel bei Cellulite ist Sport. In: WIESBADENER KURIER, 71. Jg., Nr. 143 (24.06.2015), S. 24

Abspecken durch Sport! (2004) In: SPIRIDON, 30. Jg., H. 4, S. 60

„ACHILLES, A." (2010): Laufen schützt vor Schlaganfall (Studien). In: http://www.achim-achilles.de/lauf-tipps/studien/1950-laufen-schuetzt-vor-schlaganfall.html (17.06.2010)

„ACHILLES, A." (2010): Laufen macht Knochen stark (Studien). In: http://www.achim-achilles.de/lauf-tipps/studien/2025-laufen-macht-knochen-stark.html (18.06.2010)

„ACHILLES, A." (2010): Den Depressionen davonlaufen (Studien). In: http://www.achim-achilles.de/lauf-tipps/studien/1907-den-depressionen-davonlaufen.html (21.06.2010)

„ACHILLES, A." (2010): Ist ein Marathon gefährlich? (Studien) In: http://www.achim-achilles.de/lauf-tipps/studien/1989-ist-ein-marathon-gefaehrlich.html (01.07.2010)

„ACHILLES, A." (2010): Laufen macht auch im Bett hart (Studien). In: http://www.achim-achilles.de/lauf-tipps/studien/16245-laufen-macht-auch-im-bett-hart-laeufer-haben-besseren-sex.html (15.11.2010)

„ACHILLES, A." (2014): Abnehmen durch Laufen: Fünf Fitness-Irrtümer. In: http://www.spiegel.de/gesundheit/ernaehrung/abnehmen-durch-laufen-fuenf-fitness-irrtuemer-a-951872.html (06.02.2014)

„ACHILLES, A." & DIMEO, F. (2007): Achilles' Laufberater: Training, Idealgewicht, Gesundheit, Motivation. Antworten auf alle Läuferfragen. Die Laufkolumne bei SPIEGELONLINE. Hamburg

8 Tipps: So macht Laufen glücklich (2015). In: https://www.laufen.de/wie-laufen-gluecklich-macht (24.07.2015)

„80.000 können nicht irren" [Interview mit Dr. Thomas Rüther zur Erhebung über den Gesundheitszustand der Teilnehmer bei deutschen Laufveranstaltungen] (2014). In: http://www.germanroadraces.de/24-0-39015-80000-koennen-nicht-irren.htm

ADERHOLD, L. (2012): Wie viel Laufen ist gesund? In: http://www.germanroadraces.de/24-0-27950-wie-viel-laufen-ist-gesund-dr-dr.html

ADERHOLD, L. (2012): Laufen - eine Volkskrankheit? In: http://www.germanroadraces.de/24-0-29312-laufen-eine-volkskrankheit-dr-dr-med.html

ADERHOLD, L. (2012): Essstörungen und Laufsport. In: http://www.germanroadraces.de/24-0-30317-essstoerungen-und-laufsport-dr-dr-med.html

ADERHOLD, L. (2012): Warum Laufen? - Vom Wohlstandssyndrom zur Fitness. In: http://www.germanroadraces.de/24-0-30596-warum-laufen-vom-wohlstandssyndrom-zur.html

ADERHOLD, L. (2012): Sport zur Prävention und Therapie von Krebserkrankungen. In: http://www.germanroadraces.de/24-0-31714-sport-zur-praevention-und-therapie-von-krebserkrankungen.html

ADERHOLD, L. (2012): Risiken und präventive Aspekte des Langstreckenlaufs. In: http://www.germanroadraces.de/24-0-32532-risiken-und-praeventive-aspekte-des-langstreckenlaufs-.html

ADERHOLD, L. (2013): Endorphine, Runners High, Flow und Trance. In: http://www.germanroadraces.de/24-0-32815-endorphine-runners-high-flow-und-trance-.html

ADERHOLD, L. (2013): Psychische Störungen und Lauftherapie - Wechselwirkung zwischen Körper und Geist. In: http://www.germanroadraces.de/24-0-35796-psychische-stoerungen-und-lauftherapie-wechselwirkung-zwischen.html

ADERHOLD, L. (2013): Psychische Aspekte des Langstreckenlaufs. In: http://www.germanroadraces.de/24-0-36921-psychische-aspekte-des-langstreckenlaufs-dr-dr.html

ADERHOLD, L. (2014): Diabetes mellitus und Laufsport. In: http://www.germanroadraces.de/24-0-40035-diabetes-mellitus-und-laufsport--dr-dr.html (09.09.2014)

ADERHOLD, L. (2014): Immunsystem und Sport. In: http://www.germanroadraces.de/24-0-40268-immunsystem-und-sport--dr-dr-med.html (04.10.2014)

ADERHOLD, L. (2014): Gegenanzeigen für Lauftraining und Wettkämpfe. In: http://www.germanroadraces.de/24-0-40604-gegenanzeigen-fuer-lauftraining-und-wettkaempfe--dr.html (03.11.2014)

ADERHOLD, L. (2015): Diäten – Abnehmen funktioniert am besten mit Sport. In: https://www.germanroadraces.de/24-0-41211-diaeten--abnehmen-funktioniert-am-besten-mit.html (04.01.2015)

ADERHOLD, L. (2015): Sport in den Wechseljahren. In: https://www.germanroadraces.de/24-0-41620-sport-in-den-wechseljahren--dr-dr.html (10.02.2015)

ADERHOLD, L. (2015): Lauftraining für Kinder und Jugendliche. In: https://www.germanroadraces.de/24-0-42814-lauftraining-fuer-kinder-und-jugendliche--dr.html (06.06.2015)

ADERHOLD, L. & WEIGELT, S. (2012): Laufen! ... durchstarten und dabeibleiben - vom Einsteiger bis zum Ultraläufer. Stuttgart

ADLER, M. (1992): Wenn das Laufen mißbraucht wird. In: PSYCHO, 18. Jg., H. 4, S. 284-290

ADOLPH, H. (1981): Sport mit geistig Behinderten. Ein didaktisch-methodisches Gesamtkonzept mit praktischen Lehr- und Übungsbeispielen. (Reihe „Sport: Lehren – Unterrichten – Trainieren, Bd. 1) Bad Homburg, S. 79-96; https://kobra.bibliothek.uni-kassel.de/bitstream/urn:nbn:de:hebis:34-2009042027058/1/AdolphSportMitGeistigBehinderten.pdf

AHRENS, P. (1993): Räume des Lauftherapiezentrums mit Offener Tür eingeweiht: Laufen als Erziehungswert. „Die Seele im Knie hervorlocken". In: DLZ-RUNDSCHAU, Ausg. 10, S. 10

AIGNER, A. (1999): Laufen und Gehen/Walken in der Therapie unterschiedlicher Erkrankungen des Herzkreislaufsystems. In: ÖSTERREICHISCHES JOURNAL FÜR SPORTMEDIZIN, 29. Jg., H. 1-2, S. 47-51

AIGNER, T., MAURITSCH-BEIN, B. & PETERMANDL, W. (2002): Laufen. Texte, Übersetzungen, Kommentar. (Quellendokumentation zur Gymnastik und Agonistik im Altertum, Bd. 7) Wien

ALBERS, R. (1996): Ärzte entwickeln Sport- und Psychoprogramme: Erfolg durch Fitneß. Schneller denken, weniger Streß, mehr Power im Job. In: FOCUS, H. 17, S. 162-170

ALBRECHT, K. (2009): Positiv laufen. Die Initiative 42km Plus – Laufen mit HIV. In: CONDITION, H. 11, S. 24-25

ALEXANDRIDIS, J. & HEIMBECK, A. (2012): Ausdauertraining bei Depression. [Präsentation] Tagung Prien. In: http://www.forschung-bw.de/VersFZwief/AKBewegungstherapie/Tagung%20Prien%202012/HeimbeckAlex%20Ausdauertraining%20bei%20Depression%20Prien.ppt

ALFERMANN, D. & STOLL, O. (1996): Befindlichkeitsveränderungen nach sportlicher Aktivität. In: SPORTWISSENSCHAFT, 26. Jg., S. 406-424

ALFERMANN, D. & STOLL, O. (1997): Sport in der Primärprävention: Langfristige Auswirkungen auf psychische Gesundheit. In: ZEITSCHRIFT FÜR GESUNDHEITSPSYCHOLOGIE, 5. Jg., H. 2, S. 91-108

ALLESCH, L. v. (1980): Persönlichkeitsprofil von Langstreckenläufern mit besonderer Berücksichtigung von 100-km-Läufern. Staatsexamensarbeit, Münster

ALLESCH, L. v., JUNG, K. & BRESCH, H. (1980): Persönlichkeitsprofil von Langstreckenläufern. Eine Untersuchung beim 100-km-Lauf. In: CONDITION, 11. Jg., H. 5, S. 7-9

ALLGAIER, G. (2005): „Der Chemo ein Schnippchen laufen". In: SPIRIDON, 31.Jg., H. 7, S. 16

ALLMER, H. (1998): Stress und seelische Belastung. In: BÖS, K. & BREHM, W. (Hrsg.): Gesundheitssport. Ein Handbuch. (Beiträge zur Lehre und Forschung im Sport, Bd. 120) Schorndorf, S. 279-288

Altes Märchen: Der Fettverbrennungs-Mythos (2011). In: http://www.runnersworld.de/ernaehrung/der-fettverbrennungs-mythos.66405.htm (17.12.2011)

ALTMEYER, Y. (2006): Argumente gegen die Couch. Gesundheitliche Aspekte des Laufsports. In: RUNNING SPECIAL, H.3 , S. 62-63

ALTENBERGER, H.; WEITL, M.-D.; WÖRLE, A. (1994): Hinführung zu selbständigem Dauerlaufen. In: BECKER, U. (Hrsg.): Leichtathletik im Lebenslauf. Bericht vom Breitensport-Kongreß des Deutschen Leichtathletik-Verbandes vom 23. bis 25. Oktober 1992 in Mainz. (Edition Leichtathletik, Bd. 8) Aachen, S. 407-410

ALTENBERGER, H.; WEITL, M.-D.; WÖRLE, A. (1994): Dauerlaufen und Gesundheitsförderung. Entwicklung, Durchführung und Auswertung eines Laufprogramms mit Anfängern und Wiedereinsteigern. In: ALTENBERGER, H. (Hrsg.): Sport – Umwelt – Lebenshilfe. Ausgewählte sportwissenschaftliche und sportpädagogische Beiträge. München

ALTMEYER, Y. (2006): Argumente gegen die Couch. Gesundheitliche Aspekte des Laufsports. In: RUNNING SPECIAL, H. 3, S. 62-63

Alt werden – jung bleiben (2002). In: APOTHEKEN UMSCHAU, H. A12 (02.12.2002), S. 18-26

ALZHEIMER FORSCHUNG INITIATIVE E. V. ((2013): Alzheimer vorbeugen. In: https://www.alzheimer-forschung.de/alzheimer-krankheit/vorbeugen.htm (17.09.2013)

Am Unterrichtsbeginn eine „Sauerstoffdusche". Start der Aktion „5 vor": Kurz vor acht Uhr machen sich die Grundschüler in Stadt und Kreis mit einem Dauerlauf fit (1999). In: FRÄNKISCHE LANDESZEITUNG, 15.03.1999.

AMBOS, M. (2015): Laufen für Anfängerinnen und Anfänger. In: http://www.woman.at/a/laufen-anfaenger-tipps (27.03.2015)

AMMENWERTH, R. (1990): Vom Nutzen und Schaden des langsamen Dauerlaufes für den Bewegungsapparat. In: WEBER, A. (Hrsg.): Bewegung braucht der Mensch. Langsamer Dauerlauf als Vehikel für gesünderes Leben? Erkrath, S. 65-74

AMMENWERTH, R. (1993): Protokoll des ersten Kommunikativen Brainstorming der DLZ-Dozenten. Tagungsort: Schlengerhof Paderborn-Schloß Neuhaus am 17. April 1993. In: DLZ-RUNDSCHAU, Ausg. 10, S. 12-16

AMMENWERTH, R. (1994): Anmerkungen zu: Marathon-Therapie. Ein Lehrer animiert Behinderte, aus der Isolation herauszulaufen. In: DLZ-RUNDSCHAU, Ausg. 11, S. 9

AMMENWERTH, R. (1995): Lauftherapie bei Arthrose und praktische Einführung in verschiedene Lauftechniken (Dauerlauf, Jogging, Walking). In: DLZ-RUNDSCHAU, Ausg. 13, S. 29-33

AMMENWERTH, R. (1995): Laufen und Erkrankungen des Bewegungsapparates. In: DLZ-RUNDSCHAU, Ausg. 14, S. 31-35

AMMENWERTH, R. (1996): Lauftherapie aus der Sicht des Orthopäden. (Vortrag zur Eröffnung von Kurs VI – Aus- und Weiterbildung zum Lauftherapeuten/DLZ, 19.04.1996, Bad Lippspringe. Vervielfältigtes Manuskript

AMMENWERTH, R. (1998): Körper – Haltung und Laufen. In: DLZ-RUNDSCHAU, Ausg. 20, S. 9-10

AMMENWERTH, R. (1999): Indikationen zur Lauftherapie aus orthopädischer Sicht. In: WEBER, A. (Hrsg.): Hilf dir selbst: Laufe! Das Paderborner Modell der Lauftherapie und andere Konzepte für langfristig gesundes und erfolgreiches Laufen. Paderborn, S. 193-204

AMMENWERTH, R. (2001): Lauftherapie bei orthopädischen Erkrankungen. In: DLZ-RUNDSCHAU, Ausg. 25, S. 62

AMMENWERTH, R. (2001): Leserbrief zu „Manuelle Medizin und Sport: Laufen, Joggen". In: MANUELLE MEDIZIN UND OSTEOPATHISCHE MEDIZIN, H. 1, S. 43-44

AMMENWERTH, R. (2012): Das DLZ – das originäre Werk Alexander Webers. In: SCHÜLER, W. W. (Hrsg.): Laufende Begegnungen. Berlin, S. 35-45

Anamnesebogen Lauftherapie (o. J.). In: http://www.berliner-laufmasche.de/media/Verschiedene%20PDFs/Anamnese.pdf

ANDERS, H. (2015): Für immer schlank durch Laufen. In: RUNNER'S WORLD, H. 5, S. 22-26

ANDRESSEN, B. M. & MÜNCH, F. (2007): Aktiv und fit nach dem Herzinfarkt. München

AOK / STÜTZEL, W. (1992): Laufen bis zum Umfallen? Der Marathon-Wahnsinn. In: BLEIB GESUND, Das AOK Magazin, H. 3, S. 3-5, 12

AOK PFORZHEIM & JUNG, K. (1981): Laufen für die Gesundheit. Ein Interview. In: CONDITION, 12. Jg., H. 2, S. 22-23

APOTHEKEN UMSCHAU (2008 / 2011): Video: Sport gegen Bluthochdruck. (Fragen an Dr. Thomas Wessinghage) In: http://www.apotheken-umschau.de/Bluthochdruck/Video-So-hilft-Sport-gegen-Bluthochdruck-46684.html

APPLEGATE, L. (2000): Die optimale Kombination. In: RUNNER'S WORLD, H. 12, S. 12-13

ARBEITSGEMEINSCHAFT ALLERGIEKRANKES KIND (Hrsg.) (1991): Sport und Asthma. Herborn

ARBEITSKREIS LEBEN FREIBURG / STICH, W. (o. J.): Laufen mit Depressionen – Laufen gegen Depressionen. In: http://www.akl-freiburg.de/freilaufen

Arbeitsloser gründet Lauftreff für Arbeitslose. Marathonmann Michael Preuß rennt gegen depressive Stimmung an (2009). In: http://www.braunschweiger-zeitung.de/lokales/Peine/arbeitsloser-gruendet-lauftreff-fuer-arbeitslose-id214833.html (06.01.2009)

ARDENNE, M. v. (1980): Täglich 30 Minuten Puls 110. In: SPIRIDON, H. 8, S. 22-23

ARMBRUSTER, B. (2014): Krebs: Marathon trotz Chemotherapie. In: http://www.zeit.de/wissen/gesundheit/2014-04/krebs-sport-marathon (15.04.2014)

ARNDT, H. A. (1992). Spielend laufen. Kinderlanglauf – eine langfristige Lifetime-Sport-Initiative. CONDITION, 23 Jg., H. 6, S. 28-29

ARNDT, K.-H. (1994): Pro Ausdauerlauf. In: BECKER, U. (Hrsg.): Leichtathletik im Lebenslauf. Bericht vom Breitensport-Kongreß des Deutschen Leichtathletik-Verbandes vom 23. bis 25. Oktober 1992 in Mainz. (Edition Leichtathletik, Bd. 8) Aachen, S. 332-333

ARNDT, K.-H. (Hrsg.) (1998): Sportmedizin in der ärztlichen Praxis. Heidelberg, Leipzig, S. 133-173

ARNDT, S. (2014): Den Depressionen davonlaufen? Auswirkung von Ausdauertraining auf den seelischen Zustand. In: http://www.joggen-online.de/blog/den-depressionen-davonlaufen.html (10.06.2014)

ARNDT, S. (2015): Joggen in Maßen statt in Massen. In: http://www.joggen-online.de/blog/joggen-in-massen-statt-in-massen.html (04.02.2015)

ASCHWER, H. (2001): Senioren Lauf- und Ausdauersport kennt keine Altersgrenzen. In: CONDITION, 32. Jg., H. 4, S. 14-16

ASCHWER, H. (2001): Psychische Aspekte einer ausdauersportlichen Betätigung – oder: Die psychischen Vorzüge eines regelmäßigen Ausdauertrainings. In: CONDITION, 32. Jg., H. 5, S. 26-27

ASCHWER, H. (2001): Lauf- und Ausdauersport ist eine echte Herausforderung. Motive für den Lauf- und Ausdauersport von Senioren/Masters. In: CONDITION, 32. Jg., H. 6, S. 16-17

ASHE, V. (2010): Das Laufen ist des Zölis Lust. Laufen für Anfänger: Ein Erfahrungsbericht. (Fit mit Zöliakie) In: DZG AKTUELL, (Deutsche Zöliakie-Gesellschaft), H. 4, S. 33-34

ASICS (o. J.): Reasons to run. Die ASICS-Studie zu den Beweggründen von Läufern. In: http://www.asics.de/running/Wissen/reasons-to-run/

Auch Lauftempo ist egal: Kurze Läufe bringen genauso viel wie langes Joggen (2014). In: FOCUS ONLINE, http://www.focus.de/gesundheit/gesundleben/fitness/laufen/auch-lauftempo-ist-egal-kurze-laeufe-bringen-genauso-viel-wie-langes-joggen_id_4022560.html (29.07.2014)

AUER, F. (1976): Stress dich gesund. Das neue Fitness-Training zur Überwindung von Stress und anderen Zivilisationskrankheiten. München

AUER, J. (2010): Der Körperführerschein. Lerne, was der Körper braucht, damit du von ihm nehmen kannst, was du brauchst. Hamburg, S. 119-138

AUERBACH, K. & ISRAEL, S. (1988): Antworten auf Leserfragen: Führen Ausdauerbelastungen zur Gewichtsabnahme bei übergewichtigen Kindern und Jugendlichen? In: KÖRPERERZIEHUNG, 38. Jg., H. 5, S. 199

Ausbildung zum Spirituellen Lauf-Coach in der Steiermark. Kurzlehrgang der Diözesansportgemeinschaft Steiermark wird angeboten (2008). In: http://www.kleinezeitung.at/freizeit/aktivwellness/laufen/1386061/index.do (14.07.2008)

Ausdauersport hilft bei Potenzproblemen (2010-2011). In: CONDITION, H. 12-01, S. 6

Ausdauersport hilft gegen Migräne (o. J.). In: http://www.alles-ueber-migraene.de/ausdauersport-gegen-migrane/

Ausdauersport stärkt die Krebsabwehr (2012). In: http://www.runnersworld.de/gesundheit/ausdauersport-staerkt-die-krebsabwehr.284080.htm (23.11.2012)

Ausdauersport stärkt Herz und Kreislauf (Fit durch den Alltag) (o. J.). In: http://www.gesundheit.com/gc_detail_2_a20110111.html

Ausdauersport steigert das Konzentrationsvermögen [Studie] (2009). In: RUNNER'S WORLD, H. 7, S. 14

Ausgeglichenheit durch Sport (o. J.). In: http://www.fid-gesundheitswissen.de/sportmedizin/laufen-und-joggen/laufen-und-joggen-ausgeglichenheit-durch-sport/

AUSTE, N. (1993): Mit Ausdauertraining durchs Jahr. 100 Programme für Fitneßbewußte. München

AUTONOME PROVINZ BOZEN – SÜDTIROL / Abteilung 23: Gesundheitswesen (Hrsg.) (2009): Psychische Gesundheit – was ist das? Bozen, S. 7; http://www.provinz.bz.it/gesundheitswesen/download/Psychische_Gesundheit_3._Auflage.pd f

AUTORENKOLLEKTIV / WIKOWSKI, R. (Red.) (1980): Ausdauerleistungsfähigkeit im Schulsport. Sportmedizinische und sportmethodische Begründung der physischen Ausdauerentwicklung. Berlin (DDR)

BACHL, N., SCHWARZ, W. & ZEIBIG, J. (2007): Aktiv ins Alter – Mit richtiger Bewegung jung bleiben. Wien

BACHMANN, H.-D. (1990): Modell der Betreuung von Herzinfarktrisikopatienten unter Einbeziehung eines Lauftrainings innerhalb der hausärztlichen Versorgung. In: ZEITSCHRIFT FÜR KLINISCHE MEDIZIN, 45. Jg., Nr. 17, S. 1559-1561

BACHMANN, G. (1996): Meine Pirmasenser ... In: DLZ-RUNDSCHAU, Ausg. 15, S. 13-15

BACHMANN, K. (2001): Wie viel Sport der Mensch braucht. In: GEO, Nr. 8, S. 66-92

BACHMANN, K. (2014): Jeder Schritt zählt. In: GEO, H. 5, S. 136-138

Bad Lippspringe: Laufzentrum feiert Jubiläum. 25. Ausbildungskurs für Lauftherapeuten eröffnet (2015). In: NEUE WESTFÄLISCHE, http://www.nw.de/lokal/kreis_paderborn/bad_lippspringe/bad_lippspringe/20455281_Laufzen trum-feiert-Jubilaeum.html (10.05.2015)

BAENKLER, H.-W. (Hrsg.) (1996): Immunologie und Sport. Deisenhofen

BÄR, K.-J. (2015): Sporttherapie bei kognitiven Störungen. In: MARKSER, V. Z. & BÄR, K.-J. (Hrsg.): Sport- und Bewegungstherapie bei seelischen Erkrankungen. Forschungsstand und Praxisempfehlungen. Stuttgart, 165-187

BÄSSLER, R. (1988): Ausdauerlauf und Wohlbefinden bei Schülern. In: SPORTUNTERRICHT, 37. Jg., H. 9, S. 334-343

BÄSSLER, R. (1991): Ausdauerlauf verschafft Wohlbefinden. Ergebnisse einer Analyse der physischen und psychischen Auswirkungen des Ausdauerlaufs bei Schülern. In: LEIBESÜBUNGEN – LEIBESERZIEHUNG, 45. Jg., H. 5, S. 3-9

BÄSSLER, R. (1995): Befindlichkeitsveränderungen durch Sporttreiben. In: SPORTWISSENSCHAFT, 25. Jg., H. 3, S. 245-264

BÄUMLER, G. & ENGELHARDT, B. (1987): Stimmungswirkungen von Sport bei der Therapie von psychosomatischen Störungen. In: BÄUMLER, G. & BRENGELMANN, J. C. (Hrsg.): Verhalten und Verhaltensmodifikation im Sport. (Texte aus der Wissenschaft, 2) München, S. 197-208

BAJAA, B., VÖLZKE, C., WACHSMUTH, N. & SCHMIDT, W. (2011): Einfluss eines 10-wöchigen Ausdauer- und Krafttrainings auf die totale Hämoglobinmenge. Abstract. In: DEUTSCHE ZEITSCHRIFT FÜR SPORTMEDIZIN, 62. Jg., H. 7-8; http://www.zeitschrift-sportmedizin.de/fileadmin/content/archiv2011/heft07_08/online_78_2011/24_abstract_don_v orm_65_96.pdf

BAMBERGER, C. M. (2006): Besser leben – länger leben. 10 gesunde Jahre mehr sind machbar. Das individuelle Präventionsprogramm. München, S. 67-71

BANDELOW, B., WILTINK, J., ALPERS, G. W. et al. (2014): Deutsche S3-Leitlinie Behandlung von Angststörungen. (Stand 15.04.2014). In: https://www.dgppn.de/fileadmin/user_upload/_medien/download/pdf/kurzversion-leitlinien/S3-LL_Lang_Angstst%C3%B6rungen_2014.pdf, S. 102-103

BANDELOW, B., LICHTE, T., RUDOLF, S., WILTINK, J. & BEUTEL, M. E. (2014): Klinische Leitlinie: Diagnostik und Therapieempfehlungen bei Angststörungen. In: DEUTSCHES ÄRZTEBLATT, 111. Jg., H. 27-28 (7. Juli 2014), S. 473-480: 476; http://www.aerzteblatt.de/pdf/111/27/m473.pdf

BAR-OR, O. (1989): Belastungsuntersuchungen und Trainingsprogramme bei Kindern. In: SKINNER, J. S. (Hrsg.): Rezepte für Sport- und Bewegungstherapie. Belastungsuntersuchungen und Aufstellung von Trainingsprogrammen beim Gesunden und Kranken. Köln, S. 75-94

Barbara Matheis kurbelt die Lauftherapie in Pirmasens an (2001). In: DLZ-RUNDSCHAU, H. 26, S. 12

BARTECK, O. (1998): Fitness Manual. Köln, S. 159-161, 178-183

BARTEL, W. (1977): Die Bedeutung unterschiedlicher wöchentlicher Trainingshäufigkeit bei definierter Reizintensität und –dauer für die Entwicklung der physischen Leistungsfähigkeit. In: MEDIZIN UND SPORT, 17. Jg., H. 1, S. 18-27

BARTEL, W. (1977): Die Wirksamkeit eines wöchentlich einmal durchgeführten Trainings auf ausgewählte Parameter der körperlichen Leistungsfähigkeit. In: WISSENSCHAFTLICHE ZEITSCHRIFT DER DEUTSCHEN HOCHSCHULE FÜR KÖRPERKULTUR LEIPZIG, 18. Jg., H. 2, S. 109-120

BARTEL, W. (1979): Ausgewählte Probleme der Trainingsgestaltung im Freizeit- und Erholungssport der Werktätigen unter dem Aspekt der Betonung des Ausdauerlaufs. In: THEORIE UND PRAXIS DER KÖRPERKULTUR, 28. Jg., H. 1, S. 55-57

BARTENS, W. (2011): Glücksmedizin. Was wirklich wirkt. München

BARTENS, W. (2012): Laufen: Mythen auf Schritt und Tritt. (Der Nächste bitte). In: http://www.sueddeutsche.de/gesundheit/der-naechste-bitte-mythen-rund-ums-laufen-1.1343724 (30.04.2012)

BARTH, C. & ECKARDT, R. (2014): Krankheit des Vergessens [Interview]. In: BLICK IN DIE KIRCHE, Magazin (Hrsg.: Ev. Kirche von Kurhessen-Waldeck), Mai, S. 12; http://www.ekkw.de/blick-in-die-kirche/magazin/bonus_15302.htm

BARTMANN, R. H. (2002): Kardiovaskuläre Sekundärprävention durch Teilnahme an einer ambulanten Herzsportgruppe – Phase-III-Rehabilitation. Dissertation, Hohe Medizinische Fakultät, Ruhr-Universität Bochum, S. 33; http://www-brs.ub.ruhr-uni-bochum.de/netahtml/HSS/Diss/BartmannRalfHeinrich/diss.pdf

BARTMANN, U. (1989): Lauftherapie bei Krankenpflegepersonal. Eine empirische Studie. Heidelberg

BARTMANN, U. (1989): Lauftherapie. In: SUCHTREPORT, H. 1, S. 40-41

BARTMANN, U. (1989): Laufen – ein Mittel gegen Angst? In: DIE SCHWESTER / DER PFLEGER, 28. Jg., H. 9, S. 762-763

BARTMANN, U. (1989): Laufen als Therapie. (Die Auswirkungen des Joggens auf Schlaf und Schlafstörungen.) In: SPORT SPECIAL. Running/Marathon/Triathlon, 10. Jg., H. 9-10, S. 6-7

BARTMANN, U. (1989): Laufen als Therapie. (Die Auswirkungen des Joggens auf Streß und Streßbewältigung.) In: SPORT SPECIAL, 10. Jg., H. 11-12, S. 28-29

BARTMANN, U. (1990): Laufen als Therapie. (Die Auswirkungen des Joggens auf das Selbstwertgefühl.) In: SPORT SPECIAL, 11. Jg., H. 4, S. 6-7

BARTMANN, U. (1990): Laufen – eine Hilfe gegen die psychische Belastung im Krankenpflegeberuf. 1. Teil. In: DIE SCHWESTER / DER PFLEGER, 29. Jg., H. 4, S. 316-318

BARTMANN, U. (1990): Laufen – eine Hilfe gegen die psychische Belastung im Krankenpflegeberuf. 2. Teil. In: DIE SCHWESTER / DER PFLEGER, 29. Jg., H. 5, S. 420-423

BARTMANN, U. (1990): Laufen als Therapie: Der Angst davon laufen. In: SPORT SPECIAL, 11. Jg., H. 10-11, S. 60-61

BARTMANN, U. (1990): Jogging: Der Psyche Beine machen. In: PSYCHOLOGIE HEUTE, 17. Jg., H. 12, S. 54-59

BARTMANN, U. (1990): Laufen und Joggen als Methode zur Behandlung psychischer Probleme. In: KÖRNDLE, H., LUTTER, H. & THOMAS, A. (Hrsg.): Der Beitrag der Sportpsychologie zur Zielbestimmung einer modernen Erziehung und Ausbildung im Sport. Bericht über die 20. Arbeitstagung der Arbeitsgemeinschaft für Sportpsychologie am 4.-6. Mai 1989 in Regensburg. (Betrifft: Psychologie & Sport, Bd. 23) Köln, Kap. 18

BARTMANN, U. (1991): Laufen und Joggen ... und seine positiven Auswirkungen auf die Psyche: Streß, Ängste und Depressionen hinter sich lassen. Mit Schwung zu mehr Ausgeglichenheit und Selbstbewußtsein. Trainingsanleitungen. Stuttgart

BARTMANN, U. (1991): Durch Laufen wird der Kopf frei. In: SPIRIDON, 17. Jg., H. 6, S. 20

BARTMANN, U. (1991): Laufen als Therapie: Lauf und du fühlst dich wohl. In: SPORT SPECIAL / CONDITION, 22. Jg., H. 7-8, S. 56-57

BARTMANN, U. (1991): Wann ist Laufen Therapie? In: SPIRIDON, 17. Jg., H. 10, S. 26

BARTMANN, U. (1992): Joggen als verhaltenstherapeutisches Bewegungsprogramm. In: VERHALTENSTHERAPIE UND PSYCHOSOZIALE PRAXIS, 24. Jg., H. 1, S. 95-103

BARTMANN, U. (1992): Laufen und Psychosomatik. In: CONDITION, 23. Jg., H. 4, S. 19

BARTMANN, U. (1992): Joggen als therapeutische Technik bei sogenannten depravierten Alkoholikern. In: WIENER ZEITSCHRIFT FÜR SUCHTFORSCHUNG, 15. Jg., H. 4, S. 47-50

BARTMANN, U. (1992): Joggen und Partnerschaft: geht das gut? In: SPORT SPECIAL / CONDITION, H. 10, S. 48-49

BARTMANN, U. (1994): Wenn Patienten laufen gehen. Laufen mit Psychiatriepatienten. In: LUTZ, R. & MARK, N. (Hrsg.): Wie gesund sind Kranke? Zur seelischen Gesundheit psychisch Kranker. Göttingen, S. 211-215

BARTMANN, U. (1996): Frauen laufen sich frei. In: DLZ-RUNDSCHAU, Ausg. 16, S. 18

BARTMANN, U. (2001): Laufen und Joggen für die Psyche. Ein Weg zur seelischen Ausgeglichenheit. Tübingen (6., überarb. u. erw. Aufl. 2014)

BARTMANN, U. (2005): Verhaltensmodifikation als Methode der Sozialen Arbeit. Ein Leitfaden. Tübingen (4., überarb. u. erw. Aufl. 2013, S. 81-85 u. 101)

BARTMANN, U. (2007): Laufend aus der Krise. In: P. Lehmann & P. Stastny (Hrsg.): Statt Psychiatrie – 2. Berlin, S. 92-98

BARTMANN, U. (Hrsg.) (2007): Fortschritte in Lauftherapie. Bd. 1. Schwerpunktthema: Lauftherapie bei Kindern und Jugendlichen. Tübingen

BARTMANN, U. (2007): Lauftherapieausbildung für helfende Berufe – ein Weiterbildungsangebot der Deutschen Gesellschaft für Verhaltenstherapie (DGVT). In: BARTMANN, U. (Hrsg.): Fortschritte in Lauftherapie. Bd. 1. Tübingen, S. 115-116

BARTMANN, U. (2008): Joggen als verhaltenstherapeutisches Bewegungsprogramm. In: Akademie für Fortbildung in Psychotherapie, http://www.afp-info.de/Bartmann-U-2008-Joggen-al.163.0.html (05.08.2008), http://www.dgvt-fortbildung.de/interaktivefortbildung/archiv-der-fachartikel/archiv/bartmann-u-2008-joggen-als-verhaltenstherapeutisches-bewegungsprogramm/

BARTMANN, U. (2009): Weiterbildung in Lauftherapie durch die DGVT. In: VERHALTENSTHERAPIE UND PSYCHOSOZIALE PRAXIS, 41. Jg., H. 2, S. 474-476

BARTMANN, U. (Hrsg.) (2009): Fortschritte in Lauftherapie. Bd. 2. Schwerpunktthema: Lauftherapie bei depressiven Störungen. Tübingen

BARTMANN, U. (2010): Was ist Lauftherapie? In: LAUFZEIT, H. 2, S. 43

BARTMANN, U. (Hrsg.) (2011): Fortschritte in Lauftherapie. Bd. 3. Schwerpunktthema: Lauftherapie bei Abhängigkeiten. Tübingen

BARTMANN, U. (2011): Zum verantwortungslosen Gebrauch des Suchtbegriffs. In: BARTMANN, U. (Hrsg.): Fortschritte in Lauftherapie, Bd. 3. Tübingen, S. 63-66

BARTMANN, U. (2011): Joggen als Präventionsprogramm nach § 20 SGB V. In: BARTMANN, U. (Hrsg.): Fortschritte in Lauftherapie, Bd. 3. Tübingen, S. 93-102

BARTMANN, U. (o. J.): Lauftherapie-Experten: Prof. Dr. Ulrich Bartmann. In: http://www.lauftherapie-experten.de/

BARTMANN, U. & WEBER, A. (1988): Fit durch Laufen – Ein Selbsterfahrungskurs mit Krankenpflegeschülern und –schülerinnen. In: DIE SCHWESTER / DER PFLEGER, H. 4, S. 304-305

BARTMANN, U. & KATZFEY, A. (1994): Laufen gegen Sucht. Dauerlauf als Therapie bei der Rehabilitation eines Alkoholabhängigen. Ein Fallbericht. In: SUCHTREPORT - Europäische Fachzeitschrift für Suchtprobleme, H. 6, S. 52-55

BARTMANN, U., WOLF, M. & KASSING, M. (1995): Joggen als Teil der Ausbildung in Krankenpflege. In: DIE SCHWESTER / DER PFLEGER, 34. Jg., H. 6, S. 557-559

BARTMANN, V. (2007): Erfahrungen mit einem systematischen und sanften Laufprogramm für Laufanfänger zur Erweiterung eines Lauftreffangebotes. In: BARTMANN, U. (Hrsg.): Fortschritte in Lauftherapie, Bd. 1. Tübingen, S. 89-100

BARTMANN, V. (2009): Fünf Jahre Lauftherapieweiterbildung in Würzburg. In: BARTMANN, U. (Hrsg.): Fortschritte in Lauftherapie, Bd. 2. Tübingen, S. 119-120

BARTMANN, V. (2011): Anfängerlaufkurse im „Stadtmarathon Würzburg e. V.". In: BARTMANN, U. (Hrsg.): Fortschritte in Lauftherapie, Bd. 3. Tübingen, S. 133-135

BARTOSCH, H. (200.): Frauen laufen anders. Ihr Laufbuch für Anmut und Kraft, eine schöne Figur, Glück und Genuss. Berlin

BASCHUNG, N. & REGLI, M. (2013): Bewegen und sich bewegen lassen. [Joggen und östliche Meditationstechniken] In: ANGELUS [Bieler Pfarrblatt], H. 17-18, S. 16; http://www.kathbern.ch/index.php?id=2236&tx_frpnews_pi2[eintrag]=3310&tx_frpnews_pi2[p uid]=3940 (28.04.2013)

BATTEN, J. (1979): Laufschule – ein Antistreßprogramm. Gesund und glücklich durch Jogging. München

BATTISON, T. & BREWER, S. (o. J.): Man alive. Mehr Fitness, gesündere Ernährung, weniger Stress, besserer Sex. München, S. 65-75

BAUER, M. (2007): Die Seele läuft mit. Die meditative Laufschule für Fitness und innere Harmonie. München

BAUER, W. (o. J.): Joggen baut Stress ab. Warum Laufen locker macht. [Dr. Andreas Dallamassl, Linz] In: http://www.medizinpopulaer.at/archiv/seele-sein/details/article/joggen-baut-stress-ab.html

BAUMANN, D. (2004): Laufen Sie mit! München

BAUMANN, D. (2014): Zu langsam gibt es nicht! (Dieter Baumanns Lauftipp Nr. 2) In: http://www.keller-sports.de/blog/dieter-baumanns-lauftipps-2-von-11/ (26.06.2014)

BAUMANN, F. T. (2015): Sport bei Krebs: So wichtig wie ein Medikament. In: http://www.krebsgesellschaft.de/onko-internetportal/basis-informationen-krebs/basis-informationen-krebs-allgemeine-informationen/sport-bei-krebs-so-wichtig-wie-.html (14.04.2015)

BAUMANN, F. T. & SCHÜLE, K. (Hrsg.) (2008): Bewegungstherapie und Sport bei Krebs. Leitfaden für die Praxis. Köln

BAUMANN, F. T. & BLOCH, W. (2010): Evaluierte Trainingsinterventionen während und nach Tumortherapie – eine Review-Analyse. In: DEUTSCHE ZEITSCHRIFT FÜR SPORTMEDIZIN, 61. Jg., Nr. 1, S. 6-10; http://www.zeitschrift-sportmedizin.de/fileadmin/content/archiv2010/heft01/08_uebersicht_baumann.pdf

BAUMANN, F. T., JÄGER, E. & BLOCH, W. (Hrsg.) (2012): Sport und körperliche Aktivität in der Onkologie. Berlin

BAUMANN, F. & ZOPF, E. (2012): Brustkrebs. In: BAUMANN, F. T., JÄGER, E. & BLOCH, W. (Hrsg.): Sport und körperliche Aktivität in der Onkologie. Berlin, S. 167-178: 173

BAUMANN, F. T. & OVERBECK, L. (2013): Deutsche Sporthochschule Köln - 35 Jahre Pionierarbeit in Köln - Sport und Bewegung gegen Krebs. In: http://www.germanroadraces.de/24-0-34359-deutsche-sporthochschule-koeln--35-jahre-pionierarbeit.html (06.05.2013)

BAUMANN, K.-M. & STILLER, N. (Hrsg.) (2010): Bewegungstherapie bei internistischen Erkrankungen. Berlin, Heidelberg

BAUR, A. (1999): Laufen und somatische Erziehung. In: WEBER, A. (Hrsg.): Hilf dir selbst: Laufe! Das Paderborner Modell der Lauftherapie und andere Konzepte für langfristig gesundes und erfolgreiches Laufen. Paderborn, S. 307-322

BAUR, C. & THURNER, B. (2001): 15-Minuten-Lauftraining für einen Superbody. München

BAUR, C. & THURNER, B. (2008): Laufen leicht gemacht. München

BAUR, W. (2008): Laufen macht schlau. Pilotstudie zur Wirkung von Ausdauertraining. In: http://www.uniklinik-ulm.de/news/article/1487/laufen-macht.html (18.04.2008)

BB (1998): Lauf-Masche. Laufen mit Kindern und Jugendlichen. In: CONDITION, H. 3, S. 12-14

BBK VOR ORT (2013): Lauftherapie – der ganzheitliche Weg zur Vorbeugung und Behandlung von Beeinträchtigungen im physischen und psychischen Bereich. https://www.bkkvorort.de/unsere-leistungen/leistungen-von-a-z/lauftherapie/

BEAUTEMPS, G. (2010): Für Menschen mit und ohne Demenz: Laufen gegen das Vergessen. In: http://www.derwesten.de/staedte/duisburg/sued/laufen-gegen-das-vergessen-id3974066.html (22.11.2010)

BECKER, A. (1990): Training für adipöse Kinder. In: SPORTUNTERRICHT, 39. Jg., H. 7, S. 256-263

BECKER, M. (2013): Laufend gesünder leben. VHS-Kurs: Sportübung nach dem Paderborner Modell. In: EL-KURIER (EMSLAND-KURIER) LINGEN, 3. Juli 2013, S. 5; http://epaper.el-kurier.de/drucken/artikel/1212851

BECKER, U. (Hrsg.) (1994): Leichtathletik im Lebenslauf. Bericht vom Breitensport-Kongreß des Deutschen Leichtathletik-Verbandes vom 23. bis 25. Oktober 1992 in Mainz. (Edition Leichtathletik, Bd. 8) Aachen

BEER, C. (2014): Wundermittel Laufen. In: http://www.news.at/a/laufen-koerper-gesund (24.05.2014)

BEESTEN, F. v. (1994): Lebenslanger LAUF-TREFF – vom Kind bis zum Greis. In: BECKER, U. (Hrsg.), Leichtathletik im Lebenslauf. Aachen, S. 360-362

BEHM, M. (o. J.): So laufen Sie im Winter gesund und sicher weiter. In: http://www.brigitte.de/figur/fitness-fatburn/jogging-winter-544430/

BEHR, S. & SCHÜLER, W. W. (2011/12): Zur Beitragsfähigkeit der Lauftherapie bei Angststörungen im Kindes- und Jugendalter. In: DLZ-RUNDSCHAU, 23. Jg., H. 45/46, S. 44-57

BEHRENS, K. (2015): Best Practice! Vorstellung von LA spezifischen Gesundheitsangeboten. . In: DEUTSCHER LEICHTATHLETIK-VERBAND (Hrsg.): Kongressdokumentation „Erlebnisraum Leichtathletik – ein Leben lang", 13.-15. März 2015, Ruit. Darmstadt ,S. 63-65

Beim Training dem Stress davonlaufen (o. J.). In: http://www.brigitte.de/gesund/stress-bewaeltigen/laufen-gegen-stress-574276/

BEINHORN, G. (1973): Meine persönlichen Erfahrungen mit Yoga und Langstreckenlauf. In: CONDITION, H. 14, S. 15-16

BEISSNER, C. (1979): Laufen. Bad Homburg v. d. H.

BEITZEL, M. (2009): Ausdauerndes Laufen im Kindesalter? Ja, aber altersgemäß! In: CONDITION, H. 3, S. 35-37

BENECKE, A. & VOGEL, H. / ROBERT KOCH INSTITUT (Hrsg.) (2003): Gesundheitsberichterstattung des Bundes, Heft 16: Übergewicht und Adipositas. Berlin, S. 19; http://www.gbe-bund.de/gbe10/owards.prc_show_pdf?p_id=8426&p_sprache=d&p_uid=gastg

BERG, A.; KEUL, J. et al. (1979): Effekte ambulanten Trainingsprogramms auf Herz, Kreislauf und Stoffwechsel bei Patienten mit koronarer Herzkrankheit. In: HERZ – KREISLAUF, 11. Jg., H. 5, S. 236-242

BERGER, P. & KNIGGE, H. (2008): Interview: „Laufen macht schlau". In: http://www.ksta.de/koeln/interview--laufen-macht-schlau-,15187530,13031456.html (26.12.2008)

BERGMANN, K.-C. (1999): Lauftherapie bei Asthmatikern. In: WEBER, A. (Hrsg.): Hilf dir selbst: Laufe! Das Paderborner Modell der Lauftherapie und andere Konzepte für langfristig gesundes und erfolgreiches Laufen. Paderborn, S. 205-211

BERGS, G. (2008): Gesundheit oder Wettkampf? Eine kritische Betrachtung zur Leistungsorientierung. In: RUNNING, H. 3, S. 58-59

BERGS, G. (2011): 20 Jahre Lauftherapie in Deutschland. Aus der Sicht eines Absolventen. In: RUNNING SPECIAL, H. 2, S. 66-67

BERGS, G. (2011): Mein Weg aus der Alkoholkrankheit. In: BARTMANN, U. (Hrsg.): Fortschritte in Lauftherapie, Bd. 3. Tübingen, S. 47-52

BERGS, G. (2012): Von Null zu Dir selbst! Hör-Buch zum Laufen lernen. Neuwied (Broschüre + 5 CDs)

BERLING, A. (2014): Sport und Krebs. Übungsleiterfortbildung am 24.10.2014. In: http://www.sportundkrebskongress.de/2014/media/pdf/presentations/FR0_Berling_Update_2 014.pdf

BERNHARDT, J. & HOLLUNDER, V. (2011): Auswirkungen von Ausdauersport auf die Psyche: Am Beispiel Laufen. Facharbeit, Geschwister-Scholl-Gymnasium, Waldkirch. München (35 S.)

BERRES, I. (2012): Studie: Selbst leichte Bewegung verlängert das Leben. In: http://www.spiegel.de/gesundheit/ernaehrung/sport-selbst-leichte-bewegung-steigert-die-lebenserwartung-deutlich-a-865592.html (07.11.2012)

BERRY, P. R. (1988): Kreislauftraining nach Dr. Kenneth H. Cooper. Was hat Cholesterin mit dem Laufen zu tun? In: DER LÄUFER, 5. Jg., H. 4, S. 52-53

BERRY, P.R. (1988): Fitnessgram – Gesundheitstest für Kinder. DER LÄUFER, 5. Jg., H. 12, S. 26-29

BERTRAM, O. & SEGLER, K. (2012): Abnehm-Strategien für jedes Alter. In: http://www.menshealth.de/food/fettverbrennung/strategien-zum-abnehmen.209685.d_mh_detail.htm (08.02.2012)

BERTRAM, S. (2012): Sport hält ältere Menschen auch geistig fit. Sportliche Aktivität verbessert Gedächtnisleistung. In: http://www.heilpraxisnet.de/naturheilpraxis/sport-haelt-aeltere-menschen-auch-geistig-fit-9016411.php (05.12.2012)

BERUFSVERBAND DEUTSCHER INTERNISTEN (Hrsg.) (2009): Joggen verbessert Durchblutung der Beine. In: http://www.internisten-im-netz.de/de_fokus_678_92.html (10.03.2009)

BERUFSVERBAND DEUTSCHER INTERNISTEN (Hrsg.) (2011): Körperliches Aufbautraining bereits eine Woche nach Herzinfarkt empfehlenswert. In: http://www.internisten-im-netz.de/de_news_6_0_1093_k-rperliches-aufbautraining-bereits-eine-woche-nach-herzinfarkt-empfehlenswert.html (16.05.2011)

Besserer Sex durchs Laufen? (2015) In: LAUFEN.DE, Ausg. 2, S. 50-53

BESTE, K.-W.; PIETSCH, R.; DOLL, R. (1986): Arterielle Strömungsgeschwindigkeit und Blutdruck vor und nach Ablauf eines Laufübungsprogramms. In: HERZ – KREISLAUF, 18. Jg., H. 2, S. 79-83

BETZ, M.; HEIDE, M.; HENKEL, W.; KLIMT, F. (1993): Bewegungstherapie und Diät bei Adipösen im Rahmen einer medizinischen Rehabilitation. In: PRÄVENTION, 16, S. 69-71

BEUSHAUSEN, J. (2012/2013): Krisenintervention. Überblick und stabilisierende Interventionen. Vortrag, Hochschule Emden Leer; http://www.ewetel.net/~juergen.beushausen/Krisenvortrag-WS12-13.pdf, S. 40

Bewegend: Vermittlungserfolge nach Gesundheitscoaching (2013). In: MITNMANG-NEWS INTERN, H. 2, S. 4-5

Bewegung macht schlau! (o. J.) In: http://www.fid-gesundheitswissen.de/sportmedizin/sport-und-gehirnleistung/sport-und-gehirnleistung-bewegung-macht-schlau/

BEYER, K. A. (1982): Was hat Laufen mit Meditation zu tun? In: SPIRIDON, 8. Jg., H. 7, S. 40

BIEL, M. (1994): Ein Mann macht mobil. [Kenneth H. Cooper] In: GEO WISSEN, Ausg. 20 >Körper, Bewegung, Gesundheit<, S. 26-38

BIERMANN, D. (2008): Sport gegen Krebs: Therapie mit ungeahnten Möglichkeiten. In: PHARMAZEUTISCHE ZEITUNG, Ausg. 10; http://www.pharmazeutische-zeitung.de/index.php?id=5324

BIERMANN, J., HERRMANN, W. & NEUMANN, G. (1988): Der Einfluß des Lauf- oder Schwimmtrainings in der Sporttherapie auf Fettstoffwechselstörungen. In: MEDIZIN & SPORT, 28. Jg., H. 6, S. 172-173

BIERMANN, R. (1998): Laufen mit Pause – eine Erfahrung. In: DLZ-RUNDSCHAU, Ausg. 20, S. 23

BINDEMANN, E. (2007): Zusammenfassung der Dipl.-Arbeit „Lauftherapie mit älteren Menschen im Übergang vom Erwerbsleben in den Ruhestand". In: http://www.laufschule-zuffenhausen.de/zusammenfassung_dipl-arbeit.pdf

BINDEMANN, E. (o.J.): Lauftherapie mit älteren Menschen im Übergang vom Erwerbsleben in den Ruhestand. In: http://lauftherapie-vdl.de/joomla/index.php/de/lauftherapie-zielgruppen-spezifisches-angebot/91-lauftherapie-fuer-aeltere-menschen

BIRKEL, J. (2013): Abnehmen – Leichter schneller laufen. In: http://www.trainingsworld.com/training/abnehmen-leichter-schneller-laufen-formel-2821901.html (28.03.2013)

BIRKEL, J. (o. J.): Gute Gründe zu laufen – Nr. 1: Abnehmen. In: http://www.experto.de/b2c/gesundheit/sport-und-gesundheit/laufen-walking/gute-gruende-zu-laufen-nr-1-abnehmen.html

BIRKEL, J. (o. J.): Gute Gründe zu laufen – Nr. 3: Anti-Aging. In: http://www.experto.de/b2c/gesundheit/sport-und-gesundheit/laufen-walking/gute-gruende-zu-laufen-nr-3-anti-aging.html

BIRKEL, J. (o. J.): Gute Gründe zu laufen – Nr. 4: Stressabbau. In: http://www.experto.de/b2c/gesundheit/sport-und-gesundheit/laufen-walking/gute-gruende-zu-laufen-nr-4-stressabbau.html

BIRKEL, J. (o. J.): Gute Gründe zu laufen – Nr. 7: Laufen fördert das Gehirn. In: http://www.experto.de/b2c/gesundheit/sport-und-gesundheit/laufen-walking/gute-gruende-zu-laufen-nr-7-das-gehirn-profitiert.html

BIRKEL, J. (o. J.): Gute Gründe zu laufen – Nr. 8: Laufen hilft gegen Depressionen. In: http://www.experto.de/b2c/gesundheit/sport-und-gesundheit/laufen-walking/gute-gruende-zu-laufen-nr-8-laufen-hilft-gegen-depressionen.html

BIRKEL, J. (o. J.): Schneller laufen senkt Herzinfarktrisiko. In: http://www.experto.de/b2c/gesundheit/sport-und-gesundheit/laufen-walking/schneller-laufen-senkt-herzinfarktrisiko.html

BIRKEL, J., MÄDER, C. & KONOPKA, P. (2015): Lauf-Schlank-Coach für Frauen. Trainingspläne, Rezepte, Motivation. München

BIRNESSER, H. (2014): Plädoyer für den Halbmarathon. Warum halblang aus sportorthopädischer Sicht die bessere Wahl ist. In: http://www.spitta-medizin.de/sport/fachinformationen/sportmedizin/artikel/plaedoyer-fuer-den-halbmarathon.html (24.10.2014)

BISCHOFF, M. (1995): Laufen als Wundermittel bei Alkoholabhängigen? In: LÄUFER, 12. Jg., H. 7, S. 30-31

BJARNASSON-WEHRENS, B. (2000): Bewegungs- und Sporttherapie in der Ambulanten Herzgruppe (AHG). In: DEUTSCHE ZEITSCHRIFT FÜR SPORTMEDIZIN, 51. Jg., Nr. 10, S. 341-342; http://www.zeitschrift-sportmedizin.de/fileadmin/content/archiv2000/heft10/stint_1000.pdf

BJARNASSON-WEHRENS, B., SCHULZ, O., GIELEN, S., HALLE, M., DÜRSCH, M., HAMBRECHT, R., LOWIS, H., KINDERMANN, W., SCHULZE, R. & RAUCH, B. (2009): Leitlinie körperliche Aktivität zur Sekundärprävention und Therapie kardiovaskulärer Erkrankungen. In: CLINICAL RESEARCH IN CARDIOLOGY, Supplements 3, S. 1–44; http://www.dgpr.de/fileadmin/user_upload/DGPR/Leitlinien/LL_Koerperliche_Aktivitaet_CRC_S078.PDF

BLAGE, J., SANIDES, S. & SCHÄFER, A.-K. (2014): Mehr Köpfchen. In: FOCUS, Nr. 34, S. 78-87 (S. 83)

BLASCHKE, R. (2009): Sport als Schutzschild. In: RUNNER'S WORLD, H. 7, S. 24-26

BLECH, J. (2006): Fit wie in der Steinzeit. In: DER SPIEGEL, H. 5, S. 134-145; http://www.spiegel.de/spiegel/print/d-45624844.html

BLECH, J. (2007): Heilen mit Bewegung. Wie Sie Krankheiten besiegen und Ihr Leben verlängern. Frankfurt a. M.

BLECH, J. (2007): Heilung durch Aktivität: Glücklicher Geist in bewegtem Körper. In: http://www.spiegel.de/wissenschaft/mensch/heilung-durch-aktivitaet-gluecklicher-geist-in-bewegtem-koerper-a-520728.html (03.12.2007)

BLECH, J. (2008): Umdenken in der Onkologie: Mit Bewegung gegen Krebs. In: http://www.spiegel.de/wissenschaft/mensch/umdenken-in-der-onkologie-mit-bewegung-gegen-krebs-a-536542.html (20.02.2008)

BLECH, J. (2012): Diabetes: Sport hilft besser als Diät. In: http://www.spiegel.de/gesundheit/ernaehrung/diabetes-zuckerkranken-hilft-bewegung-mehr-als-diaet-a-859169.html (03.10.2012)

BLECH, J. (2015): Zum Laufen geboren. Warum der Mensch ein fabelhafter Langstreckler ist und wie Sport das Leben verlängert. In: DER SPIEGEL - WISSEN, H. 2: Bewegung! Fit bleiben, Spaß haben, länger leben, S. 12-19

BLECH, J. (2015): Schlaulaufen. In: DER SPIEGEL, Nr. 32, S. 90-97

BLECH, J., MUSALL, B. & MEYER, T. (2015): "Sport, der Spaß macht". (Interview mit Prof. Tim Meyer) In: DER SPIEGEL - WISSEN, H. 2: Bewegung! Fit bleiben, Spaß haben, länger leben, S. 86-89

BLOCH, W. (2014): Statement: Ergebnisse des Halbmarathon-Projektes der Deutschen Sporthochschule Köln und der Universitätsklinik Köln aus immunologischer Sicht. (31. Deutscher Krebskongress) In: http://www.krebszeitung.de/tag/krebstherapie/

BLÖDORN, M. & SCHMIDT, P. (1977): Trablaufen. Ein Ausdauersport für Herz und Kreislauf. Reinbek

BLOOM, M., GRÜNING, M. & WEBER, U. (2010): Jugend-Bewegung. In: RUNNER'S WORLD, H. 6, S. 72-77

BLOSS, H. A. (1986): Bewegung gegen Herzinfarkt. So können Sie einem Herzinfarkt vorbeugen oder seine Folgen überwinden. München

BLOSS, H. A. (1989): Fitneß-Lexikon: Gesundheitssport von A – Z. Düsseldorf

BLOSS, H. A. (1991): Gesundheitssport gegen Herzinfarkt. Richtige Ausübung, Abbau von Risikofaktoren, Sportprogramme. München (2. Aufl.)

BLUM, W. (2001): Ungeahnte Glücksgefühle am laufenden Band. Der große Renner: Laufen – Jogging – Running. In: PEPPER. (Freitagsbeilage der Zeitungen der Rhein-Main-Presse) Ausg. 13: 31. März – 8. April, S. 8

Blutdrucksenkung durch Ausdauersport. (1988) In: CONDITION, 19. Jg., H. 1, S. 13-14

Bluthochdruck. Übergewichtige profitieren von Bewegung besonders stark (2014). In: http://www.t-online.de/lifestyle/gesundheit/id_71036878/um-bluthochdruck-zu-senken-ist-bewegung-sehr-wichtig.html (16.09.2014)

BOBBERT, T. (2005): Macht Marathonlauf resistent gegen Stress? - Eine Studie beim real,-Berlin-Marathon durch die Charité – CBF und der Sportmedizin der Humboldt Universität zu Berlin. In: http://www.germanroadraces.de/24-0-1139-macht-marathonlauf-resistent-gegen-stress--eine.html (20.10.2005)

BOCKHEISER, U. (1970): Jogging oder „Run for your life". In: DIE LEIBESERZIEHUNG, H. 5

BODEMER, J. (2005): Laufen. Schlank und gesund mit dem richtigen Training. Köln

BODEMER, J. (2010): Laufen. In: BODEMER, J., NORDEN, F., RUßHARDT, K. & SCHARNAGL, H.: Fitness draußen: Fit durch Bewegung an der frischen Luft. Köln

BÖDEKER, U. (2015): Gesprächs-Training! Lieber gemeinsam laufen als zusammen saufen. In: http://www.express.de/gesundheit/express-lauf-kolumne-gespraechs-training--lieber-gemeinsam-laufen-als-zusammen-saufen,2490,30610026.html (04.052015)

BÖHM, U. (2009): Sport und Krebs: Können wir dem Krebs davonlaufen? In: OM & ERNÄHRUNG (Fachzeitschrift für Orthomolekulare Medizin), Nr. 126, S. F55-F58: F58; http://www.gesundheitsnetz.de/Berufliches_deutsch_/Veroffentlichungen/presse-Sport-Krebs1-artikel2009.pdf

BÖHMER, T. (1999): Krebs und laufen? Krebs und laufen!!! In: DLZ-RUNDSCHAU, Ausg. 22, S. 17-18

BÖNNER, G. (2006): Der Effekt von körperlicher Aktivität auf die arterielle Hypertonie and andere Herz-Kreislauf-Risikofaktoren. In: JOURNAL FÜR HYPERTONIE, 10. Jg., H. 3, S. 30-34; http://www.kup.at/kup/pdf/6067.pdf

BÖS, K. (1991): Lexikon Bewegung und Sport zur Prävention. Oberhaching

BÖS, K. (2004): Walking und sanftes Lauftraining (GU Ratgeber Fitness). München

BÖS, K. & BANZER, W. (1998): Ausdauer und Widerstandsfähigkeit. In: BÖS, K. & BREHM, W. (Hrsg.): Gesundheitssport. Ein Handbuch. Schorndorf, S. 147-159

BÖS, K. & BREHM, W. (Hrsg.) (1998): Gesundheitssport. Ein Handbuch. (Beiträge zur Lehre und Forschung im Sport, Bd. 120) Schorndorf

BOETTCHER, C. (2006): Laufen und Selbstbewusstsein – Eine Literaturanalyse. Diplomarbeit, FH Würzburg-Schweinfurt

BÖTTCHER, O. (2004): Sport – Alltag – Körper. Laufsport im Spannungsfeld von individueller Strategie und gesellschaftlicher Praxis. Magisterarbeit, Humboldt-Universität Berlin

BOLDT, F. (o. J.): Sport-Bewegung Bluthochdruck. In: http://www.sportgesundheitspark.de/component/docman/doc_view/77-sport-und-bluthochdruck.html?Itemid=

BOLWIN, J. (1998): Über Stock und Stein. Langlauf – die Lust am eigenen Leidensweg. In: JOURNAL (Hrsg.: Rhein-Main-Presse), 12.09.1998, S. 3

BOLZ, D. (1997): Lauftherapie als Mittel der Behandlung Suchtkranker. Möglichkeiten und Grenzen. In: DROGEN-REPORT, 18. Jg., H. 3, S. 14

BONNEMANN, A. (1998): Laufen im Lebenskontext. In: DLZ-RUNDSCHAU, Ausg. 20, S. 22-23

BONNEMANN, A. U. (1999): Verhaltensregulation durch Erfolgs- und Mißerfolgserleben bei Langläufern. In: WEBER, A. (Hrsg.): Hilf dir selbst: Laufe!. Paderborn, S. 251-263

BONNEMANN, A. (2001): Laufworkshop als betriebliche Weiterbildungsmaßnahme – Ein Erfahrungsbericht. In: DLZ-RUNDSCHAU, Ausg. 25, S. 33-39

BONNEMANN, A. (2006): LauftherapeutInnen in der Praxis. Der Versuch, einen Einblick zu gewinnen. In: BONNEMANN, A., GRELL, J. & RICHTER, K. (Hrsg.): Laufen und Lauftherapie. Regensburg, S. 57-69

BONNEMANN, A. (2006): Lebens-Lang-Laufen. Ein biographisch-lerntheoretischer Ansatz. In: BONNEMANN, A., GRELL, J. & RICHTER, K. (Hrsg.): Laufen und Lauftherapie. Regensburg, S. 217-224

BONNEMANN, A. (2007): Auf dem Weg sein. In: DLZ-RUNDSCHAU, 19. Jg., H. 37/38, S. 17-19

BONNEMANN, A., GRELL, J. & RICHTER, K. (Hrsg.) (2006): Laufen und Lauftherapie. Ein Lesebuch. Regensburg

BONSE-ROHMANN, M. (2002): Handlungsorientierte Gesundheitsförderung im Zivildienst. In: PRÄVENTION, 25. Jg., H. 1, S. 14-17

BORCHERS, H.-H. (1984): Von den Wirkungen des Ausdauertrainings auf die Organsysteme. In: WEBER, A. (Hrsg.): Gesundheit und Wohlbefinden durch regelmäßiges Laufen. Paderborn, S. 43-53

BORCHERS, H.-H. (1984): Training wirkt wie Betablocker. In: CONDITION, 15. Jg., H. 5, S. 36-37

BORCHERS, H.-H. (1984): Ausdauer-, nicht Krafttraining. In: CONDITION, 15. Jg., H. 6, S. 39-41

BORCHERS, H.-H. (1988): Einfluß des Ausdauersports auf die Organsysteme. In: DEUTSCHER VERBAND LANGLAUFENDER ÄRZTE (Hrsg.): Ausdauersport – Bedeutung für Prävention und Rehabilitation. (Schriftenreihe des DVLÄ, H. 2) Augsburg

BORCHERS, H.-H. (1989): Krankheiten vorbeugen durch Kneipp'sche Anwendungen und Bewegung. In: CONDITION, 20. Jg., H. 5, S. 36-37

BRACHT, T. v. (2012): Laufen (Joggen). In: http://www.onmeda.de/sport/laufen.html (11.12.2012)

BRACKHANE, R. & FISCHHOLD, R. (1981): Freizeitsport als Leistungssport. Eine motivationspsychologische Studie an Langstreckenläufern. In: SPORTWISSENSCHAFT, 11. Jg., H. 3, S. 309-317

BRANDES, M. (2012): Körperliche Aktivität oder Fitness: Was ist wichtiger für die Gesundheit? In: BUNDESGESUNDHEITSBLATT, 55, S. 96-101; Elektronischer Sonderdruck: http://mirkobrandes.de/Artikel/Brandes%202012_Aktivit%C3%A4t%20vs%20Fitness.pdf

BRANDHOFF, E. (2009): Sport als Medizin – Warum Bewegung gesund ist. In: http://www.netdoktor.de/Gesund-Leben/Sport+Fitness/Training/Sport-als-Medizin-Warum-Bewegu-9726.html (01.09.2009)

BRANDT, Y. (2015): Cityseelsorge: Beim Laufen in Kontakt kommen. In: http://www.wz-newsline.de/lokales/krefeld/cityseelsorge-beim-laufen-in-kontakt-kommen-1.1890911 (17.03.2015)

BRASHOLZ, M. (1990): Laufend entspannen – entspannt laufen. In: DLZ-RUNDSCHAU, Ausg. 4, S. 30-32

BRAUMANN, K.-M. (2006): Die Heilkraft der Bewegung. Mit Bewegungstherapie Krankheiten erfolgreich behandeln. München

BRAUMANN, K.-M.; REER, R. & SCHUHMACHER, E. (2001): Die Einschätzung der Bedeutung von Sport und Bewegung als Mittel der Therapie bei niedergelassenen Ärztinnen und Ärzten in Hamburg. In: DEUTSCHE ZEITSCHRIFT FÜR SPORTMEDIZIN, 52. Jg., Nr. 5, S. 175-179

BRAUMANN, K. M., BEHRENS, K. & DRECHSLER, H. (2015): Anforderungsprofil für Sportangebote Generation 50+. . In: DEUTSCHER LEICHTATHLETIK-VERBAND (Hrsg.): Kongressdokumentation „Erlebnisraum Leichtathletik – ein Leben lang", 13.-15. März 2015, Ruit. Darmstadt, S. 91-92

BRAUNBARTH, I. (2002): Integrative Bewegungstherapie (IBT). In: http://www.ipsis.de/themen/pdf/Thema_Bewegungstherapie1.pdf, S. 4

BRAUNMILLER, H. (2011): Jogging: Zehn Wahrheiten übers Laufen. In: FOCUS ONLINE, http://www.focus.de/gesundheit/gesundleben/fitness/laufen/tid-14617/jogging-zehn-wahrheiten-uebers-laufen_aid_409209.html (14.05.2011)

BRAUNMILLER, H. (2011): Jogging – Annahme 1: Laufen macht schlau. In: http://www.focus.de/gesundheit/gesundleben/fitness/laufen/tid-14617/sport-annahme-1-laufen-macht-schlau_aid_409210.html

BRAUNMILLER, H. (2011): Jogging – Annahme 2: Nur wer Sport treibt, nimmt ab. In: http://www.focus.de/gesundheit/gesundleben/fitness/laufen/tid-14617/sport-annahme-2-nur-wer-sport-treibt-nimmt-ab_aid_409212.html

BRAUNMILLER, H. (2011): Jogging – Annahme 3: Krebsrisiko verringert sich. In: http://www.focus.de/gesundheit/gesundleben/fitness/laufen/tid-14617/sport-annahme-3-krebsrisiko-verringert-sich_aid_409213.html

BRAUNMILLER, H. (2011): Jogging – Annahme 4: Laufen bringt Alte auf Trab. In: http://www.focus.de/gesundheit/gesundleben/fitness/laufen/tid-14617/sport-annahme-4-laufen-bringt-alte-auf-trab_aid_409214.html

BRAUNMILLER, H. (2011): Jogging – Annahme 7: Laufen stärkt die Knochen. In: http://www.focus.de/gesundheit/gesundleben/fitness/laufen/tid-14617/sport-annahme-7-laufen-staerkt-die-knochen_aid_409219.html

BRAUNMILLER, H. (2011): Jogging – Annahme 9: Laufen schädigt die Gelenke. In: http://www.focus.de/gesundheit/gesundleben/fitness/laufen/tid-14617/sport-annahme-9-laufen-schaedigt-die-gelenke_aid_409221.html

BRAUNMILLER, H. (2011): Jogging – Annahme 10: Laufen nützt dem Rücken nicht. In: http://www.focus.de/gesundheit/gesundleben/fitness/laufen/tid-14617/sport-annahme-10-laufen-nuetzt-dem-ruecken-nicht_aid_409222.html

BREUER, S. (2009): Wenn es klar wird im Kopf. Meditieren in Laufschuhen. In: RUNNING, H. 11-12, S. 48-50

BREHM, W. (1998): Stimmung und Stimmungsmanagement. In: BÖS, K. & BREHM, W. (Hrsg.): Gesundheitssport. Ein Handbuch. Schorndorf, S. 201-211

BREHM, W.; PAHMEIER, I. & TIEMANN, M. (1997): Gesundheitsförderung durch

sportliche Aktivität: Qualitätsmerkmale, Programme, Qualitätssicherung. In:
SPORTWISSENSCHAFT, 27. Jg., H. 1, S. 38-59

BREMER INSTITUT FÜR PRÄVENTIONSFORSCHUNG UND SOZIALMEDIZIN (BIPS)
(Hrsg.) (1992): Der Ausdauersport-Ratgeber. 101 Fragen und Antworten. Bremen

BRENKE, H. et al. (1977): Sportmethodische Empfehlungen zur Sporttherapie bei Zustand
nach Myokardinfarkt. In: MEDIZIN & SPORT, 17. Jg., H. 7, S. 223-227

BRENNER, H. & TRAPPE, M. (1999): Angstfrei leben nach dem Herzinfarkt. Wege der
Selbsthilfe. Reinbek

BRESCH, H. (1978): Ein Asthma-Junge wird Marathonläufer. In: CONDITION, 9. Jg., H. 2, S.
26-27

BRESCH, W.; HÄRTL, A. & ZEUNER, A. (1990): Wie beim Ausdauerlauf Befindlichkeiten
erlebbar machen? In: KÖRPERERZIEHUNG, 40. Jg., H. 8-9, S. 371-377

BREUER, H. (1976): Wir laufen dem Tod davon. In: RHEINISCHE POST vom 27.11.1976

BREUER-SCHÜDER, R. (1987): Für immer schlank durch Bewegungstraining und
gezielte Ernährung. Oberhaching

BREUER-SCHÜDER, R. (1988): Sport-Ratgeber für Diabetiker. Eine praktische
Orientierungshilfe. Oberhaching

BREYTHER, K. (2015): Lauftherapie – Psychotherapie beim gemeinsamen
Ausdauertraining. In: http://www.therapie.de/psychotherapie/breyther/ (30.01.2015)

BRINGMANN, W. & ZACHARZOWSKY, I. (1987): Der Einfluß eines ausdauerbetonten
Trainings auf hypertensive Regulationsstörungen bei 14- bis 18jährigen Jugendlichen. In:
MEDIZIN & SPORT, 27. Jg., S. 169-173

BRINGMANN, W. (1994): Des Läufers „Hoch". Zu psychischen Reaktionen bei
Laufbelastungen. In: LAUFZEIT, H. 9, S. 10; http://www.laufzeit.de/archiv/1994/lz1994-
09Hoch.htm

BRINGMANN, W. (1994): Laufen mit Krampfadern. Bewegung muss nicht erst der Arzt
verschreiben. In: LAUFZEIT, H. 12, S. 27; http://www.laufzeit.de/archiv/1994/lz1994-
12krampfadern.htm

BRINGMANN, W. (1995): Laufen hilft: Der Zusammenhang zwischen
Fettstoffwechselstörungen und körperlicher Bewegung. In: LAUFZEIT, H. 5, S. 10;
http://www.laufzeit.de/archiv/1995/lz1995-05cholesterin.htm

BRINGMANN, W. (1995): ... und der Knorpel schrumpft. Laufen bei Arthrose. In: LAUFZEIT,
H. 7-8, S. 37; http://www.laufzeit.de/archiv/1995/lz1995-07arthrose.htm

BRINGMANN, W. (1995): Der Gesundheits-TÜV. Warum ein Check-up bei Läufern
notwendig ist. In: LAUFZEIT, H. 12, S. 26; http://www.laufzeit.de/archiv/1995/lz1995-
12checkup.htm

BRINGMANN, W. (1996): Laufen gegen Infekte: Regelmäßiges Ausdauertraining kann das
Immunsystem fördern. In: LAUFZEIT, H. 2, S. 8; http://www.laufzeit.de/archiv/1996/lz1996-
02immun.htm

BRINGMANN, W. (1996): Laufen kann auch gegen Gicht gut sein. In: LAUFZEIT, H. 4, S. 10; http://www.laufzeit.de/archiv/1996/lz1996-04gicht.htm

BRINGMANN, W. (1996): Mit Krampfadern laufen? In: LAUFZEIT, H. 5, S. 33; http://www.laufzeit.de/archiv/1996/lz1996-05krampfader.htm

BRINGMANN, W. (1997): Laufen mit Endoprothese? Mit Vorsicht gelingt das Unmögliche. In: LAUFZEIT, H. 2, S. 12-13; http://www.laufzeit.de/archiv/1997/lz1997-02huefte.htm

BRIXIUS, K., SCHÖNBERGER, S., KNIGGE, H., FALKOWSKI, G. et al. (2007): Moderates Ausdauertraining senkt die basale Endostatinplasmakonzentration bei übergewichtigen Männern. Poster Nr. 281. In: DEUTSCHE ZEITSCHRIFT FÜR SPORTMEDIZIN, 58. Jg., Nr. 7-8, S. 269; http://www.zeitschrift-sportmedizin.de/fileadmin/content/archiv2007/heft07_08/Fr_nachmittag.pdf

BROCHEL, H. (1990): Laufen wurde mein Schlüsselerlebnis. In: DLZ-RUNDSCHAU, Ausg. 4, S. 34-35

BRODTMANN, D. (1980): Laufen. In: SPORTPÄDAGOGIK, 4. Jg., H. 3, S. 9-14

BRODTMANN, D. (1991): Fröhlich und gesellig lange laufen. In: KÖRPERERZIEHUNG, 41. Jg., H. 7, S. 282-286

BRODTMANN, D. (1991): Dauerlaufen mit Schülern als Beitrag zur Gesundheitserziehung. - Hrsg.: Niedersächsisches Kultusministerium / AOK in Niedersachsen - (Gesundheitserziehung in der Schule durch Sport – Handreichungen für den Primarbereich: Materialien „Laufen") Bonn

BRODTMANN, D. & KNOLL, J. (1984): Macht Sport schlank? In: SPORTPÄDAGOGIK, 8. Jg., H. 6, S. 24-27

BRÖKER, J. (2008): Trimm dich: Das Männlein, das uns Beine machte. In: http://www.spiegel.de/einestages/trimm-dich-a-948026.html (26.11.2008)

BROEKMATE, L. (2014/15): Die bewegte Pause – ganzheitliche Seminargestaltung – Bewegung für Kopf und Körper. In: DLZ-RUNDSCHAU, 26. Jg., H. 51/52, S. 29-32

BROOCKS, A. (2000): Psychische und neurobiologische Effekte von Ausdauertraining bei Patienten mit Panikstörung und Agoraphobie. Darmstadt

BROOCKS, A. (2005): Körperliches Training in der Behandlung psychischer Erkrankungen. In: BUNDESGESUNDHEITSBLATT GESUNDHEITSFORSCHUNG-GESUNDHEITSSCHUTZ, 48. Jg., S. 914-921

BROOCKS, A. (2008): Sport- und Bewegungstherapie. In: MÖLLER, H. J., LAUX, G. & KAPFHAMMER, H. P. (Hrsg.): Psychiatrie und Psychotherapie. 3., vollst. neu bearb. u. akt. Aufl., Heidelberg, S. 902-909

BROOCKS, A. (2010): Bewegungstherapie bei psychischen Erkrankungen. In: BRAUMANN, K.-M. & STILLER, N. (Hrsg.): Bewegungstherapie bei internistischen Erkrankungen. Berlin, S. 201-210

BROOCKS, A. (2015): Sport und Bewegung in der Behandlung depressiver Erkrankungen. In: MARKSER, V. Z. & BÄR, K.-J. (Hrsg.): Sport- und Bewegungstherapie bei seelischen Erkrankungen. Forschungsstand und Praxisempfehlungen. Stuttgart, S. 55-70: 64

BROOCKS, A. & SOMMER, M. (2005): Psychische Sportwirkungen. In: DEUTSCHE ZEITSCHRIFT FÜR SPORTMEDIZIN, 56. Jg., Nr. 11, S. 393-394; http://www.zeitschrift-sportmedizin.de/fileadmin/content/archiv2005/heft11/393-394.pdf

BROOCKS, A., AHRENDT, U. & SOMMER, M. (2007): Körperliches Training in der Behandlung depressiver Erkrankungen. In: PSYCHIATRISCHE PRAXIS, 34. Jg., Ausg. S 3 (September), S. 121-136

BROOCKS, A. & MEYER, T. (2009): Psychisch fit durch Ausdauertraining – Ein kurzer Leitfaden für alle, die wieder auf die Beine kommen wollen. In: PSYCHIATRIE UND PSYCHOTHERAPIE, Up2date, 3. Jg., H. 2, o. S.; https://thieme-connect.com/media/psychiatrie-u2d/200902/supmat/supmat55.pdf

BROOCKS, A. & WEDEKIND, D. (2009): Sport- und bewegungstherapeutische Programme in der Behandlung psychischer Erkrankungen. Theorie und Praxis. In: PSYCHIATRIE UND PSYCHOTHERAPIE, Up2date, 3. Jg., H. 2, S. 121-136

BRÜNGGER, C. (2014): Die Kraft des Laufens. In: http://www.tagesanzeiger.ch/sport/leichtathletik/Die-Kraft-des-Laufens/story/28419380 (31.10.2014)

BRÜNING, C. (2008): Bleiben Sie in Bewegung! In: RHEIN-NECKAR-ZEITUNG vom 08.-09. März 2008

BRÜNING, E. (o. J.): Jogging. Alles, was das Laufen so interessant macht. In: http://www.doktor-bruening.de/jogging.html

BRUNNER, E. (2001): Eine Laufgruppe entsteht und entwickelt sich – Eine Beschreibung der Veränderungen in psychischer und physischer Hinsicht. In: DLZ-RUNDSCHAU, H. 25, S. 46-49

BRUNNER, S. & WEBER, A. (1996): Frischer, hungriger, lustiger. Laufen: Ein Mittel gegen Streß und Depression. Interview mit dem Lauftherapeuten Alexander Weber. In: DLZ-RUNDSCHAU, Ausg. 16, S. 37

BRUNNERT; M. (2014): Marathon im Gefängnis: Vom Räuber zum Langstreckenläufer. In: http://www.stern.de/panorama/marathon-im-gefaengnis-vom-raeuber-zum-langstreckenlaeufer-3935888.html (12.07.2014)

BRUNNERT, M. (2014): Spielsüchtiger Dieb wird Läufer. Knastmarathon bewegt Insassen. In: http://www.n-tv.de/panorama/Knastmarathon-bewegt-Insassen-article13200686.html (12.07.2014)

BUBLAK, R. (2014): Fünf Minuten pro Tag genügen: Der kurze Lauf zum langen Leben. In: SPRINGERMEDIZIN.DE (31.07.2014)

BUBLITZ, M. (1981): Kinder laufen selten länger. In: SPIRIDON, 7. Jg., H. 9, S. 52

BUCHBAUER, J. & KLING, M. (2007): Fit ab 50+. Fitness ist keine Frage des Alters. Schorndorf

BUCHHORN, T. & WINKLER, N. (2005): Das grosse GU Laufbuch. Laufend entspannen, Fett verbrennen, Leistung steigern. München

BUCHHORN, T. & WINKLER, N. (2007): 300 Fragen zum Laufen. (Gräfe und Unzer)

BUCHMANN, K. E. & SPIEGELHALTER, E. (1990) Laufen erleben. Freiburg i. Br.

BUCHMEIER, E. (2007): Laufen mit Frauen im mittleren Lebensabschnitt. In: BARTMANN, U. (Hrsg.): Fortschritte in Lauftherapie, Bd. 1. Tübingen, S. 111

BÜCHEL, D. (2003): Laufen als Medium in der bewegungsorientierten Sozialpädagogik für verhaltensauffällige Kinder und Jugendliche – Möglichkeiten und Grenzen. Diplomarbeit, Ev. FH Berlin, Fb Sozialarbeit/Sozialpädagogik

BÜCKEN, F.-J., KRÜGER, M., RICHTER, K. & SCHÜLER, W. W. (1999): Laufen als Therapie. Überlegungen zum Therapiebegriff. In: DLZ-RUNDSCHAU, Ausg. 21, S. 24-25

BÜHNE, T. (2014): Sport als Stresskiller: Mit der richtigen Einstellung dem Alltagsstress davonlaufen. In: http://runnerspoint-experten.com/2014/09/19/sport-als-stresskiller-mit-der-richtigen-einstellung-dem-alltagsstress-davonlaufen/ (19.09.2014)

BÜNGER, M. (2014/15): „Gemeinde laufend in Bewegung". Lauftherapie und Gemeindearbeit – eine pastorale Herausforderung. In: DLZ-RUNDSCHAU, 26. Jg., H. 51/52, S. 43-47

BÜSCHER, C. & ERBEL, R. (2011): Das Leben nach dem Herzinfarkt. (Infobroschüre für Patienten) Essen: Universitätsklinikum, Klinik für Kardiologie, S. 10; http://www.uk-essen.de/kardiologie/fileadmin/content/patienten/broschueren/web/Brosch_DINA5_Das%20Leben%20nach%20Herzinfarkt%20110609.pdf

BUNDESMINISTERIUM FÜR GESUNDHEIT (Hrsg.) / ALFERINK, J., JESSEN, F., POPP, J. et al. (2010): Geistig fit im Alter durch Ernährung, Bewegung und geistige Aktivität. Berlin, S. 18-20; https://www.bundesgesundheitsministerium.de/uploads/publications/BMG-V-10002-geistig-fit-im-alter_201007_01.pdf

BUNDESMINISTERIUM FÜR GESUNDHEIT (Hrsg.) / FROBÖSE, I., KLEINERT, J., AKKERMAN, G. et al. (2010): Aktiv sein – für mich. Auswirkungen von Bewegung auf die psychische Gesundheit von Frauen. Berlin, S. 36-40; https://www.bmwbkk.de/file/32/Broschuere%20des%20BMG_Frauen%20in%20Bewegung-Psychische%20Gesundheit.pdf

BUNDESMINISTERIUM FÜR GESUNDHEIT (Hrsg.) / FROBÖSE, I., SCHALLER, A., FEODOROFF, B. & BIALLAS, B. (2011): Männer in Bewegung! Auswirkungen von Bewegung auf die psychische Gesundheit von Männern. Berlin

BUNDESMINISTERIUM FÜR SOZIALE SICHERHEIT UND GENERATIONEN (Hrsg.) (2001): Sport und Gesundheit. Die Auswirkungen des Sports auf die Gesundheit – eine sozio-ökonomische Analyse. Wien; http://www.svl.ch/files/sport_und_gesundheit.pdf, S. 5 + 14-15

BUNDESVERBAND NIEDERGELASSENER KARDIOLOGEN (2014): Ein Gewinn für Ihr Herz. Laufen für das weibliche Herz. In: SPIRIDON, 40. Jg., H. 9, S. 5

BUNDESZENTRALE FÜR GESUNDHEITLICHE AUFKLÄRUNG (Hrsg.) (1991): Hand auf's Herz. Eine Information über Herzinfarkt und Risikofaktoren. Köln, S. 31-32

BUNDESZENTRALE FÜR GESUNDHEITLICHE AUFKLÄRUNG (Hrsg.) (1996): Achten Sie auf Ihre innere Balance – Zur Vorbeugung von Streßfolgen. Köln, S. 18-19, 25-26

BURFOOT, A. (GRÜNING, M. - Bearb. -) (1999): Run & Walk. In: RUNNER'S WORLD, H. 6, S. 31-34

BURFOOT, A. (2003): Das Urteil: Lebenslänglich gesund. Wer läuft, bleibt auch im Alter fit und gesund. Eine amerikanische Studie mit interessanten Resultaten. In: RUNNER'S WORLD, H. 3, S. 8

BURFOOT, A. (2005): Schützt Laufen vor Krebs? In: RUNNER'S WORLD, H. 12, S. 24-25

BURFOOT, A. (2005): Schützt Laufen vor Krebs? In: http://www.bmw-berlin-marathon.com/news-und-media/news/2005/11/11/schuetzt-laufen-vor-krebs.html (11.11.2005)

BURFOOT, A. (2006): Laufen. Das große Buch für Anfänger. Reinbek

BURFOOT, A. (2007): Wenn Sport Stress erzeugt. In: RUNNER'S WORLD, H. 3, S. 30-31

BURFOOT, A. (2009): Läuft der Tod mit? In: RUNNER'S WORLD, H. 4, S. 67-74

BURGER, D. (2000): Fitness für Gestresste. Gesund powern, effektiv abschalten. Ihr Personal Trainer für Sport, Ernährung und Entspannung. München, Wien, Zürich, S. 6-47

BURGER, D. (2003): Effektiv zum schlanken Bauch. Reinbek, S. 69-77

BURTSCHER-WÄGER, M. (2005): Bewegen und Handeln in eigener Sache – Kreatives Laufen für Frauen vor dem Hintergrund ausgewählter Kernsätze der Integrativen Leib- und Bewegungstherapie. Abschlussarbeit, Universitätslehrgang Bewegungstherapie, Donau Universität Krems, Zentrum für Psychosoziale Medizin

BUSCHMANN, J. (1982): Untersuchungen zum Langstreckenlauf mit Kindern und Jugendlichen. Ein Curriculumentwurf für Schule und Verein. (Beiträge zur Ausdauerforschung, Bd. 1) Hilden

BUSCHMANN, J. (1986): Ausdauertraining für Kinder. Langlauf der Kinder und Jugendlichen in Schule und Verein. Aachen

BUSCHMANN, J. & LENNARTZ, K. (1981): Bibliographie „Langlauf mit Kindern und Jugendlichen". Bonn

BUSKIES, W.; KLÄGER, G. & RIEDEL, H. (1992): Möglichkeiten zur Steuerung der Belastungsintensität für ein breitensportlich orientiertes Laufausdauertraining. In: DEUTSCHE ZEITSCHRIFT FÜR SPORTMEDIZIN, 43. Jg., H. 6, S. 248-260

BUSKIES, W. et al. (1993): Zur Problematik der Steuerung der Belastungsintensität beim Dauerlauftraining älterer Männer. In: DEUTSCHE ZEITSCHRIFT FÜR SPORTMEDIZIN, 44. Jg., S. 568-573

BUSKIES, W.; KLÄGER, G.; ZAPF, J.& RIEDEL, H. (1994): Möglichkeiten der Belastungsintensitätssteuerung im Breitensport. In: BECKER, U. (Hrsg.): Leichtathletik im Lebenslauf. Aachen, S. 411-416

BUSKIES, W. & BOECKH-BEHRENS, W. U. (1995): Gesundheitsorientiertes Fitnesstraining. Band. 2: Ausdauertraining. Ernährung. Entspannung. Winsen

BUSKIES, W. & BOECKH-BEHRENS, W. U. (2009): Fitness-Gesundheits-Training: Die besten Übungen und Programme für das ganze Leben. Reinbek (3. Aufl.)

BUSKIRK, E. R. (1989): Adipositas. In: SKINNER, J. S. (Hrsg.): Rezepte für Sport- und Bewegungstherapie. Belastungsuntersuchungen und Aufstellung von Trainingsprogrammen beim Gesunden und Kranken. Köln, S. 187-215

BUTZ, A. (2002): Runners high. Die Lust zu laufen. München

BUTZ, A. (2007): Das kommt vom Laufen. Schritt für Schritt zum Wunschgewicht. München

BUTZ, A. (2014): Sechs Gründe, warum Arbeitslose laufen sollten. In: http://www.laufen.de/articles/13341 (16.01.2014)

BUTZ, A. (o. J.): Gute Gründe zu laufen – „Man könnte ja mal laufen gehen". In: http://www.laufspass.com/training/gruende-zu-laufen.htm

BUTZ, A. (o. J.): „Man könnte ja mal laufen gehen". Viele gute Gründe zu laufen. In: http://www.laufcampus.de/wissen/tagestipps/index.php?we_objectID=20060

BUTZ, A. (o. J.): Marathon puscht die Karriere. Warum es sich lohnt Marathonläufer zu werden. In: http://www.andreasbutz.com/dokumente/marathon_tut_karriere_gut.pdf

BUTZ, A. (o. J.): Marathonglück: Warum gerade Marathonlaufen glücklich macht. Strategien für mehr Glück durch Laufen. In: https://www.laufcampus.com/wissen/tagestipps/index.php?we_objectID=31418

BUTZ, A. & SCHEMM, A. v. (2014): Schwitzen für Erfolg. Wie Sie in Laufschuhen Karriere machen. (Hrsg.: www.laufcampus.com), ebook: Amazon Media

CAFLISCH, D. (2008): Laufen und Psyche. Studienarbeit, Hochschule für angewandte Psychologie, Zürcher Fachhochschule

CANTIENI, B. (2001): Lauf los! ... aber richtig. Schritt für Schritt zur idealen Lauftechnik. Berlin, München

CARLBERG, R. (2003): Lauftherapiekurse – Einzelkämpfer oder ein möglichst großes adressatenspezifisches Angebot? In: DLZ-RUNDSCHAU, 15. Jg., H. 30, S. 26-29

CARLBERG, R. (2012): Laufen als Therapie. Lauftherapie – Hilfe zur Selbsthilfe. Vortrag anlässlich des 6. Int. Sportkongresses in Hamburg am 3. November 2012. In: http://hamburger-sport-kongress.de/fileadmin/VTF-Hamburg/Kongress/Download/Scripte/2012/Vortrag_HH_Sportkongress.pdf

CERNAJ, J. (1999): Mein Immunsystem. So halte ich mich fit und gesund. Bindlach, S. 160-165

CHINMOY, S. (1990): Sport & Meditation. Zürich

Cholesterin: bloß keine Panik (o. J.). In: http://www.aponet.de/wissen/gesundheitslexikon/krankheiten-von-a-z/hohes-cholesterin/cholesterin-keine-panik.html

CHRISTLICHES JUGENDDORF BERCHTESGARDEN (2014): Laufen ohne viel zu schnaufen [Laufen und Asthma]. In: http://www.cjd-berchtesgaden.de/aktuelles/detailansicht/news/detail/News/laufen-ohne-zu-viel-zu-schnaufen/ch/de2fdc2693b98e68218411131ae29f19/ (02.05.2014)

CHRISTEN, M. (1986): Ausdauertraining und psychisches Befinden. Institutsbericht,

Technische Hochschule Zürich

CHRISTEN, M. et al. (1987): Ausdauertraining und psychisches Befinden. In: SCHWEIZERISCHE ZEITSCHRIFT FÜR SPORTMEDIZIN, 35. Jg., H. 2, S. 63-71

CHRISTIAN, H. M. (1979): Laufen ist gesund. Das neue Fitnessprogramm. Bergisch Gladbach; München

CHROMOW, R. (2010): Fitness macht erfolgreich. In: http://www.akademie.de/wissen/fitness-macht-erfolgreich-0 (13.04.2010)

CICURS, H. (1987): Der Dauerlauf – eine Möglichkeit zum besseren Körperbewußtsein. In: ZIMMER, R. & CICURS, H.: Psychomotorik. Neue Ansätze im Sportförderunterricht und Sonderturnen. (Schriftenreihe zur Praxis der Leibeserziehung und des Sports, Bd. 190) Schorndorf, 3., verb. Aufl. 1993, S. 136-144

CIERPINSKI, W. (2015): Ausdauer für den Arbeitstag. (Plaudereien von Marathon-Doppelolympiasieger Waldemar Cierpinski – 277). In: LAUFZEIT & CONDITION, 46. Jg., H. 6, S. 34

CIERPINSKI, W. & KLUGE, V. (o. J.): Meilenweit bis Marathon. Berlin (DDR), S. 155-160

CIPURA, M. (1999): Laufen und Persönlichkeitsentwicklung. Ein Beitrag zu einer psychologischen Theorie der Lauftherapie. Teil 1. In: DLZ-RUNDSCHAU, Ausg. 21, S. 18-21

CIPURA, M. (1999): Laufen und Persönlichkeitsentwicklung. Ein Beitrag zu einer psychologischen Theorie der Lauftherapie. Teil 2. In: DLZ-RUNDSCHAU, Ausg. 22, S. 20-24

COEN, B. et al. (1996): Belastungsdosierung von Dauerläufen unterschiedlicher Intensität anhand der Parameter Herzfrequenz, Laktat und Katecholamine. In: ORTHOPÄDIE – TRAUMATOLOGIE, 12 Jg., H. 2, S. 96-101

COENEN, E. (2004): Laufen – Entspannen – Ernähren. Ein Trainingskonzept zur Förderung der Persönlichkeitsentwicklung 15-18 jähriger Jugendlicher. In: DLZ-RUNDSCHAU, 16. Jg., H. 31, S. 19-20

CONRADT, M. (o. J.): Die Risikofaktoren. In: STIFTUNG DEUTSCHE SCHLAGANFALL-HILFE (Hrsg.): Schutz vor dem Infarkt. Gütersloh, S. 12-13

CONZELMANN, A. (1988): Zur Entwicklung der Ausdauerleistungsfähigkeit im Alter. In: SPORTWISSENSCHAFT, 18. Jg., H. 2, S. 160-175

COOPER, K. H. (1970): Bewegungstraining. Praktische Anleitung zur Steigerung der Leistungsfähigkeit. Frankfurt a. M. (31. Aufl. 1999)

COOPER, K. H. (1972): Fit nach Punkten. Bewegungstraining. Stuttgart

COOPER, K. H. (1984): Dr. Coopers Gesundheitsprogramm. Bewegung, Ernährung, Seelisches Gleichgewicht. München

COOPER, K. H. (1986): Bewegungstraining ohne Angst. Regeln und Tests gegen Herzattacke und Kreislaufkollaps. München, Wien, Zürich

COOPER, K. H. (1991): Ständig unter Hochdruck – muss das sein? Wie man Bluthochdruck schonend senken kann. München

COOPER, K. H. (1995): Die neuen Gesundmacher Antioxidantien. Das Ernährungs- und Fitneßprogramm gegen freie Radikale. München

COOPER, M. & COOPER, K. H. (1975): Bewegungstraining für die Frau. Frankfurt a. M.

COOPER, R. & COOPER, L. (2002): Fettarm leben. Wie Sie die Fettmacher ausschalten und die Fettverbrenner einschalten. München, S. 130-153

COP, K. (2014): Sport und Krebs: Gutes Training motiviert und gibt Kraft. In: BMW BKK, H. 3, S. 6-8; https://www.bmwbkk.de/file/39/Sport%20und%20Krebs%20Information.pdf

COP, K. & HALLE, M. (2014): Auch Krebspatienten können aktiv sein. Bewegung ist wichtiger Teil der Therapie [Interview]. In: BMW BKK, H. 3, S. 9; https://www.bmwbkk.de/file/39/Sport%20und%20Krebs%20Information.pdf

CORAZZA, V. et al. (1990): Kursbuch Gesundheit. Beschwerden und Symptome, Krankheiten, Untersuchung und Behandlung, Selbsthilfe. Köln (vollst. überarb. Neuausg. 1997, S. 937)

CORDES, R. (1981): Langlauf verwandelt den Menschen. In: SPIRIDON, 7. Jg., H. 6, S. 22-23

CORDES, V. (2014): Sport hilft leben. In: https://www.ndr.de/fernsehen/sendungen/visite/Sport-hilft-leben,kolumne464.html (22.09.2014)

COTTA, H. (1994): Der Mensch ist so jung wie seine Gelenke. Haltung, Bewegung, Sport, Ernährung, Behandlung. München (9., vollst. überarb. Neuaufl. 2001)

COTTA, H. (1988): Sport treiben! Gesund bleiben! München

COUCH, J. (1993): Yoga für Läufer. Der sanfte Weg zur Fitness. Reinbek

CRISP, M. (1984): Das war van Aaken. Hilden

CSIKSZENTMIHALYI, M. (1985): Das Flow-Erlebnis. Jenseits von Angst und Langeweile: im Tun aufgehen. Stuttgart

CSIKSZENTMIHALYI, M. (1992): Flow. Das Geheimnis des Glücks. Stuttgart, S. 132

CUSTAL, C. (2011): Sport- und Bewegungstherapie. Eine wirksame Methode gegen Depressionen. Hamburg: Diplomica

CYRAN, W. (1979): Laufen, laufen, laufen ist die beste Medizin. Gegen Herzinfarkt und Schlaganfall / Vor allem auch für Ältere / Erkenntnisse der Sportmedizin. In: CONDITION, 10. Jg., H. 2, S. 27

D'ADAMO, P. J. & WHITNEY, C. (2001): 4 Blutgruppen. Vier Strategien für ein gesünderes Leben. München, Zürich (7. Aufl. 2002), S. 103-106, 178-181

DAHMS, C. (1984): Van-Aaken-Preis an Volker Günnewig [Einfluß des Ausdauertrainings und einer akuten Ausdauerbelastung auf Serumlipide und Serumlipoproteine unter besonderer Berücksichtigung der Zusammensetzung der High-Density Lipoproteine]. In: SPIRIDON, H. 2, S. 42-43

DAHMS, C. (1986): Dauerlauf statt Drogen. In: SPIRIDON, 12. Jg., H. 2, S. 8-10

DAHMS, C. (1986): Psychologische Studie ergab: Marathonläufer sind glücklicher. In: SPIRIDON, 12. Jg., H. 3, S. 20-21

DAHMS, C. (1986): Endorphine sorgen für Glücksgefühle. In: SPIRIDON, H. 10, S. 63

DAHMS, C. (1987): Ausdauersportler sind besser durchblutet. Van-Aaken-Preis für Dr. Ernst. In: SPIRIDON, 13. Jg., H. 2, S. 16

DAHMS, C. (1987): Laufen senkt Bluthochdruck. In: SPIRIDON, 13. Jg., H. 11, S. 6

DAHMS, C. (1988): Am Anfang steht die Gesundheit. Motivation des Langstreckenläufers. In: SPIRIDON, H. 3, S. 70

DAHMS, C. (2001): Laufen. Geschichte, Kultur, Praxis. Göttingen, S. 83-96, 113-124

DAHMS, C. (2006): Vor 195 Jahren: „Turnvater" Jahn eröffnet ersten Turnplatz. In: RUNNING, H. 8, S. 22

DALLAMASSL, A. (o. J.): Bewegung und Blutdruck. In:
http://www.laufendgesund.at/Default.aspx?PageId=42

DALLAMASSL, A. (o. J.): Bluthochdruck und Laufen. In:
http://www.laufendgesund.at/Default.aspx?PageId=62

DALLAMASSL, A. (o. J.): Familie und Laufen. In:
http://www.laufendgesund.at/Default.aspx?PageId=103

DALLAMASSL, A. (o. J.): Frauen und Laufen. In:
http://www.laufendgesund.at/Default.aspx?PageId=49

DALLAMASSL, A. (o. J.): Marathonlauf – Segen oder Schaden für die Gesundheit? In:
http://www.laufendgesund.at/Default.aspx?PageId=72

DALLAMASSL, A. (o. J.): Sexkiller Bewegungsarmut. In:
http://www.laufendgesund.at/Default.aspx?PageId=111

DALLAMASSL, A. (o. J.): Sport und Fett – viele Halbwahrheiten. In:
http://www.laufendgesund.at/Default.aspx?PageId=99

DANNHORN, R. (1986): Psychoanalytische Überlegungen zum Dauerlauftraining. In: MATERIALIEN ZUR PSYCHOANALYSE UND ANALYTISCH ORIENTIERTEN PSYCHOTHERAPIE, 12. Jg., H. 1, S. 31-81

DANNHORN, R. (1986): Sportprogramme in der Suchtbehandlung aus psychoanalytischer Sicht. In: SUCHTGEFAHREN, 32. Jg., H. 5, S. 323-330

DANZ, A. M., ZITTERMANN, A., SCHIEDERMAIER, U., KLEIN, K., HÖTZEL, D. & SCHÖNAU, E. (1998): Der Einfluß von Sport auf die Knochendichte perimenopausaler und postmenopausaler Frauen – eine Interventionsstudie. In: DEUTSCHE ZEITSCHRIFT FÜR SPORTMEDIZIN, 49. Jg., Nr. 10, S. 306; http://www.zeitschrift-sportmedizin.de/fileadmin/content/archiv1998/Heft10/1998_10_OSTEOPOROSE.pdf

DARGATZ, T. (1997): Starkes Immunsystem durch Sport. München

DARGATZ, T. (1998): Joggen. Das ideale Ausdauertraining. (Praxis-Ratgeber sportinform) München (2. Aufl. 2001: Joggen. Das ideale Fitness-Training)

DARGATZ, T. (1999): Anti-Streß-Programm. Aktive Vorbeugemaßnahmen gegen Burnout-Syndrom und Streß. (Praxis-Ratgeber „fit und gesund") München

DARGATZ, T. & KOCH, A. (1994): Herz-Kreislauf-Training. Vorbeugende Hilfen für den Alltag bei Herz-Kreislauf-Beschwerden. (Praxis-Ratgeber „fit und gesund") München

Das stärkt die Abwehr: 10 Tipps für Ihr Immunsystem. (2001) In: RATGEBER AUS IHRER APOTHEKE, 15. Oktober, S. 4-6

Das waren noch Zeiten ... – Ministerial-Erlaß über „Das Laufen" vom 16. April 1890 (1992) In: DLZ-RUNDSCHAU, Ausg. 7, S. 8

DAUM, M. (2010): Geht joggen! Oder doch nicht? Wer bestimmt, was gesund macht? Ein Streitgespräch mit Juli Zeh und Thomas Zeltner im Schauspielhaus Zürich. In: DIE ZEIT, No. 52; http://www.zeit.de/2010/52/CH-Gesund-oder-frei (24.12.2010)

DEIBERT, P., KÖNIG, D., BECKER, G., BERG, A. & DICKHUTH, H. H. (2010): Körperliche Aktivität bei Lebererkrankungen. In: DEUTSCHE ZEITSCHRIFT FÜR SPORTMEDIZIN, 61. Jg., Nr. 9, S. 201-207; http://www.zeitschrift-sportmedizin.de/fileadmin/content/archiv2010/heft09/uebersicht_Deibert.pdf

DEICHGRÄBER, R. (2001): Aschenbahn und Himmelreich. Spiritualität in Sport und Spiel. Gießen

DEIMEL, H. (2005): „Wenn rennen und sich auf die Waage stellen nicht reichen" – Psychosomatische Aspekte der Adipositas bei Kindern und Jugendlichen sowie Konsequenzen für den Sportunterricht. In: BJARNASON-WEHRENS, B. & DORDEL, S. (Hrsg.): Übergewicht und Adipositas im Kindes- und Jugendalter (Brennpunkte der Sportwissenschaft, Bd. 29). St. Augustin, S. 59-73

DEIMEL, H. (2013): Körperliche Aktivität bei bipolaren Störungen. DGBS – 13. Jahrestagung, Greifswald 28.09.2013. In: http://dgbs.de/fileadmin/user_upload/PDFs/Jahrestagung_2013/Abstracts-2013/DGBS_H_Deimel_Koerperliche_Aktivitaet_bei_Bipolaren_Stoe.pdf, S. 2, 9-10 (18.11.2013)

DEIMEL, H., HUBER, G., PFEIFER, K. & SCHÜLE, K. (Hrsg.) (2007): Neue aktive Wege in Prävention und Rehabilitation. Köln

Dem Alkohol davonlaufen (1982). In: CONDITION, 13. Jg., H. 2, S. 18-19

Dem Diabetes davonlaufen (2014). In: AKTIV LAUFEN, September/Oktober, S. 85-86

Den Kopf frei laufen. (2007) In: RUNNER'S WORLD, H. 11, S. 26-27

DENGLER, W. (2013): „Die Heilkraft der Bewegung". In: http://www.ihk-coburg.de/gf/Existenzgruendung_und_Unternehmensfoerderung/Downloads/Veranstaltunge n/2013/Handout_HeilkraftBewegung_WolfgangDengler.pdf

Der Herzinfarkt (o. J.). In: http://www.herzinfarktdiagnose.de/index.php?option=com_content&task=view&id=23&Itemid=38

DER STANDARD (2008): Laufen als Therapie – Laufen und Herzinfarkt ... In: http://derstandard.at/3250519 (05.03.2008)

DERICKS, R. (2001): Die beste Pille heißt Sport. In: SPIRIDON, 27. Jg., H. 6, S. 12-13

DESPEGHEL, M. (2011): High Intensity Training zum Abnehmen. München

DESPEGHEL-SCHÖNE, M. (2003): Fitness für faule Säcke. Das Präventionsprogramm für alle, die müssten, aber nicht wollen! Köln, S. 23-36

DESPEGHEL-SCHÖNE, M.; ALAMONTI, D. & PÜTZ, J. (2001): anti-aging. Ihr persönliches 5-Punkte-Sofortprogramm. Köln, S. 102-142

DESPEGHEL-SCHÖNE, M. & NEUMANN, B. (2003): Jung bleiben! München, Hamburg

DETMER, H./SPIRIDON & LÖTZERICH, H. (2002): Durch Ausdauersport Krebs zähmen [Interview]. In: SPIRIDON, H. 12, S. 24

DEUTSCHE ANGESTELLTEN KRANKENKASSE (o. J.): Was das Herz begehrt. Weg mit dem Glimmstängel, ran ans Gemüse und ab an die frische Luft. In: http://www.dak.de/dak/download/Pressemitteilung_Ratgeber_Herz-1319502.pdf

DEUTSCHE GESELLSCHAFT FÜR NEUROLOGIE (2009): Joggen fürs Gehirn. (07.10.2009); http://www.springermedizin.de/joggen-fuers-gehirn/18818.html

DEUTSCHE GESELLSCHAFT FÜR VERHALTENSTHERAPIE (2013): DGVT Fort- und Weiterbildung: Weiterbildung in Lauftherapie zum/zur LauftherapeutIn DGVT. Kurs Jahrgang 2014. In: http://www.dgvt-fortbildung.de/fileadmin/user_upload/Dokumente/Seminarreihen/Laufen_2014_Ausschreibung.pdf

DEUTSCHE HERZSTIFTUNG (2009): Plötzliche Kälte gefährlich für Herzpatienten. In: http://www.germanroadraces.de/24-0-8289-ploetzliche-kaelte-gefaehrlich-fuer-herzpatienten--deutsche.html (06.01.2009)

DEUTSCHE HOCHDRUCKLIGA (o. J.): Bluthochdruck und körperliche Aktivitäten, Stressbewältigung und Vorbeugung. In: http://www.hochdruckliga.de/tl_files/content/dhl/folien/Foliensatz_2.pdf

DEUTSCHE KRANKENVERSICHERUNG (o. J.): Koronare Herzkrankheit (KHK) und Sport. In: https://www.dkv.com/gesundheit_bewegungsprogramm-koronare-herzkrankheit_29_50_5119_8908.html

DEUTSCHE KREBSHILFE (Hrsg.) (2014): Schritt für Schritt. Mehr Bewegung – weniger Krebsrisiko. Präventionsratgeber. Bonn; http://www.krebshilfe.de/fileadmin/Inhalte/Downloads/PDFs/Praeventionsratgeber/403_0124.pdf

DEUTSCHE KREBSHILFE et al. (Hrsg.) (o. J.): Trainingsplan „Laufen für Nichtsportler". In: http://www.bewegung-gegen-krebs.de/fileadmin/Trainingsplan_Laufen.pdf

DEUTSCHE MIGRÄNE- UND KOPFSCHMERZGESELLSCHAFT (DMKG) (2011): Presseinformation: Sporttherapie hilft bei Migräne und Kopfschmerzen. Studie zeigt: Walken und Joggen mindert Migränetage und Kopfschmerzstunden deutlich. In: http://www.dmkg.de/sport_und_migraene; http://www.dmkg.de/sites/default/files/PM-Sport%20und%20Migr%C3%A4ne.pdf

DEUTSCHE PRESSE-AGENTUR (DPA) (2008): Studie der Uniklinik Ulm: Laufen macht schlau und verbessert die Stimmung. In: http://www.faz.net/aktuell/sport/mehr-sport/studie-der-uniklinik-ulm-laufen-macht-schlau-und-verbessert-die-stimmung-1548687.html (18.04.2008)

DEUTSCHE PRESSE-AGENTUR (DPA) (2014): Joggen in der Mittagspause ist gut für die Konzentration. In: http://www.freiepresse.de/RATGEBER/JOB-KARRIERE/Joggen-in-der-Mittagspause-ist-gut-fuer-die-Konzentration-artikel8755605.php (24.03.2014)

DEUTSCHE PRESSE-AGENTUR (DPA) (o. J.): Depressionen: Laufen hilft bei der Therapie. In: http://www.berlin.de/special/sport-und-fitness/freizeitsport/laufen-walking/news/43131-57887-depressionenlaufenhilftbeidertherapie.html

DEUTSCHER LEICHTATHLETIK-VERBAND (Hrsg.) (1974): Breitensport-Fibel. Darmstadt

DEUTSCHER LEICHTATHLETIK-VERBAND (Hrsg.) (1999): Lauf-Treff-Mappe mit Walking-Informationen. Darmstadt (Neuausgabe)

DEUTSCHER LEICHTATHLETIK-VERBAND (Hrsg.) (2009): Lauf-Treff-Mappe. Laufen, Walking, NordicWalking. Darmstadt (Juli); https://www.leichtathletik.de/fileadmin/user_upload/ImportedAttachments/Trafomat3/2009/23 165_dlv_treff_mappe_final.pdf

DEUTSCHER LEICHTATHLETIK-VERBAND (Hrsg.) / LEVENIG, C. & HOPPE, G. (2013): Kursmanual – Ausdauer auf Dauer. Darmstadt

DEUTSCHE MULTIPLE SKLEROSE GESELLSCHAFT (Hrsg.) (2012): Leben mit MS: „Beim Laufen vergesse ich die Krankheit". In: http://www.dmsg.de/multiple-sklerose-news/index.php?w3pid=news&kategorie=ausdembundesverband&anr=3655 (11.06.2012)

DEUTSCHER OLYMPISCHER SPORTBUND (Hrsg.) (o. J.): Depressionen und Sport: Was sagt die Forschung? In: http://www.richtigfitab50.de/de/richtig-fit-ab-50/gesundheitssport/was-sagt-die-medizin-zu/sport-und-depression/depressionen-und-sport-was-sagt-die-forschung/

DEUTSCHER OLYMPISCHER SPORTBUND (Hrsg.) (o. J.): Die Geschichte der „Trimm Dich"-Bewegung. In: http://www.trimmy.de/de/trimmy/die-geschichte

DEUTSCHER SPORTÄRZTEBUND, SEKTION BREITEN-, FREIZEIT- UND ALTERSSPORT (Hrsg.) (1998): 10 Goldene Regeln für gesundes Sporttreiben. In: SPIRIDON, 24. Jg., H. 12, S. 58

DEUTSCHER SPORTÄRZTEBUND, SEKTION REHABILITATION UND BEHINDERTENSPORT (1999): Bewegungs- und Sporttherapie bei depressiven Erkrankungen. Richtlinien des Deutschen Sportärztebundes. In: DEUTSCHE ZEITSCHRIFT FÜR SPORTMEDIZIN, 50. Jg., Nr. 4, S. 109-112; http://www.zeitschrift-sportmedizin.de/fileadmin/content/archiv1999/Heft04/1999_04_SPORT%20BEI%20DEPRESSIONEN.pdf

DEUTSCHER SPORTBUND (Hrsg.) (1975): Trimm Trab: Das neue Laufen ohne zu schnaufen. Frankfurt a. M. (2. Aufl.)

DEUTSCHER SPORTBUND (Hrsg.) (1975): Ausdauersport als Freizeitsport. Frankfurt a. M.

DEUTSCHER SPORTBUND (Hrsg.) (1979): Komm mit uns auf Trab. Frankfurt a. M.

DEUTSCHER SPORTBUND (Hrsg.) (o. J.): Arbeitsmappe Lauf-Treff. Frankfurt a. M.

DEUTSCHER VERBAND FÜR GESUNDHEITSSPORT UND SPORTTHERAPIE (DGVS) (Hrsg.) (2014): Wege aus der Angst. Laufen hilft, Push-ups auch? In: http://www.dvgs.de/dvgs-blog/item/89-wege-aus-der-angst-laufen-hilft,-push-ups-auch.html (20.10.2014)

DEUTSCHER VERBAND LANGLAUFENDER ÄRZTE (Hrsg.) (1987): Ausdauersport – Erfahrungen und Probleme. (Schriftenreihe des DVLÄ, H. 1) Augsburg

DEUTSCHER VERBAND LANGLAUFENDER ÄRZTE (Hrsg.) (1988): Ausdauersport – Bedeutung für Prävention und Rehabilitation. (Schriftenreihe des DVLÄ, H. 2) Augsburg

DEUTSCHER VERBAND LANGLAUFENDER ÄRZTE (Hrsg.) (1991): Ausdauersport – Prävention und Leistungsphysiologie. (Schriftenreihe des DVLÄ, H. 4) Augsburg

DEUTSCHER VERBAND LANGLAUFENDER ÄRZTE UND APOTHEKER (Hrsg.) (1993): Ausdauersport – Zentrale Themen aus medizinischer Sicht. (Schriftenreihe des DVLÄ, H. 5) Augsburg

DEUTSCHES LAUFTHERAPIEZENTRUM (o. J.): Richtlinien für die Aus- und Weiterbildung von Lauftherapeuten. Paderborn (Bad Lippspringe, 3., überarb. Aufl. 1996)

DEUTSCHES LAUFTHERAPIEZENTRUM (1990): Richtlinien für die Aus- und Weiterbildung von Lauftherapeuten. In: DLZ-RUNDSCHAU, Ausg. 4, S. 48-63

DEUTSCHES LAUFTHERAPIEZENTRUM (o. J.): Faltblatt „Deutsches Lauftherapiezentrum e. V.". Bad Lippspringe

DEUTSCHES LAUFTHERAPIEZENTRUM (o. J.): Faltblatt „10 Jahre Deutsches Lauftherapiezentrum e. V. (DLZ) 1988 – 1998". Bad Lippspringe

DEUTSCHES LAUFTHERAPIEZENTRUM (o. J.): Faltblatt „Arztinformation ,Laufen auf Rezept'". Bad Lippspringe

DEUTSCHES LAUFTHERAPIEZENTRUM (o. J.): Willkommen beim Deutschen Lauftherapiezentrum e. V.. In: http://www.lauftherapiezentrum.de/

DEUTSCHES LAUFTHERAPIEZENTRUM (2007): 20 Jahre Deutsches Lauftherapiezentrum (1988 – 2008). Bad Lippspringe. (DVD)

DEYNET, G. (1979): Sport und Bewegungstherapie in der Psychiatrie. Beiträge zur psychiatrischen Weiterbildung und Forschung. Meinsberg

DICKHUTH, H.-H. (2014) Bewegung und Sport bei Vorhofflimmern. In: HERZ HEUTE , H. 2; http://www.germanroadraces.de/24-0-38245-bewegung-und-sport-bei-vorhofflimmern--prof.html (01.04.2014)

DICKHUTH, H.-H. et al. (1994): Zur medizinischen Begründung eines lebenslangen Ausdauertrainings. In: BECKER, U. (Hrsg.): Leichtathletik im Lebenslauf (Edition Leichtathletik, Bd. 8). Aachen, S. 355-360

DIE BAYERISCHE LAUFZEITUNG (Hrsg.) (o. J.): Laufen mit Herz. In: http://www.bayerischelaufzeitung.de/wp-content/uploads/2013/09/Herz-Laufen-mit-Herzpatienten.pdf

Die Down-Syndrom-Staffel Fürth. Eine Laufgemeinschaft gegen das Klischee (2008). In: RUNNER'S WORLD, H. 12, S. 46

Die Durchblutung des Hirns. (Aus der Sportmedizin) (1987). In: SPIRIDON, H. 6, S. 26

Die heilende Kraft der Bewegung (o. J.). In: http://www.psychotherapeuten-liste.de/gesundheit/sport-bewegung/die-heilende-kraft-der-bewegung

Die Lust am Laufen. (Das Saarland lebt gesund: Bewegung) (o. J.). In: http://www.saarland.de/36328.htm

Die Vorteile körperlicher Aktivität (2006). In: http://www.eufic.org/article/de/artid/vorteile-korperliche-aktivitat/

DIE WELT & BAHR, D. (2012): Daniel Bahr – „Ideen kommen beim Laufen" [Interview]. In: http://www.welt.de/regionales/berlin/article109510484/Daniel-Bahr-Ideen-kommen-beim-Laufen.html (27.09.2012)

DIEHM, C. et al. (1981): Körperliches Training als Prophylaxe arteriosklerotischer Gefäßerkrankungen. In: THERAPIEWOCHE, 31, S. 5363-5370

DIEHM, C. et al. (1984): Hämorheologische Veränderungen nach körperlichem Training. In: DEUTSCHE ZEITSCHRIFT FÜR SPORTMEDIZIN, 35. Jg., S. 286

DIEM, C.-J. (1983): Das intervallisierende Ausdauertraining für den untrainierten Laufanfänger. In: CONDITION, 14. Jg., H. 4, S. 10-13

DIEM, C.-J. (1984): Das intervallisierende Ausdauertraining für den untrainierten Laufanfänger – Das Darmstädter Modell. In: SPORTUNTERRICHT, 33. Jg., H. 3, S. 104-109

DIEM, C.-J. (1987): Tips für Laufanfänger. Aachen

DIEM, C.-J. (2001): Das Herz-Kreislauf-System des Läufers. In: CONDITION, 32. Jg., H. 4, S. 42-45

DIEM, C.-J. (2001): Laufen. Grundlagen des Ausdauersports. Aachen

DIEM, C.-J. (2005): Der Spaß kommt vor dem Ehrgeiz. Tipps für Eltern und Betreuer. (Ratgeber: Laufen mit Kindern). In: CONDITION, H. 6, S. 24-26

DIEM, C.-J. (2006): Ob ich das wohl schaffe. Die Angst des Anfängers. In: BONNEMANN, A., GRELL, J. & RICHTER, K. (Hrsg.) (2006): Laufen und Lauftherapie. Ein Lesebuch. Regensburg, S. 178-186

DIEM, C.-J. & SCHWEBEL, W. (1999): Gesundheitsförderung durch Lauftherapie. Welche Möglichkeiten bietet der Lauf-Treff? In: WEBER, A. (Hrsg.): Hilf dir selbst: Laufe! Paderborn, S. 100-114

DIEM, L. (1984): Danksagung zum Tod eines großen Arztes [aus: „Sport-Informations-Dienst"]. In: CONDITION, 15. Jg., H. 3, S. 14-15

DIEM, L. (1986): Auf die ersten Lebensjahre kommt es an. Intelligenz durch Bewegungstraining. Aachen (Neuaufl.), S. 93-94

DIERBACH, H. (2009): Die neue Medizin gegen Depression. In: STERN – Gesund leben: So kommen Sie in Bewegung. H. 1, S. 108-110

DIERBACH, H. & ERKELENS, M. (2009): „Nach vier bis sechs Wochen werden die Veränderungen sichtbar" (Laufen gegen Depressionen). In: STERN – Gesund leben: So kommen Sie in Bewegung. H. 1, S. 111

DIETRICH, R. (1986): Nach innen laufen. Über die Innenseite des Laufens – mit praktischen Übungen. Salzburg

DIETRICH, R. (1993): Entspannung durch meditatives Laufen. Salzburg

DIETRICH, R. (2001): Die Freiheit des Laufens. Körperhaltung und Körperbewegung. Elixhausen bei Salzburg

DIETRICH, T. (2010): Eine neue Sorge um sich? Ausdauersport im «Zeitalter der Kalorienangst». In: LENGWILER, M. & MADARASZ, J. (Hrsg.): Das präventive Selbst. Eine Kulturgeschichte moderner Gesundheitspolitik. Bielefeld, S. 279-304

DIMEO, F. C. (1998): Aerobes Training für Krebspatienten. In: SPIRIDON, 24. Jg., H. 2, S. 54-55

DIMEO, F. C. (2010): Welche Rolle spielt körperliche Aktivität in der Prävention, Therapie und Rehabilitation von neoplastischen Erkrankungen? In: DEUTSCHE ZEITSCHRIFT FÜR SPORTMEDIZIN, 55. Jg., H. 7, 8, S. 177-182

DIMEO, F. C. (o. J.): Körperliche Aktivität und Krebs. In: http://www.berlin-laeuft.de/fitness-news/koerperliche-aktivitaet-und-krebs-priv-doz-dr-med-fernando-c-dimeo-charite-universitaetsmedizin-berlin.html

DIMEO, F. C., KUBIN, T., KRAUTH, K. A., KELLER, M. & WALZ, A. (2006): Krebs und Sport. Ein Ratgeber nicht nur für Krebspatienten. Berlin

DIPPE, J. (2001): Laufen im Dienstsport der Feuerwehr. Prävention durch Lauftherapie als Intervention im Feuerwehrdienst. (Hrsg.: ver.di) Stuttgart

DIRSCHAUER, J. (1994): Der Narr der Moderne. In: STACH, R. (Hrsg.): Zur Psychologie des Laufens. Frankfurt a. M., S. 15-35

DITFURTH, H. v. (1981): Warum der Mensch zum Renner wurde. In: GEO, H. 12, S. 118-134

DITFURTH, H. v. (1990): Warum der Mensch zum Renner wurde. Leistungssportler liefern Aufschlüsse über frühmenschliches Verhalten. In: DITFURTH, H. v.: Unbegreifliche Realität. München, S. 65-77

DÖHRN, W. (1976): Unheilbare Krankheiten – durch Ausdauertraining geheilt. In: CONDITION, 7. Jg., H. 6, S. 9

DÖHRN, W. (1980): Training als Therapie. In: CONDITION, 11. Jg., H. 2, S. 18

DÖRR, M. & HALLE, M. (2015): Körperliches Training als wichtige Komponente der Therapie bei Herzinsuffizienz. In: HERZ, 40. Jg., H. 2, S. 206-214

DÖRR, T. (2010): Körperliches Beanspruchungsprofil beim Laufen im Freien und auf dem Laufband im Vergleich. Eine empirische Untersuchung mittels Spiroergometrie. Staatsarbeit, Hamburg

DOLATE, H. (1982): Laufen ... eine psychologische „Mehrzweckwaffe". In: CONDITION, 13. Jg., H. 6, S. 54

DOMBERT, A. M. (2011): Laufen als physiotherapeutische Intervention bei der Behandlung von Depression. Bachelorarbeit, Hochschule für angewandte Wissenschaft und Kunst, Hildesheim/Holzminden/Göttingen (Sommersemester)

DONATH, R. et al. (1986): Das Verhalten der Lipide und Lipoproteine bei Langstreckenläuferinnen. In: MEDIZIN & SPORT, 26. Jg., S. 65-69

DONNER, S. (2011): Sport lindert Symptome psychischer Erkrankungen. In: BADISCHE ZEITUNG vom 18. April 2011; http://www.badische-zeitung.de/gesundheit-ernaehrung/sport-lindert-symptome-psychischer-erkrankungen--44293277.html

DOPP, T. (o. J.): Die Seele läuft mit – Der Weg ist das Ziel. Meditatives Lauftraining fördert Selbstfindung und innere Harmonie. In: http://guide.nwzonline.de/themen/gesundheit/allgemeine-gesundheit/die-seele-laeuft-mit-der-weg-ist-das-ziel_a_19,0,906063104-guide.html

DOSTERT, A. (2012): Laufend zum Wunschgewicht. Von der Couch zum Gesundheitsläufer. o. O.

DOUGLAS, S. (2013): Neue wissenschaftliche Studie: Laufen senkt Risiko, an Brustkrebs zu sterben. In: http://www.runnersworld.de/gesundheit/laufen-senkt-risiko-an-brustkrebs-zu-sterben.307124.htm (13.12.2013)

DPA (o. J.): Depressionen: Laufen hilft bei der Therapie. In: http://www.berlin.de/special/sport-und-fitness/freizeitsport/laufen-walking/news/43131-57887-depressionenlaufenhilftbeidertherapie.html

DRÄBING, R, ENGEL, A., HOERKENS, L. & SCHIFFER, N. (2006): Das Schulsportkonzept einer Förderschule mit dem Förderschwerpunkt Emotionale und soziale Entwicklung. In: DRÄBING, R. (Hrsg.): Kinder brauchen Bewegung! Bewegung in der Jugendhilfe? Aachen, S. 317-333

DREHER, J. (2012): Sport hilft gegen alles. Darüber vergißt man leicht, dass es oft wirklich hilft ... In: http://psychiatrietogo.de/2012/03/20/sport-hilft-gegen-alles-daruber-vergist-man-leicht-dass-es-oft-wirklich-hilft/ (20.03.2012)

Drei gute Gründe Laufen zu gehen (... wie profitiert unser Gehirn vom Ausdauersport? ...) (o. J.). In: http://www.neuronation.de/science/drei-gute-gr%C3%BCnde-laufen-zu-gehen

Du kannst das: So wird Ihr Kind selbstbewusst! (o. J.) In: http://www.spielundzukunft.de/selbstbewusstsein/1313-du-kannst-das-so-wird-ihr-kind-selbstbewusst

DÜLFER, R. & FRÖHLICH-GILDHOFF, K. (1992): Laufen und Gespräche. Erfahrungen und Wirkungen eines ganzheitlichen Angebots für Menschen mit seelischen Beeinträchtigungen. In: GWG-ZEITSCHRIFT, 87, S. 30-34

DUETZ, M., ABEL, T. & EGGER, K. (2004): Bewegung und Sport in der kardiologischen Reha: die Änderung des Lebensstils als Herausforderung. In: DECK, R. & MITTAG, O.

(Hrsg.): Möglichkeiten der Lebensstiländerung. Sekundärprävention und Rehabilitation des Koronarpatienten. Lage, S. 57-75

DUFAUX, B.; LIESEN, H.; ROST, R. et. al. (1979): Über den Einfluß eines Ausdauertrainings auf die Serum-Lipoproteine unter besonderer Berücksichtigung der Alpha-Lipoproteine (HDL) bei jungen und älteren Personen. In: DEUTSCHE ZEITSCHRIFT FÜR SPORTMEDIZIN, H. 5, S. 123-128

Durch Laufen fit werden und die Blutzuckereinstellung verbessern - „Diabetes Programm Deutschland" (2013). In: http://www.germanroadraces.de/24-0-33795-durch-laufen-fit-werden-und-die-blutzuckereinstellung.html (22.03.2013)

DUTTLER, G. (2012): Bindung an Gesundheitssport. Qualitative Analyse gelingender Bindung unter besonderer Beachtung der Sportfreude. (Würzburger Beiträge zur Sportwissenschaft, Bd. 8) Göttingen

DUTTLER, G. (2013): Mit Freude laufen. Sportfreude als pädagogische Perspektive ganzheitlicher Gesundheitsförderung. Tübingen

EBERSPÄCHER, H. (1983): Anmerkung zu Trimming 130 aus sportpsychologischer Sicht (unter Bezug zu Ergebnissen einer EMNID-Umfrage vom August 1983). München: veröffentl. Manuskript

EBERSPÄCHER, H. (1985): Entscheidend ist das Wohlbefinden. In: CONDITION, 16. Jg., H. 3, S. 57-58

EBERSPÄCHER, H. (1990): Der langsame Dauerlauf als Mittel zum Streßausgleich und zur Entspannung. In: WEBER, A. (Hrsg.): Bewegung braucht der Mensch. Langsamer Dauerlauf als Vehikel für gesünderes Leben? Erkrath, S. 47-52

EBERSPÄCHER, H. & FANCK, M. (1985): Streßausgleich und Entspannung durch Bewegungstraining. Oberhaching

EBERSPÄCHER, H. & RENZLAND, J. (1985): Fit fürs Leben – Leistungsfähiger im Beruf durch psychologisches Bewegungstraining. Oberhaching

EBNER, U. (2004): Laufen als Gesundheitssport. Examensarbeit. München: GRIN

EDEL, K. (2014): Dem Tod davonlaufen? Länger oder schneller? In: NEUIGKEITEN AUS BAYERISCH GMAIN; http://www.rehaklinik-hochstaufen.de/fileadmin/user_upload/PDFs/Neuigkeiten/2014_08_Joggen_gesund_NEWS_BG.pdf

EGER-MARTE, S. & TITZE, S. (o. J.): Laufen als Therapie bei chronischen Rückenschmerzen. Beeinflussung bandscheibenbedingter Schmerzen durch therapeutisches Laufen – eine empirische Untersuchung. In: http://www.oe-s-g.at/userfiles/file/abstract/2004/eger_marte.pdf

EGLOFF, B. (2000): Wer läuft aus welchen Gründen? Zum Zusammenhang von Persönlichkeit und Motivation im Ausdauersport. In: ZIEMAINZ, H. et al. (Hrsg.): Psychologie in Ausdauersportarten. Butzbach-Griedel, S. 146-155

EGLOFF, B. & GRUHN, J. (1998): Gründe für und Veränderungen durch die Teilnahme an Ausdauersport. Zur Rolle von Persönlichkeitsvariablen. In: PSYCHOLOGIE UND SPORT, 5. Jg., H. 2, S. 46-55

EHRENTHAL, K. (2009): Neue Faustregel für über 50-Jährige: Drei Stunden Gartenarbeit pro Woche bringen über drei zusätzliche Lebensjahre. In: KVH AKTUELL – Pharmakotherapie, (Hrsg.: Kassenärztliche Vereinigung Hessen), 14. Jg., Nr. 2, S. 7-9; http://www.kvsa.de/fileadmin/user_upload/PDF/Publikationen/KVH_aktuell_Pharmakotherapie/Pharmako_SaAha_2009_2.pdf

EHRET, E. (1996): Bluthochdruck durch Laufen bekämpfen. Dreimonatiges Trainingsprogramm brachte Patienten gute Erfolge. In: DLZ-RUNDSCHAU, Ausg. 15, S. 4

EHRET, E. (1996): Wie Joggen auf den Körper wirkt. In: DLZ-RUNDSCHAU, Ausg. 15, S. 4

EHRLER, W. (1981): Trainingsgewohnheiten und Motive von langjährig aktiven Ausdauerläufern. In: MEDIZIN & SPORT, 21. Jg., H. 1, S. 23-28

Ein Jahr Lauftraining – oder: Die grosse Wende nach 30 Jahren rauchen (o. J.). In: http://www.lauftipps.ch/laufsport/dauerlauf-anfaenger/30-jahre-rauchen-dann-mit-laufen-angefangen/

21 Gründe, warum jeder laufen sollte. In: RUNNER'S WORLD, H. 3, S. 30-31; http://www.runnersworld.de/gesundheit/21-gruende-warum-jeder-laufen-sollte.348512.htm#1

EISERT, H. G. (1988): Dauerlauf im Rahmen kinder- und jugendpsychiatrischer Behandlung. In: SCHULKE, H.-J. (Hrsg.): Alltagslauf als Aufbruch. (Schriftenreihe des Allgemeinen Deutschen Hochschulsportverbandes, Bd. 11) Wuppertal, S. 207-220

EISERT, H. G. (1989): Dauerlauf mit psychisch kranken Kindern und Jugendlichen. In: SCHULKE, H.-J. & SPERLE, N. (Hrsg.): Anfängerprogramme im Ausdauersport. Berichtsband zum 7. ADH-Symposium „Anfänger und Abbrecher im Ausdauersport". Universität Bremen 1987. (Schriftenreihe „Gesundheit, Sport, Ernährung", Bd. 2) Bremen, S. 63-73

EISERT, H. G. (1989): Abschlußbericht der Arbeitsgruppe Praxiskonzepte II „Ausdauersport als Therapie". In: SCHULKE, H.-J. & SPERLE, N. (Hrsg.): Anfängerprogramme im Ausdauersport. Berichtsband zum 7. ADH-Symposium „Anfänger und Abbrecher im Ausdauersport". Universität Bremen 1987. (Schriftenreihe „Gesundheit, Sport, Ernährung", Bd. 2) Bremen, S. 147

EKBLOM, B. & NORDEMAR, R. (1989): Rheumatoide Arthritis. In: SKINNER, J. S. - Hrsg. -, S. 135-149

EM (1997): Ausdauersport fördert die Rehabilitation nach Krankheiten. Lauftherapie kann Patienten mehr nutzen als ein Schonprogramm. Seit den 70er Jahren als Heilverfahren entwickelt. In: DLZ-RUNDSCHAU, Ausg. 18, S. 26

EMMERICH, F. (1997): Den Regen auf der Haut spüren. Laufen tut Körper und Seele gut. Wilfried Sänger aus Wehen bietet Kurse an. In: DLZ-RUNDSCHAU, Ausg. 18, S. 26

ENGEL, K. & ENGEL-KORNS, D. (2001): Fitness für die Traumfigur. Mit Body-Styling in Form kommen. München, insb. S. 42-47

ENGLEHART, R. (o. J.): Der große alte Mann des Ausdauertrainings – Der Trainer Ernst van Aaken war seiner Zeit weit voraus. [Übersetzt von Wiepke van Aaken aus „Marathon and Beyond", 2007, vol. 11, no. 2] In: http://www.dr-van-aaken.com/bilder/MarathonBeyond_Englehart.pdf

EPPINGER, F. (1994): Fallbericht „VERA". Veränderungen bei einer Teilnehmerin an einem Lauftherapie-Kurs für Betriebsangehörige. In: DLZ-RUNDSCHAU, Ausg. 11, S. 24-27

EPPINGER, F. (1994): Körperlich-seelische Gesundheit durch aerobe Bewegung. In: PSYCHOPÄDICA, 5. Jg., H. 3

EPPINGER, F. (1995): Lauftherapie – Gesundheitsförderung im Betrieb. Zur Veränderung von Lebensgewohnheiten bei Teilnehmern an einem Lauftherapie-Kurs für Betriebsangehörige, dargestellt an ausgewählten Beispielen. (Hrsg.: Deutsches Lauftherapiezentrum; Praxis-Reihe >Lauftherapie<, Bd. 1) Oberhaching

EPPINGER, F. (1996): Prävention und Gesundheitsförderung im Unternehmen. Planungsschritte und Checkliste zur Umsetzung von Lauftherapiekursen im betrieblichen Rahmen. In: DLZ-RUNDSCHAU, Ausg. 16, S. 8-11

EPPINGER, F. (1999): Praxis Lauftherapie: Gesundheitsförderung in der Arbeitswelt. Fallbericht und Leitfaden zur Umsetzung von Lauftherapie-Kursen im betrieblichen Rahmen. In: WEBER, A. (Hrsg.): Hilf dir selbst: Laufe! Das Paderborner Modell der Lauftherapie und andere Konzepte für langfristig gesundes und erfolgreiches Laufen. Paderborn, S. 275-292

EPPINGER, F. (2004): Persönlichkeits- und Gesundheitsförderung durch aerobe Bewegung. Planung, Durchführung und Evaluation eines Kurskonzeptes für Mitarbeiter/innen eines Bildungsunternehmens. Masterarbeit, Technische Universität Kaiserslautern

EPPINGER, F. (2008): Persönlichkeits- und Gesundheitsförderung durch aerobe Bewegung. Planung, Durchführung und Evaluation eines Kurskonzeptes für Mitarbeiter/innen eines Bildungsunternehmens. (GRIN), ebook (2., überab. Aufl.)

EPPNER, A. (2011): Laufen für ein starkes Herz. In: MÜNCHNER MERKUR, Nr. 140, 20.06.2011, S. 19; http://www.sport.med.tum.de/media.php?mediaid=163&filename=Laufenseite-Druck.pdf

ERKELENS, M. (1995): Laufen gegen das Leiden. Sporttherapie gegen Depression begeistert auch Sportmuffel. In: http://userpage.fu-berlin.de/~fupresse/FUN/1995/7-95/t4.htm

ERKELENS, M. (1996): Laufen gegen Depressionen. Ein Programm. In: PFISTER, G. (Hrsg.): Fit und gesund mit Sport. Frauen in Bewegung. Berlin, S. 266-277

ERKELENS, M. & GOLZ, N. (1998): Effekte des Sporttreibens bei Depressionen. Das Berliner Sporttherapieprogramm zur Behandlung depressiver Störungen, Theoretische Grundlegung und Evaluation von Effektgrößen sowie Veränderungsursachen (Wissenschaftliche Schriftenreihe Psychologie, Bd. 9). Berlin

ERMERT, C. (2006): Lauf in ein anderes Leben? In: AKTIV LAUFEN, H. 2, S. 70-71

ERNÄHRUNGSINSTITUT PABST & RESIZE (o. J.): Massenkrankheit Bluthochdruck: Ab wann wird's gefährlich? In: http://www.ernaehrungsberatung-wien.com/ernaehrungsthemen/aktuelle-ernaehrungsthemen/bluthochdruck-ab-wann-wirds-gefaehrlich-und-was-kann-man-gegen-erhoehte-werte-tun.html

ERNST, E. & SCHMID, M. (1984): Verbesserung der Blutfluidität durch intensives körperliches Training. In: FORTSCHRITTE DER MEDIZIN, 102, S. 1097

ERNST, E., SCHMIDLECHNER, C. & SCHMID, M. (1985): Konträre hämorheologische Effekte von körperlicher Akut- und Dauerbelastung. In: DEUTSCHE ZEITSCHRIFT FÜR SPORTMEDIZIN, 36. Jg., S. 259

ERNST, H., BETZ, M. & DIETZ, K. (1999): Lauftherapie im Rahmen einer Aktiv- und Regenerationskur mit hoch streßbelasteten Mitarbeitern der Deutschen Flugsicherung. In: WEBER, A. (Hrsg.): Hilf dir selbst: Laufe! Das Paderborner Modell der Lauftherapie und andere Konzepte für langfristig gesundes und erfolgreiches Laufen. Paderborn, S. 293-306

ERTL, J. & HARTMANN, G. (2012): „Körper, Geist und Seele im Einklang". Marathon-Rekordmann Gerhard Hartmann ist überzeugt: Sport kann dem Leben einen völlig neuen Sinn geben. In: http://kurier.at/chronik/oberoesterreich/koerper-geist-seele-im-einklang/769.992 (03.03.2012)

EUROPÄISCHE AKADEMIE FÜR BIO-PSYCHO-SOZIALE GESUNDHEIT / FRITZ-PERLS-INSTITUT (2015): Lauftherapie im Integrativen Verfahren (Kurzzeitausbildungen im Integrativen Verfahren). In: http://www.eag-fpi.com/kurzzeitausbildungen/bewegungs-koerpertherapie/lauftherapie/

EUROPÄISCHE GESELLSCHAFT FÜR KARDIOLOGIE (2012): Regelmäßiges Joggen steigert die Lebenserwartung erheblich. In: http://www.alphagalileo.org/ViewItem.aspx?ItemId=119888&CultureCode=de (03.05.2012)

EUROPÄISCHE UNION – ARBEITSGRUPPE „SPORT & GESUNDHEIT" (2008): EU-Leitlinien für körperliche Aktivität. Empfohlene politische Maßnahmen zur Unterstützung gesundheitsfördernder körperlicher Betätigung. Brüssel, S. 18, 19. In: http://ec.europa.eu/sport/library/policy_documents/eu-physical-activity-guidelines-2008_de.pdf

EVANGELISCHER KIRCHENKREIS BRAUNFELS (2014): Pfarrerin setzt Gemeinde laufend in Bewegung. Mitglieder der ersten Laufgruppe erhalten Urkunden. In: http://www.kirchenkreis-braunfels.de/ekkb_ekkw/ekkb_und_ekkw/html/pfarrerin_setzt_gemeinde_laufend_in_bewegung.html

EVERTSBUSCH, A. & DORDEL, S. (2000): Zum Einfluss von Ausdauertraining auf das Verhalten autistischer Menschen. In: SPORTWISSENSCHAFT, 30. Jg., H. 3, S. 262-277

EXPERTO.DE (?): Spezialreport: Richtig Laufen. Bonn (pdf)

FABRITIUS, A. (1984): Klinische und präventive Aspekte des Dauerlauftrainings. Dissertation, Universität Tübingen

FALGOWSKI, M. (2011): Gesundheitsstudie: Fit durch den Alltag. Teil 1: Der Startschuss. In: http://www.mz-web.de/gesundheit/gesundheitsstudie-fit-durch-den-alltag,20643030,17399956.html (11.11.2011)

FALK, B. (1997): Laufen als Therapie. In: RUNNER'S WORLD, H. 1, S. 58-64

FALK, B. & PFEFFERLE, H. (1997): Beim Laufen sich selbst erleben (Interview mit dem Sporttherapeuten Horst Pfefferle). In: RUNNER'S WORLD, H. 1, S. 64

FALKENBERG, H. (1978): Sport mit geistigbehinderten Kindern. In: SPIRIDON, H. 1, S. 22

FALKOWSKI, G., KNIGGE, H., MONTIEL, G., WILKE, C. et al. (2007): Effekte eines 20-wöchigen Ausdauertrainings auf die körperliche Leistungsfähigkeit und anthropometrische und metabolische Parameter älterer, übergewichtiger/adipöser, inaktiver Männer. Kurzreferat Nr. 318. In: DEUTSCHE ZEITSCHRIFT FÜR SPORTMEDIZIN, 58. Jg., Nr. 7-8, S. 279;

http://www.zeitschrift-sportmedizin.de/fileadmin/content/archiv2007/heft07_08/Sa_vormittag.pdf

FANNRICH-LAUTENSCHLÄGER, I. (2014): Sport hilft Krebspatienten. In: DEUTSCHLANDFUNK (Hrsg.): Sprechstunde vom 25.02.2014; http://www.deutschlandfunk.de/tumorerkrankungen-sport-hilft-krebspatienten.709.de.html?dram:article_id=278449

FAUST, V. (o. J.): Psychosoziale Gesundheit von Angst bis Zwang. Seelische Störungen erkennen, verstehen, verhindern, behandeln. In: http://www.psychosoziale-gesundheit.net/psychohygiene/aktivitaet.html

FEHR, H. (1998): Der Weg zum längeren Atem: Dauerläufe sind Schwarzbrot für Läufer. In: LAUFZEIT, H. 9, S. 18-20

FELDT, V. (1999): Fit und gesund ab 30. Aachen

FENN, A. (1980): Lauf dich fit! München, Zürich

Fettverbrennung beim Joggen (o. J.). In: http://www.fid-gesundheitswissen.de/sportmedizin/laufen-und-joggen/laufen-und-joggen-fettverbrennung/

FEURSTEIN, H. (2001): Zusammenspiel. Laufgenuss zwischen Leistung und Schonung. Grundkurs des Ganzheitlichen Laufens – ein Übungsbuch. Zwischenwasser - Batschuns/A

FIEGENBAUM, T. (1987): Persönlichkeitsmerkmale von Langstreckenläufern. In: BÄUMLER, G. & BRENGELMANN, J. C. (Hrsg.): Verhalten und Verhaltensmodifikation im Sport (Texte aus der Wissenschaft, 2). München, S. 287-298

FIGGEN, W. (1997): Laufen und Entspannung mit SchülerInnen der Hauptschule. In: DLZ-RUNDSCHAU, Ausg. 18, S. 9-11

FINDEISEN, D. G. R. (1989): Unter Streß leiden oder lernen, Streß zu genießen. In: UNIVERSITAS, 44. Jg., H. 6, S. 569-575

FINDEISEN, D. G. R. (1994): Sport, Psyche und Immunsystem. Über die Zusammenhänge zwischen physischem und psychischem Wohlbefinden. Berlin

FINKERNAGEL, H. (2007): „Erst wenn ich laufe, bin ich frei ..." Die Wirkung von Ausdauersport auf die Psyche der Frau. In: CONDITION, 38. Jg., H. 7-8, S. 41-42; http://www.igl-ev.de/die_wirkungvon_ausdauersport.html

FINKERNAGEL, H. (2011): Kinder im Kreisverkehr. Ursachen und Folgen kindlichen Übergewichts. In: CONDITION, H. 11, S. 40-41

FISCHER, A. & MARQUARDT, M. (2011): Laufen kann jeder. Aber am Anfang bitte langsam". [Interview] In: http://www.bz-berlin.de/artikel-archiv/laufen-kann-jeder-aber-am-anfang-bitte-langsam (19.06.2011)

FISCHER, D. (2009): Laufen bei Depressionen in einer psychiatrischen Praxis. In: BARTMANN, U. (Hrsg.): Fortschritte in Lauftherapie, Bd. 2. Tübingen, S. 23-28

FISCHER, J. (1999): Mein langer Lauf zu mir selbst. Köln

FISCHER, M. (2004): Vom Gefängnis der Bulimie zum New York City Marathon. Teil 1. In: DLZ-RUNDSCHAU, 16. Jg., H. 32, S. 25-28

FISCHER, M. (2005): Vom Gefängnis der Bulimie zum New York City Marathon. Teil 2. In: DLZ-RUNDSCHAU, 17. Jg., H. 33, S. 32-36

FISCHER, S. (2011): Lauftherapie mit stationär behandelten Alkoholkranken. In: BARTMANN, U. (Hrsg.): Fortschritte in Lauftherapie, Bd. 3. Tübingen, S. 37-45

FISCHER, W.-D. et al. (1994): Ambulante Sporttherapie. In: SCHEIBE, J. (Hrsg.): Sport als Therapie. Konzepte für die stationäre und ambulante Heilbehandlung. Berlin, S. 199-231

Fit durch Jogging [mit Fragen an Prof. T. Wessinghage] (2011). In: http://www.fuersie.de/gesundheit/fitness/artikel/abnehmen-durch-joggen-fit-und-schlank-werden

Fit wie die Neandertaler (2006). In: GESUNDHEIT KONKRET, (Hrsg.: Gmünder Ersatzkasse), Nr. 3, Heft 188, S. 12-13

Fitness auf dem Prüfstand (2001). In: GESUNDHEIT KONKRET (Hrsg.: Gmünder Ersatzkasse), Nr. 4, Heft 169, S. 26-28

FIXX, J. F. (1983): Das komplette Buch vom Laufen. Frankfurt a. M.

FLUEß, H. S. (2004): Joggen, Schwimmen, Treppensteigen: So schützt regelmäßiges Training Herz und Kreislauf. In: MMW – FORTSCHRITTE DER MEDIZIN, Nr. 8, S. 29-32

FÖRSTER, C. (2006): Laufen vor dem Frühstück. In: FIT FOR FUN, H. 6, S. 63-64

FÖRSTER, C. (2009): Schlau durch Sport – Wie Sie mit Bewegung Ihr Gehirn trainieren. München

FÖRSTER, C. (2013): Kurze Laufrunden: Intervalltraining beim Joggen: Gas geben lohnt sich. In: BRIGITTE, H. 6; http://www.brigitte.de/figur/fitness-fatburn/joggen-intervalltraining-1167037/

FÖRSTER, C. (o. J.): Attraktiver laufen - besserer Body! Abnehmen in 4 Wochen. In: http://www.fitforfun.de/sport/laufen/abnehmen-in-4-wochen-attraktiver-laufen-besserer-body_aid_11585.html

FOLLATH, E. (1987): Mehr als 20 sind gefährlich. (Interview mit Dr. K. H. Cooper) In: STERN, 40. Jg., H. 8, S. 134-136

FONDS GESUNDES ÖSTERREICH (Hrsg.) (o. J.): Seelische Gesundheit: Bewusst lebt besser. o. O., S. 9; http://www.fgoe.org/hidden/downloads/seelische.pdf

Forschung aktuell: Ausdauertraining vermindert deutlich Angst- und Panikattacken (o. J.). In: http://www.depression-therapie-forschung.de/jan3.html

FRANKE, K. (1981): Körperliche und psychische Gesunderhaltung im Alter. In: CONDITION, 12. Jg., H. 4, S. 19-20

FRANKENBACH, T. (2012): Warum Läufer beharrlich sind und Surfer das Leben genießen. Was dein Sport über dich verrät. Burgrain

FRANZ, I. W., MELLEROWICZ, H. & NOACK, W. (Hrsg.) (1985): Training und Sport zur Prävention und Rehabilitation in der technisierten Umwelt. Berlin

FREI, M. (2006): Lust statt Reglement. Eine kleine Polemik gegen zu viele Laufregeln. In: RUNNING SPECIAL, H. 1, S. 14-17

FREI, M. (2006): Der Sucht davon(ge)laufen. In: RUNNING, H. 3, S. 48-50

FREI, M. (2015): Weniger ist mehr! In: RUNNING, H. 1, S. 82-83

FREYTAG, W. (1986): Der altersangepaßte Sport (1). In: CONDITION, 17. Jg., H. 4, S. 10-14

FRICK, J. (o. J.): Ausdauer als Grundlage lebenslanger Fitness: Energiestoffwechsel des Muskels. (Workshop Bewegung und Sport – Sparkling science: Projekt „Fit statt fett") In: http://astgasse.net/projekte/fitstattfett/pdf/WS_Bewegung_Sport.pdf

FRIEDL, A. (2010): Wie Sport gegen Depressionen hilft. In: http://www.onmeda.de/g-psychologie/sport-gegen-depressionen-783.html (28.05.2010)

FRIEDRICH-ALEXANDER-UNIVERSITÄT (FAU) ERLANGEN-NÜRNBERG (2012): RUSH – Effekt 4-monatiger Lauftrainingsprotokolle („HIT" versus „LIT") auf muskuläre, physiologische und kardiale Größen bei Untrainierten und Wiedereinsteigern. Präsentation „Endergebnisse", 10.09.2012. In: http://www.ofz.uni-erlangen.de/RUSH/termine_files/Abschlussergebnisse_%20Laufstudie_final.pdf

Fröhlich sterben. Leben Freizeitsportler länger? (1995) In: DER SPIEGEL, H. 21, S. 180-182

FRÖHLICH-GILDHOFF, G. (2013): Psychotherapie und Sport – das neue Therapieangebot. [Wicker-Klinik, Bad Wildungen] In: http://www.wicker-klinik.de/psychotherapie-und-sport.html (26.07.2013)

FRÖHLICH-GILDHOFF, K. (2004): Laufen und Selbsterfahrung als studienbegleitendes Angebot für Studierende der Sozialen Arbeit. In: SEIBEL, B. (Hrsg.): Sport und Soziale Arbeit. Münster, S. 71-96

FROBÖSE, I. (2007): Sport und Immunsystem: Laufen stärkt die Abwehr. In: STERN – GESUND LEBEN, 1. Oktober; http://www.stern.de/gesundheit/ratgeber/sport-und-immunsystem-laufen-staerkt-die-abwehr-620769.html

FROBÖSE, I. (2012): Running & Health. Kompendium gesundes Laufen, Walking & Nordic Walking. Köln; http://www.ingo-froboese.de/wp-content/uploads/2012/09/Running_Health.pdf

FROBÖSE, I. (2014): So macht Laufen glücklich. In: http://www.ingo-froboese.de/blog/so-macht-laufen-gluecklich/#more-2077 (22.04.2014)

FROBÖSE, I. (2014): Das Turbo-Stoffwechsel-Prinzip. München.

FROBÖSE, I., NELLESSEN, G. & WILKE, C. (2003): Training in der Therapie. München

FROHNAUER, A., NEFF, A. & KNECHTLE, B. (2006): Führt Laufen zu Arthrose? In: PRAXIS, (Bern), H. 95, S. 1305-1316

FROMME, A., BORGS, A., THORWESTEN, L., UHLENBROCK, K. & VÖLKER, K. (2009): Analyse der körperlichen Alltagsaktivität von Ausdauersportlern und Nichtsportlern mit Hilfe eines Schrittzähler-Systems. Abstract. In: DEUTSCHE ZEITSCHRIFT FÜR SPORTMEDIZIN, 60. Jg., Nr. 7-8, S. 175; http://www.zeitschrift-sportmedizin.de/fileadmin/content/archiv2009/heft07_08/abstracts_komplett.pdf

Frühjahrsmüdigkeit: Mit Power aus dem Wintertief (2002). In: APOTHEKEN-UMSCHAU, 15. März 2002, S. 30-35

FUCHS, E. (2014): Laufen, wenn's eng wird [Lauftraining in der JVA Plötzensee]. In: http://www.germanroadraces.de/24-0-40323-laufen-wenns-eng-wird--von-erik.html (07.10.2014)

FUCHS, R. & SCHLICHT, W. (Hrsg.) (2012): Seelische Gesundheit und sportliche Aktivität. (Sportpsychologie, Bd. 6) Göttingen

FUCHS, R. & KLAPERSKI, S. (2012): Sportliche Aktivität und Stressregulation. In: FUCHS, R. & SCHLICHT, W. (Hrsg.): Seelische Gesundheit und sportliche Aktivität. (Sportpsychologie, Bd. 6) Göttingen, S.100-121: 117

FUCHS, W. & FISCHER, C. (1989): Aerobic, Bodybuilding, Jogging - ein neues Sinnmuster in der jugendlichen Alltagskultur? In: BRETTSCHNEIDER, W.-D., BAUR, J. & BRÄUTIGAM, M. (Hrsg.): Sport im Alltag von Jugendlichen. Sportwissenschaftliche und sozialwissenschaftliche Beiträge [Texte, Quellen, Dokumente zur Sportwissenschaft, Nr. 24]. Schorndorf, S. 160-178

FUCHSHUBER, J. (2005): Laufen – Vor- und Nachteile. In: TECHNIKER KRANKENKASSE, http://www.tk.de/tk/ausdauertraining/lauf-programm/vor-und-nachteile/19848 (07.11.2005)

FÜLLER, I. (2008): Wenn Erschöpfung chronisch wird [Chronic Fatigue Syndrom]. In: http://www.stern.de/gesundheit/medizin-psyche-wenn-erschoepfung-chronisch-wird-609252.html (24.03.2008)

95 Kilometer sind genug! Sport stärkt die Körperabwehr gegen Infektionen ... (2014). In: RUNNER'S WORLD, H. 12, S. 12

25. Lauftherapiekurs [DLZ-Ausbildung zum Lauftherapeuten] (2015). In: SPIRIDON, 41. Jg., H. 5, S. 7

FUNK, S. (1990): Einspruch, werter Autor. Eine zweite Runde für Anfänger, diesmal von Dr. Siegrid Funk – Sportmedizinischer Dienst der DDR. In: LAUFZEIT, H. 7, S. 16; http://www.laufzeit.de/archiv/1990/lz1990-06Einspruch.htm

FUX, C. (2012): Depression und Sport. In: http://www.netdoktor.de/Krankheiten/Depression/Tipps/Depression-und-Sport-5276.html (30.10.2012)

GABLER, H. (1978): Motivation zu Ausdauerleistungen im Sport. Ergebnisse einer Untersuchung an Langstreckenläufern. In: WÜRTTEMBERGISCHER LANDESSPORTBUND (Hrsg.): 2. Sportmedizinisches Seminar „Ausdauer". Stuttgart, S. 28-31

GABLER, H. & GABLER, H. (1981): Ausdauertraining im Alter. In: SCHWÄBISCHER TURNERBUND (Hrsg.) / BAUER, R. & EGELER, R. (Red.): Gymnastik, Spiel und Sport für Senioren. Schorndorf, S. 282-288

GABLER, H.; KEMPF, W. (1987): Psychologische Aspekte des Langlaufs. Empirische Untersuchungen an Trimmtrabern und Langstreckenläufern. In: SPORTWISSENSCHAFT, 17. Jg., H. 2, S. 171-183

GÄRTNER, H. (1992): Lauftherapiezentrum in Paderborn: Professor Weber auf dem Königsweg. In: DLZ-RUNDSCHAU, Ausg. 8, S. 10

GALLOWAY, J. (1986): Richtig laufen mit Galloway. Aachen, S. 197-202

GALLOWAY, J. (2006): Laufen – der perfekte Einstieg. Aachen

GALLOWAY, J. (2007): Laufen – Das Jahresprogramm. Aachen

GALLOWAY, J. (2011): Laufen: Ein Leben lang. Aachen

GANTZ, S., SCHINDEL, R., SCHNEIDER, S. et al. (2012): Laufsport: Führt Laufsport zu
vorzeitigen degenerativen Veränderungen am Kniegelenk? In: TRAUMA UND
BERUFSKRANKHEIT, S4, S. 446-451

GARCIA, I. O. (1998): Warum und wozu ich laufe? In: DLZ-RUNDSCHAU, Ausg. 20, S. 20

GASSER, R. (2001): Balance für Herz und Kreislauf. Die vier Säulen der Gesundheit.
Niedernhausen/Ts., S. 105-142

GATTERBURG, A. v. (2013): Lauf dich glücklich. In: MYSELF, Januar, S. 162-164

GAUL, C. (2010): Ausdauersport in der Migränetherapie. In: MEDICALSPORTS NETWORK,
H. 2; http://www.medicalsportsnetwork.com/archive/133741/Ausdauersport-in-der-
Migraenetherapie.html

GAVIN, J. (1988): Welcher Sport für wen. München

GAWRISEWICZ, N. & TRZOLEK, D. (o. J.): Gesund durch Bewegung: Laufen tut auch der
Seele gut. In: http://www.evidero.de/gesund-durch-bewegung

GEHLEN, S. (1984): Wohlbefinden durch Laufen und Hatha-Yoga. In: WEBER, A. (Hrsg.):
Gesundheit und Wohlbefinden durch regelmäßiges Laufen. Paderborn, S. 85-98

GEHMACHER, D. (2004): Häufige orthopädische Probleme. In: ZWICK, H. (Hrsg.):
Bewegung als Therapie. Gezielte Schritte zum Wohlbefinden. Wien, S. 153-198

GEIGER, E. & GRINDLER, K. (1991): Fit und gesund in der 2. Lebenshälfte. Schorndorf, S.
54-61

GEIGER, L. (1988): Ausdauersport-Leitfaden. Ein sportmedizinischer Ratgeber.
Oberhaching

GEIGER, L. V.(1996): Ausdauertraining. Sportmedizinischer Ratgeber. München (3.
Neuausgabe 2001)

GEIGER, L. V. (1997): Anpassungsvorgänge beim Ausdauertraining. In: CONDITION, 28.
Jg., H. 5-6, S. 22-25

GEIGER, L. V. (1999): Gesundheitstraining. Biologische und medizinische Zusammenhänge.
Gezielte Bewegungsprogramme zur Prävention. München, Wien, Zürich

GEIL, G. (2009): Lauftherapie für psychisch beeinträchtigte Menschen in Berlin-
Reinickendorf. In: BARTMANN, U. (Hrsg.): Fortschritte in Lauftherapie, Bd. 2. Tübingen, S.
110-112

GEIST, S. & MIETHLING, W.-D. (1993): Langlauf und Magersucht: Zwischen
Problemverdoppelung und Selbstheilung. In: HÖLTER, G. (Hrsg.): Mototherapie mit
Erwachsenen. Sport, Spiel und Bewegung in Psychiatrie, Psychosomatik und

Suchtbehandlung. (Reihe Motorik, Bd. 13) Schorndorf, S. 174-184

GELINE, R. J. (1979): Läufer leben länger. Alles über Jogging. München, Zürich

Gemindertes Sterberisiko: 15 Minuten Bewegung am Tag verlängern Leben um drei Jahre. (2011) In: http://www.spiegel.de/gesundheit/ernaehrung/gemindertes-sterberisiko-15-minuten-bewegung-am-tag-verlaengern-leben-um-drei-jahre-a-864705.html (17.08.2011)

Gendefekt: Laufen lässt Nerven-Stammzellen reifen (2013). In: http://www.medica.de/cipp/md_medica/custom/pub/content,oid,41735/lang,1/ticket,g_u_e_s_t/mcat_id,7889/local_lang,1 (08.07.2013)

GENNEPER, A. / VERBAND DER LAUFTHERAPEUTEN (o.J.): VDL [Verband der Lauftherapeuten] - Aufgaben Ziele Satzung. In: http://lauftherapie-vdl.de/joomla/index.php/de/vdl-aufgaben-ziele-satzung

GENNEPER, A. / VERBAND DER LAUFTHERAPEUTEN (o.J.): Lauftherapie - Ziele, Methoden und Wirkungen. In: http://lauftherapie-vdl.de/joomla/index.php/de/lauftherapie-ziele-methoden-wirkungen

GENNEPER, A. / VERBAND DER LAUFTHERAPEUTEN (o.J.): Lauftherapie als Individuelle Gesundheits-Prävention. In: http://lauftherapie-vdl.de/joomla/index.php/de/lauftherapie-individuelle-gesundheitsprävention

GENNEPER, A. / VERBAND DER LAUFTHERAPEUTEN (o.J.): Lauftherapie als Betriebliche Gesundheits-Maßnahme. In: http://lauftherapie-vdl.de/joomla/index.php/de/lauftherapie-betriebliche-gesundheitsmaßnahme

GENSTHALER, B. M. (2000): Bewegung bringt Immunsystem auf Trab. In: PHARMAZEUTISCHE ZEITUNG, Ausg. 31; http://www.pharmazeutische-zeitung.de/index.php?id=medizin1_31_2000

GEO MAGAZIN (Hrsg.) (2014): Laufen. Die lebenswichtige Bedeutung der Bewegung. Hamburg. (eBook Single)

GERBER, W. D., MILTNER, W, GABLER, H., HILDENBRAND, E. & LARBIG, W. (1987): Bewegungs- und Sporttherapie bei chronischen Kopfschmerzen. In: GERBER, W. D., MILTNER, W. & MAYER, K. (Hrsg.): Verhaltensmedizin. Ergebnisse und Perspektiven interdisziplinärer Forschung. Weinheim, S. 55-66

GERHARD, I. (2011): Auch im Winter gesund und fit durch Bewegung. In: http://www.netzwerk-frauengesundheit.com/auch-im-winter-gesund-und-fit-durch-bewegung/ (13.12.2011)

GERIG, U. (2002): Ausdauer durch sanftes Training. München

GERINGER, A. (o. J.): Der laufende Begleiter namens „Endorphin". In: http://www.laufen-und-gesundheit.de/

GERLACH, P. & KLANDE, C. (2015): IK-Hankaulauf: Glückshormone durchs Laufen. Christian Klande, Vorsitzender des Vereins Reha activa, über positive Effekte des Trainings. In: http://www.az-online.de/isenhagener-land/hankensbuettel/glueckshormone-durchs-laufen-5288939.html (25.07.2015)

GERSTENKÖPER, B. (2007): Der Therapie Beine gemacht. Lauftherapie und ihre Einsatzmöglichkeiten in therapeutischen und sozialpädagogischen Zusammenhängen.

GERTSCH, C. (o. J.): Einen blinden jungen Mann zu trainieren macht mich fröhlich. In: http://blog.kein-mensch-ist-perfekt.de/einen-blinden-jungen-mann-zu-trainieren-macht-mich-froehlich/

Gesund trainieren, Zivilisationserkrankungen vermeiden (o. J.). In: AKTIV LAUFEN, http://www.aktiv-laufen.de/Training/Gesund-trainieren,-Zivilisationserkrankungen-vermeiden/4/28

GESUNDHEITSDIREKTION DES KANTONS ZUG (2011): Laufen macht schlau. In: http://www.psychische-gesundheit-zug.ch/2011/06/laufen-macht-schlau/#more-2603 (13.06.2011)

GILLESSEN, A. (o. .J.): Diabetes und Dauerlauf. Diabetiker können wie Gesunde Sport treiben. In: http://www.berlin-laeuft.de/fitness-news-details/items/diabetes-und-dauerlauf-von-pd-dr-med-anton-gillessen-aus-muenster-diabetiker-koennen-wie-gesunde-sport-treiben.html

GLABSCH, K.-H. (1986): Beziehungen zwischen der körperlichen Fitness und Variablen des Selbstkonzepts. Eine empirische Analyse unter besonderer Berücksichtigung der Ausdauer. Diplomarbeit, Deutsche Sporthochschule Köln

GLOVER, B. & SHEPHERD, J. (1979): Jogging – Laufen als neue Bewegungstherapie. München

GÖBEL-BRAUN, P. (2007): Macht Lauftherapie Sinn? Lauftherapie und Bildung. In: DLZ-RUNDSCHAU, 19. Jg., H. 37/38, S. 36-40

GÖDDE, S. (2004): Rheumatoide Arthritis: Kondition und Sport. In: DEUTSCHE ZEITSCHRIFT FÜR SPORTMEDIZIN, 55. Jg., Nr. 5, S. 137-138; http://www.zeitschrift-sportmedizin.de/fileadmin/content/archiv2004/heft05/stort_5_2004.pdf

GÖGE, G. (1989): Schritt für Schritt ins allgemeine Wohlbefinden. Lauftraining kann unter fachkundiger Anleitung zur Therapie verschiedener Symptome eingesetzt werden. In: ZFL-RUNDBRIEF (Hrsg.: Zentrum für Lauftherapie), Nr. 2, S. 11-12

GÖRZ, M. (2014): Laufen gegen Krebs. In: DIE PTA IN DER APOTHEKE, H. 2, S. 154-156; http://www.pta-aktuell.de/praxis/news/10134-Laufen-gegen-Krebs/ (01.02.2014) und http://www.pta-aktuell.de/media/pdf/2014/02_14/PTA02_14_154_157.pdf

GOLZ, N. (1991): Sport, Bewegung und Spiel bei Depressionen. In: SPORTPSYCHOLOGIE, 5. Jg., H. 3, S. 22-28

GOLZ, N., ERKELENZ, M. & SACK, H.-G. (1990): Ein erlebnisorientiertes Sportprogramm zur Behandlung von Depressionen. Theoretische Grundlagen und empirische Ergebnisse. In: REPORT PSYCHOLOGIE, 15. Jg., H. 4, S. 12-19

GOßNER, E. (Hrsg.) (1983): Krankheit und Sport. Ratschläge und Empfehlungen für die Praxis. Stuttgart

GOTAAS, T. (2012): Laufen. Von den Wettkämpfen der Antike zu den Städtemarathons von heute. Bielefeld

GORMAN, M. O. (2001): Haben Frauen mehr Ausdauer als Männer? In: RUNNER'S WORLD, H. 5, S. 41-44

GOTTSCHALL, C. & HEILIG, S. (2000): Trainingsbuch Fatburner. Der leichte Weg zum richtigen Gewicht. Reinbek, S. 33-93

GOTTWALD, P. M. & KREISELMEIER, L. (2015): Start Running!: Das ultimative Trainingsbuch für Laufanfänger. München

GRAF, A. (2012): Abnehmen mit Joggen. Wie Anfänger schnell Fett verbrennen. Verlag JoelNoah S.A.

GRAF, C. (Hrsg.) (2014): Sport- und Bewegungstherapie bei Inneren Erkrankungen. (Begründet von Richard Rost). Köln, 4., vollst. überarb. Aufl.

GRAF, C. & ROST, R. (2001): Herz und Sport. Eine Standortbestimmung. (3., überarb. Aufl.)

GRAF, L. (1985): Die Wirksamkeit unterschiedlicher Trainingsmethoden im Ausdauerlauf auf die Ausbildung biologischer Adaptionen. Medizinische Fakultät, Universität Jena

GRAF, S. (2014): Epigenetik. Mit Sport und Ernährung den Genen auf die Sprünge helfen. In: RUNNING, H. 6 (Nr. 164), S. 74-77

GRAF, S. & SCHMIDT, K. (1999): Wege zum Erfolg. Augsburg

GRAU, S. (2009): Überlastungsbeschwerden beim Laufen. Stuttgarter Zeitung-Lauf - Gesundheits-Tipps und Hinweise von unseren Experten - Tipp 3. In: http://www.germanroadraces.de/24-0-9825-tipps-und-hinweise-vom-experten--gesundheitstipps.html (27.04.2009)

GREIST, J. H. & JEFFERSON, J. W. (1995): Depression: Was man darüber wissen sollte und was man dagegen tun kann. München, S. 91-92

GRELL, J. (1992): Ich tu mir etwas Gutes: Dauerlauf. In: DLZ-RUNDSCHAU, Ausg. 7, S. 27-28

GRELL, J. (1992): Die Zähmung der Widerspenstigen – eine wichtige Aufgabe für Lauftherapeutinnen und Lauftherapeuten. In: DLZ-RUNDSCHAU, Ausg. 8, S. 29-31

GRELL, J. (1993): Begeisterung für das Laufen wecken. Wie kann ich mich als Lauftherapeut/in mit diesem Therapieziel identifizieren? (Pädagogische Grundlagen der Lauftherapie – Folge 2). In: DLZ-RUNDSCHAU, Ausg. 9, S. 11-16

GRELL, J. (1993): Lauftherapie-Forschung. Anmerkungen zu einer Aufgabe des DLZ. In: DLZ-RUNDSCHAU, Ausg. 9, S. 14-15

GRELL, J. (1993): Eine Definition der Lauftherapie. In: DLZ-RUNDSCHAU, Ausg. 10, S. 17-20

GRELL, J. (1993): Drei Gründe für die Lauftherapie. (Lauftherapie – Teil I) In: SPIRIDON, 19. Jg., H. 8, S. 12-13

GRELL, J. (1993): Beim Laufen tankt die Seele auf. (Lauftherapie – Teil II) In: SPIRIDON, 19. Jg., H. 9, S. 46-47

GRELL, J. (1993): Durch Laufen neu leben lernen. (Lauftherapie – Teil III) In: SPIRIDON, 19. Jg., H. 10, S. 12-13

GRELL, J. (1994): Die einfache und schwierige Kunst des Zuhörens. (Pädagogische Grundlagen der Lauftherapie – Folge 3). In: DLZ-RUNDSCHAU, Ausg. 11, S. 20-23

GRELL, J. (1994): Lauftherapie per Telefon. In: DLZ-RUNDSCHAU, Ausg. 12, S. 23-25

GRELL, J. (1995): Hilft mir die Lauftherapie? Selbstbeobachtung in der Lauftherapie. In: DLZ-RUNDSCHAU, Ausg. 13, S. 24-26

GRELL, J. (1995): Gesundheit und Lebensfreude selbstgemacht. Warum warten, bis ich krank bin? (Teil 1) In: DLZ-RUNDSCHAU, Ausg. 14, S. 16-20

GRELL, J. (1996): Gesundheit und Lebensfreude selbstgemacht. Warum warten, bis ich krank bin? (Teil 2) In: DLZ-RUNDSCHAU, Ausg. 15, S. 24-28

GRELL, J. (1996): Gesundheit und Lebensfreude selbstgemacht. Warum warten, bis ich krank bin? (Teil 3) In: DLZ-RUNDSCHAU, Ausg. 16, S. 2-6

GRELL, J. (1997): Ein großes JA und ein kleines aber. Probleme mit der Qualitätskontrolle im therapeutischen Supermarkt. In: DLZ-RUNDSCHAU, Ausg. 17, S. 2-6

GRELL, J. (1997): Hilf dir selbst: Laufe! Vom wackeligen Vorsatz zur festen Gewohnheit (Teil 1). In: DLZ-RUNDSCHAU, Ausg. 18, S. 2-8

GRELL, J. (1998): Hilf dir selbst: Laufe! Vom wackeligen Vorsatz zur festen Gewohnheit (Teil 2). In: DLZ-RUNDSCHAU, Ausg. 19, S. 2-13

GRELL, J. (1999): Hilf dir selbst: Laufe! Vom wackeligen Vorsatz zur festen Gewohnheit. In: WEBER, A. (Hrsg.): Hilf dir selbst: Laufe! Das Paderborner Modell der Lauftherapie und andere Konzepte für langfristig gesundes und erfolgreiches Laufen. Paderborn, S. 54-99

GRELL, J. (2000): Laufen ist mir viel zu langweilig! – So nicht! (4). In: DLZ-RUNDSCHAU, Ausg. 24, S. 18-23

GRELL, J. (2002): Mein Lauftherapeut, das unbekannte Wesen. In: DLZ-Rundschau, 14. Jg., H. 27, S. 36-42

GRELL, J. (2002): Wie ich mir meine Lauftherapeutin und meinen Lauftherapeuten wünsche. In: DLZ-Rundschau, 14. Jg., H. 28, S. 36-39

GRELL, J. (2006): Über Leben, Lernen, Laufen und Lauftherapie. In: BONNEMANN, A., GRELL, J. & RICHTER, K. (Hrsg.): Laufen und Lauftherapie. Ein Lesebuch. Regensburg, S. 7-17

GRELL, J. (2006): Durch Laufen leben lernen. Lauftherapie mit Patienten einer Fachklinik für Psychosomatik – Ein Gespräch mit der Lauftherapeutin Brigitte Pill. In: BONNEMANN, A., GRELL, J. & RICHTER, K. (Hrsg.): Laufen und Lauftherapie. Ein Lesebuch. Regensburg, S. 89-100

GRIFFITH-JOYNER, F. & HANC, J. (1999): Laufen für Dummies. Bonn

GRILLPARZER, M. & BARTOSCH, H. (2013): Was mich bewegt. Das persönliche Buch für mehr Fitness. München

GRÖNEMEYER, D. (2006): Lebe mit Herz und Seele. Sieben Haltungen zur Lebenskunst. Freiburg

GROß, H. (2003): Als die Patienten laufen lernten. In: ÄRZTEZEITSCHRIFT FÜR NATURHEILVERFAHREN UND REGULATIONSMEDIZIN, 2, S. 84-85

GROß, H. (2003): Selber laufen macht fit. In: SYMPOSIUM MEDICAL, 2, S. 13-16

GROß, H. (2013): Sportpsychotherapie. Blog. In: https://sportpsychotherapie.wordpress.com/

GROSSE, A. (2009): Bringen Sie Ihr Gehirn auf Trab. In: http://www.abendblatt.de/ratgeber/wissen/article1234003/Bringen-Sie-Ihr-Gehirn-auf-Trab.html (17.10.2009)

GROSSE, V. (2006): Laufen gegen den Krebs. In: RUNNER'S WORLD, H. 12, S. 96

GRÜNEWALD, B. (1976): Ausdauerbelastungen für den älteren Menschen. In: CONDITION, 7. Jg., H. 2, S. 22-23

GRÜNEWALD, B. (1980): Sport als Prävention. Ist Bewegungsmangel als Risikofaktor gesichert? In: THERAPIEWOCHE, 30. Jg., Nr. 32, S. 5205-5209

GRÜNEWALD, B. & WÖLLZENMÜLLER, F. (1975): Ausdauersport als Freizeitsport. (Hrsg.: DSB) Frankfurt a. M.

GRÜNEWALD, B. & WÖLLZENMÜLLER, F. (1977): Ausdauersport. München

GRÜNING, M. (2003): Laufen, dass die Pfunde purzeln. In: RUNNER'S WORLD, H. 6, S. 28-33

GRÜNING, M. (2004): Abnehmen durch Laufen. In: RUNNER'S WORLD, H. 11, S. 25

GRÜNING, M. (2006): Lebensläufer. Laufen ist ein Sport, den man lebenslang ausüben kann. Man sollte lediglich altersgerecht trainieren. Wir zeigen, wie's geht. In: RUNNER'S WORLD, H. 7, S. 42-45

GRÜNING, M. (2008): So kriegen Sie Ihr Fett weg. In: RUNNER'S WORLD Sonderheft 1/2008 (Einsteiger), S. 56-59

GRÜNING, M. (2014): Mit 40 so fit wie mit 20. In: RUNNER'S WORLD, H. 9, S. 24-31

GRÜNING, M. (2015): Weg mit dem Festtagsspeck! In: RUNNER'S WORLD, H. 2, S. 60

GRÜNING, M. (2015): Nichts geht ohne einen gesunden Körper. In: RUNNER'S WORLD, H. 3, S. 22-29

GRÜNING, M., HOFMANN, F. & WEBER, U. (2011): Laufen heilt. In: RUNNER'S WORLD, H. 8, S. 26-31

GRÜNING, M. & WEBER, U. (2012): Das neue grosse Runner's World Buch vom Laufen. Die besten Tipps für Einsteiger und Fortgeschrittene. Aachen

GRÜNING, M., TEMSCH, J. & WEBER, U. (2012): Laufbuch. München: Süddeutsche Zeitung Edition

GRÜTER, K. (2006): Laufen als Therapie für Körper, Geist und Seele. (Stadtlauf-Serie >Musterläufer<: Fit-/Walk- und Lauftreff Luzern/Rotsee. In: Neue Luzerner Zeitung, http://www.lzlauftreff.ch/pdf/presse/NLZ_19.04.06.pdf

GRUND, M. (o. J.): Mit Talar und Laufschuh. Pfarrerin bietet meditative Lauftherapie an. In: http://www.epd.de/zentralredaktion/epd-zentralredaktion/schwerpunktartikel/mit-talar-und-laufschuh

GÜNNEWIG, V. (1984): Geringes Koronar-Risiko durch Training. In: CONDITION, H. 2, S. 36-40

GÜNTHER, I. (1982): Langlauf zur Förderung der geistigen Leistungsfähigkeit. In: CONDITION, 13. Jg., H. 2, S. 36-37

GUGGENBERGER, G. (1968): Die Volkslaufwettbewerbe als psychisches und soziales Phänomen. Würzburg

Gute Sportarten, schlechte Sportarten bei Bluthochdruck (2014). In: http://www.meine-gesundheitsakademie.de/article/Bluthochdruck/Gute-Sportarten-schlechte-Sportarten-bei-Bluthochdruck-228473.html (10.12.2014)

GUTSMUTHS, J. C. F. (1957): Gymnastik für die Jugend (Neuausgabe). Berlin (DDR)

HAAGER, G., KNACKSTEDT, C., LATSCH, J., MONTIEL, G., SCHAUERTE, P. & PREDEL, H. G. (2009): Effekte eines moderaten Ausdauertrainings auf Herzfrequenzregulation und Leistungsfähigkeit bei Patienten mit permanentem Vorhofflimmern. Abstract. In: DEUTSCHE ZEITSCHRIFT FÜR SPORTMEDIZIN, 60. Jg., Nr. 7-8, S. 199; http://www.zeitschrift-sportmedizin.de/fileadmin/content/archiv2009/heft07_08/abstracts_komplett.pdf

HAAS, J. (2013): Ausdauernd laufen in Schule und Verein: Grundlagen des Ausdauertrainings mit Kindern und Jugendlichen. Balingen, S. 93-94

HAAS, L. (1992): Warum Läufer laufen. Teil 1: Der Trieb. In: SPORT SPECIAL / CONDITION, 23. Jg., H. 4, S. 26-27

HAAS, L. (1992): Warum Läufer laufen. Teil 2: Die Sucht. In: SPORT SPECIAL / CONDITION, 23. Jg., H. 5, S. 26-27

HAAß, S. (2014): Bluthochdruck: Was die Werte senkt. In: http://www.diabetes-ratgeber.net/Bluthochdruck/Bluthochdruck-Was-die-Werte-senkt-342595.html (07.05.2014)

HACKENBROCH, M. (1974): Dauerlauf im Alter. Überlegungen und Erfahrungen eines orthopädisch denkenden Arztes. In: CONDITION, 5. Jg., H. 5, S. 26-27

HÄBLER, A. & STELLMACHER, M. (2014): Die Sporttherapie in der Forensischen Psychiatrie. In: ZENTRUM AKTUELL (Hrsg.: LWL-Zentrum für Forensische Psychiatrie, Lippstadt), 17. Jg., Ausg. 2, S. 2-3; http://www.forensik-lippstadt.de/downloads/ZAK%2002.14.pdf

HÄNSEL, F. (2012): Sportliche Aktivität und Selbstkonzept. In: FUCHS, R. & SCHLICHT, W. (Hrsg.): Seelische Gesundheit und sportliche Aktivität. (Sportpsychologie, Bd. 6) Göttingen, S.142-163

HAINTZ, M. (2009): Wach-Laufen. Bewusstes Laufen für Körper, Geist und Seele. Hamburg

HALHUBER, C. (1981): Rehabilitation in ambulanten Koronargruppen. In: MITTEILUNGEN DER DEUTSCHEN HERZSTIFTUNG E. V., 1. Jg., Juli, S. 29-32

HALHUBER, M.-J. (1999): Der chronisch Herzkranke in der Gesellschaft von morgen – Überlegungen eines Präventivkardiologen als Zusammenfassung seiner beruflichen

Lebenserfahrungen. In: JANSSEN, J.-P., KOLENDA, K.-D. & RIECKERT, H. (Hrsg.): Rehabilitation bei Herz-Kreislauferkrankungen – quo vadis? Aktuelle Entwicklungen in Medizin, Psychologie und Sozialpolitik. Veranstaltung der Christian-Albrechts-Universität zu Kiel, 19./20. September 1997. Kiel, S. 95-103: S. 98; http://www.lebensstilaenderung.de/publikationen/herz-kreislauf.pdf

HALKING, B. (1987): Wirkungen des Ausdauertrainings. In: CONDITION, 18. Jg., H. 3, S. 13-16

HALL, J. (2004): get fit, feel good. Die besten Übungen für Gesundheit und Wohlbefinden. München

HALLE, M. (2011): Vom Joggen bis zum Marathon – wie viel Sport ist gesund? In: MÜNCHNER MERKUR, Nr. 140, 20.06.2011, S. 19; http://www.sport.med.tum.de/media.php?mediaid=163&filename=Laufenseite-Druck.pdf

HALLE, M. (2012): Zellen fahren gerne Fahrrad. Mit gesunden Gefäßen länger jung bleiben. So drehen Sie Ihre biologische Uhr zurück. München

HALLE, M. (2014): Schritt für Schritt endlich fit: Das 10-Wochen-Programm. München

HALLE, M. (o. J.): Rezept für Bewegungstherapie. In: http://www.sport.med.tum.de/media.php?mediaid=123&filename=halle_rezept_bewegung.pd f

HALLE, M. & BERG, A. (2002): Körperliche Aktivität und Lipidstoffwechsel. In: DEUTSCHE ZEITSCHRIFT FÜR SPORTMEDIZIN, 53. Jg., Nr. 2, S. 58-59; http://www.zeitschrift-sportmedizin.de/fileadmin/content/archiv2002/heft02/stint0202.pdf

HALLE, M., BONGARTH, C. & BERG, A. (2006): Körperliche Aktivität – Bewegungstherapie. In: SCHAUDER, P., BERTHOLD, H., ECKEL, H. & OLLENSCHLÄGER, G. (Hrsg.): Zukunft sichern: Senkung der Zahl chronisch Kranker. Verwirklichung einer realistischen Utopie. Köln, Kap. V4: S. 323-338

HALLE, M., SCHMIDT-TRUCKSÄß, A., HAMBRECHT, R. & BERG, A. (Hrsg.) (2008): Sporttherapie in der Medizin. Evidenzbasierte Prävention und Therapie. Stuttgart, New York

HALLESCHE PRIVATE KRANKENVERSICHERUNG (Hrsg.) & DÜMPELMANN, S. (2006): Stress im Alltag. Erkennen – Vorbeugen – Abhelfen. Stuttgart, 2., überarb. Aufl., S. 16-17; https://www.hallesche.de/broschuere-stress-w316.pdf

HALLESCHE PRIVATE KRANKENVERSICHERUNG (Hrsg.) & EHMANN, H. (2008): Hilfe bei Rückenbeschwerden. Woher Rückenschmerzen kommen und was Sie dagegen tun können. Stuttgart, 3., überarb. Aufl., S. 22; https://www.hallesche.de/broschuere-ruecken-w301.pdf

HALLESCHE PRIVATE KRANKENVERSICHERUNG (Hrsg.) & KRAUSE, D. (2012): Aktiv gegen Kopfschmerzen und Migräne. Ursachen, Behandlung und Vorbeugung. Stuttgart, 2. Aufl., S. 28; https://www.hallesche.de/broschuere-kopfschmerzen-w327.pdf

HALLESCHE PRIVATE KRANKENVERSICHERUNG (Hrsg.) & HAKIMI, R. (o. J.): Gut leben mit Diabetes. Die Zuckerkrankheit erkennen und richtig behandeln. Stuttgart, S. 22-23; https://www.hallesche.de/broschuere-diabetes-w302.pdf

HALLESCHE PRIVATE KRANKENVERSICHERUNG (Hrsg.) & KOLAC, C. (o. J.): Mit Spaß aktiv. Bewegung und Sport. Stuttgart; https://www.hallesche.de/broschuere-bewegung-w318.pdf

HALLESCHE PRIVATE KRANKENVERSICHERUNG (Hrsg.) et al. (o. J.): Fit durch Laufen. Stuttgart

HAMILTON IRVINE, B. (2015): Wie blinde Hobbyläufer ans Ziel kommen. In: http://www.limmattalerzeitung.ch/limmattal/region-limmattal/wie-blinde-hobbylaeufer-ans-ziel-kommen-129003707 (04.04.2015)

HAMMÄCHER, E. (o. J.): Gib der Faulheit den Laufpass! Hintergründe, Tipps und neue Lauftrends in der ältesten Sportart der Welt. In: http://www.wissen.de/gib-der-faulheit-den-laufpass

HAMMER, M. (2015): Höheres Sterberisiko: Viel hilft viel? Nicht beim Joggen! In: http://www.stern.de/gesundheit/warum-uebermaessiges-joggen-schaedlich-ist-2170883.html?utm_source=RUN_brigitte&utm_medium=text&utm_campaign=veeseo_RUN (03.02.2015)

HANDOW, O. (2002): Wie viel Sport ist gesund? Zur Diagnose von Übertraining und Sportsucht sowie entsprechende Gegenmaßnahmen. In: CONDITION, 33. Jg., H. 11, S. 35-37

HANDOW, O. (2003): (Psychische) Auswirkungen des Laufens – Teil I. In: Condition, 34. Jg., H. 9, S. 36-37

HANDOW, O. (2003): (Psychische) Auswirkungen des Laufens – Teil II. In: Condition, 34. Jg., H. 10, S. 36-37

HARTKOPF, H. (1984): Laufen ist nicht Laufen, ist nicht Laufen. In: CONDITION, 15. Jg., H. 5, S. 56-57

HARTKOPF, H. (1985): Ein Lauf-Traum. In: CONDITION, 16. Jg., H. 3, S. 28

HARTKOPF, H. (1987): Glück des Laufens. Poetisches Tagebuch eines Therapeuten. Aachen

HARTKOPF, H. (1987): Grenzüberschreitung der Schulmedizin – mein Weg in die Heilkunde. In: CONDITION, 18. Jg., H. 8, S. 16-19

HARTKOPF, H. (1989): Yang und Yin. Männliche und weibliche Aspekte des Laufens. In: CONDITION, 20. Jg., H. 4, S. 16-18

HARTL, T. (2009): Laufend Stress verarbeiten. In: http://www.forumgesundheit.at/portal27/portal/forumgesundheitportal/content/contentWindow?action=2&viewmode=content&contentid=10007.688337 (März)

HARTL, T. (2009): Bewegung für ein starkes Herz. In: http://www.forumgesundheit.at/portal27/portal/forumgesundheitportal/content/contentWindow?contentid=10007.688763&action=2&viewmode=content (November)

HARTL, T. (2011): Gefährliches Bauchfett beim Mann. In: http://www.forumgesundheit.at/portal27/portal/forumgesundheitportal/content/contentWindow?contentid=10007.688760&action=2&viewmode=content (Februar)

HASKELL, W. L. (1989): Koronare Herzkrankheit. In: SKINNER, J. S. (Hrsg.): Rezepte für Sport- und Bewegungstherapie. Belastungsuntersuchungen und Aufstellung von Trainingsprogrammen beim Gesunden und Kranken. Köln, S. 247-272

HASLAUER, A., JUTZI, S., LATOS, M. & WITT, C. (2012): Gesund und erfolgreich laufen. In: FOCUS, Nr. 14, S. 56-62

HASLAUER, A. & KLEISS, M. (2015): Lauf doch einfach! In: FOCUS, Nr. 15, S. 118-12; http://www.focus.de/gesundheit/gesundleben/fitness/laufen/titel-lauf-doch-einfach_id_4589124.html (04.04.2015)

HASLER, M. & REGLI, M. (2010): Rennen gegen Stress und Alltagsprobleme. >spiritual move<: Der neue Lauftreff der katholischen Pfarrei St. Josef. [Interview] In: KÖNIZER ZEITUNG DER SENSETALER, Februar, S. 21; http://www.spiritualmove.ch/fileadmin/user_upload/02_Medienberichte/201002_Interview_Ko enizer_Zeitung.pdf

HATJE, T. (2001): Lauf dich schlank! In: FIT FOR FUN, H. 5, S. 64-70

HAUBRICH, A. (2006): Laufen mit berufstätigen Frauen. In: DLZ-RUNDSCHAU, 18. Jg., H. 35, S. 22-25

HAULE, F. (1992): „Eine Ohrfeige für 10 000 Lauftreffleiter" [Offener Brief an den Chefredakteur des AOK-Magazins „Bleib gesund" zum Artikel „Wahnsinn Marathon"]. In: SPIRIDON, H. 6, S. 19

HAUNER, H. & BERG, A. (2000): Körperliche Bewegung zur Prävention und Behandlung der Adipositas. In: DEUTSCHES ÄRZTEBLATT, 97. Jg., H. 12, S. 768-774

HAUSCHILD, J. (2013): Psychotherapie: Sport für die Seele. In: http://www.spiegel.de/gesundheit/psychologie/psychotherapie-sport-hilft-bei-psychischen-erkrankungen-a-938242.html (29.12.2013)

HAUTZINGER, M. & KLEINE, W. (1995): Sportliche Aktivität und psychisches Wohlbefinden. Zur Wirkung von Sport auf depressive Symptomatik. In: ZEITSCHRIFT FÜR GESUNDHEITSPSYCHOLOGIE, 3. Jg., H. 4, S. 255-267

HAUTZINGER, M. & WOLF, S. (2012): Sportliche Aktivität und Depression. In: FUCHS, R. & SCHLICHT, W. (Hrsg.): Seelische Gesundheit und sportliche Aktivität. (Sportpsychologie, Bd. 6) Göttingen, S.164-185

HAUX, F. (1992): Der Gesundheits-Checkup. Stuttgart, S. 110-118

HECHENLEITNER, E. (2013) Laufen – mehr als nur ein Sport! In: SPORT MENTAL, Das Magazin für Körper, Geist und Lifestyle, H. 2, S. 18-19; http://www.sportmental-magazin.at/wp-content/uploads/2013/04/sportmental_02-2013_web_small.pdf

HEDERER, M. (2003): Laufen zum Abnehmen. München

HEDERER, M. (2007): Laufen statt Diät. München

HEEPE, W. (1985): Medizinische Aspekte. In: USKO, H.-J. (Hrsg.): Marathon. Berlin, S. 133-138

HEEPE, W. (1989): Cholesterin, auch für trainierte Läufer interessant. In: SPIRIDON, 15 Jg., H. 9, S. 54-55

HEEPE, W. (2005): Bluthochdruck und Ausdauersport. In: RUNNER'S WORLD, H. 12, S. 21-23; http://www.germanroadraces.de/24-0-1021-bluthochdruck-und-ausdauersport--dr-willi-heepe.html (03.01.2006)

HEEPE, W. (2008): Der Bio-Betablocker heißt Ausdauersport. Joggen nach Herzinfarkt. In: LAUFZEIT, April, S. 44-45

HEEPE, W. (2010): Das sensationelle Medikament. Länger laufen – länger leben. In: LAUFZEIT, H. 9

HEEPE, W. (2011): Vom Saulus zum Paulus - und das sofort? Ein Extrem-Wandel der Verhaltensstrukturen kann gefährlich sein. In: LAUFZEIT, H. 1; http://www.germanroadraces.de/24-0-20665-vom-saulus-zum-paulus--und-das.html (10.01.2011)

HEEPE, W. (2011): Sanft, hinterhältig und bösartig - Der Bluthochdruck. In: LAUFZEIT, H. 10

HEEPE, W. (2012): Sanft, hinterhältig und bösartig - Der Bluthochdruck. In: http://www.germanroadraces.de/24-0-27155-sanft-hinterhaeltig-und-boesartig--der-bluthochdruck.html (08.01.2012)

HEEPE, W. (2013): Sport ist Sport und krank ist krank. In: LAUFZEIT, H. 3; http://www.germanroadraces.de/24-0-33826-sport-ist-sport-und-krank-ist-krank.html (25.03.2013)

HEEPE, W. (2014): Fit zum Herzinfarkt - Zu den Besonderheiten von Herz-Kreislauferkrankungen bei Sportlerinnen und Sportlern. In: LAUFZEIT, H. 3; http://www.germanroadraces.de/24-0-38055-fit-zum-herzinfarkt--zu-den-besonderheiten.html (19.03.2014)

HEEPE, W. (2015): Bewegung kontra Massenphänomen: Sport und Diabetes mellitus. In: LAUFZEIT & CONDITION, 46. Jg., H. 5, S. 8-10

HEESS, J. (2007): Laufen gegen die Angst. Training als Therapie. In: http://www.taz.de/!5925/ (12.10.2007)

HEIDINGER, G. (2008): Zen-Running. Sport als Lebensphilosophie. Wien

HEGGIE, J. (1992): Besser laufen. Das 30-Tage-Programm. Reinbek

HEIL, C. (1995): Lauftherapie bei Prüfungsangst. In: DLZ-RUNDSCHAU, Ausg. 13, S. 18-19

HEINE, L. (2014): Joggen schadet Knie nicht [Studie aus USA]. In: http://www.mydoc.de/fitness/training/joggen-schadet-knie-nicht-1901 (29.12.2014)

HEINEMANN, B. (2008): Marathon mit Diabetes – Einmal nach 42,195 km über die Ziellinie laufen ist das Ziel vieler Läufer – auch solcher mit Diabetes. Die Zuckerkrankheit macht zwar einiges komplizierter, aber einen Marathon nicht unmöglich. In: RUNNER'S WORLD, H. 10; http://www.germanroadraces.de/24-0-7498-marathon--mit-diabetes--einmal-nach.html (29.10.2008)

HEINHOLD, F. (2014): Den Sorgen davonlaufen. In: http://www.br.de/fernsehen/bayerisches-fernsehen/sendungen/gesundheit/themenuebersicht/psyche/depression-burnout-sport-bewegung-therapie100.html (24.02.2014)

HEINICKE, W. (1993): Warm up Laufen. Frankfurt a. M., Berlin

HEINLOTH, B. (1997): „Vor allem bin ich in der richtigen Gemeinschaft". Erfahrungsbericht eines ehemaligen Alkoholabhängigen. In: DROGEN-REPORT, 18. Jg., H. 3, S. 13

HEINRICH, M. (1993): Risiken beim Joggen muss man kennen, um sie zu vermeiden. In: LAUFZEIT, H. 6, S. 4; http://www.laufzeit.de/archiv/1993/lz1993-06Risiken.htm

HEINRICHS, M. (2004): Sport und Depression. Behandlungsstrategien und Methoden durch die Sporttherapie. Wissenschaftlicher Ansatz. Universität Leipzig. Norderstedt (15 S.)

HEINZIG, K. (2009): Laufen in der Ausbildung von Sozialpädagogen. In: BARTMANN, U. (Hrsg.): Fortschritte in Lauftherapie, Bd. 2. Tübingen, S. 83-91

HEITKAMP, H.-C. et al. (1984): Auswirkungen eines mehrjährigen Lauftrainings auf Risikofaktoren der koronaren Herzkrankheit. In: JESCHKE, D. (Hrsg.): Stellenwert der Sportmedizin in Medizin und Sportwissenschaft. Berlin, Heidelberg, New York, Tokyo

HEITKAMP, H.-C., WEGLER, S., HIPP, A., HEINLE, A. & BREHME, U. (2003): Ausdauertraining bei Frauen: Antioxidative und andere Effekte auf die Lipide. Abstract. In: DEUTSCHE ZEITSCHRIFT FÜR SPORTMEDIZIN, 54. Jg., Nr. 7-8, S. 43; http://www.zeitschrift-sportmedizin.de/fileadmin/content/archiv2003/heft07_08/alleAbstracts78_03.pdf

HEITKAMP, H.-C., RENZ, K., VENTER, C. & NIEß, A. (2007): Steigerung der Fitness von Feuerwehrleuten durch ausdauerorientiertes Hallentraining. Poster Nr. 303. In: DEUTSCHE ZEITSCHRIFT FÜR SPORTMEDIZIN, 58. Jg., Nr. 7-8, S. 275; http://www.zeitschrift-sportmedizin.de/fileadmin/content/archiv2007/heft07_08/Sa_vormittag.pdf

HEIZMANN, P. (2011): Ich bin dann mal schlank. Das Erfolgsprogramm. Kleine Schritte – große Wirkung. München, S. 96-98

HELD, D. (2000): Sport hält jung, aber aufgepasst! In: SPIRIDON, 26. Jg., H. 9, S. 39

HELLER, S. & WALDMANN, W. (2001): Jung bleiben. Das Anti-Aging-Handbuch. Köln, S. 50ff, insb. S. 70-71

HELLMICH, A. & ROHR, H. (1978): Trainingswirkungen auf Muskulatur und Herz-Kreislauf-System. Belastbarkeit in verschiedenen Lebensaltern. Düsseldorf

HEMPEL, R. (1993): Joggen kontra Frust? In: LAUFZEIT, H. 2, S. 4; http://www.laufzeit.de/archiv/1993/lz1993-02joggen.htm

HENDRICH, S., GEIDL, W. & PFEIFER, K. (2012): Verhaltensbezogene Bewegungstherapie (VBT). Teilnehmermanual Typ-2-Diabetes, Adipositas. Erlangen, S. 17ff; http://forschung.deutsche-rentenversicherung.de/ForschPortalWeb/ressource?key=Teilnehmerheft_Typ-2-Diabetes_Adipositas.pdf

HENFELDER, A. E. & BIEGER, W. P. (2001): Das Anti-Aging Konzept. Erfolgreiche Strategien zum Jungbleiben. München, S. 64-78

HENKEL, E., BAGHERI, A. & GERHARDUS, K. (o.J.): Lauftherapie bei Mukoviszidose und anderen Atemwegserkrankungen. In: http://lauftherapie-vdl.de/joomla/index.php/de/lauftherapie-zielgruppen-spezifisches-angebot/92-lauftherapie-bei-atemwegserkrankungen

HENSEN, N. (2010): Laufen Sie sich gesund! In: AKTIV LAUFEN, September/Oktober, S. 18-23

HEPPERLE, D. (2007): Einfluss von sportlicher Betätigung und gesunder Lebensweise auf das Immunsystem [Theodor-Heuss-Gymnasium Mühlacker, Oberstufe]. In: http://www.lehrer.uni-karlsruhe.de/~za343/osa/fu/12spbio1.htm (25.06.1997)

HERBURGER, G. (1986): Unterwegs zum eigenen Ich. In: STERN, 39. Jg., H. 48, S. 204

HERMANNS, T. (2014): 10 Tipps für mehr Selbstbewusstsein. In: http://www.motivate-yourself.de/10-tipps-fuer-mehr-selbstbewusstsein/ (08.10.2014)

Herzhaft fit. Kontrolliertes Training – der Gesundheit zuliebe. (1993) In: CONDITION, 24. Jg., H. 5, S. 61

Herzinfarkt: Trott ins Büro (1968). In: DER SPIEGEL, Nr. 21, S. 158-159; http://www.spiegel.de/spiegel/print/d-46050068.html

Herz-Kreislauf-Training – Interview: Dem Stress davonlaufen (DAK-Experte und Diplom-Psychologe Frank Meiners klärt auf) (o. J.). In: http://www.medizinauskunft.de/artikel/aktiv/fitness/06_04_interview.php

Herz-Kreislauf-Training – Joggen: Mehr als nur Laufen (o. J.). In: http://www.medizinauskunft.de/artikel/aktiv/fitness/06_04_mehr_als_nur_laufen.php

Herz-Kreislauf-Training – Joggen: Power für die Libido (o. J.). In: http://www.medizinauskunft.de/artikel/aktiv/fitness/06_04_joggen_fuer_libido.php

Herz-Kreislauf-Training – Körperliche Fitness schützt vor Krebs (o. J.). In: http://www.medizinauskunft.de/artikel/aktiv/fitness/06_04_sport_schuetzt_vor_krebs.php

Herz-Kreislauf-Training – Sport trotz Krankheit: Jogging und Co. trainiert Herz und Kreislauf (o. J.). In: http://www.medizinauskunft.de/artikel/aktiv/fitness/06_04_sport_trotz_krankheit.php

HERZNER, S. (2015): Sport – Gesund und fit in jedem Alter. In: http://www.apotheken-umschau.de/Sport (02.03.2015)

HERZOG, D. (2001): Die Kraft der Emotionen. Mit Glücksgefühlen Stress abbauen, Ängste und Depressionen überwinden, endlich wieder schlafen. München, S. 103-105

HEUCK, I. (2012): Laufen ist Lebensschule. In: MAHLSTEDT, S. (Hrsg.): „Ich laufe, um zu laufen ..." Eine Frauen-Laufen-Anthologie. Norderstedt, S. 36-37

HEUCK, I. (2013): In 8 Wochen fit zum Firmenlauf. Alles rund ums Laufen. B2RUN Einsteigerbuch. München

HEUCK, I. (2014): Schneller sein als trübe Gedanken. Laufen gegen Depression. In: http://www.abendzeitung-muenchen.de/inhalt.laufen-gegen-depression-schneller-sein-als-truebe-gedanken.45cbeea4-3a64-4938-b672-4dbc1f259ba3.html (09.03.2014)

HEUCK, I. (2014): Laufen: Wie eine Feier ohne Kater. In: http://www.abendzeitung-muenchen.de/inhalt.ausdauersport-serie-laufen-wie-eine-feier-ohne-kater.909ccb06-d070-4240-988c-4cbabe16f98b.html (31.03.2014)

HILDENBRAND, E. (1987): Laufen als Bewegungs- und Sporttherapie bei Migräne. In: SPORTWISSENSCHAFT, 17. Jg., H. 2, S. 201-208

Hirnkrankheiten durch mangelnde Bewegung. (o. J.) In: http://www.fid-gesundheitswissen.de/sportmedizin/sport-und-gehirnleistung/so-wirkt-sich-mangelnde-bewegung-auf-entstehung-von-hirnkrankheiten-aus/

HIRSCHBÜHLER, M. (1994): Christlich meditatives Laufen. Diplomarbeit, Universität Wien

HIRSCHHAUSEN, E. v. (2009): Glück kommt selten allein. Hamburg

HIRZEL, G. (1986): Fitness für Jeden – Mit Spaß und Freude zu mehr Bewegung. (IFT-Materialien, 6) München

HIRZEL, G, (1987): Bericht über ein Interventionsprogramm gegen den koronaren Risikofaktor „Bewegungsmangel". In: BÄUMLER, G. & BRENGELMANN, J. C. (Hrsg.): Verhalten und Verhaltensmodifikation im Sport. (Texte aus der Wissenschaft, 2) München, S. 161-176

HIRZEL, G. & SCHIPPERS, R. (1985): Mit leichten Schritten zur letzten Zigarette – ein Gruppenprogramm für zukünftige Nichtraucher. (IFT-Materialien, 3) München

HITZLER, B. (2007): Laufen gegen Stress. In: RUNNER'S WORLD, H. 11, S. 43-46

HITZLER, B. (2008): Laufen gegen Stress. In: RUNNER'S WORLD Sonderheft 1/2008 (Einsteiger), S. 46-50

HITZLER, B. (2009): Stresstherapie: Laufen gegen Stress. In: http://www.runnersworld.de/gesundheit/laufen-gegen-stress.144824.htm (23.10.2009)

HÖLTER, G. (2011): Bewegungstherapie bei psychischen Erkrankungen. Grundlagen und Anwendung. Köln, S. 419ff

HÖLTKE, V., STEUER, M., WIEK, M., SCHNEIDER, U. & JAKOB, E. (2003): Orientierungswerte für ein optimales Präventionstraining durch Walking und Jogging für untrainierte Frauen und Männer mittleren Alters. In: JESCHKE, D. & LORENZ, R. (Hrsg.): Sportmedizinische Trainingssteuerung: Sport – Prävention – Therapie. (Bundesinstitut für Sportwissenschaft – Hrsg. –: Wissenschaftliche Berichte und Materialien, Bd. 4) Köln, S. 273-280

HOENSBROECH, C. G. v. (2001): Sportlich dem Krebs den Kampf ansagen. In: SPIRIDON, 27. Jg., H. 6, S. 38

HÖTTING, K. & RÖDER, B. (2010): Bewegung und Kognition. In: BAUMANN, K.-M. & STILLER, N. (Hrsg.): Bewegungstherapie bei internistischen Erkrankungen. Berlin, Heidelberg, S. 211-221

HOFFMANN, G. (1993): Hypertonie und Sport. In: DEUTSCHE ZEITSCHRIFT FÜR SPORTMEDIZIN, 44. Jg., Nr. 4, S. 153-166

HOFFMANN, G. (2001): Hypertonie und Sport. Presseinformation zum Hauptvortrag, 37. Deutscher Kongress für Sportmedizin und Prävention, Rotenburg a. d. Fulda, 26.–30.09.2001. In: http://www.dksp2001.de/dksppr17.htm

HOFFMANN, H.-D. (1993): Sporttherapie nach sportmedizinischen und sportmethodischen Erkenntnissen in der ambulanten Behandlung von Suchtkranken. In: SUCHT, H. 3, S. 186

HOFFMANN, R. (1988): Langlauf und Schlafstörungen. Zulassungsarbeit, Universität Konstanz

HOFFMANN, R. & KLEINE, W. (1990): Zur Anlage und Effektivität eines Ausdauertrainings bei streßbedingten Schlafstörungen. In: KLEINE, W. & HAUTZINGER, M. (Hrsg.): Sport und psychisches Wohlbefinden. Beiträge zum Lehren und Lernen im Gesundheitssport. (Edition Sport & Wissenschaft, Bd. 4) Aachen, S. 33-69

HOFFMANN, S. (2014): 25 Gründe, warum Laufen gesund ist. In: http://www.huffingtonpost.de/2014/03/28/laufen-gesund_n_5050121.html (28.03.2014)

HOFMANN, F. (2007): Einfach mal loslaufen. In: HÖRZU, Nr. 42, S. 30-31

HOFMANN, F. (2008): Die Wunderpille. In: RUNNER'S WORLD Sonderheft 1/2008 (Einsteiger), S. 88-89

HOFMANN, F. (2011): Tipps zum meditativen Laufen. In: HOFMANN, F.: Marathon zu Gott. Ein spiritueller Lebensplan. Gütersloh, S. 175-181

HOFMANN, F. (o. J.): Warum Laufen so gesund ist. In: http://spirituelles-laufen.de/laufen-und-gesundheit/

HOFMANN, F. & KÄßMANN, M. (2008): „Lasst uns laufen mit Geduld" (Interview). In: RUNNER'S WORLD, H. 7, S. 66-71

HOFMANN, F. & MARLOVITS, A. (2008): Laufen ist wie ein wach erlebter Traum (Interview). In: RUNNER'S WORLD, H. 9, S. 61-64

HOFMANN, F. & KÄßMANN, M. (2011): „Lasst uns laufen mit Geduld". Interview mit der Theologin und Freizeitläuferin Margot Käßmann. In: HOFMANN, F.: Marathon zu Gott. Ein spiritueller Lebensplan. Gütersloh, S. 169-174

HOFMANN, H.-P. (1990): Warum ist Laufen nützlich? In: DLZ-RUNDSCHAU, Ausg. 3, S. 9-10

HOFMEISTER, M. (2011): Abspecken mit dem Medikament Bewegung. In: VERBAND FÜR ERNÄHRUNG UND DIÄTETIK (VFED) (Hrsg.): Adipositas in der Ernährungsberatung. Hintergründe – Fakten – Therapieansätze. Aachen, S. 39-57

HOFMEISTER, M. (2013): Effizienter „Abspecken" durch Bewegung. In: VERBRAUCHERZENTRALE BAYERN (Hrsg.), http://vfed.de/media/medien/effizienter_abspecken_durch_bewegung_20._adf_14.09.2012_d r._m._hofmeister_ad3eb.pdf (Juli 2013)

HOHL, M. (2007): Laufen mit Erziehungsberechtigten in der Jugendhilfe. In: BARTMANN, U. (Hrsg.): Fortschritte in Lauftherapie, Bd. 1. Tübingen, S. 109-110

HOHMANN, E. & IMHOFF, A. B. (2007): Der Fuß des Läufers. Heidelberg

HOLLMANN, W. (1965): Prävention von Herz-Kreislaufkrankheiten durch körperliches Training. Stuttgart

HOLLMANN, W. (1972): Körperliches Training zur Prävention und Rehabilitation degenerativer kardiovaskulärer Krankheiten. In: FORTSCHRITTE DER MEDIZIN, 90, S. 873-879

HOLLMANN, W. (1974/75): Die biologische Bedeutung von Training und Sport für den älteren Menschen. In: DEUTSCHER SPORTBUND (Hrsg.): Sport und Spiel für Ältere. (Breitensport, Bd. 15) Frankfurt/M., S. 3-6

HOLLMANN, W. (1975): Zur wissenschaftlichen Begründung körperlichen Trainings als Mittel der Prävention und Rehabilitation bei älteren Menschen. In: SPORTARZT UND SPORTMEDIZIN, 2. Jg., S. 26-35

HOLLMANN, W. (1975): Der Sportler bleibt Sieger. Die biologische Bedeutung von Training und Sport. In: CONDITION, 6. Jg., H. 4, S. 14-15

HOLLMANN, W. (1977): Zentrale Themen der Sportmedizin. Berlin, Heidelberg, New York

HOLLMANN, W. (1984): Prävention durch Sport – Wunschdenken oder Realität? In: JESCHKE, D. (Hrsg.): Stellenwert der Sportmedizin in Medizin und Sportwissenschaft. Berlin, S. 264-268

HOLLMANN, W. (1990): Wissenschaftliche Fundierung der präventiven kardiologischen Bedeutung von Ausdauertraining. In: BANZER, W. & HOFFMANN, G. (Hrsg.): Präventive Sportmedizin. Erlangen, S. 98-108

HOLLMANN, W. (Hrsg.) (1995): Lexikon der Sportmedizin. Heidelberg, Leipzig

HOLLMANN, W. (2001): Körperliche Aktivität und Gesundheit. In: JANSSEN, J.-P. (Hrsg.): Lebensstil und Gesundheitsförderung – Was ist zu erreichen? (Berichte aus dem Arbeitsbereich Sportpsychologie des Instituts für Sport und Sportwissenschaften der Christian-Albrechts-Universität zu Kiel) Kiel, S. 7-18; http://www.lebensstilaenderung.de/publikationen/gesundheitsfoerderung.pdf

HOLLMANN, W. (2003): Gehirn, Psyche und körperliche Aktivität. In: PAPE, D., SCHWARZ, R. & GILLESSEN, H.: Satt, schlank, gesund. Köln, S. 169-177

HOLLMANN, W. (2006): Gesund und leistungsfähig bis ins hohe Alter. Lahr, bes. S. 102ff

HOLLMANN, W. (2006): Im hohen Alter gesund sterben. In: SOUVERÄN, H. 3, S. 12-14

HOLLMANN, W. (2015): Sportmedizinische Forschung in Köln von 1949 bis 2014. Ein kurz gefasster Rückblick. (Schriftenreihe der Zentralbibliothek der Sportwissenschaften der Deutschen Sporthochschule Köln, Bd. 14) Köln, S. 36 [intraarteriell gemessenes Blutdruckverhalten]

HOLLMANN, W. (o. J.): Kommentar: Professioneller Fitness- und Ausdauertest. In: http://www.sportdiagnostik.de/leistungsdiagnostik/hollmann-fitnesstest-ausdauertest.html

HOLLMANN, W. et al. (1964): Über die Eignung der häufigsten Sportarten für präventive und rehabilitative Zwecke auf dem Herz-Kreislauf-Sektor. In: FORTSCHRITTE DER MEDIZIN, Sonderdruck, S. 243-246

HOLLMANN, W., VENRATH, H., BONNEKOH, A. & BOUCHARD, C. (1964): Präventivmedizin und Sport. In: MATERIA MEDICA NORDMARK, September/Oktober, S. 623-634: 632

HOLLMANN, W. & HETTINGER, T. (1976): Sportmedizin – Grundlagen für Arbeit, Training und Präventivmedizin. Stuttgart

HOLLMANN, W., LIESEN, R. & ROST, R. (1982): „Auch Ältere dürfen Sprünge machen – nur nicht zu große!" In: ÄRZTLICHE PRAXIS, 34. Jg., Nr. 5

HOLLMANN, W. et al. (1983): Ausdauertraining – Regeln für die optimale kardiopulmonale Anpassung. In: DEUTSCHES ÄRZTEBLATT, 80. Jg., H. 1-2, S. 21-30

HOLLMANN, W., ROST, R., DUFAUX, B. & LIESEN, H. (1983): Prävention und Rehabilitation von Herz-Kreislauf-Krankheiten durch körperliches Training. Stuttgart

HOLLMANN, W. et al. (1986): Die aerobe Leistungsfähigkeit – Aspekte von Gesundheit und Sport. In: SPEKTRUM DER WISSENSCHAFT, 9, S. 48-58

HOLLMANN, W., LIESEN, H., ROST, R., HECK, H., MADER, A., VÖLKER, K. & LAGERSTRÖM, D. (1987): Bewegungsmangel - kritisch betrachtet. Eine Literaturaufarbeitung zur Bedeutung des kardiologischen Risikofaktors "Bewegungsmangel" aus epidemiologischer und experimenteller Sicht. In: SPORTUNTERRICHT, 36. Jg., H. 2, S. 55-64

HOLLMANN, W. et al. (1993): Über neuere Aspekte von Gehirn, Muskelarbeit, Sport und Psyche. In: DEUTSCHE ZEITSCHRIFT FÜR SPORTMEDIZIN, 44. Jg., H. 10, S. 478- 490

HOLLMANN, W. & FISCHER, H.-G. (1994): Gehirn, muskuläre Arbeit und Psyche. In: SPEKTRUM DER WISSENSCHAFT, 8, S. 25-27

HOLLMANN, W., STRÜDER, H. K. & TAGARAKIS, C. V. M. (2003): Körperliche Aktivität fördert Gehirngesundheit und –leistungsfähigkeit. Übersicht und eigene Befunde. In: NERVENHEILKUNDE, 22. Jg., H. 9, S. 467-474

HOLLOWAY, W. & MUMME, J. (1987): Orientierungslauf. Ausdauersport für Freizeit und Gesundheit. Reinbek

HOLLWEG, P. (2013): Nur Mut! Strategien gegen Angst. 3. Aktiv entspannen und den Ängsten davonlaufen. In: FOCUS, Nr. 20; http://www.focus.de/gesundheit/ratgeber/psychologie/krankheitenstoerungen/tid-31307/nur-mut-strategien-gegen-die-angst-runterkommen_aid_994938.html (23.05.2013)

HOLLY, C. (2006): Laufen fürs Leben. In: AKTIV LEBEN. Die Vitalstoff-Rundschau. H. 2, S. 6-14

HOLSTIEGE, B. (1992): Ausdauer und Lebenserwartung. Warum „Schnelle" kürzer leben. In: SPIRIDON, 18. Jg., H. 4, S. 60-61

HOLZBERGER, R. (1982): Laufende Lust. Was treibt den Marathonläufer? Kempten, Hilden, S. 60-67

HOMAGK, M. (1992): Vielseitigkeit im Ausdauertraining ist Therapie für Seele und Körper. In: DLZ-RUNDSCHAU, Ausg. 7, S. 21-23

HOPF, R. & KALTENBACH, M. (Hrsg.) (1981): Bewegungstherapie für Herzkranke. München, Wien, Baltimore

HORSTMANN, A. (2013): Achtsames Joggen: Wenn Laufen gut für die Seele ist. In: http://www.ksta.de/fit-mit-genuss/achtsames-joggen-wenn-laufen-gut-fuer-die-seele-ist,22345694,22703490.html (07.05.2013)

HORSTMANN, A. (2013): Beim Laufen lösen wir Probleme. Interview [mit Andreas Marlovits] In: http://www.ksta.de/fit-mit-genuss/interview-beim-laufen-loesen-wir-probleme,22345694,22703658.html (07.05.2013)

HOSSE, O. (o. J.): Volksläufe – erster Breitensport im DLV. In: DLV (Hrsg.): DLV-Jahrbuch 1979/1980. Darmstadt, S. 95-97

HOTTENROTT, K. (2004): Ausdauertraining im Kindes- und Jugendalter. Winsen: Dr. Loges & Co.

HOTTENROTT, K. & ZÜLCH, M. (2004): Ausdauertrainer – Fitness und Gesundheit. Reinbek

HOTTENROTT, K. & NEUMANN, G. (2008): Methodik des Ausdauertrainings. Schorndorf

HUBER, G. (1988): Sport und Depression. Überprüfung eines sportpädagogisch-therapeutischen Modells. Dissertation, Universität Heidelberg

HUBER, G. (2010): Diabetes und Bewegung. Grundlagen und Module zur Planung von Kursen. Köln, S. 43, 113

HUBER, G, BROOCKS, A & MEYER, T. (2008): Bewegung und seelische Gesundheit. In: PSYCHOTHERAPIE-INFORMATIONS-DIENST (PiD), 9. Jg., H. 4, S. 1-8; http://www.athenlauf.de/fileadmin/files/Beitraege/huber_bewegung_seel_gesundh.pdf

HUBER, H. (2014): Regelmäßiges Laufen nützt den Knien. In: http://www.aponet.de/aktuelles/ihr-apotheker-informiert/20141118-jogging-laufen-nuetzt-den-knien.html (18.11.2014)

HUBERT, M. (2010): Laufen hat eine ganze Reihe von Vorteilen. In: ÄRZTE-ZEITUNG, Ausg. 193, 25.10.2010

HÜBNER, W. & ÖZDEMIR, C. (2010): Cem Özdemir: „Laufen ist meine Therapie" (Reihe: Promi-Interviews). In: http://www.achim-achilles.de/menschen/promi-interviews/1600-cem-oezdemir-qlaufen-ist-meine-therapieq.html (23.06.2010)

HÜLSMANN, Y. (2010): Das kleine Laufbuch. Was Sie schon immer über das Laufen wissen wollten. Göttingen: Selbstverlag

HUONKER, M. (2004): Sekundärprävention und Rehabilitation von Herz-Kreislauferkrankungen – Pathophysiologische Aspekte und Belastungssteuerung von körperlichem Training. In: DEUTSCHE ZEITSCHRIFT FÜR SPORTMEDIZIN, 55. Jg., Nr. 5, S. 118-123; http://www.zeitschrift-sportmedizin.de/fileadmin/content/archiv2004/heft05/Huonker.pdf

HUTCHINSON, A. (2013): Laufen zum Abnehmen besser als Walken. In: http://www.runnersworld.de/ernaehrung/laufen-zum-abnehmen-besser-als-walken.283897.htm (09.01.2013)

HUTCHINSON, A. (2014): Wie viel Laufen macht klug? [Studie] (Alex Hutchins Lauflabor). In: http://www.runnersworld.de/gesundheit/wie-viel-laufen-macht-klug.325058.htm (22.08.2014)

HUTCHINSON, A. (2014): Wie Training das Gehirn vor Depressionen schützt. Eine schwedische Studie ... (Alex Hutchins Lauflabor). In: http://www.runnersworld.de/gesundheit/wie-training-das-gehirn-vor-depressionen-schuetzt.333002.htm (31.10.2014)

IATROUDAKIS, M. (2013): Therapie: Sport. Die unterschätzte Heilkraft der Bewegung. ebook

„Ich sehe nur fröhliche Gesichter". Bewegung wirkt Wunder: Therapeutisches Laufprojekt an der Hildesheimer St. Ansgar-Schule soll erneut den Beweis erbringen (2005). In: HILDESHEIMER ALLGEMEINE ZEITUNG, 09.02.2005, S. 10

IHAECKER, T. (o. J.): Umgang mit Angststörungen. Teil 1, Hab keine Angst mehr – 4: Geh laufen. In: http://de.wikihow.com/Umgang-mit-Angstst%C3%B6rungen

IHR WELLNESS MAGAZIN (o. J.): Lauftherapie. http://www.ihr-wellness-magazin.de/wellness-lexikon/l/lauftherapie.html

ILG, M. (o. J.): Spirituelles Laufen. Wenn Ausdauersport zur transzendenten Erfahrung wird. In: http://newsage.de/2012/12/spirituelles-laufen/

ILKER, H.-G. (1973): Einrichtung von Herzinfarktsportgruppen am Wohnort. In: ÄRZTLICHE PRAXIS, 25. Jg., Nr. 84, S. 3708-3711

ILKER, H.-G. (1986): Was bringt >Trimming 130< dem Arzt? In: CONDITION, 17. Jg., H. 4, S. 24

ILLG, J. (2007): Auswirkungen des langsamen Dauerlaufs auf Verhaltensauffälligkeiten bei Schülern. In: BARTMANN, U. (Hrsg.): Fortschritte in Lauftherapie, Bd. 1. Tübingen, S. 63-78

ILLG, J. (o. J.): Der Mensch – ein Lauftier. In: http://laufenundlernen.de/Laufen/laufen.html

Im Gleichgewicht bleiben: Laufen wirkt auf Körper, Geist und Seele (o. J.). In: INFRONT B2RUN GMBH, http://www.b2run.de/lauftipps/gesundheit/laufen-gesund/

IMLINGER, C. (2015): Herzkrank, klinisch tot, Marathonläufer. In: DiePresse.com, http://diepresse.com/home/leben/gesundheit/4701618/Herzkrank-klinisch-tot-Marathonlaeufer (04.04.2015)

In der Gruppe langsam lustvoll laufen lernen. Bewegungstherapie – Ausdauersport vertreibt depressive Stimmungen (2012). In: http://www.echo-online.de/region/echohilft/In-der-Gruppe-langsam-lustvoll-laufen-lernen;art4003,3533614 (28.12.2012)

In die Laufschuhe, Männer! Lästigen Alterserscheinungen ein Schnippchen schlagen (2015). In: LAUFZEIT & CONDITION, 46. Jg., H. 5, S. 39

In zwei Monaten eine bessere Laune. Ein Psychologe [Werner Krag] untersuchte Auswirkungen des Joggens. – Westfälische Nachrichten, Münster – (1981) In: CONDITION, 12. Jg. H. 4, S. 22

INFORMATIONSDIENST WISSENSCHAFT (idw) (2008): Laufen macht schlau. Studie belegt: Sport sorgt für effektiveres Gehirn. In: http://www.scinexx.de/wissen-aktuell-8115-2008-04-21.html (21.04.2008)

INFORMATIONSDIENST WISSENSCHAFT (idw) (2014): Europaweit erste akademische Weiterbildung im Bereich Lauftherapie startet in Hildesheim. In: https://idw-online.de/de/news585213; http://www.uni-protokolle.de/nachrichten/id/277449/ (05.05.2014

INITIATIVE HERZBEWUSST (o. J.): Bluthochdruck: Sport kann Hypertonie in Schach halten. In: https://www.herzbewusst.de/nach-dem-herzinfarkt/herzsport/hypertonie-bluthochdruck-sport

INITIATIVE HERZBEWUSST (o. J.): Herzsport – Ausdauertraining unter Anleitung stärkt das Herz. In: https://www.herzbewusst.de/nach-dem-herzinfarkt/herzsport/ausdauertraining

INITIATIVE HERZBEWUSST & GOSS, F. (o. J.): Experten-Interview: Sport nach dem Herzinfarkt. Wie viel Sport ist gesund? In: https://www.herzbewusst.de/nach-dem-herzinfarkt/herzsport/sport-nach-herzinfarkt

INSTITUT FÜR SPORTDIAGNOSTIK, Offenbach a. M. (o. J.): Märchen aus der Sportmedizin, Sportwissenschaft und Medienlandschaft, http://www.sportdiagnostik.de/laktat/fettstoffwechseltraining/maerchen-sportmedizin-sportwissenschaft.html

INTERNATIONALE VEREINIGUNG DIABETISCHER SPORTLER (Hrsg.) (o. J.): Laufen. In: http://www.idaa.de/diabetes_und_sport/information_beratung/laufen.html

INTERSPORT DEUTSCHLAND (2014): Das bessere Anti-Aging-Mittel: Sport. In: http://www.sport-ist-die-beste-medizin.de/sport-und-bewegung/ausdauer/sport-das-bessere-anti-aging-mittel/

INTERSPORT DEUTSCHLAND (2014): Sport lässt Gehirnzellen sprießen. In: http://www.sport-ist-die-beste-medizin.de/sport-und-bewegung/ausdauer/sport-laesst-gehirnzellen-spriessen/

INTERSPORT DEUTSCHLAND (2014): Stress ins Leere laufen lassen. In: http://www.sport-ist-die-beste-medizin.de/sport-und-entspannung/stressabbau/stress-ins-leere-laufen-lassen/

ISENMANN, J. (2001): Ich laufe mich frei. Laufen als Therapie – Auszüge eines Erlebnisberichts. In: DLZ-RUNDSCHAU, Ausg. 25, S. 50-52

ISMAIL, A. H. & TRACHTMANN, L. E. (1975): ... mal wieder. In: PSYCHOLOGIE HEUTE, 2. Jg., H. 5, S. 27-31

ISRAEL, S. (1968): Sport, Herzgröße und Herz-Kreislauf-Dynamik. Leipzig

ISRAEL, S. (1975): Verkümmert. Deine Gesundheit. In: THEORIE UND PRAXIS DER KÖRPERKULTUR, 24. Jg., H. 6, S. 185

ISRAEL, S. (1975): Lang und langsam – ein wichtiges Trainingsprinzip im Sport der Werktätigen. In: THEORIE UND PRAXIS DER KÖRPERKULTUR, 24. Jg., H. 9, S. 819-825

ISRAEL, S. (1977): Ausdauerläufe aus medizinischer Sicht. In: KÖRPERERZIEHUNG, 27. Jg., H. 1, S. 1-5

ISRAEL, S. (1982): Sport und Herzschlagfrequenz. (Sportmedizinische Schriftenreihe der DHfK, Bd. 21) Leipzig

ISRAEL, S. (1995): Sport mit Senioren. Heidelberg

ISRAEL, S. et al. (1979): Ausdauertraining und Gesundheit. Dresden

Ist Laufen gut oder schlecht bei Krampfadern? (o. J.). In:
http://www.fitforlife.ch/gesundheit/praevention/artikel/ist-laufen-gut-oder-schlecht-bei-krampfadern/

ISY, F. (1999): Sport im Alter kennt keine Grenzen. In: SPIRIDON, 25. Jg., H. 10, S. 28-29

IVANOV, N. (1997): Dosieren der Trainingsintensität bei Herzinfarktpatienten unter den Bedingungen der klinischen Rehabilitation. In: WEIß, M. & LIESEN, H. (Hrsg.): Rehabilitation durch Sport. 1. Internationaler Kongreß des Deutschen Behinderten-Sportverbandes 1995. Marburg, S. 391-397

JABLONSKY, D., LIESEN, H. & HOLLMANN, W. (1987): Untersuchung zur Entwicklung eines Trainingsgefühls zur Intensitätssteuerung des Dauerlauftrainings bei älteren Frauen und Männern. In: RIECKERT, H. (Hrsg.): Sportmedizin. Kursbestimmung. Berlin

JACOBS, H. & SCHÜLER, W. W. (2011/12): Lauftherapie in den Niederlanden – eine Annäherung. In: DLZ-RUNDSCHAU, 23. Jg., H. 45-46, S. 40-43

JAMSEK, P. (2014): 10 Gründe für das Laufen im Winter. In: http://runnerspoint-experten.com/2014/11/21/10-grunde-fur-das-laufen-im-winter/ (21.11.2014)

JAMSEK, P. (2015): 9 Gründe heute noch mit dem Laufen anzufangen! In: http://runnerspoint-experten.com/2015/01/23/9-grunde-heute-noch-mit-dem-laufen-anzufangen/ (23.01.2015)

JANKOWSKI, L. W. (1989): Zystische Fibrose. In: SKINNER, J. S. (Hrsg.): Rezepte für Sport- und Bewegungstherapie. Belastungsuntersuchungen und Aufstellung von Trainingsprogrammen beim Gesunden und Kranken. Köln, S. 231-246

JASPER-SEELÄNDER, J. (2001): Laufbandtherapie in der motorischen Rehabilitation. Stuttgart

Jeder kann den ersten Schritt machen. Lauftherapeutin Maria Liebeck spricht über gute Vorsätze und warum Laufen das Leben verändert (2014). In: WESTFÄLISCHES VOLKSBLATT, Ausgabe Bad Wünneberg, Büren, Lichtenau, Salzkotten, 11.01.2014

JENSEN, W. & OECHSLE, K. (2012): Gastrointestinale Tumoren. In: BAUMANN, F. T., JÄGER, E. & BLOCH, W. (Hrsg.): Sport und körperliche Aktivität in der Onkologie. Berlin, S. 155-166: 159-161

JESCHKE, D. (1982): Ist Jogging gefährlich? In: CONDITION, 13. Jg., H. 6, S. 16-21

JESCHKE, D. (1988): Langlauftraining und Risikofaktoren – Ergebnisse einer fünfjährigen Studie. In: DEUTSCHER VERBAND LANGLAUFENDER ÄRZTE (Hrsg.): Ausdauersport – Bedeutung für Prävention und Rehabilitation (Schriftenreihe des DVLÄ, H. 2)

JESCHKE, D. (1994): Leichtathletik und Gesundheit: Herz-Kreislauf. In: BECKER, U. (Hrsg.): Leichtathletik im Lebenslauf. Aachen S. 341-344

JESCHKE, D. et al. (2001): Sporttherapie in Herzgruppen. Das Problem der Trainingssteuerung. In: BAUMANN, H. & FREIBERGER, E. (Hrsg.): Vom Wettkampfsport zum Gesundheitssport. Ziele – Vermittlung – Controlling. Dokumentation des Symposiums vom 18.-20. Juni 1999 in Erlangen. Köln, S. 35-54

JESCHKE, D. & LORENZ, R. (Hrsg.) (2003): Sportmedizinische Trainingssteuerung. Sport – Prävention – Therapie. Köln

JOBATEY, C. (2005): Fit wie ein Turnschuh. Minimaler Aufwand – maximaler Erfolg. München

JOCH, W. (2004): Dauerlauf als Grundlage gesunder Lebensführung. Zur Erinnerung an Dr. Ernst van Aaken. In: CONDITION, 35. Jg., H. 4, S. 55

Joggen – Dauerlauf ins Glück? (o. J.). In: http://pronovabkk.portal-gesundheitonline.de/index.php?option=com_scms&Itemid=64&item_id=709&thema_id=

Joggen – Gut für die Gesundheit (o. J.). In: http://www.jogging-welt.de/joggen-gut-fuer-die-gesundheit.html

Joggen fördert die Gesundheit! (o. J.). In: http://www.starkegesundheit.de/joggen-hilft-ihrer-gesundheit/250/

Joggen gegen Altersvergesslichkeit (2005). In: http://news.doccheck.com/de/3613/joggen-gegen-altersvergesslichkeit/?utm_source=web&utm_medium=DocCheck+News&utm_campaign=DocCheck+News+Search (12.12.2005)

Joggen gegen Darmkrebs (1998). In: SPIRIDON, H. 6, S. 44

Joggen gegen Kopfschmerzen - Laufen als Therapie (2014). In: http://origin-www.fem.com/gesundheit/news/joggen-gegen-kopfschmerzen-laufen-als-therapie (26.02.2014)

Joggen gegen Stress – dem Stress davonlaufen (o. J.). In: http://www.tipps-gegen-stress.de/ratgeber-stress/joggen-gegen-stress.html

Joggen in der Mittagspause ist gut für die Konzentration (2014). In: http://www.focus.de/finanzen/karriere/arbeit-joggen-in-der-mittagspause-ist-gut-fuer-die-konzentration_id_3713300.html (24.03.2014)

Joggen ist gut für die Gesundheit [Copenhagen City Heart Study] (2012). In: MEDIZINAUSKUNFT, http://www.medizinauskunft.de/artikel/aktiv/fitness/joggen_07_05_12.php

Joggen oder Walking: Was ist besser? (o. J.). In: http://www.t-online.de/ratgeber/freizeit/sport-fitness/id_54871422/joggen-oder-walking-was-ist-besser-.html

Joggende Geschäftsleute verdienen mehr (o. J.). In: http://www.fid-gesundheitswissen.de/sportmedizin/laufen-und-joggen/laufen-und-joggen-jogger-verdienen-mehr/

Jogger leben länger [Copenhagen City Heart Study] (2002). In: SPIRIDON, 28. Jg., H. 3, S. 38

Jogger leben länger (2012). In: SPIRIDON, 38. Jg., H. 6, S. 6

JONES, N. L. et al. (1989): Chronisch-obstruktive Atemwegserkrankungen. In: SKINNER, J. S. (Hrsg.): Rezepte für Sport- und Bewegungstherapie. Belastungsuntersuchungen und Aufstellung von Trainingsprogrammen beim Gesunden und Kranken. Köln, S. 216-230

JOST, H. (1992): Laufen. Reinbek

JOUNG, F. & DIMEO, F. (2011): „Wer Probleme ablegt, läuft freier" [Interview mit Dr. med. Fernando Dimeo]. In: http://www.achim-achilles.de/gesundheit/laufen-a-gesundheit/17791-qwer-probleme-ablegt-laeuft-freierq.html (11.05.2011)

JOUNG, F. & GRAH, C. (2011): Achilles' Ferse: Laufen statt Rauchen. [Interview mit Lungenarzt Christian Grah] In: http://www.spiegel.de/sport/sonst/achilles-ferse-laufen-statt-rauchen-a-789206.html (30.09.2011)

JOUNG, F. & FRANKENBACH, T. (2012): Psychologe Frankenbach: „Läufer sind harte Arbeiter". In: http://www.achim-achilles.de/menschen/promi-interviews/19754-psychologe-frankenbach-qlaeufer-sind-harte-arbeiterq.html (27.04.2012)

JOUNG, F. & ERKELENS, M. (2012): Achilles' Ferse: „Laufen ist wie ein kleiner Urlaub von Zuhause" [Interview mit Berliner Psychotherapeutin Marieta Erkelens]. In: http://www.spiegel.de/gesundheit/psychologie/laufen-als-therapie-joggen-vertreibt-depression-a-867265.html (15.11.2012)

JOUNG, F. & HAGENAH, M. (2015): Sport im Gefängnis: „Das Laufen gibt ihnen Selbstbewusstsein". In: http://www.spiegel.de/gesundheit/ernaehrung/sport-im-gefaengnis-das-laufen-gibt-ihnen-selbstbewusstsein-a-1026017.html (30.03.2015)

JÜNEMANN, F. (2001): Gesund & schön mit der Kraft des Meeres. In: FUNK UHR, H. 33, S. 12-13

JÜTTING, D.H. (Hrsg.) (2007): Wer läuft denn da? Studien zur Laufbewegung. Münster

JÜTTNER, R. (1993): Ausdauersport – Prophylaktikum gegen die Volkskrankheit Osteoporose. In: LAUFZEIT, H. 9, S. 15; http://www.laufzeit.de/archiv/1993/lz1993-09Knochenschwund.htm

JUNG, K. (1975): Laufen für das Herz. Ein Beitrag zur optimalen Rehabilitation bei ischämischer Herzkrankheit. In: CONDITION, 6. Jg., H. 2, S. 10-12

JUNG, K. (1976): Venenkrankheiten und Langlauf. In: CONDITION, 7. Jg., H. 2, S. 7-9

JUNG, K. (1977): Möglichkeiten sportlicher Betätigung im Alter aus sportmedizinischer Sicht. In: CONDITION, 8. Jg., H. 4, S. 6-8

JUNG, K. (1981): Die Lauftreff-Situation in der Bundesrepublik aus sportmedizinischer Sicht. In: CONDITION, 12. Jg., H. 4, S. 15-17

JUNG, K. (1981): Internationale Literatur zum Thema Langlauf. In: CONDITION, 12. Jg., H. 4, S. 18

JUNG, K. (1983): Der Lauftreff. Ein Beitrag zur Aktion „Sport und Gesundheit". In: PRÄVENTION, 6. Jg., H. 4, S. 105-108

JUNG, K. (1984): Sportliches Langlaufen. Der erfolgreiche Weg zur Gesundheit. Puchheim

JUNG, K. (1985): Das zweite Leben. Gesundheit, Sport, Ernährung nach dem Herzinfarkt. Aachen

JUNG, K. (1985): Wie gesund sind Langstreckenläufer? In: CONDITION, 16. Jg., H. 3, S. 51-53

JUNG, K. (1986): Gesunderhaltung für jedes Lebensalter – leicht gemacht. Puchheim

JUNG, K. (1987): Langlauf, Gesunderhaltung, Wiedergenesung aus medizinischer Sicht ...?? In: KLEINE, W. (Hrsg.): Langlauf in der Kritik. Pro und Contra der deutschen Langlaufbewegung. Aachen, S. 46-70

JUNG, K. (1989): Bewegung und Ernährung. In: SCHULKE, H.-J. & SPERLE, N. (Hrsg.): Anfängerprogramme im Ausdauersport. Berichtsband zum 7. ADH-Symposium „Anfänger und Abbrecher im Ausdauersport". Universität Bremen 1987. (Schriftenreihe „Gesundheit, Sport, Ernährung", Bd. 2) Bremen, S. 93-99

JUNG, K. (1992): Bewegungstherapie. Prinzipien therapeutischen Sports. Stuttgart

JUNG, K. (1994): Contra Ausdauerlauf. In: BECKER, U. (Hrsg.): Leichtathletik im Lebenslauf. Bericht vom Breitensport-Kongreß des Deutschen Leichtathletik-Verbandes vom 23. bis 25. Oktober 1992 in Mainz. (Edition Leichtathletik, Bd. 8) Aachen, S. 333-336

JUNG, K. (2007): Medizinisch-biologische Grundlagen von Grenzerfahrungen durch Sport. In: CONDITION, 38. Jg., H. 9, S. 34-38

JUNG, K. & KIPKA, H.-J. (1982): Was sind Langläufer für Menschen? Eine psychologische Untersuchung. In: SPIRIDON, 8. Jg., H. 7, S. 34-37

JUNG, K. & SCHÄFER-NOLTE, W. (1983): Todesfälle im Zusammenhang mit sportlicher Betätigung unter besonderer Berücksichtigung des Langstreckenlaufs. In: CONDITION, 14. Jg., H. 1 (Februar), S. 33-41

JUNG, M. (2013): Beim Laufen auf den Körper hören. In: http://www.rp-online.de/leben/gesundheit/fitness/beim-laufen-auf-den-koerper-hoeren-aid-1.3287163 (01.06.2013)

JUNGANDREAS, H. H. (o. J.): Bluthochdruck? Mit Sport senken! In: http://www.experto.de/b2c/gesundheit/sport-und-gesundheit/bluthochdruck-mit-sport-senken.html

KÄNEL, R. v. (o. J.): Das Gehirn läuft mit. Laufsport und Psyche. Symposium Grand Prix von Bern, 19. April 2011. In: https://www.insel.ch/fileadmin/inselspital/users/Servicenavigation/Pdf/110419_Laufen_und_Gehirn.pdf

KAFKA, B. & JENEWEIN, O. (2013): Functional Fitness für Läufer: Der neue Fitnesstrend für Anfänger, Fortgeschrittene und Profis. Bielefeld

KALB, K. (2013): Sportmedizin: Laufen stärkt Herz, Muskeln und Co. In: KLINIKUM ZEITUNG (Hrsg.: Klinikum Nürnberg), Ausg. 4; http://www.klinikum-nuernberg.de/DE/aktuelles/knzeitung/2013/201304/sportmedizin.html

KALIES (1982): Präventives Ausdauertraining für untrainierte Frauen. Ahrensburg

KAMBARTEL, K.-O. (1995): Einfluß von Ausdauerbelastungen unterschiedlicher Intensität auf verschiedene Parameter des Immunsystems. Untersuchungen an Leichtathletinnen. Dissertation, Medizinische Fakultät, Universität Köln

KAMBARTEL, K., LÖTZERICH, H., PETERS, C. & UHLENBRUCK, G. (1994): Psychoneuroimmunologische und bewegungstherapeutische Aspekte in der Rehabilitation Krebskranker. In: DER KASSENARZT, 18. Jg., S. 36-47

Kampf- und Ausdauersport vergrößern Hirnareale - Neurologen weisen Veränderungen im Gehirn durch Sport nach. 57. wissenschaftliche Jahrestagung der Deutschen Gesellschaft für Klinische Neurophysiologie und funktionelle Bildgebung (DGKN) mit Richard-Jung-Kolleg, 21. bis 23. März 2013, Universität Leipzig (2013). In: http://www.germanroadraces.de/24-0-33457-kampf-und-ausdauersport-vergroessern-hirnareale--neurologen.html (26.02.2013)

KANTONALE STELLE FÜR GESUNDHEITSFÖRDERUNG LUZERN (2007): Laufen – weit mehr als eine sportliche Aktivität. Auswirkungen körperlicher Betätigung auf die Psyche. (News der Kantonalen Stelle für ...) In: INFO GESUNDHEIT, Nr. 1, S. 8-9

KARAKAS, K. (2013/14): Koş koş! 30 Minuten am Stück? Erfahrungen mit einer deutsch-türkischen Frauenlaufgruppe. In: DLZ-RUNDSCHAU, 25. Jg., H. 49/50, S. 33-34

KARG, D., BARTMANN, U. & FRIES, J. (2009): Laufen mit lernbehinderten Kindern. In: BARTMANN, U. (Hrsg.): Fortschritte in Lauftherapie, Bd. 2. Tübingen, S. 93-102

KARL, J. (2012): Therapie des Bluthochdrucks. In: http://www.doktorkarl.de/lexikon/inlets/inletblutdrucktherapie.html (23.03.2012)

KASPRAK, T. (o. J.): Laufen. In: http://www.dr-gumpert.de/html/laufen.html

KATER, K. (1979): Jogging. Gesund und fit durch Laufen. Frankfurt a. M.

KATHOLISCHES MEDIENZENTRUM, CH (2010): Joggend zu sich und Gott finden. [Theologin Maria Regli]. In: https://www.youtube.com/watch?v=vd-gmTqdoWE&feature=youtu.be

KATLUN, T. (2015): Welcher Sport ist nach augenärztlichen Operationen möglich? Abstract. In: DEUTSCHE ZEITSCHRIFT FÜR SPORTMEDIZIN, 66. Jg., Nr. 7-8, S. 214; http://www.zeitschrift-sportmedizin.de/fileadmin/content/archiv2015/Heft_78/Abstracts_2015_0708.pdf

KAUER, O. (1997): Laufen ist süß. Ausdauersport und Diabetes mellitus. In: CONDITION, 28. Jg., H. 3-4, S. 16-19

KAVELMANN, U. & PETERSON, U. (1992): Bericht über den ersten Lauftherapiekurs im Verein „Das Boot". In: DLZ-RUNDSCHAU, Ausg. 7, S. 24-25

KAY, W. A. (2009): Meditieren in Laufschuhen. Laufen spirituell erfahren. Bielefeld

Keine Gefahr für die Gelenke (1986). In: CONDITION, 17. Jg., H. 7-8, S. 38-39

Keine Lust auf Sport? (2001). In: APOTHEKEN UMSCHAU, 1. August, S. 50-55

KELEMAN, S. (1980): Dein Körper formt dein Selbst. München

KELLERMANN, C. & HALLE, M. (2015): Interview mit Martin Halle: "Nach zwei, drei Wochen geht's richtig los". In: http://www.br.de/radio/b5-aktuell/sendungen/das-fitnessmagazin/fuer-online-gespraech-dr-halle-lauf10-fm-100.html (25.03.2015)

KELLERMANN, C. & HALLE, M. (2015): Talk mit Martin Halle: Von 0 auf fit in 10 Wochen. In: http://www.br.de/radio/b5-aktuell/sendungen/das-fitnessmagazin/martin-halle-lauf10-laufen100.html (27.03.2015)

KEMMLER, W. & RIEDEL, H. (1997): Individualisierte Sporttherapie bei Osteoporosepatientinnen – eine Evaluierung eines 12-monatigen Trainingsprogrammes. In: WEIß, M. & LIESEN, H. (Hrsg.): Rehabilitation durch Sport. 1. Internationaler Kongreß des Deutschen Behinderten-Sportverbandes 1995. Marburg, S. 286-293

KEMPF, H.-D. - Hrsg. - (2000): Die Herzschule. Das Bewegungsprogramm für Rehabilitation und ein langes Leben. Reinbek

KENKE, A. (2006): Vor dem Frühstück fünf Runden joggen. Klasse 1b der Freiherr-vom-Stein-Schule hat Bewegungsprogramm für Fitness und Konzentration. In: VORORT (Beilage des Wiesbadener Kurier und Wiesbadener Tagblatt), Nr. 84, S. 7

Kenneth Cooper – Fitneß für Astronauten. (1999) In: DER SPIEGEL, (Serie: Spiegel des 20. Jahrhunderts: II. Entdeckungen) Nr. 1, S. 107

KENTSCH, P. (2010): 1. Laufsportmedizinisches Ärztesymposium beim E.ON Mitte Kassel Marathon. In: http://www.germanroadraces.de/24-0-16708-1-laufsportmedizinisches-Aerztesymposium-beim-eon-mitte-kassel.html (15.06.2010)

KERKHOFF, G. (2007): Das Projekt Halbmarathon in einer stationären Wohngruppe für jugendliche Sexualstraftäter. In: FORUM ERZIEHUNGSHILFEN, 13. Jg., H. 1, S. 16-22

KERN, A. (2015): Effektives Druckmittel. In: FOCUS, Nr. 15, S. 128-129

KIEHNE, C. (2006): Psychogene Depressionen. Studienarbeit. Norderstedt, S. 29-31

KIENZLER, C. (1987): Die Anwendung eines Lauftrainings zur Behandlung von Depressionen: Eine Literaturstudie. Zulassungsarbeit, Universität Konstanz

KIMMERLE, R. (1987): Jogging – zur Entstehung und Entwicklung einer kollektiven Bewegung im Sport. In: SPORTWISSENSCHAFT, 17. Jg., H. 2, S. 121-150

KINDERMANN, I. (1990): Lauf- und Ernährungstraining: Eine sinnvolle Kombination. In: DLZ-RUNDSCHAU, Ausg. 4, S. 22-26

KINDERMANN, W. (1977): Die Wirkung verschiedener Sportarten auf das Herz-Kreislauf-System und den Stoffwechsel. In: THERAPIEWOCHE, 27. Jg., Nr. 50, S. 9091-9105

KINDERMANN, W. (1983): Gesundheitliche Effekte sportlicher Betätigung aus kardiologischer Sicht. In: HECK, H. et al. (Hrsg.): Sport: Leistung und Gesundheit. Kongreßband Deutscher Sportärztekongreß 1982. Köln, S. 363-372

KINDERMANN, W. (2001): Sport bei Patienten mit Herzschrittmacher. In: DEUTSCHE ZEITSCHRIFT FÜR SPORTMEDIZIN, 52. Jg., Nr. 6, S. 222-226; http://www.zeitschrift-sportmedizin.de/fileadmin/content/archiv2001/heft06/a06_0601.pdf

KINDERMANN, W. & ROST, R. (1991): Hypertonie und Sport. München

KINDERMANN, W. & SCHARHAG, J. (2007): Ist Ausdauersport ungesund? In: DEUTSCHE ZEITSCHRIFT FÜR SPORTMEDIZIN, 58. Jg., Nr. 5, S. 121 (Editorial); http://www.zeitschrift-sportmedizin.de/fileadmin/content/archiv2007/heft05/Editorial.pdf

Kindgemäßes Ausdauertraining [Referat von Dr. med. Borchers - Passagen] (1985). In: SPIRIDON, H. 10, S. 24

KINLE, A. (o. J.): Anita Kinle und die Down-Syndrom-Marathonstaffel. In: http://www.laufspass.com/laeufer/anita_kinle.htm

KIRCHBERG, A. & ROWLANDS, M. (2015): Der mit dem Wolf läuft (Interview). In: RUNNING, H. 1, S. 158-159

KIRPS, J. (o. J.): Wie Sie sich schnell und effektiv gegen die Panik wehren können. In: http://www.schluss-mit-panik.de/web/main/1_panik/sich_selbst_helfen/

KITTL, B. (2010): Meditation im Laufschritt. Sport als Hilfe zur Selbstfindung. In: FIT FOR LIFE, August, S. 12-15; http://www.spiritualmove.ch/fileadmin/user_upload/02_Medienberichte/201009_Artikel_Fit_fo r_life.pdf

KLAMMER, P. (2012): Bewegung regt die grauen Zellen an: Sport als Gehirn-Doping. In: http://www.focus.de/gesundheit/gesundleben/fitness/aktuell/koerperliches-training-macht-schlau-sport-als-gehirn-doping_aid_778228.html (08.07.2012)

KLAMMER, P., HASLAUER, A. & LEHMKUHL, F. (2012): Wie Sport glücklich macht. Wer sich bewegt, trainiert sein Gehirn. Selbstbewusstsein, Gelassenheit und Denkkraft wachsen wie Muskeln. In: FOCUS, H. 28, S. 76-82

KLEIER, P. (2010): Das Laufprojekt der St. Ansgar Kinder- und Jugendhilfe. In: KNAB, E. & MACSENAERE, M. (Hrsg.): St. Ansgar Hildesheim – ein Perspektivzentrum der Kinder- und Jugendhilfe (Europäische Studien zur Jugendhilfe). Hildesheim, S.163-167

KLEIN, H. (2006): Wie man dem „schleichenden" Tod davonlaufen kann. „Bluthochdruck ist die schlimmste Krankheit" / Bewegung als Therapie / Fünf Kilo weniger halbieren Schlaganfall-Risiko. In: http://sportmedizin-moeckel.de/fileadmin/user_upload/Presse/07_9.5.2006.pdf

KLEIN, M. (1989): Langlauf als Therapie bei Depressionen. Diplomarbeit, Universität Konstanz

KLEIN, M. & FRÖHLICH, M. (2002): Sportmedizin 2 im Grundstudium. (Sportwissenschaftliche Skripte) Saarbrücken, http://www.sport-training.de/pdf/skript-sportmed2.pdf, S. 19

KLEIN, S. (2003): Die Glücksformel - oder wie die guten Gefühle entstehen. Hamburg

KLEINE, W. (1987): Langlauf als Gegenstand sportpädagogischer Kritik. In: KLEINE, W. (Hrsg.): Langlauf in der Kritik. Pro und Contra der Deutschen Langlaufbewegung. Aachen, S.11-32

KLEINE, W. (1989): Der Langlaufsport in der Klemme? In: SCHULKE, H.-J. & FIETZE, U. (Hrsg.): Belastung und Erholung beim Dauerlauf. Berichtsband zum wissenschaftlichen Symposium im Rahmen des Bremen Marathon 1988. (Schriftenreihe „Gesundheit, Sport und Ernährung, Bd. 3) Universität Bremen, S. 31-43

KLEINE, W. & LENNARTZ, K. (1985): Pulsschlag 130. Langlauf in Schule, Verein und Freizeit. Aachen, S. 50-52

KLEINE, W. & HAUTZINGER, M. (Hrsg.) (1990): Sport und psychisches Wohlbefinden. Beiträge zum Lehren und Lernen im Gesundheitssport. (Edition Sport & Wissenschaft, Bd. 4) Aachen

KLEINE, W. et al. (1990): Eine Literaturdokumentation empirischer Studien zur Thematik „Sport bei psychischen Erkrankungen". In: KLEINE, W. & HAUTZINGER, M. (Hrsg.): Sport und psychisches Wohlbefinden. Beiträge zum Lehren und Lernen im Gesundheitssport. (Edition Sport & Wissenschaft, Bd. 4) Aachen, S. 197-325

KLEINE-TEBBE, A. & DIMEO, F. C. (2006): Brustkrebs & Sport. Ein Trainingsbuch für Patientinnen. (Hrsg.: Pfizer Pharma GmbH). Berlin

KLEINMANN, D. (1980): Sportmedizin für die Praxis aus allgemeiner, internistischer und physiotherapeutischer Sicht. Stuttgart

KLEINMANN, D. (1984): Dauerlauf unter Betablocker-Einnahme. In: ZEITSCHRIFT FÜR ALLGEMEINE MEDIZIN, 60. Jg., S. 550

KLEINMANN, D. (1985): Sport als Medizin für jedermann. Stuttgart

KLEINMANN, D. (1985): Altern Langläufer langsamer? In: SPIRIDON, 11. Jg., H. 2, S. 12

KLEINMANN, D. (1985): Wie gefährlich ist Milchsäure? (Dubiose dpa-Meldung schockierte Läufer) [Krebs durch Joggen?] In: SPIRIDON, 11. Jg., H. 3, S. 17-18

KLEINMANN, D. (1985): Dauerlauf und Depressionen. In: SPIRIDON, 11. Jg., H. 6, S. 28

KLEINMANN, D. (1986): Ärzte-Presse fehlt oft das Augenmaß. In: SPIRIDON, H. 10, S. 18-19

KLEINMANN, D. (1987): Das Lauf-Gesundheitsbuch. Erkrath

KLEINMANN, D. (1987): Der plötzliche Herztod beim Laufen. In: CONDITION, 18. Jg., H. 10, S. 14-16

KLEINMANN, D. (1988): Laufen ist Medizin. Düsseldorf

KLEINMANN, D. (1989): Marathonlauf nach Herzinfarkt – Ein Sinneswandel unter den Ärzten? In: HERZ UND GEFÄSSE, 9. Jg., S. 1

KLEINMANN, D. (1989): Marathon-Vorbereitung nach Infarkt. In: SPIRIDON, 15. Jg., H. 11, S. 42-43

KLEINMANN, D. (1990): Laufen als Medizin. In: WEBER, A. (Hrsg.): Bewegung braucht der Mensch. Langsamer Dauerlauf als Vehikel für gesünderes Leben? Erkrath, S. 53-64

KLEINMANN, D. (1990): Herzkrankheit bedeutet selten Laufverbot. Laufunbedenklichkeitsbescheinigung – Sinn oder Unsinn? In: SPIRIDON, H. 6, S. 24-25

KLEINMANN, D. (1990): Langstreckenlauf – eine Theorie der Risikofaktoren. In: HERZ UND GEFÄSSE, 10. Jg., H. 8, S. 437-442

KLEINMANN, D. (1991): Herzrhythmusstörungen bei Läufern. In: SPIRIDON, H. 6, S. 54-55

KLEINMANN, D. (1991): Spektakuläre Laufleistungen von Herzkranken. In: MÜNCHENER MEDIZINISCHE WOCHENSCHRIFT (MMW), Nr. 133, S. 376-380

KLEINMANN, D. (1996): Laufen. Sportmedizinische Grundlagen, Trainingslehre und Risikoprophylaxe für Mediziner, Sportlehrer und Trainer, Physiotherapeuten und anspruchsvolle Läufer. Stuttgart

KLEINMANN, D. (1997): So spät wie möglich jung sterben: Langlebige Läufer – teurer oder billiger? In: SPIRIDON, 23. Jg., H. 2, S. 21

KLEINMANN, D. (1999): Laufen im Alter. Stuttgart

KLEINMANN, D. (2005): Laufnebenwirkungen. Vom Ermüdungsbruch bis zum plötzlichen Herztod: Was können Sie dagegen tun? Köln

KLEINMANN, D. (2005): Herzfrequenz willkürlich festgelegt. – Diskussion zum Beitrag „Körperliche Aktivität zur Behandlung des arteriellen Hochdrucks" von R. G. Ketelhut. In: DEUTSCHES ÄRZTEBLATT, 102. Jg., H. 22, S. A1600-A1601; http://www.aerzteblatt.de/archiv/47095/Koerperliche-Aktivitaet-zur-Behandlung-des-arteriellen-Hochdrucks-Herzfrequenz-willkuerlich-festgelegt

KLEINMANN, D. (2006): Laufen und Immunsystem. Eine wissenschaftliche Betrachtung. In: RUNNING SPECIAL, H. 3, S. 56-59

KLEINMANN, D. (2006): Laufen und Walking im Alter. Gesundheitliche Auswirkungen und Trainingsgrundsätze aus sportmedizinischer Sicht. Wien

KLEINMANN, D. (2008): Mit 70 noch spitze. Auswirkungen eines Lauftrainings auf das Altern. Referat beim Münsteraner Marathon-Medizin-Symposium am 16.08.2008 - Folge II. In: http://www.germanroadraces.de/24-0-6885-mit-70-noch-spitze-auswirkungen-eines-lauftrainings.html (06.09.2008)

KLEINMANN, D. (2008): Laufsport im Kindes- und Jugendalter. Was Sie wissen sollten. In: RUNNING, H. 10, S. 56-58

KLEINMANN, D. (2009): Laufnebenwirkungen. Vom Ermüdungsbruch bis zum plötzlichen Herztod: Was können Sie dagegen tun? (2., überarb. Auflage). Köln.

KLEINMANN, D. (2010): Marathonlauf bei Koronarer Herzkrankheit – Langzeitbeobachtungen aus der Praxis. (Fallbericht). In: DEUTSCHE ZEITSCHRIFT FÜR SPORTMEDIZIN, 61. Jg., H. 11, S. 272-275; http://www.zeitschrift-sportmedizin.de/fileadmin/content/archiv2010/heft11/spomed_11_2010_pdfe/Fallbericht_Klei nmann_final_bg.pdf

KLEINMANN, D. (o. J.): Fit im Alter, aber wozu? In: http://www.berlin-laeuft.de/fitness-news-details/items/fit-im-alter-aber-wozu-dr-dieter-kleinmann-geradezu-frappierend-sind-die-parallelen-zwischen-altern-und-bewegungsmangel.html

KLEINMANN, D. (o. J.): Glaubst du an Langlauf? In: https://www.tsv-schmiden.de/filerepository/NPeb8YBDXUp9wpDqtvEE.pdf

KLEIß, M. (2014): More Power – Lauf dich frei! Kulmbach

KLEMENT, K. (2011): Sport hilft bei Depression. In: http://www.gesundheit.de/krankheiten/psyche-und-sucht/depressionen/sport-hilft-bei-depression (21.09.2011)

KLEMM, W. (1985): Ernst van Aaken zum 75. Geburtstag. In: CONDITION, 16. Jg., H. 3, S. 16-21

KLICKA, G. (2002): Vom Modetrend Laufen zur Psychohygiene. In: PSYCHOLOGIE IN ÖSTERREICH, 22. Jg., H. 4, Themenschwerpunkt: Gesundheitspsychologie und Wellness, S. 132

KLÖCKNER, L. (2014): Wundermittel Bewegung. In: ZEIT WISSEN, Nr. 2; http://www.zeit.de/zeit-wissen/2014/02/sport-bewegung-gesundheit-therapie (

KLOSE, K. (2006): Lauftherapie für Kinder mit Konzentrationsschwäche – Die Entwicklung einer zielgruppenspezifischen Lauftherapie. In: DLZ-RUNDSCHAU, 18. Jg., H. 36, S. 37-41

KLUIN, K. & SCHWEITZER, A. (o. J.): Raus aus dem Schongang. Warum Bewegung so wichtig ist. In: http://www.stern.de/gesundheit/fitness/startwissen/warum-bewegung-so-wichtig-ist-raus-aus-dem-schongang-1728046.html

KLUPSCH-SAHLMANN, R. (1988): Dauerlaufen in der Grundschule. Chancen für gesundheitlich bedeutsame Erfahrungen. In: LEHRHILFEN FÜR DEN SPORTUNTERRICHT, 37. Jg., H. 12, S. 177-182

KNECHT, N. (2010): Beim Laufen abnehmen und effizient Fett verbrennen – so klappts. In: http://blog.bazonline.ch/outdoor/index.php/3402/beim-laufen-abnehmen-und-effizient-fett-verbrennen-so-klappts/ (04.10.2010)

KNECHT, N. (2011): Laufen Sie um Ihr (Sex)Leben! In: http://blog.tagesanzeiger.ch/outdoor/index.php/10934/laufen-sie-um-ihr-sexleben/ (11.07.2011)

KNECHTLE, B. (2002): Ausdauertraining, Fettoxidation und Körpergewichtskontrolle. In: SCHWEIZERISCHE ZEITSCHRIFT FÜR SPORTMEDIZIN UND SPORTTRAUMATOLOGIE, 50. Jg., S. 169-173

KNECHTLE, B. (2003): Körperliche Aktivität, Immunsystem und Krebs. In: SCHWEIZERISCHE ZEITSCHRIFT FÜR SPORTMEDIZIN UND SPORTTRAUMATOLOGIE, 51. Jg., S. 145-151

KNECHTLE, B. (2004): Der günstige Einfluss von körperlicher Aktivität auf Wohlbefinden und Psyche. In: PRAXIS (Bern), H. 93, S. 1403-1411

KNECHTLE, B. & QUARELLA, A. (2007): Laufen tut gut – Oder wie man ohne Psychiater aus der Depression zum Marathon kommt! In: PRAXIS (Bern), H. 96, S. 1351-1356

Kniebeugen oder Joggen bei Panickattacken. Körperliche Bewegung kann dabei helfen Panikattacke zu stoppen. In: http://www.heilpraxisnet.de/naturheilpraxis/kniebeugen-oder-joggen-bei-panikattacken-9014966.php (08.09.2012)

KNIGGE, H., FALKOWSKI, G., MONTIEL, G., WILKE, C. et al. (2007): Effekte eines 20-wöchigen Ausdauertrainings (Rad vs. Walking/Laufen) auf die körperliche Leistungsfähigkeit und systemisch-hämodynamische Parameter älterer, übergewichtiger/adipöser, inaktiver Männer. Poster Nr. 276. In: DEUTSCHE ZEITSCHRIFT FÜR SPORTMEDIZIN, 58. Jg., Nr. 7-8, S. 267; http://www.zeitschrift-sportmedizin.de/fileadmin/content/archiv2007/heft07_08/Fr_nachmittag.pdf

KNIPPEL, M. (o. J.): Bringen Sie Bewegung in Ihr Leben! In: STIFTUNG DEUTSCHE SCHLAGANFALL-HILFE (Hrsg.): Schutz vor dem Infarkt. Gütersloh, S. 30

KNIPPING, H. W. (1972): Langstreckenlauf im Alter und nach ausgeheiltem Herzmuskelinfarkt. In: CONDITION, H. 9, S. 2

KNÖRZER, W. & TREUTLEIN, G. (1984): Barfuß gehen und laufen. In: SPORTPÄDAGOGIK, 8. Jg., H. 6, S. 28-31

KNÖRZER, W. & TREUTLEIN, G. (o. J.): Barfuß gehen und laufen. In: SPORTPÄDAGOGIK SONDERHEFT „Laufen, Springen und Werfen im Schulsport", S. 36-39

Knochenmark mobilisiert. (2005). In: SPIRIDON, 31. Jg., H. 7, S. 16

KNOLS, R. (2012): Ausdauertraining. In: BAUMANN, F. T., JÄGER, E. & BLOCH, W. (Hrsg.): Sport und körperliche Aktivität in der Onkologie. Berlin, S. 121-130

KNUBBEN, K. (2004): Randomisierte, kontrollierte Studie über die Effekte eines kurzen Ausdauertrainingsprogramms auf die Stimmung von Patienten mit Depressionen. Dissertation, Medizinische Fakultät Charité, Universitätsmedizin Berlin, S. 10-20; http://www.diss.fu-berlin.de/diss/servlets/MCRFileNodeServlet/FUDISS_derivate_000000001509/0_knubtit.pdf;jsessionid=43B1BA26F1498372BEB7DA65DF1DEDA0?hosts=, http://www.diss.fu-berlin.de/diss/servlets/MCRFileNodeServlet/FUDISS_derivate_000000001509/1_Knubben-Kap1.pdf;jsessionid=43B1BA26F1498372BEB7DA65DF1DEDA0?hosts=

KNUTTGEN, H. G. (1989): Schwangerschaft. In: SKINNER, J. S. (Hrsg.): Rezepte für Sport- und Bewegungstherapie. Belastungsuntersuchungen und Aufstellung von Trainingsprogrammen beim Gesunden und Kranken. Köln, S. 347-356

KOCH, K.-H.(2003): Laufen und Naturwahrnehmung. In: CONDITION, H. 3, S. 24-27

KOCHMÜNSTER, G. (1992): Zwei Klappen im ¾-Takt. (Marathonlaufen als Therapie – II) In: SPIRIDON, 18. Jg., H. 7, S. 17

KÖHLER, E.; SCHEIBE, J.; ISRAEL, S. (1976): Die Veränderung von Stoffwechselgrößen während und nach einer extensiven Ausdauerbelastung. In: MEDIZIN UND SPORT, 16. Jg., H. 11, S. 356-360

KÖHLER, H. (Ges.-Red.) (1973): Lauf dich gesund! - und andere Programme für das Ausdauertraining. Berlin (DDR)

KÖHLER, W. (1994): Der aufrechte Läufer. Anmerkungen zur Evolution des Menschen. In: STACH, R. (Hrsg.): Zur Psychologie des Laufens. Frankfurt a. M., S. 89-96

KÖNIG, E. & LUTZ, R. (1995): Bewegungskulturen. St. Augustin

KÖRNICH, K. (2006): Kopfsache Laufen [Runner's High oder Runner's Flow?] In: AKTIV LAUFEN, H. 2, S. 72-73

KÖRNICH, K. (2006): Laufend neue Ideen. In: AKTIV LAUFEN, H. 3, S. 30-31

Körper und Geist auf Trab bringen: Sport tut bei Demenz gut (2014). In: http://www.sueddeutsche.de/news/leben/familie-koerper-und-geist-auf-trab-bringen-sport-tut-bei-demenz-gut-dpa.urn-newsml-dpa-com-20090101-140319-99-02391 (02.04.2014)

Körperfett im Nachbrenner. Bei Tempotraining verbrennt mehr Fett als bei langsamem Joggen (1995). In: RUNNER'S WORLD, H. 7, S. 16

KÖSER, N. (2013): Einfluss körperlicher Aktivität auf die psychische Gesundheit – eine Querschnittsuntersuchung bei Hamburger Lehrern und Lehrerinnen. Bachelorthesis, Fakultät Life Sciences, Studiengang Gesundheitswissenschaften, Hochschule für Angewandte Wissenschaften Hamburg, S. 28; http://edoc.sub.uni-hamburg.de/haw/volltexte/2014/2483/pdf/BA_Nina_Koeser.pdf

KÖSTER, R. (2006): Laufen als Therapie mit straffällig gewordenen Jugendlichen. In: DLZ-RUNDSCHAU, 18. Jg., H. 36, S. 33-36

KOINZER, K. (1981): Kontinuierliche Ausdauerschulung ist für Kinder und Jugendliche notwendig! In: KÖRPERERZIEHUNG, 31. Jg., H. 8-9, S. 384-390

KOINZER, K. (1997): Gesundheitssport mit Kindern und Jugendlichen. Prävention – Therapie – Rehabilitation. Heidelberg, Leipzig

KOKEN, H. (2003): Zehntklässler lernen das „A-Z" des Laufens. Ausdauer-Projekt an der Gemeinschaftshauptschule Wegberg. (Erkelenzer Zeitung) In: DLZ-RUNDSCHAU, 15. Jg., H. 30, S. 16

KOLLMAR, M. (2012): Laufen & Krebs: Hilft Laufen gegen Krebs? In: http://www.joggen-online.de/gesundheit/krankheiten/laufen-krebs.html (16.08.2012)

KOLLMAR, M. (2012): Migräne. Was Sportler gegen Migräne tun können. In: http://www.joggen-online.de/gesundheit/schmerzen/migraene-und-laufen.html (16.08.2012)

KOLLMAR, M. (2012): Volkssport Laufen. Bereits 18 Millionen Deutsche joggen regelmäßig. In: http://www.joggen-online.de/blog/volkssport-laufen.html (29.08.2012)

KOLLMAR, M. (2012): Gesundheit & Sport: So bleiben Sie fit. In: http://www.joggen-online.de/gesundheit.html# (18.09.2012)

KOLLMAR, M. (2012): Wer läuft, bei dem läuft's auch im Bett. Joggen sorgt für mehr Lust und Potenz. In: http://www.joggen-online.de/blog/wer-laeuft-bei-dem-laeuft%E2%80%98s-auch-im-bett.html (11.10.2012)

KONOPKA, P. (1981): Ausdauer und Ausdauertraining. In: DEUTSCHE ZEITSCHRIFT FÜR SPORTMEDIZIN, 32. Jg., H. 1, S. 18-21; H. 2, S. 47-52; H. 3, S. 76-79; H. 4, S. 104-109; H. 5, S. 141-145

KONOPKA, P. (1984): Sport und Gesundheit im Wechselspiel. In: SPIRIDON, H. 2, S. 16

KONOPKA, P. (1990): Aerobische Dauerbewegung und Gesundheit im Wechselspiel. In: WEBER, A. (Hrsg.): Bewegung braucht der Mensch. Langsamer Dauerlauf als Vehikel für gesünderes Leben? Erkrath, S. 27-32

KOPP, J. & STRÖHLE, A. (2007): Bewegung als Therapie: "Sport wird zu wenig genutzt". In: http://www.taz.de/Bewegung-als-Therapie/!5927/ (12.10.2007)

KOPPE-BONSACK, K. (2001): Ich bin sehr froh, die Lauftherapie mitgemacht zu haben. Laufen als Therapie – Auszüge eines Erlebnisberichts. In: DLZ-RUNDSCHAU, H. 25, S. 53-54

KORSTEN-RECK, U., MARQUARDT, K. & WURSTER, K. G. (2009): Schwangerschaft und Sport. In: DEUTSCHE ZEITSCHRIFT FÜR SPORTMEDIZIN, 60. Jg., Nr. 5, S. 117-121;

http://www.zeitschrift-
sportmedizin.de/fileadmin/content/archiv2009/heft05/15_uebersicht_korstenreck_509.pdf

KOSCHWITZ, T. (2014): Herzgesund dank kurzem Joggen. In: MEDJOURNAL. Das
Gesundheitsmagazin für Wiesbaden, Rüsselsheim und die Region (Sonderbeilage der
Rhein-Main-Presse vom 5. November 2014), 4. Quartal, S. 37

KOSTRUBALA, T. (2014): Vorwort. In: SCHÜLER, W. W.: Lauftherapie mit Kindern und
Jugendlichen. Psychische Gesundheit und Leistungsfähigkeit durch ausdauerndes Laufen.
Aachen, S. 12-14

KOSTRUBALA, T. & SCHÜLER, W. W. (2009): Wege zum Lauftherapeuten. Anstöße und
Entwicklungen in Deutschland und den USA. In: www.lauftherapie-vdl.de/index.php?id=9
(März)

KOTHE, K. (2013): Zum Tode von Dr. med. Hans-Henning Borchers. In: CONDITION, 44.
Jg., H. 11, S. 47

KRAFT, U. (2007): Bewegung gegen Depression. In:
http://www.netdoktor.at/therapie/bewegung-bei-depression-8584 (Dezember 2007)

KRAG, W. (1981): Die Lust am Laufen. In: PSYCHOLOGIE HEUTE, 8. Jg., H. 8, S. 36-37

KRAG, W. (1985): Jogging: Die Lust am Laufen. In: REDAKTION PSYCHOLOGIE HEUTE
(Hrsg.): Die Körper, die wir sind. Mit Leib und Seele leben. Weinheim, Kap. 17

KRAMM, J. & BANZER, W. (2002): Jogging als Therapie (Interview mit Professor Banzer).
In: http://www.berliner-zeitung.de/archiv/jogging-als-therapie,10810590,10031966.html
(28.09.2002)

KRANKER FÜR KRANKE (o. J.): Krebs, Diabetes, Depression – Sport auf Rezept. In:
http://www.krankerfuerkranke.de/archivgesundheit/OsteoporoseBewegung.htm

KRAUS, M. F. (1987): Sporttreiben und psychische Gesundheit. Systematisierung und
Bewertung von Veröffentlichungen zum Sporttreiben aus der Sicht psychologischer Theorien
der psychischen Gesundheit. (Arbeiten aus dem Institut für Sportwissenschaft.
Sozialwissenschaftliche Reihe, Bd. 11) Dissertation, Freie Universität Berlin

KRAUSE, M. (1988): Laufen und Körpererfahrung. Ein Modell für Laufanfänger aus dem
Berliner Hochschulsport. In: SCHULKE, H.-J. (Hrsg.): Alltagslauf als Aufbruch.
(Schriftenreihe des Allgemeinen Deutschen Hochschulsportverbandes, Bd. 11) Wuppertal, S.
176-192

KRAUSE, M. (1989): Körpertherapeutisch orientiertes Laufen bei Studierenden. In:
SCHULKE, H.-J. & SPERLE, N. (Hrsg.): Anfängerprogramme im Ausdauersport.
Berichtsband zum 7. ADH-Symposium „Anfänger und Abbrecher im Ausdauersport".
Universität Bremen 1987. (Schriftenreihe „Gesundheit, Sport, Ernährung", Bd. 2) Bremen,
S. 74-79

KRAUSE, M. (1994): Laufen und Körpererfahrung. In: BECKER, U. (Hrsg.): Leichtathletik im
Lebenslauf. Bericht vom Breitensport-Kongreß des Deutschen Leichtathletik-Verbandes vom
23. bis 25. Oktober 1992 in Mainz. (Edition Leichtathletik, Bd. 8) Aachen, S. 190-194

KRAUSHAAR, J., WEGMANN, M., STEFFEN, A., MORSCH, A. & MEYER, T. (2013):
Einfluss verschiedener 6-monatiger Trainingsinterventionen auf die
Ausdauerleistungsfähigkeit. Abstract Nr. 189, 44. Deutscher Sportärztekongress in Frankfurt

a. M., 6.-7. September. In: DEUTSCHE ZEITSCHRIFT FÜR SPORTMEDIZIN, 64. Jg., Nr. 7/8, S. 243; http://www.zeitschrift-sportmedizin.de/fileadmin/content/archiv2013/Heft_7_8/50_abstract_161_192.pdf

KRAUß, I., GRAU, S., MAIWALD, C., MAUCH, M. & HORSTMANN, T. (2007): Vermehrte Valgisierung der Beinachse bei gesunden Läuferinnen. Kurzreferat Nr. 222. In: DEUTSCHE ZEITSCHRIFT FÜR SPORTMEDIZIN, 58. Jg., Nr. 7-8, S. 254; http://www.zeitschrift-sportmedizin.de/fileadmin/content/archiv2007/heft07_08/Fr_nachmittag.pdf

KREFT, G. (1988): Orientierungslauf. Handbuch für Sportlehrer, Übungsleiter und Aktive. Mainz, S. 25

KREITZ, S. (1996): Marathon im Lebenslauf. Eine empirische Untersuchung. Berlin

KREMER, H.-G., SCHEIBE, J. & SCHRÖDER, W. (Red.) (1982): Rennsteiglauf. Historische, soziologische, sportmedizinische und trainingsmethodische Aspekte. Berlin (DDR), S. 34-53

KREMPEL, O. (1990): Fitness über Fünfzig. Schonende Bewegungsprogramme für Beweglichkeit und Wohlbefinden. München, S. 26-31

KREUTZ, I. (2001): Nur der richtige Sport-Mix stärkt die Knochen. Frauen in der Postmenopause profitieren deutlich von einem regelmäßigen, einstündigen Training. In: ÄRZTE-ZEITUNG, 20. Jg., Nr. 215, S. 4

KREX, A. (2009): Joggen macht mehr als glücklich. In: http://www.morgenpost.de/sport/halbmarathon/article104005453/Jogggen-macht-mehr-als-gluecklich.html (30.03.2009)

KRIEFT, K. (2011): Wunderwerk Muskel. Warum Laufen so gesund ist. In: http://www.wdr.de/tv/applications/fernsehen/wissen/quarks/pdf/Q_Laufen_2.pdf, S. 3-4

KRIEGEL, R. (1995): Sportliche Aktivität und Diabetes mellitus. Eine Metaanalyse. Diplomarbeit, Neubiberg

KRIEGEL, R. (2001): Sportliche Betätigung und ihre Einordnung in die Diabetes-Therapie. In: CONDITION, 32. Jg., H. 10, S. 6-11

KRIEGEL, R. & ROSCHINSKY, J. (2009): Sport und Bewegung bei Diabetes. Ein Ratgeber für die Praxis. Aachen, S. 136-140

KRIESL, I. (2013): Fit bleiben in der kalten Jahreszeit. Joggen im Herbst und Winter. In: http://www.stern.de/gesundheit/fitness/joggen-im-herbst-und-winter-fit-bleiben-in-der-kalten-jahreszeit-2066432.html (25.10.2013)

KRISCHER, J. (o. J.): Laufen als Therapie – der Patient gewinnt. In: http://www.laufexperten.de/lexicon/magazin.php?seite=04-08.htm

KRISMANN, K. (1993): Ein großer Tag für das DLZ. In: DLZ-RUNDSCHAU, Ausg. 10, S. 7-8

KROLL; H.-P. (o. J.): Ausdauertraining. In: http://www.depression-therapie-forschung.de

KROLL, H. P. (o. J.): Ausdauertraining vermindert deutlich Angst- und Panikattacken [Studie des Sportmediziners Dr. Tim Meyer]. In: http://www.depression-therapie-forschung.de/jan3.html

KRONEWITER, T. & WEBER, A. (2013): In Bewegung. Das Deutsche Laufzentrum startet eine Deutschlandstaffel [Interview]. In: SÜDDEUTSCHE ZEITUNG, 08.-09.06.2013

KRÜGER, A. (1986): Göttinger Modell: Sportkindergarten. In: SPIRIDON, 12. Jg., H. 12, S. 48-49

KRÜGER, A. (1990): Wann sollen Kinder mit Sport beginnen? In: LÖSCHE, P. (Hrsg.): Göttinger Sozialwissenschaften heute: Fragestellungen, Methoden, Inhalte. Göttingen, S.278-308

KRÜGER, M. (1987): Der Paderborner Fragebogen zur Selbsteinschätzung (PFzS) als Meß- und Diagnoseinstrument. Eine Beschreibung des Inventars und Darstellung bisheriger Messungen bei ausgewählten Stichproben. Diplomarbeit, FB Erziehungswissenschaft, Uni/Gh Paderborn

KRÜGER, M. (1990): Laufen und seelisches Befinden – eine empirische Untersuchung an Marathonläufern. In: WEBER, A. (Hrsg.): Bewegung braucht der Mensch. Langsamer Dauerlauf als Vehikel für gesünderes Leben? Erkrath, S. 85-103

KRÜGER, M. (2012): There's no finish line. Eine persönliche Laufreise durch die Welt der Lauftherapie. In: SCHÜLER, W. W. (Hrsg.): Laufende Begegnungen. Berlin, S. 18-34

KUBESCH, S. & SPITZER, M. (1999): Sich laufend wohlfühlen: Aerobes Ausdauertraining bei psychisch Kranken. In: NERVENHEILKUNDE, 18, S. 363-370

KUCKUK, M. & GABRIEL, H. (2010): Erkältung und Sport: "Sport ist Stress und Entzündung" ((Interview mit Prof. Holger Gabriel)). In: http://www.sueddeutsche.de/leben/erkaeltung-und-sport-sport-ist-stress-und-entzuendung-1.699673 (17.05.2010)

KÜHNE, H. (1976): Der gesundheitliche Wert des Laufens und Gehens. In: SPIRIDON, H. 3, S. 15-17

KÜHNE, H. (1977): Durch Cooper gesund bis ins hohe Alter. In: CONDITION, 8. Jg., H. 1, S. 14-17

KÜHNE, H. (1987): Coopers Punkte – was nutzen sie? In: CONDITION, 18. Jg., H. 4, S. 18-19

KÜHNE, T. (1992): Sport als therapeutisches Instrument in der Psychiatrie (1). Ein Heilmittel für Körper und Seele. In: LÄUFER, 9. Jg., H. 10, S. 40-42

KÜHNER, L. & KOCH, J. (2014): Laufen – Das Trainingsbuch (mit DVD), zugunsten Deutsche Sporthilfe. o. O.

KÜNSTLINGER, U. (1998): Mit Sport gegen die momentane „Wetter-Depression"? In: DEUTSCHE ZEITSCHRIFT FÜR SPORTMEDIZIN, 49. Jg., Nr. 9, S. 262; http://www.zeitschrift-sportmedizin.de/fileadmin/content/archiv1998/Heft09/1998_09_EDITORIAL.pdf

KUHN, M. (1999): Die Auswirkungen sportlicher Aktivität beim Morbus Bechterew. In: BECHTEREW-BRIEF (Mitteilungsblatt der Deutschen Vereinigung Morbus Bechterew), 20. Jg., H. 78, S. 6-15; http://www.bechterew.de/?id=1132

KUNATH, P. (1994): Wohlbefinden und emotionale Sättigung bei langen Läufen. In: BECKER, U. (Hrsg.): Leichtathletik im Lebenslauf. Bericht vom Breitensport-Kongreß des

Deutschen Leichtathletik-Verbandes vom 23. bis 25. Oktober 1992 in Mainz. (Edition Leichtathletik, Bd. 8) Aachen, S. 278-288

KUNATH, P. (2001): Sportpsychologie für alle. Aachen, S. 22-23

KUNDE, I. (2006): Der Einfluss von Ausdauertraining im Vergleich zu einer medikamentösen Behandlung mit Clomipramin auf die subjektive Schlafqualität von Patienten mit Panikstörung. Dissertation, Universität Lübeck; http://www.students.informatik.uni-luebeck.de/zhb/ediss320.pdf

KUNST, M. (2009): In Gedanken abheben. Meditation als Grundlage für mentale und körperliche Fitness. In: FIT FOR LIFE, H. 7-8, S. 13-19; http://www.fitforlife.ch/fileadmin/documents/pdfarchive/Training-Technik/Allgemein/Meditation_7-8.2009.pdf

KUPFER, A., STRÜDER, H. K., PREDEL, H. G. et al. (2005): Der Effekt einer interdisziplinären Intervention auf die Ausdauerleistungsfähigkeit von übergewichtigen und adipösen Kindern (CHILT-Projekt). Poster PO-1, Nr. 208. In: DEUTSCHE ZEITSCHRIFT FÜR SPORTMEDIZIN, 56. Jg., Nr. 7-8, S. 213; http://www.zeitschrift-sportmedizin.de/fileadmin/content/archiv2005/heft0708/Abstractheft_korr_Endversion.pdf

KURZ, D. (1984): Leben Langläufer wirklich länger? – Von Nutzen und Grenzen gesundheitsorientierter Sportprogramme. In: WEBER, A. (Hrsg.): Gesundheit und Wohlbefinden durch regelmäßiges Laufen. Paderborn, S. 31-41

Kurzes Laufen ebenso gesund wie langes Joggen. Jogger leben durchschnittlich drei Jahre länger als Nicht-Jogger (2014). In: http://kurier.at/lebensart/gesundheit/studie-kurzes-laufen-ebenso-gesund-wie-langes-joggen/77.381.232 (29.07.2014)

KUTZNER, M. (2002): Die Fitness-Formel. Fitness = Kraft x Ausdauer x Beweglichkeit. Baden-Baden, S. 8

LACHMANN, G. (1986): Schwere Arbeit kann Ausdauersport nicht ersetzen. In: SPIRIDON, 12. Jg., H. 11, S. 47

Läufer mit Durchblick [Studie zu Grauer Star]. In: SPIRIDON, H. 5, S. 23

LAGERSTRÖM, D. (1987): Grundlagen der Sporttherapie bei koronarer Herzkrankheit. Teil 1. Köln

LAGERSTRÖM, D. (1989): Grundlagen der Sporttherapie bei koronarer Herzkrankheit. Teil 2. Köln

LAGERSTRÖM, D. (1989): Zum Verhältnis von Arbeits- und Trainingsbelastung am Beispiel des Laufens. In: SCHULKE, H.-J. & SPERLE, N. (Hrsg.): Anfängerprogramme im Ausdauersport. Berichtsband zum 7. ADH-Symposium „Anfänger und Abbrecher im Ausdauersport". Universität Bremen 1987. (Schriftenreihe „Gesundheit, Sport, Ernährung", Bd. 2) Bremen, S. 40-52

LAGERSTRÖM, D. (1995): Ausdauertraining. Köln

LAGERSTRÖM, D. (1991): Pädagogische Grundlagen der Sport- und Bewegungstherapie. In: ROST, R. (Hrsg.): Sport- und Bewegungstherapie bei Inneren Krankheiten. Köln, S. 285-300

LAGERSTRÖM, D., ROST, R. & HOLLMANN, W. (1975): Ein neues Lauftraining für die Prävention und Rehabilitation. In: SPORTARZT UND SPORTMEDIZIN, 8, S. 169-172

LAGERSTRÖM, D., ROST, R. & HOLLMANN, W. (1976): Sport im Rahmen der Herzinfarktrehabilitation am Wohnort. Jahrbuch der Deutschen Sporthochschule Köln 1975. (Beiträge zur Sportwissenschaft, Bd. 4) Schorndorf, S. 81-92

LAGERSTRÖM, D. & VÖLKER, K. (Hrsg.) (1983): Freizeitsport – Charakteristik, Durchführung und präventivmedizinische Wertigkeit. (Beiträge zur Sportmedizin, Bd. 20) Erlangen

LAGERSTRÖM, D. & POHL, V. (1986): Intensitätssteuerung mittels Pulsfrequenzmessung bei der Sporttherapie mit Herz-Kreislauf-Patienten. In: SPORTTHERAPIE IN THEORIE UND PRAXIS, 1

LAGERSTRÖM, D. & VÖLKER, K. (Hrsg.) (1986): Sport und Bewegung bei koronarer Herzkrankheit. Köln

LAGERSTRÖM, D., VÖLKER, K. & ROTH, D. (1992): Kleines Lexikon koronare Herzkrankheit (KHK) und Bewegung. Köln

LAMES, M. (1996): Gesundheitsförderung durch Sport. Konzepte, Methoden, Ergebnisse. Habilitationsschrift, Universität Kiel

LANDESARBEITSGEMEINSCHAFT ONKOLOGISCHE VERSORGUNG BRANDENBURG (Hrsg.) / THIELKING-WAGNER, G. (2011): Körperlich aktiv und Krebs. Eine Orientierungshilfe für Tumorkranke, Angehörige und Interessierte. Brandenburg; http://lago-brandenburg.de/wp-content/uploads/Wegweiser_Sport_BandV.pdf

LANDESSPORTBUND BERLIN (Hrsg.) (2009): Sport für die Seele. Informationen zum Sport bei psychiatrischen Erkrankungen. (Beiträge zur Qualitätsentwicklung) Berlin; http://bsberlin.de/tl_files/redaktion/20141211/Flyer%20Sport_neu_Korr091124.pdf

LANDMESSER, U. (o. J.): Bluthochdruck – Werte mit Sport senken? In: http://www.herzstiftung.de/Bluthochdruck-Sport.html

LANG, P. (2011): Pilot-Studie über die Auswirkungen des therapeutischen Laufens im Maßregelvollzug. In: BARTMANN, U. (Hrsg.): Fortschritte in Lauftherapie, Bd. 3. Tübingen, S. 53-61

LANG, P. (2013): Weglaufen erwünscht. Laufen als therapeutische Intervention im Maßregelvollzug. In: PSYCHIATRISCHE PFLEGE HEUTE, 19. Jg., H. 1, S. 24-27

LANG, W. (1992): Lebenselexier Ausdauertraining. Lauftraining, Sportmedizin, Ernährung. (Theorie und Praxis der Leibesübungen, Bd. 65)

LANGE, A. T. (1991): Laufen unter Ausdauerbedingungen. Auswirkungen auf Psyche und Physis. Wiesbaden

LANGE, F. (2013): Joggen hilft gegen Stress. In: http://arbeitskreis-krankenversicherungen.de/joggen-hilft-gegen-stress-12196/ (13.05.2013)

LANGE, H. (2011): Zum gesundheitlichen Wert des „Zu-Fuß-unterwegs-Seins" – Ein sportpädagogischer Zugang zum „sanften Ausdauersport". In: BARTMANN, U. (Hrsg.): Fortschritte in Lauftherapie, Bd. 3. Tübingen, S. 111-124

LANGE, H. (2012): Lauftraining im persönlichen Konzept. Trainieren als Methode psychologischer Selbsterkenntnis. Tübingen

LANGER, F. (2009): Laufen als Präventionsmaßnahme gegen das Burn-out-Syndrom bei Lehrern. In: BARTMANN, U. (Hrsg.): Fortschritte in Lauftherapie, Bd. 2, S. 107-108

LANGER-GLOCK, B. (2001): Die Lauftherapie nach Prof. A. Weber mit krebskranken Patientinnen in der Frauenarztpraxis. In: DLZ-RUNDSCHAU, Ausg. 25, S. 40-45

LANGHOF, H. (o. J.): Sport mit adipösen Kindern und Jugendlichen. In: http://www.kinder-im-gleichgewicht.eu/Resources/Sport_Uni_Konstanz/Defizite_bei_uebergewichtigen_Kindern.pdf

LANGOSCH, N. (2013): Laufen ohne Sucht. In: RUNNER'S WORLD, H. 1, S. 102-103

LANGOSCH, N. (2013): Laufen Sie um ihr Leben! In: RUNNER'S WORLD, H. 6, S. 62-65

LANGOSCH, N. (2013): Durch Laufen zur Abstinenz. In: RUNNER'S WORLD, H. 10, S. 24

LANGOSCH, N., GRÜNING, M. & WEBER, U. (2012): Für immer fit! In: RUNNER'S WORLD, H. 6 (Juni), S. 30-35

LASHLEE, A. (2010): Sporttherapie in der stationären Behandlung abhängigkeitskranker Jugendlicher im Spannungsfeld zwischen Erziehungsarbeit, Bewegungsmotivation und Übungsleitung. In: EREV-SCHRIFTENREIHE, H. 2, S. 109-120

LASHLEE, A. & SCHLIECKAU, J. (2008): Sport- und Bewegungstherapie in der Postakutbehandlung. In: THOMASIUS, R., SCHULTE-MARKWORT, M., KÜSTNER, U. J. & RIEDESSER, P. (Hrsg.): Suchtstörungen im Kindes- und Jugendalter. Das Handbuch: Grundlagen und Praxis. Stuttgart, S. 271-279: 276-277

LATSCH, J., HAAGER, G., TÜRK, S. et al. (2007): Effekte eines moderaten Ausdauertrainings über 16 Wochen auf Parameter der Leistungsfähigkeit und kardiale Rhythmik bei Patienten mit chronischem Vorhofflimmern. Abstract. In: DEUTSCHE ZEITSCHRIFT FÜR SPORTMEDIZIN, 58. Jg., Nr. 7-8, S. 213; http://www.zeitschrift-sportmedizin.de/fileadmin/content/archiv2007/heft07_08/Do_vormittag.pdf

LAUBER, H. (2002): Fit wie ein Diabetiker. Messen! Essen! Laufen! Mainz

LAUBER, H. (2013): Laufen statt spritzen: Bewegung ist die beste Medizin gegen Diabetes. In: FOCUS ONLINE, http://www.focus.de/gesundheit/experten/lauber/laufen-statt-spritzen-bewegung-ist-die-beste-medizin-gegen-diabetes_id_3362971.html (14.11.2013)

Lauf dem Alter davon! (2014) In: https://www.laufen.de/lauf-dem-alter-davon (21.11.2014)

Lauf in den Frühling (2014). In: VITAL, Ausg. 4; http://www.vital.de/fitness/workout/artikel/joggen-in-der-natur

Laufberufe: Der Lauftherapeut (2009). In: http://www.runnersworld.de/training/der-lauftherapeut.121014.htm (07.04.2009)

Laufen: Fit durch Jogging (2011). In: FÜR SIE, Ausg. 11; http://www.fuersie.de/gesundheit/fitness/artikel/abnehmen-durch-joggen-fit-und-schlank-werden

Laufen: gut für die Augen (2010). In: https://www.schwaebische-post.de/account/login/?aid=466460 (19.01.2010)

Laufen: Ideal zum Abnehmen und Entspannen (o. J.). In: http://gesundheit.real.de/bewegung-entspannung/finden-sie-die-passende-sportart/ausdauersportarten/joggen.html

Laufen: Training für Körper und Kopf (2013). In: LEX MAGAZIN, H. 1; http://www.laufexperten.de/laufen-mit-lex/training-und-wettkampf/laufen-training-fuer-koerper-und-kopf.html

Laufen als Gesundheits- und Breitensport (2011). In: SANOFI-AVENTIS DEUTSCHLAND GMBH, http://www.zentiva.de/Home/Mensch-und-Gesundheit/Medizin-und-Sport/Laufen-als-Gesundheits-und-Breitensport.htm?ID=1084

Laufen als Medizin gegen Migräne (2012). In: http://www.runnersworld.de/gesundheit/laufen-als-medizin-gegen-migraene.284242.htm (19.10.2012)

Laufen als Therapie. (1986): In: SPORT SPECIAL, 7. Jg., H. 4, S. 48-49

Laufen als Therapie: Mit Selbstvertrauen über Ziellinie (Mädchenwohnheim St. Irmgardis, Krefeld) (2014). In: http://www.rp-online.de/nrw/staedte/krefeld/laufen-als-therapie-mit-selbstvertrauen-ueber-ziellinie-aid-1.4274463 (28.05.2014)

Laufen bei Asthma (1997). In: SPIRIDON, H. 7, S. 50

Laufen beugt Lungenentzündungen vor [Langzeitstudie der Stanford University in Kalifornien (USA)] (2009). In: RUNNER'S WORLD, H. 7, S. 14

Laufen bremst Alzheimer (2011). In: BERNER ZEITUNG, http://www.bernerzeitung.ch/leben/gesellschaft/Hilft-Joggen-gegen-Depressionen/story/12026616 (12.09.2011)

Laufen erzeugt weder erhöhte Anfälligkeit für Knie- und Hüftverletzungen noch für Arthrose [Studie] (1984). In: SPIRIDON, H. 7, S. 7

Laufen führt zu festen Gelenken (o. J.). In: http://www.fid-gesundheitswissen.de/sportmedizin/laufen-und-joggen/laufen-und-joggen-feste-gelenke/

Laufen für die Gesundheit (o. J.). In: http://www.fid-gesundheitswissen.de/sportmedizin/laufen-und-joggen/laufen-und-joggen-fuer-ihre-gesundheit/

Laufen für ein besseres Herz. Die Auswirkungen des Joggens am Herzen – Die Erhöhung der Ausdauer (o. J.). In: http://www.joggen-online.de/gesundheit/laufen-und-der-koerper/laufen-fuer-ein-besseres-herz.html

Laufen gegen die Krankheit. Das Lauftherapie-Projekt in Kooperation mit dem Erkelenzer BrustCentrum und der Selbsthilfegruppe "Rosa Schleife" ist ein voller Erfolg (2015). In: http://www.rp-online.de/nrw/staedte/erkelenz/laufen-gegen-die-krankheit-aid-1.5207548 (02.07.2015)

Laufen gegen die Sucht. Halbmarathon zur Stärkung des Selbstwertgefühls (2012). In: http://www.nordbayern.de/region/hoechstadt/laufen-gegen-die-sucht-1.2038270 (02.05.2012)

Laufen gegen zu hohe Cholesterinwerte [Studie] (2009). In: RUNNER'S WORLD, H. 5, S. 16

Laufen hält jung und mildert die Folgen des Alterns. Laufeffekte, Folge 9 (2008). In: RUNNER'S WORLD, H. 7, S. 9

Laufen hält die Adern elastisch und schützt vor Verkalkung. Laufeffekte, Folge 11 (2008). In: RUNNER'S WORLD, H. 9, S. 9

Laufen hilft bei Cellulitis (o. J.). In: http://www.fid-gesundheitswissen.de/sportmedizin/laufen-und-joggen/laufen-und-joggen-hilfe-bei-cellulitis/

„Laufen hinter Gittern" 2011: Sport als wesentlicher Teils des Strafvollzugs (2011). In: http://osthessen-news.de/beitrag.php?id=1206444 (24.11.2011)

Laufen ist gut für's Herz (o. J.). In: http://www.fid-gesundheitswissen.de/sportmedizin/laufen-und-joggen/laufen-und-joggen-gut-fuers-herz/

Laufen ist gut für die Psyche (o. J.). In: http://www.fid-gesundheitswissen.de/sportmedizin/laufen-und-joggen/laufen-und-joggen-gut-fuer-die-psyche/

Laufen ist gut gegen Depressionen. (1978) In: SPIRIDON, H. 5, S. 4

Laufen ist keine Frage des Tempos. [Beispiel: Anja Gronau] (2013). In: POTSDAMER NEUESTE NACHRICHTEN, 30.11.2013, S. 12; http://www.pnn.de/sport/808865/ (30.11.2013)

Laufen ja, aber langsam. (1990): In: DLZ-RUNDSCHAU, Ausg. 3, S. 18

Laufen, Joggen, Walken. Tipps und Tricks zum richtigen Dauerlauf (o. J.). In: http://www.maximalpuls.de/laufen.php

Laufen kann eine Therapie sein. Physiotherapeut Martin Fischer macht mit dem Regensburger Ärztenetz und dem Medi Park eine Gruppe von Rückenschmerzpatienten fit für den Landkreislauf (2014). In: http://www.mittelbayerische.de/region/regensburg/artikel/laufen-kann-eine-therapie-sein/1098077/laufen-kann-eine-therapie-sein.html (25.07.2014)

Laufen macht altersklug [Senioren-Studie, Los Angeles] (1986). In: SPIRIDON, H. 11, S. 39

Laufen macht glücklich (o. J.). In: http://www.fid-gesundheitswissen.de/sportmedizin/laufen-und-joggen/laufen-und-joggen-macht-gluecklich/

Laufen macht klüger (o. J.). In: http://www.fid-gesundheitswissen.de/sportmedizin/laufen-und-joggen/laufen-und-joggen-laufen-macht-klueger/

Laufen macht klug (2014). In: RUNNER'S WORLD, H. 12, S. 14

Laufen macht Laune! (2014). In: http://www.extremnews.com/tips-tricks/gesundheit/2f5a14e30864036 (07.06.2014)

Laufen macht schlank (o. J.). In: http://www.fid-gesundheitswissen.de/sportmedizin/laufen-und-joggen/laufen-und-joggen-laufen-macht-schlank/

Laufen macht schlank und glücklich! Warum Laufen unserer Figur und Seele gut tut (2009). In: PRIMAFIT. Das Gesundheits- & Wohlfühlmagazin, Region Ostschweiz, H. 5, S. 8-9;

http://www.primafit.ch/Site/www_primafit_de/ModuleData/HtmlModule/Docs/PrimaFIT_Mai09_klein.pdf

Laufen macht schlau. (2010) In: AKTIV LAUFEN, September/Oktober, S. 8

Laufen macht schlau, glücklich und gesund! (o. J.). In: INFRONT B2RUN GMBH, http://www.b2run.de/lauftipps/gesundheit/schlau-gesund/

Laufen macht sexy (2015). In: RUNNER'S WORLD, H. 8, S. 10

Laufen macht stark. Lauftherapie im Evangelischen Johannesstift (2013). In: EVANGELISCHES JOHANNESSTIFT: Run of Spirit 2013, 20. Mai 2013. Berlin, S. 16, http://www.evangelisches-johannesstift.de/sites/default/files/runofspirit/pdf/ROS13-Broschuere.pdf

Laufen mit Arthrose (2015). In: AKTIV LAUFEN, H. 2, März/April, S. 76-79

Laufen mit Geistigbehinderten (1982). In: SPIRIDON, H. 2, S. 22

Laufen mit Hypertonie (o. J.). In: http://www.tensoval.de/joggen.php

Laufen muss gelernt sein [Projekt „Lauf dich fit" in oberbayerischen Schulen] (2015). In: MEHR ERLEBEN, Ausg. 1 (März), https://www.sparkasse-bamberg.de/pdf/karten/mehr_erleben.pdf

„Laufen ohne zu schnaufen": Ohne große Anstrengung purzeln die Pfunde (2014). In: http://www.t-online.de/lifestyle/abnehmen/id_70079066/-laufen-ohne-zu-schnaufen-ohne-grosse-anstrengung-purzeln-die-pfunde-.html (02.07.2014)

Laufen schützt die Gelenke (2015). In: RUNNER'S WORLD, H. 3, S. 10

Laufen, Sex und Familie. Eine Befragung von „Running Times". (1982) In: SPIRIDON, 8. Jg., H. 5, S. 24-26

Laufen Sie dem Bluthochdruck einfach davon (2011). In: http://www.t-online.de/lifestyle/gesundheit/id_45411698/bluthochdruck-laufen-sie-dem-bluthochdruck-einfach-davon.html (01.04.2011)

Laufen Sie dem Stimmungstief davon (2015). In: RUNNER'S WORLD, H. 1, S. 14

Laufen stärkt das Immunsystem (o. J.). In: http://www.fid-gesundheitswissen.de/sportmedizin/laufen-und-joggen/laufen-und-joggen-staerkt-das-immunsystem/

Laufen und abnehmen: Los geht's! (o. J.). In: http://www.brigitte.de/figur/fitness-fatburn/laufen-abnehmen-558132/

Laufen während der Schwangerschaft verkürzt Geburt (2014). In: http://www.runnersworld.de/laufen-waehrend-der-schwangerschaft-verkuerzt-geburt.295225.htm (10.12.2014)

Laufen zahlt sich aus. [Langzeituntersuchung der Stanford University, Kalifornien] (2008). In: SPIRIDON, 34. Jg., H. 9, S. 20

Laufend fürs Leben lernen. Projekt für Problem-Jugendliche (2006). In: AKTIV LAUFEN, H. 1, S. 10

Laufhelden: Gerhard Wildenhof, 45, ist Facharzt für Psychiatrie und Psychotherapie [Patienten-Lauftreff] (?) In: RUNNER'S WORLD, H. 9, S. 32

Laufhelden: Roland Wölfle, 51, leitet die Therapiestation für Süchtige Lukasfeld in Österreich (2009). In: RUNNER'S WORLD, H. 8, S. 31

Laufhelden: Baseler Lauftreff trainiert mit Sehbehinderten und Blinden (2012). In: RUNNER'S WORLD, H. 6, S. 12

Laufplan zum Abnehmen: 5 kg abnehmen in 12 Wochen (2014). In: http://www.womenshealth.de/fitness/ausdauer/5-kg-abnehmen-in-12-wochen-woche-1-bis-4.19665.htm (20.10.2014)

Laufsport hält fit: Dem Schweinehund davonlaufen (2012). In: PULSSCHLAG, Das Magazin der Kliniken Essen-Mitte, H. 4; http://www.pulsschlag.tv/2012/04/dem-schweinehund-davonlaufen/

Lauftherapeutisch über den Neckarsteig (2013). In: http://www.rnz.de/nachrichten/mosbach_artikel,-Lauftherapeutisch-ueber-den-Neckarsteig-_arid,29226.html (15.08.2013)

Lauftherapie (2009). In: SANOFI-AVENTIS DEUTSCHLAND GMBH, http://www.zentiva.de/Home/Mensch-und-Gesundheit/Medizin-und-Sport/Laufen-als-Gesundheits-und-Breitensport.htm?ID=1272

Lauftherapie (o. J.). In: ZENTRA (Zentrale Deutscher Kliniken), http://zentrale-deutscher-kliniken.de/lexikon-deu/Medizin/Therapie/Lauftherapie.html

Lauftherapie bei Alkoholikern: Macht Joggen trocken? (1987) In: MEDICAL TRIBUNE, Nr. 48, S. 9

Lauftherapie bei innerer Unruhe? (1991) In: DLZ-RUNDSCHAU, Ausg. 6, S. 27-28

Lauftherapie mit berufstätigen Frauen unter dem Aspekt der Stressbewältigung. (2000) In: DLZ-RUNDSCHAU, Ausg. 23, S. 4

Lauftherapie mit Primarstufenschülern. Evangelische Grundschule Bad Lippspringe kooperiert mit DLZ. (2003) In: DLZ-RUNDSCHAU, 15. Jg., H. 29, S. 12

Lauftraining erhöht Fruchtbarkeit (2012). In: http://www.runnersworld.de/gesundheit/lauftraining-erhoeht-fruchtbarkeit.285218.htm (20.07.2012)

Lauftraining für Kinder (o. J.). In: http://www.lauftipps.ch/laufsport/trainingsmethoden/lauftraining-fuer-kinder/

Lauftraining im Alter (o. J.). In: http://www.lauftipps.ch/laufsport/trainingsmethoden/lauftraining-im-alter/

Lauftraining lindert Symptome [Restless-Leg-Syndrom(RLS)]. In: WIESBADENER KURIER, 23.03.2007, S. 10

LAUFTREFF MITTELDEUTSCHLAND BEWEGT (o. J.): Gründe für das Laufen. In: http://www.mitteldeutschland-bewegt.de/ratgeber-training/gute-gruende-fuer-das-laufen

LAUMER, B. (1998): Lauftherapie mit delinquenten Jugendlichen: Eine Fallstudie. Hamburg

Leben mit HIV: „Das Laufen hat mir Kraft gegeben" (2011). In: http://www.gofeminin.de/wohnen/hiv-marathon-d21546.html (29.07.2011)

LEEB, O. (2006): Aggression und Gewalt in der Schule – Wie kann der Sportunterricht darauf einwirken, um ein sozial kompetentes Verhalten zu erwerben? Diplomarbeit, Pädagogische Akademie Kärnten, Kap. 6.1: Aggressionsabbau durch Lauftherapie

LEGL, T. (2004): Sport und Drogen. In: BROSCH, R. & MADER, R. (Hrsg.): Sucht und Suchtbehandlung. Problematik und Therapie in Österreich. Wien, S. 469-478

LEHMANN, M. & KEUL, J. (1984): Häufigkeit der Hypertonie bei 810 männlichen Sportlern. In: ZEITSCHRIFT FÜR KARDIOLOGIE, 73, S. 137-141

LEHMKUHL, F. (2015): Selbstversuch - Was alles schief läuft. In: FOCUS, Nr. 15, S. 126-127

LEHOFER, M. (1992): Drei Konzepte als Grundlage von Lauftherapie mit Süchtigen. In: WIENER ZEITSCHRIFT FÜR SUCHTFORSCHUNG, 15. Jg., H. 1, S. 63-65

LEHOFER, M. (1992): Lauf- und Bewegungstherapie mit Depressiven. In: PSYCHIATRIA DANUBIA, Vol. 4, Nr. 1-2, S. 145-148

LEHOFER, M. et al. (1995): Lauftherapie im Entzug bei chronischem Alkoholismus. In: WIENER ZEITSCHRIFT FÜR SUCHTFORSCHUNG, 18. Jg., H. 1-2, S. 55-64; http://www.api.or.at/wzfs/beitrag/WZ_18_1995_12_05_Lehofer.pdf

LEHOFER, M. & STUPPÄCK, C. (Hrsg.) (2005): Depressionstherapien. Pharmakotherapie, Psychotherapie, Soziotherapie, Ergänzende Therapien. Stuttgart, S. 43-48: 47

LEHRL, S. (1999): Gehirn-Jogging und Lauftherapie – ein überragendes Trainingsprogramm, nicht nur für ältere Menschen. In: WEBER, A. (Hrsg.): Hilf dir selbst: Laufe! Das Paderborner Modell der Lauftherapie und andere Konzepte für langfristig gesundes und erfolgreiches Laufen. Paderborn, S. 212-223

LEICHTATHLETIK-VERBAND NORDRHEIN E. V. (Hrsg.) (2009): Lehrgangsmanual Instructor-Ausbildung Laufen, Walking und Nordic Walking. Velbert

LEITHNER, C. & WOLNER-STROHMEYER, G. (2004): Training bei Herz-Kreislauf-Erkrankungen. In: Zwick, H. (Hrsg.): Bewegung als Therapie. Gezielte Schritte zum Wohlbefinden. Wien, S. 35-66

LEMKE, E. (1995): Lauftherapie und Körpererfahrung. In: DLZ-RUNDSCHAU, Ausg. 14, S. 36-37

LENNARTZ, K. (1979): Kinder laufen lieber länger. Hilden 1979

LENNARTZ, K. (1982): Der Läufer Carl Diem. Jogging um die Jahrhundertwende. Darmstadt

LENNARTZ, K. u. Mitarb. (1983): Langlauf in der Grundschule. (Beiträge zur Ausdauerforschung, Bd. II) Hilden

LENZEN, H.-G. (1985): Ausdauersport mit Suchtkranken. In: INSTITUT FÜR THERAPIEFORSCHUNG (Hrsg.): Sport in der Suchtbehandlung. München, S. 42-54

LENZEN, H.-G. (1994): Laufen als Therapie in der Klinik am Hellweg. In: PARTNER, H. 8, S. 5-8

LEON, A. S. (1989): Diabetes. In: SKINNER, J. S. (Hrsg.): Rezepte für Sport- und Bewegungstherapie. Belastungsuntersuchungen und Aufstellung von Trainingsprogrammen beim Gesunden und Kranken. Köln, S. 150-171

LEONHARDT, J. (1996): Laufen ist menschlich. In: DLZ-RUNDSCHAU, Ausg. 16, S. 28-29

LETUWNIK, S. & FREIWALD, J. (1990): Fitness für Frauen. Vital – gesund – in Form. Hamburg, S. 20-21

LETZ, S. (2012): Laufen gegen Migräne. Weniger Attacken durch Ausdauersport. In: http://www.lifeline.de/news/ernaehrung-und-fitness/laufen-gegen-migraene-id82287.html (27.04.2012)

LEUBNER, N. & JODAITIS, T. (2015): Mit Sport zum neuen Job. Initiative will mit Morgenläufen Arbeitslosen zurück ins Berufsleben helfen. [Initiative „Neustarter" in Frankfurt a. M.] In: WIESBADENER KURIER, 71. Jg., Nr. 150 (02.07.2015), S. 7

LEUNER, C. i. Zus. m. LEUNER, P. (2011): Sexualität und Herzinfarkt. Das Liebesleben nach Herzinfarkt, nach Ballondehnung von Herzkranzgefäßen oder nach Bypassoperation, bei Angina pectoris oder Herzschwäche. Überarbeitete Version Juli 2011. In: http://www.theheart.de/download/sex_und_herzkrankheit.pdf, S. 7

LEVENTHAL, A. J. (1978): Reportage: Dem Tode davongerannt. In: ISRAEL NACHRICHTEN, Tel Aviv, vom 13.11.1978

Lieben Sie Ihr Workout? 44 Gründe, ja zu sagen. (2002) In: SHAPE, Nr. 5, S. 79-82, 87

Lieber Bewegung statt Pharmako-Psychiatrie (2010/2013). In: http://www.antipsychiatrieverlag.de/artikel/gesundheit/pdf/bewegung-statt-hirngift.pdf

Lieber kurz und heftig [Laufen und Immunsystem] (2015). In: RUNNER'S WORLD, H. 3, S. 8

LIEBERMAN, D. E. (2015): Unser Körper – Geschichte, Gegenwart, Zukunft. Frankfurt a. M.

LIEBERMANN, S. (1970): Wie wurde Jogging zum Lieblingssport in der Welt? In: CONDITION, 1. Jg., H. 2, S. 2-3

LIESEN, H. et al. (1974): Körperliches Training und Beta-Rezeptorenblockade. In: MELLEROWICZ, H.; WEIDENER, J. & JOKL, E. (Hrsg.): Rehabilitative Kardiologie. Basel, S. 86-93

LIESEN, H. et al. (1975): Der Effekt eines zwölfwöchigen Ausdauertrainings auf die Leistungsfähigkeit und den Muskelstoffwechsel bei untrainierten Männern des sechsten und siebenten Lebensjahrzehnts. In: SPORTARZT UND SPORTMEDIZIN, H. 2, S. 26-35

LIESEN, H. & HOLLMANN, W. (1976): Leistungsverbesserung und Muskelstoffwechseladaptionen durch Ausdauertraining im Alter. In: ZEITSCHRIFT FÜR PRÄKL. GERIATRIE, 6. Jg., H. 4, S. 150-154

LIESEN, H. et al. (1979): Körperliche Belastung und Training im Alter. In: DEUTSCHE ZEITSCHRIFT FÜR SPORTMEDIZIN, Nr. 7, S. 218-226

LIESEN, H., ROST, R., DUFAUX, B. & HOLLMANN, W. (1980): Trainingsadaptionen im präventivmedizinischen und rehabilitativen Sinne in Abhängigkeit von Trainingsintensität und –dauer. In: NOWACKI, P. & BÖHMER, D. (Hrsg.): Sportmedizin. Aufgaben und Bedingungen für Menschen. Stuttgart

LIESEN, H. & HOLLMANN, W. (1981): Ausdauersport und Stoffwechsel (insbesondere beim älteren Menschen). (Wissenschaftliche Schriftenreihe des DSB, Hrsg.: BOCK, H.-E. et al., Bd. 14) Schorndorf

LIESEN, H. & BAUM, M. (1997): Sport und Immunsystem. Praktisches Lehrbuch der Sportimmunologie. Stuttgart

LINDER, J. H. (2009): Linders' Trainingstipps – Bd. 2: Lauftherapie. Norderstedt

LINDER, T. (2005): Lauf-Programme für Frauen zum Abnehmen, zum Bodystylen, zum Jungbleiben, zum Entspannen. München

LINDNER, U. (2008): Ich laufe um mein Leben. Wie ich die Heilung meiner Depressionen erreichte. In: LEHMANN, P. (Hrsg.): Psychopharmaka absetzen. Berlin (3. akt. u. erw. Aufl.), S. 121-130

LINKE, A. (2012): Gesünder leben: Sport als Medizin. In: http://www.abendzeitung-muenchen.de/inhalt.gesuender-leben-sport-als-medizin.aa33f2da-6bf0-4d6f-9a5a-706fe589d3dc.html (04.10.2012)

LINSMAYER, A. (2012): Lauf zurück ins Leben. Kölner Marathonprojekt für Menschen am Rande der Gesellschaft. In: DEUTSCHLANDRADIO KULTUR: Nachspiel, 21.10.2012. http://www.deutschlandradiokultur.de/nachspiel-lauf-zuruck-ins-leben-pdf.media.670a542bf5acfd0061492162f93326e9.pdf

LITTMANN, M. (2004): Neuer Weg Lauftherapie. In: http://www.freenet.de/lifestyle/gesundheit/ernaehrung/neuer-weg-lauftherapie_765436_533122.html (27.09.2004)

LÖHR, J., SPITZBART, M. & PRAMANN, U. (2000): Mehr Energie fürs Leben. München

LÖLLGEN, H. (2005): Alter, Altern und körperliche Aktivität. In: KONRAD-ADENAUER-STIFTUNG (Hrsg.): Alter als Last und Chance. Freiburg, S. 292-304: 298; http://www.kas.de/upload/dokumente/verlagspublikationen/Alter-Last-Chance/Alter-Last-Chance-4-7.pdf

LÖLLGEN, H. (2011): Laufen um gesund zu bleiben. Mit Unterstützung der deutschen Sportärzte: Der KKH-Allianz Lauf fördert die Bewegung und damit die Gesundheit. Training steigert die Lebensqualität und verbessert den Lebensstil. In: DEUTSCHE ZEITSCHRIFT FÜR SPORTMEDIZIN, 62. Jg., Nr. 3, Dossier, S. 4; http://www.zeitschrift-sportmedizin.de/fileadmin/content/archiv2011/heft03/pdf_3_2011/dossier.pdf

LÖLLGEN, H. (o. J.): Diabetes mellitus und körperliche Aktivität: Bewegung hilft am besten. In: http://www.athenlauf.de/index.php?id=156

LÖLLGEN, H., DICKHUTH, H. H. & DIRSCHEDL, P. (1998): Vorbeugung durch körperliche Bewegung. (Serie: Sekundärprävention der koronaren Herzerkrankung). In: DEUTSCHES ÄRZTEBLATT; 95, H. 24, S. 1228-1234

LÖLLGEN, H. & LÖLLGEN, D. (2012). Prävention von Volkskrankheiten – Aus kardiologischer und volkswirtschaftlicher Sicht. In: KONRAD ADENAUER STIFTUNG

(Hrsg.),
http://www.kas.de/upload/dokumente/verlagspublikationen/Volkskrankheiten/Volkskrankheite
n_loellgen.pdf, S. 553-567: 563

LÖSCHER, E. & BLUMENSAAT, R. (1997): Laufen in der Drogentherapie. Interview mit
Roland Blumensaat, Lauftherapeut in der Einrichtung „Dönus". In: DROGEN-REPORT, 18.
Jg., H. 3, S. 15

LÖSCHER, W. (1995): Dem Alkohol davon gelaufen. In: SPIRIDON, 21. Jg., H. 12, S. 59

LÖTZERICH, H., PETERS, C. & UHLENBRUCK, G. (1993): Immunkompetenz, Krebs und
Sport. In: SPEKTRUM SPORTWISSENSCHAFT, 5. Jg., S. 5-33

LÖTZERICH, H., PETERS, C., APPELL, H.-J. & UHLENBRUCK, G. (1994): Psychologische
und immunologische Veränderungen nach körperlicher Belastung. In: NITSCH, J. R. &
SEILER, R. (Hrsg.): Gesundheitssport – Bewegungstherapie. Health Sport – Movement
Therapy. (Bewegung und Sport. Psychologische Grundlagen und Wirkungen, Bd. 4) Sankt
Augustin, S. 162-169

LÖTZERICH, H., PETERS, C. & UHLENBRUCK, G. (1996): Körperliche Belastungen und
Immunfunktionen. In: SCHEDLOWSKI, M. & TEWES, U. (Hrsg.): Psychoneuroimmunologie.
Heidelberg, S. 439-458

LÖTZERICH, H. & PETERS, C. (1997): Krebs und Sport-Einfluss eines moderaten
Ausdauertrainings auf Psyche und Immunsystem. Köln

LORANG, L. D., MÜLLER, M. J., POSSELT, P. M., KISZCZUK, K. M., HALLE, H. M. &
SCHMIDT-TRUCKSÄSS, S. A. (2007): Cooper-Test – Gültigkeit auch für Frauen und ältere
Menschen? Kurzreferat Nr. 324. In: DEUTSCHE ZEITSCHRIFT FÜR SPORTMEDIZIN, 58.
Jg., Nr. 7-8, S. 280; http://www.zeitschrift-
sportmedizin.de/fileadmin/content/archiv2007/heft07_08/Sa_vormittag.pdf

LOSS JONN & ECKEL, D. (2014): Sporttherapie in einer Drogenfachklinik. „Mithilfe des
Sports enorme Erfolge erzielen!" [Interview mit dem Kölner Sporttherapeuten Dirk Eckel] In:
LOSS JONN in Köln, Stadtmagazin für Sport und Gesundheit, Ausg. Juli/August/September,
S. 6-7; http://lossjonn-koeln.de/pdf/1403.pdf

LOSSAU, N. (2011): Wann ist Joggen ungesund? In:
http://www.welt.de/print/wams/vermischtes/article13252721/Wann-ist-Joggen-ungesund.html
(24.04.2011)

LUBBERS, K. (1995): Vom Trotten. Die Kunst des gemächlichen Laufens. Reinbek

LUBEK, R. (1990): Von bösen, guten und anderen Cholesterinen. In: DLZ-RUNDSCHAU,
Ausg. 4, S. 27-29

LUBEK, R. (1992): Gedanken zur Lauftherapie. In: DLZ-RUNDSCHAU, Ausg. 8, S. 21-22

LUDOLPH, A. G. (2015): Sport und Bewegung bei seelischen Erkrankungen im Kindes- und
Jugendalter. In: MARKSER, V. Z. & BÄR, K.-J. (Hrsg.): Sport- und Bewegungstherapie bei
seelischen Erkrankungen. Forschungsstand und Praxisempfehlungen. Stuttgart, S. 188-209:
194

LUDWIG, H. (1983): Laufen als therapeutische und pädagogische Intervention. Evaluierung
eines Behandlungskonzepts an Suchtabhängigen. Examensarbeit, Universität
Gesamthochschule Paderborn

LÜBBE, A. (2012): Lungenkrebs. In: BAUMANN, F. T., JÄGER, E. & BLOCH, W. (Hrsg.): Sport und körperliche Aktivität in der Onkologie. Berlin, S. 209-214: 213

LÜTHJE, S., DARABANEANU, S. & FERSTL, R. (2009): Wirkung von Sport auf die Migräneerkrankung. Experimentelle Untersuchung zur Wirkung von kardiovaskulärem Ausdauertraining auf die Intensität, Häufigkeit und Dauer der Migräneerkrankung.

LÜTJE, P. (2012): Der Laufpapst. Prof. Dr. Alexander Weber möchte anderen Menschen zu mehr Wohlbefinden verhelfen. In: WESTFALEN-BLATT, Nr. 126, 01.06.2012, Lokales: Bad Lippspringe, Altenbeken, Borchen

LÜTJE, P. (2012/13): Der Laufpapst. Prof. Dr. Alexander Weber möchte anderen Menschen zu mehr Wohlbefinden verhelfen. (So stand es in der Tagespresse) In: DLZ-RUNDSCHAU, 24. Jg., H. 47/48, S. 16

LUIJPERS, W. & NAGILLER, R. (2001): Gentle Running. Laufen nach Feldenkrais. St. Pölten, Wien, Linz

LUIJPERS, W. & LERCHER, H. (2005): BodyRunning. Die neue Schule des Ganzkörperlaufens. St. Pölten, Salzburg

LUIJPERS, M. & LUIJPERS, W. (2009): BioRunning. Laufen für die Seele. Die Luijpers-Methode nach Feldenkrais. (Orac)

LUNDBECK GMBH (2006): Gegen die Depression laufen. Ein Ratgeber für Menschen mit Depression und deren Angehörige. Hamburg; http://www.lundbeck.com/upload/de/files/pdf/2013/Cipralex_Patientenbrosch%C3%BCre_Bewegung.pdf

LUTZ, R. (1988): Laufen als Werkzeug der Weltaneignung. In: SCHULKE, H.-J. (Hrsg.): Alltagslauf als Aufbruch. (Schriftenreihe des Allgemeinen Deutschen Hochschulsportverbandes, Bd. 11) Wuppertal, S. 30-42

LUTZ, R. (1989): Laufen und Läuferleben. Zum Verhältnis von Körper, Bewegung und Identität. Forschung, Bd. 621. Frankfurt a. M., New York

LUTZ, R. (1989): Erlebnis- und alltagsorientiertes Laufen. Eine Möglichkeit kulturpolitisch-pädagogischer Praxis. In: SCHULKE, H.-J. & FIETZE, U. (Hrsg.): Belastung und Erholung beim Dauerlauf. Berichtsband zum wissenschaftlichen Symposium im Rahmen des Bremen Marathon 1988. (Schriftenreihe „Gesundheit, Sport und Ernährung, Bd. 3) Universität Bremen, S. 80-98

LUTZ, R. (1989): Volkslauf in der Bundesrepublik Deutschland. Wurzeln, Wandlungen, Tendenzen. In: ZEITSCHRIFT FÜR VOLKSKUNDE, 85, H. 2, S. 188-205

LUTZ, R. (1990): Kommunikatives Laufen als Bildungsurlaub. In: CONDITION, 21. Jg., November, S. 26-27

LUTZ, R. (1991): Individuelle Motive und soziale Räume. Zur Bedürfnisentwicklung in alltagssportlichen Laufkarrieren. In: KUHLMANN, D. & SCHULKE, H.-J. (Red.): Perspektiven der Laufbewegung. Referate der Tagung an der Willi Weyer Akademie, Führungs- und Verwaltungs-Akademie Berlin des DSB 1989-1991. (Akademieschrift 31) Frankfurt a. M., S. 62-78

LUTZ, R. (1996): „Im Hier und Jetzt". Körper und soziale Praxis. In: HESSISCHE BLÄTTER FÜR VOLKS- UND KULTURFORSCHUNG, 31, S. 35-54

LUTZ, R. (1999): Lauftherapie und Erlebnisgesellschaft: Das Besondere im Alltäglichen. In: WEBER, A. (Hrsg.): Hilf dir selbst: Laufe! Das Paderborner Modell der Lauftherapie und andere Konzepte für langfristig gesundes und erfolgreiches Laufen. Paderborn, S. 149-162

LUTZ, R. (2004): Warum ist die Laufbewegung ein Teil der Alltagskultur? In: JÜTTING, D. H. (Hrsg.): Die Laufbewegung in Deutschland – interdisziplinär betrachtet. (Edition Global-lokale Sportkultur, Bd. 11) Münster, New York, München, Berlin, S. 109-123

LUTZ, R. (2006): Welt im Kleinen. Laufbewegung und Alltagskultur. In: BONNEMANN, A., GRELL, J. & RICHTER, K. (Hrsg.): Laufen und Lauftherapie. Regensburg, S. 154-167

LYDIARD, A. (1990): Jogging mit Lydiard. Aachen

L., W. (1993): Von der Einheit von Körper und Geist. In: SPORT SPECIAL / CONDITION, 24. Jg., H. 4, S. 13

Macht Jogging intelligenter? So beeinflusst Sport die kognitiven Fähigkeiten (o. J.). In: http://www.joggen-online.de/blog/macht-jogging-intelligenter.html

MACK, E. & SCHWARZ, R. (2011): Lauftherapie mit ambulant betreuten Alkoholabhängigen. In: BARTMANN, U. (Hrsg.): Fortschritte in Lauftherapie, Bd. 3.Tübingen, S. 25-35

MAEGERLEIN, H. & HOLLMANN, W. (1975): Aktiv über 40 – Sport, Spiel und Spaß. Frankfurt a. M.

MAHLSTEDT, S. (Hrsg.) (2012): „Ich laufe, um zu laufen ..." Eine Frauen-Laufen-Anthologie. Norderstedt

MAHLSTEDT, S. (2012): Anleitung zum Glücklichsein. Joanna Zybon bringt jeden in Bewegung. In: LAUFZEIT, 23. Jg., Juni, S. 50-51

MAHLSTEDT, S. (2013): Meditation auf der Piste. Pro und contra Laufen bei psychischen Erkrankungen. In: LAUFZEIT, 24. Jg., H. 11, S. 35-36; http://www.schreibtherapie-und-coaching.de/app/download/8640427/laufen_pro_und_contra.pdf

MAIDORN, K. (1983): Möglichkeiten und Grenzen für Ausdauerbelastungen bei diabetischen Kindern. In: JOCH, W. (Hrsg.): Ausdauerleistungsfähigkeit im Kindes- und Jugendalter. (Beiträge zur sportlichen Leistungsförderung, Bd. 13) Berlin, München, Frankfurt a. M., S. 82-95

MAIER, M. (o. J.): Laufen: Regelmäßiges Laufen verändert Ihr Leben. In: http://www.doc-maier.com/lexika/lexica_facts/pdfs/laufen.pdf

MAISCH, D. (1975): Tägliche Freude aus dem Langlauf-Brunnen. Ausdauertraining aus der Sicht eines freipraktizierenden Nervenarztes. In: CONDITION, 6. Jg., H. 5, S. 6-8

MAITERTH, K. (o. J.): Die Kinder auf Trab bringen. Erzieherinnen der Stadt Kassel lernen „Lauftherapie für Kinder und Jugendliche". In: http://www.lauf-um-dein-leben.de

MALCHOW, B., SCHMITT, A. & FALKAI, P. (2015): Sporttherapie bei schizophrenen Psychosen. In: MARKSER, V. Z. & BÄR, K.-J. (Hrsg.): Sport- und Bewegungstherapie bei seelischen Erkrankungen. Forschungsstand und Praxisempfehlungen. Stuttgart, S. 149-164: 152, 156

MALETZKE, K. (o. J.): Laufen hält jünger als bisher angenommen. In: http://www.yaacool-beauty.de/index.php?article=851

MALLOW, J. & PABST, H. (1979): Alles übers Laufen. Fitneß – Gesundheit – Spaß. München

Marathonlaufen kann die Gesundheit schädigen - Kardiologenkongress in Montreal (2010). In: http://www.germanroadraces.de/24-0-19402-marathonlaufen-kann-die-gesundheit-schaedigen--kardiologenkongress.html (28.10.2010)

MARKSER, V. Z. (2015): Sport- und Bewegungstherapie bei Essstörungen. In: MARKSER, V. Z. & BÄR, K.-J. (Hrsg.): Sport- und Bewegungstherapie bei seelischen Erkrankungen. Forschungsstand und Praxisempfehlungen. Stuttgart, S. 113-132: 122-123

MARKSER, V. Z. & BÄR, K.-J. (Hrsg.) (2015): Sport- und Bewegungstherapie bei seelischen Erkrankungen. Forschungsstand und Praxisempfehlungen. Stuttgart

MARKWORTH, P. (2012): Sportmedizin. Physiologische Grundlagen. Hamburg, S. 174-181

MARLOVITS, A.M. (2004): Lauf-Psychologie. Dem Geheimnis des Laufs auf der Spur. Regensburg

MARQUARDT, M. (2002): Natürlich laufen. Schnell, leichtfüßig und verletzungsfrei durch die optimale Lauftechnik. (Verlag Spomedis)

MARQUARDT, M. (2005): Die Laufbibel. Das Basiswerk für gesundes Laufen. Hamburg

MARQUARDT, M. (2007): Warum Laufen erfolgreich macht und Grünkernbratlinge nicht. Gesund, glücklich und erfolgreich mit dem 16-Wochen-Programm von natural running. Hamburg

MARQUARDT, M. (2012): Laufen und Laufanalyse. Medizinische Betreuung von Läufern. Stuttgart

MARQUARDT, M. (2012): Instinktformel. Das Erfolgsprogramm, das Sie wirklich glücklich macht. München, S. 184-241

MARQUARDT, M. (2014): 88 Dinge, die ein Läufer wissen muss: Typische Irrtümer und neueste Erkenntnisse. München

MARQUARDT, M. (2014): natural running: Schneller, leichter schmerzfrei. München

MARQUARDT, M. (2015): Du kannst laufen. Das Buch, das jeden zum Läufer macht. Hamburg

MARQUARDT, S. (2003): Laufen für die Seele. In: SCHWEINFURTER TAGBLATT, 29.09.2003; http://www.antonia-werr-zentrum.de/bwo/dcms/sites/oberzell/einrichtungen/awz/pelkhoven/laufen.html

MARTENS, A. & FRÜCHTE, J. (2005): Bewegung tut gut ... (Lauftherapie) In: IMPULSE (Hrsg.: Evangelische Jugendhilfe Godesheim), H. 2, S. 3.

MARTI, B. (1986): Zur präventiven Bedeutung von Ausdauersport. Leben Langläufer wirklich länger? In: LÄUFER, 3. Jg., H. 1, S. 28-29

MARTI, B. (1986): Jogging geht mit niedrigem Absentismus einher. (Berner Läuferstudie 84) In: SOZIALE UND PRAEVENTIVE MEDIZIN, 31. Jg., H. 6, S. 313-318

MARTI, B. (1992): Körperbewegung und Stimmungslage. In: DEUTSCHE ZEITSCHRIFT FÜR SPORTMEDIZIN, H. 8, S. 336-347

MARTI, B. & PEKKANEN, J. (1988): Leben Läufer länger? In: SCHWEIZERISCHE RUNDSCHAU DER MEDIZIN, 41. Jg., S. 1097-1100

MARTIN, K.-R. (2001): Expeditionen an die Grenzen des Ichs. Er- und Bekenntnisse eines mittelmäßigen Langstreckenläufers. Reinfeld.

MARTIN-DIENER, E. (1994): Länger leben durch Laufen? In: LÄUFER, 11. Jg., H. 7, S. 36-38

MARTINEZ, R. (2010): Bluthochdruck selbst senken in 10 Wochen. Selbsthilfeprogramm für Betroffene. Hannover (2., akt. Aufl.), S. 70

Massensport Joggen: Lauf in die Arthrose? (2006). In: MMW – FORTSCHRITTE DER MEDIZIN, Nr. 46, S. 6-7

MATHERS, M. J. (2010): Die deutschen Sportärzte machen aufmerksam: Sport erhält die Erektionsfähigkeit, und körperliche Bewegung hilft bei Potenzproblemen. In: http://www.dgsp.de/_downloads/allgemein/2010-09-30.pdf (30.09.2010)

MATHERS, M. J. (2010): Sport kontra Potenzprobleme. In: DEUTSCHE ZEITSCHRIFT FÜR SPORTMEDIZIN, 61. Jg., Nr. 10, Dossier, S. 5; http://www.zeitschrift-sportmedizin.de/fileadmin/content/archiv2010/heft10/dossier.pdf

MATHESIUS, R. (1990): Konzentration und Entspannung trainieren. In: SPIRIDON, H. 8, S. 16-18

MATHIAS, D. (1999): Fit statt fett. Ausdauertraining – Leistungsphysiologie und Gesundheit. Berlin u. a.

MATHIAS, D. (2001): No sports? Was Churchill nicht wusste oder Die Eroberung der Fitness. Langenhagen

MATHIAS, D. (2006): Professionelle Prävention – Gesundheitsförderung durch richtige Ernährung und mehr Bewegung. München

MATHIAS, D. (2009): Fit von 1 – 100. Ernährung und Bewegung – Aktuelles medizinisches Wissen zur Gesundheit. Heidelberg

MAY, A. (o. J.): Sechs Schritte zur Anpassung meiner Diabetestherapie beim Sport. In: http://www.laufen-mit-diabetes.de/sechs-schritte-zur-anpassung-meiner-diabetestherapie-beim-sport/

MAYER, C. (2010): „Ärzte sollen Vorbild sein" [Dr. Hans-Henning Borchers und der Deutsche Verband langlaufender Ärzte]. In: PROFUND (Hrsg.: Kassenärztliche Vereinigung Bayerns), H. 12, S. 36-37; http://www.kvb.de/fileadmin/kvb/dokumente/Presse/Publikation/PROFUND/PROFUND-2010-12/KVB-PROFUND-12-2010.pdf

MAYER, K. (2013): Laufend schlank. Laufen – Abnehmen – Wohlfühlen. München

MAYER, K. C. (o. J.): Sport und Depression. In:
http://www.neuro24.de/sport_und_depression.htm

MAYER, K.-M. & KUNZ, S. (2014): Laufen streichelt die Seele. Forscher entschlüsseln, wie Joggen das Denken stärkt, Schmerz lindert und Glücksgefühle auslöst. In: FOCUS, H. 13, S. 102-106; http://www.focus.de/gesundheit/gesundleben/fitness/laufen/titel-laufen-streichelt-die-seele_id_3709395.html (24.03.2014)

MEDIZINISCHES FORTBILDUNGSZENTRUM (MFZ) HANNOVER (2013): Lauftherapie: Ausbildung zum Lauftherapeuten der DAHB e. V.. In: http://www.mfz-hannover.de/kurs.php?Termin_ID=3373

MEDLER, M. (1985): Ausdauerlauf in der Schule. (Anregungen für den praktischen Sportunterricht, Bd. 4) Neumünster

MEEUSEN, R., PIACENTINI, M. F., KEMPENAERS, F. et al. (2001): Neurotransmitter im Gehirn während körperlicher Belastung. In: DEUTSCHE ZEITSCHRIFT FÜR SPORTMEDIZIN, 52. Jg., Nr. 12, S. 361-368; http://www.zeitschrift-sportmedizin.de/fileadmin/content/archiv2001/heft12/a04_12_01.pdf

Mehr Gehalt? Laufen Sie los! (2015). In: RUNNER'S WORLD, H. 5, S. 12

MEI, S. H. v. d. (1996): Laufen als poliklinische Therapie mit psychiatrischen Patienten. Vortrag auf dem Europäischen Congress „Psychomotorik in der Entwicklung, 19.-21. September 1996 in Marburg. Vervielfältigtes Manuskript

MEI, S. H. v. d. (1996): Lauftherapie bei Patienten mit larvierter Depression. Vortrag auf der Fachtagung „Motivation der Patienten – differentielle Therapieindikation" der Stiftung Psychosomatik der Wirbelsäule, 21.-23. November 1996 in Bad Pyrmont. Vervielfältigtes Manuskript

MEI, S. H. v. d., PETZOLD, H. G. & BOSSCHER, R. J. (1997): Runningtherapie, Stress, Depression – ein übungszentrierter Ansatz in der Integrativen leib- und bewegungsorientierten Psychotherapie. In: INTEGRATIVE THERAPIE, 23. Jg., H. 3, S. 374-429

MEI, S. H. v. d. & SICCO, H. (1998): Lauftherapie bei Patienten mit larvierter Depression. In: MERHOLZ, J. K.; MEI, S. H. v. d. & SICCO, H. (Hrsg.): Psychosomatik der Bewegungsorgane - Motivation der Patienten - Differentielle Therapieindikation. 5. Fachtagung der Stiftung Psychosomatik der Wirbelsäule, Bad Pyrmont. Frankfurt a. M., S. 71-86

MEIER, R. (2006): Laufen und Diabetes. In: CONDITION, H. 2, S. 34-35

MEINERT-KAISER, U. & KÖLLNER, V. (2012): Psychische Störungen: Wenn die Seele leidet. (Interview) In: http://www.praevention-aktuell.de/714/6585/1 (18.12.2012)

MEINERT-KAISER, U. & KÖLLNER, V. (o. J.): Psychische Störungen: Wenn die Seele leidet. Interview mit Prof. Dr. med. Volker Köllner, Universität des Saarlandes. In: http://www.universum.de/webcom/show_article.php/_c-415/_nr-12/i.html

MEIWORM, L., STRASS, D., JAKOB, E., WALKER, U. A., PETER, H. H. & KEUL, J. (1999): Auswirkung eines aeroben Ausdauertrainings auf Schmerzsymptomatik und Allgemeinbefinden bei Patienten mit Fibromyalgie. In: DEUTSCHE ZEITSCHRIFT FÜR SPORTMEDIZIN, 50. Jg., Nr. 6, S. 188-192; http://www.zeitschrift-sportmedizin.de/fileadmin/content/archiv1999/Heft06/1999_06_FIBROMYALGIE.pdf

MELLER, U. (2001): „Wenn einem die Luft wegbleibt ..." – Asthma & Sport. In: CONDITION, 32. Jg., H. 10, S. 26-27

MELLEROWICZ, H. (1971): Trimm für das Herz. In: LANDESSPORTBUND NORDRHEIN-WESTFALEN (Hrsg.): (Schriftenreihe, H. 5)

MELLEROWICZ, H. (1974): Trainingswirkungen auf Herz und Kreislauf und ihre Bedeutung für die rehabilitative Kardiologie. In: MELLEROWICZ, H., WEIDNER, I. & JOKL, E. (Hrsg.): Rehabilitative Kardiologie. Basel

MELLEROWICZ, H. (1975): Mediziner zum Trimm-Trab. In: LANDESSPORTBUND NORDRHEIN-WESTFALEN (Hrsg.): (Schriftenreihe, H. 7)

MELLEROWICZ, H. (1985): Gesundheit und Leistung. Training als Mittel der präventiven Medizin. Berlin, Heidelberg, New York, Tokyo

MELLEROWICZ, H. & FRANZ, J.-W. (1979): Training als Mittel der präventiven Medizin. Erlangen

MENDE, A. (2014): Sport bei Krebs: Anstrengung ist kein Tabu. In: PHARMAZEUTISCHE ZEITUNG, Ausg. 10; http://www.pharmazeutische-zeitung.de/index.php?id=51214

MERL, C. (1978): Weg von der Flasche. Ausdauertraining – Therapie für Alkoholkranke! In: SPIRIDON, H. 6, S. 12-13

MERL, C. (1980): Suchtkranke fassen wieder Fuß. In: SPIRIDON, H. 8, S. 23-24

MERSCH, P. (o. J.): Stress [Ausdauersport und Stress. Ausdauersport stärkt den Parasympathicus und optimiert die Insulinwirkung]. In: http://www.migraeneinformation.de/molmain/main.php?docid=49

MERTEL, S. (2009): Rekonstruktionen subjektiver Körperkonzepte im Kontext von Bewegung und Gesundheit; https://www.hawk-hhg.de/sozialearbeitundgesundheit/media/Koerper_2009_1.pdf

MERTEL, S. (2012): Körperbiografische Rekonstruktion im Kontext lauftherapeutischer Interventionen. In: BOHLE, U., BRUSBERG-KIERMEIER, S., MÜLLER, A. & TEICHERT, G.C. (Hrsg.): Transdisziplinäre Perspektiven in der Geschlechterforschung. Berlin, S. 163-191

MERTEL, S. (2013): Der Krankheit davonlaufen: Lauftherapie bei Depression. In: DEUTSCHE HEILPRAKTIKER-ZEITSCHRIFT, 8. Jg., H. 5, S. 21-24

MERTEL, S. (2014): Multimodale Lauftherapie bei psychischen Erkrankungen. In: ZEITSCHRIFT FÜR KOMPLEMENTÄRMEDIZIN, 6. Jg, H. 6, S. 52-56

MERTEL, S. & FOCKE, K. (2013): Depression und (Lauf-) Sport. Handout, Workshop 11, 2. Patientenkongress Depression für Betroffene und Angehörige, Gewandhaus zu Leipzig, 01.09.2013. In: http://www.deutsche-depressionshilfe.de/stiftung/media/WS_11.1_Depression_und_Laufsport_Mertel_Focke_handout.pdf

MERTEL, S. & FOCKE, K. (2013): Zusammenfassung des Workshops [Laufsport bei Depression] zur Bereitstellung auf der Homepage der Stiftung Deutsche Depressionshilfe, www.deutsche-depressionshilfe.de. 2. Deutscher Patientenkongress Depression, 1.

September 2013. In: http://www.deutsche-depressionshilfe.de/stiftung/media/WS_11.1_Depression_und_Laufsport_Mertel_Focke.pdf

MERTEN, M. (2006): Schlau gelaufen. In: http://news.doccheck.com/de/3469/schlau-gelaufen/?utm_source=web&utm_medium=DocCheck+News&utm_campaign=DocCheck+News+Search (20.07.2006)

MERTENS, M. (2012): Jeder Schritt zählt. In: RHEIN-NECKAR-ZEITUNG vom 21.-22. April 2012

MERTENS, R. (1992): Berufsbezogene Personwahrnehmung und Selbstkonzepte von Freizeitsportlern. Dissertation, Ruhr-Universität Bochum

MERTIN, A. (2012): Körperliche Bewegung: Warum Sport so gesund ist. In: http://www.spiegel.de/gesundheit/ernaehrung/koerperliche-bewegung-warum-sport-so-gesund-ist-a-818987.html (06.06.2012)

MESSING, N. (2005): Sport als Medizin – 2. Teil: Bewegung als Therapie bei allen chronischen Leiden. In: NATUR & HEILEN, H. 8, S. 44-51

METZELTHIN, J. (1989): Jogging als Therapie bei leichten bis mittelschweren Depressionen. Diplomarbeit, Universität Konstanz

METZENTHIN, S. & TISCHHAUSER, K. (1996): Auswirkungen des Sporttreibens auf Selbstkonzept und psychisches Wohlbefinden. (Schriftenreihe der Gesellschaft zur Förderung der Sportwissenschaften an der ETH Zürich, Bd. 14) Zürich

MEUSEL, H. (1986): Zur Eignung von Sportarten und Übungsformen für Ältere. In: ZEITSCHRIFT FÜR GERONTOLOGIE, 19. Jg., H. 6, S. 376-383

MEUSEL, H. (1996): Bewegung, Sport und Gesundheit im Alter. Wiesbaden

MEUSEL, H. (1999): Sport für Ältere: Bewegung – Sportarten – Training. Handbuch für Ärzte, Therapeuten, Sportlehrer und Sportler. Stuttgart

MEWES, N., REIMERS, C. D. & KNAPP, G. (Hrsg.) (2015): Prävention und Therapie durch Sport. Band 1: Grundlagen. München (2. Aufl.)

MEYDEN, J. v. d. (1986): Kardiovaskuläre Risikofaktoren und Dauerlauftraining. Dissertation, Universität Tübingen

MEYER, A. et al. (1997): Ambulanter Asthmasport verbessert die körperliche Fitneß und reduziert asthmabedingte Krankenhaustage. In: PNEUMOLOGIE, 51, S. 845-849

MEYER, C. (2012): „Sport ist so wichtig wie ein Krebsmedikament". In: http://lebenmitkrebs-aachen.de/media/medien/sport_ist_so_wichtig_aktuell_2b05b.pdf

MEYER, K. (1992): Körperliche Bewegung – dem Herzen zuliebe. Ein Ratgeber für Herzpatienten. Darmstadt

MEYER, K. (2013): Laufend schlank. Einfach Laufen und Abnehmen – Fitwerden und wohlfühlen, leichtes Lauftraining mit individuellen Trainingsplänen und Ernährungstipps. München

MEYER, S. (2012): Mukoviszidose: Laufen gegen die tödliche Krankheit. [Beispiel: Sebastian Koch] In: http://www.derwesten.de/staedte/dortmund/sued/laufen-gegen-die-toedliche-krankheit-id7203434.html (17.10.2012)

MEYER, S. & WESSINGHAGE, T. (o. J.): Interview mit Prof. Dr. med. Thomas Wessinghage. In: http://fit-mit-wessinghage.de/gesund-und-fit-mit-wessinghage/startseite

MEYER, T. (1998): Ausdauertraining als ambulante Therapie der Panikstörung. Ausgezeichnet mit dem Arno-Arnold-Preis 1997. In: DEUTSCHE ZEITSCHRIFT FÜR SPORTMEDIZIN, 49. Jg., Nr. 1, S. 18-19; http://www.zeitschrift-sportmedizin.de/fileadmin/content/archiv1998/Heft01/1998_01_AUSDAUERTRAINING.pdf

MEYER, T. (2007): Tod beim Marathon: Risiken können minimiert werden - Paderborner Sportmediziner Prof. Dr. Tim Meyer appelliert an die Eigenverantwortlichkeit - Die Reihe der Medizin- und Sportmedizin-Informationen von German Road Races (GRR) - Folge 33. In: http://www.germanroadraces.de/24-0-2462-tod-beim-marathon-risiken-koennen-minimiert-werden.html (25.07.2007)

MEYER, U. (2002): Happy Running. Die 7 Weisheiten des Laufens. (rororo sport) Reinbek

MEYER, U. (2003): Lassen Sie sich mal so richtig laufen! In: PSYCHOLOGIE HEUTE, 30. Jg., H. 8, S. 26-29

MEYER, U. (2003): Die Weisheit des Laufens. In: PSYCHOLOGIE HEUTE COMPACT, Nr. 9, S. 56-59

MEYER, U. (2005): Eine Stunde laufen. Das leichte Programm für jeden. (rororo sport) Reinbek

MEYER, W. (2000): Ausdauersport als Therapie mit Koronarpatienten. In: DLZ-RUNDSCHAU, Ausg. 23, S. 35-41

MEYNERS, E. (1992): Zum Ausdauer-Laufen in der Schule. In: SPORT PRAXIS, H. 1, S. 5-9

MICHEL, F. (2006): Lauftherapie als Angebot in der stationären Rehabilitation suchtmittelabhängiger Menschen. In: DLZ-RUNDSCHAU, 18. Jg., H.35, S. 26-29

MIDDEKE, M. R. F. (1998): Herzinfarkt. Was Sie jetzt wissen sollten. Stuttgart, S. 104-110

MIDDEL, P. (1977): Trainingseffekt im Dauerlauf bei Grundschülern gross. In: RUNDBRIEF FÜR JÜNGERE LANGSTRECKENLÄUFER, Nr. 5 (Beilage von SPIRIDON, H. 5), S. 22

MIDDEL, P. (1981): Auch Krebskranke laufen in Hawaii. In: SPIRIDON, H. 1, S. 16-17

MIEHE, H. (2004): Lauftherapie mit Schizophrenen. Vortrag auf der 33. Tagung der ISPS-Germany an der Medizinischen Hochschule Hannover vom 10.06.–12.06.2004. Manuskript

MIEHE, H., FISCHER-WALTHER, A., BRACK, M. & HALTENHOF, H. (2003): „In Bewegung kommen" – Lauftherapie in der Schizophreniebehandlung. In: MACHLEIDT, W., GARLIPP, P. & HALTENHOF, H. (Hrsg.): Schizophrenie. Behandlungspraxis zwischen speziellen Methoden und integrativen Konzepten. Stuttgart, S. 213-218

MILDE, H. (2013). Laufen & Lauftherapie im Knast in Berlin (JVA Plötzensee). In: http://www.germanroadraces.de/24-0-35499-laufen-lauftherapie-im-knast-in-berlin.html (12.08.2013)

MILDE, H. (2014): Der 1. Berliner 10 km Knästelauf in der Justizvollzugsanstalt Plötzensee am Freitag, dem 10. Oktober 2014. In: http://www.germanroadraces.de/24-0-40263-der-1-berliner-10-km-knaestelauf-in.html (01.10.2014)

MILLER, H. S. & MORLEY, D. (1989): Herz-Kreislauf-Patienten mit erheblich eingeschränkter Leistungsfähigkeit. In: SKINNER, J. S. (Hrsg.): Rezepte für Sport- und Bewegungstherapie. Belastungsuntersuchungen und Aufstellung von Trainingsprogrammen beim Gesunden und Kranken. Köln, S. 336-346

MILTNER, F. A. & DIENER, H.-C. (2009): Sport für das Gehirn: Fitnesstraining schützt die grauen Zellen. In: DEUTSCHE ZEITSCHRIFT FÜR SPORTMEDIZIN, 60. Jg., Nr. 10, Dossier; http://www.zeitschrift-sportmedizin.de/fileadmin/content/archiv2009/heft10/gisa-pdfe/dossier_1009.pdf

MINISTERIUM FÜR JUSTIZ, ARBEIT, GESUNDHEIT UND SOZIALES – SAARLAND (o. J.): Saarland – Aktiv und gesund. Saarbrücken; S. 44-47; http://www.saarland.de/dokumente/ressort_justiz_gesundheit_und_soziales/BroschuereAktiv Gesund.pdf

MINTZLAFF, O. (2002): Fatburning für jeden Typ. Einsteigerin, Genuss-Joggerin oder trainierte Läuferin – diese Pläne bringen alle auf Trab. In: Laufen Sie sich schlank. Booklet der Mai-Ausgabe von SHAPE, S. 12-16, 42

MIPHAM, S. R. (2013): Running Buddha: Laufend zu sich selbst finden. München

MIRKIN, G. (1988): Die Dr. Mirkin Fitness-Sprechstunde. Der medizinische Ratgeber für Fitness und Sport. München

MOCKENHAUPT, S. (2011): Mein großes Fitness-Laufbuch. Köln

MÖCKEL, F. (2000): Auf dem Weg zum Ideal. Schlank essen, schlank laufen, schlank bleiben. In: LAUFZEIT, H. 10, S. 34-39; http://www.laufzeit.de/archiv/2000/lz2000-10_34-39.htm

MOEGLING, B. & MOEGLING, K. (1984): Laufen und Meditation. In: MOEGLING, B. & MOEGLING, K. (Hrsg.): Sanfte Körpererfahrung. Für dich selbst und zwischen uns. Bd. I. Kassel, S. 79-88

MÖLLER, U. (2006): Zurück von ganz unten. Günter Wallraff als Marathonläufer. In: SPIRIDON, H. 12, S. 22-23

MÖSSNER, H. (o.J.): „Weil's mir gut tut!" Brustkrebs und Bewegung – Betroffene Frauen berichten. Langwedel (DVD)

MOHR, J. (2015): "Absolut - es wirkt!" Seit meiner Geburt bin ich schwer herzkrank. Meine sportliche Karriere ist die Geschichte zahlloser Comebacks. In: DER SPIEGEL - WISSEN, H. 2: Bewegung! Fit bleiben, Spaß haben, länger leben, S. 34-35

MOLLNHAUER, S. (2003): Das Sportlerherz. In: CONDITION, 34. Jg., H. 9, S. 28

MOLLNHAUER, S. (2003): Ausdauertraining für Frauen. Grundlagen, Trainingsprogramme, Wettkampf. München, S. 128-133

MOLLNHAUER, S. (2008): Laufeinstieg im fortgeschrittenen Alter aus sportmedizinischer Sicht. In: CONDITION, 39. Jg., H. 3, S. 28-29

MOLLNHAUER, S. (2008): Laufen am Morgen – sinnvoll oder nicht? Die Geister scheiden sich. In: CONDITION, 39. Jg., H. 7-8, S. 22

MONTAG, H. (2007): Wir laufen uns fit für den Sommer. Ein Laufprojekt mit verhaltensauffälligen Kindern. In: BARTMANN, U. (Hrsg.): Fortschritte in Lauftherapie, Bd. 1. Tübingen, S. 11-20

MOSELER-WORM, S. (2014): Laufen macht den Kopf frei. [Beispiel: Daniel Behmenburg] In: http://www.derwesten.de/staedte/essen/kettwig-und-werden/laufen-macht-den-kopf-frei-id10036296.html (13.11.2014)

MOSER, K. A. (2010): Die Effekte des Sporttreibens auf die kognitive Leistungsfähigkeit im schlischen Kontext. Dissertation, Wirtschafts- und Verhaltenswissenschaftliche Fakultät, Albert Ludwigs Universität Freiburg i. Br.; https://www.freidok.uni-freiburg.de/fedora/objects/freidok:7642/datastreams/FILE1/content

MOSER, K. A. (2010): Die Effekte des Sporttreibens auf die kognitive Leistungsfähigkeit im schlischen Kontext. Abstract, Dissertation, Universität Freiburg i. Br.; https://www.freidok.uni-freiburg.de/data/7642

MRAZEK, J. (1986): Psyche, Gesundheit und Sport. Zur subjektiven Wahrnehmung des Gesundheitsversprechens durch den Sport. In: FRANKE, E. (Hrsg.): Sport und Gesundheit. Reinbek, S. 86-97

MRAZEK, J. (1989): Sport als Gesundheitsverhalten – Beispiel Jogging. In: DIETRICH, K. & HEINEMANN, K. (Hrsg.): Der nichtsportliche Sport. Beiträge zum Wandel im Sport. (Texte – Quellen – Dokumente zur Sportwissenschaft; Bd. 25). Schorndorf, S. 111-119

MÜCK, H. (2010): Bewegen und Heilen: Sport bei Angst und Depression. In: http://www.dr-mueck.de/pdfs/Sport-bei-Angst-und-Depression-Herbert-Mueck-5-Internationaler-Hamburger-Sport-Kongress-2010.pdf

MÜCK, H. (o. J.): Einfluss von Sport und Bewegung auf Angststörungen. In: http://www.dr-mueck.de/HM_Depression/Sport-bei-Depression-und-Angst-4-Einfluss-auf-Angststoerungen.htm

MÜCK, H. (o. J.): Einfluss von Sport und Bewegung auf Depressionen. In: http://www.dr-mueck.de/HM_Depression/Sport-bei-Depression-und-Angst-5-Einfluss-auf-Depressionen.htm

MÜCK, H. (o. J.): Auf welche Weise können Bewegung und Sport günstige psychische Effekte erzielen? In: http://www.dr-mueck.de/HM_Depression/Sport-bei-Depression-und-Angst-6-Wirkungsmechanismen.htm

MÜHLBAUER, W. (1993): So einfach ist Laufen. Das Programm für den leichten Einstieg. Reinbek

MÜHLBAUER, W. (1993): Mit Freude laufen lernen. Teil 1. In: CONDITION, 24. Jg., H. 7-8

MÜHLBAUER, W. (1993): Mit Freude laufen lernen. Teil 5. In: CONDITION, 24. Jg., H. 12, S. 36-39

MÜHLBAUER, W. (2004): So einfach ist Laufen. (rororo sport) Überarb. Neuausgabe, Reinbek

MÜLLER, A. (2008): Sportlicher und gesünder - Dokumentation aus der Sicht eines Arztes - Andreas Müller in der Eßlinger Zeitung, Sonnabend, dem 12. Juli 2008; http://www.germanroadraces.de/24-0-6108-sportlicher-und-gesuender--dokumentation-aus-der.html (12.07.2008)

MÜLLER, E.-W. (2006): Minus 22 (Kilo). In: BONNEMANN, A., GRELL, J. & RICHTER, K. (Hrsg.): Laufen und Lauftherapie. Ein Lesebuch. Regensburg, S. 190-196

MÜLLER, G. (1980): Warum Sport? In: CONDITION, 11. Jg., H. 3, S. 34

MÜLLER, G. (1980): Warum Sport? In: CONDITION, 11. Jg., H. 4, S. 30-31

MÜLLER, G. (1980): Warum Sport? In: CONDITION, 11. Jg., H. 5, S. 30-31

MÜLLER, M. (1992): Relativitätstheorie. Laufen für oder gegen die Gesundheit. In: SPORT SPECIAL / CONDITION, 23. Jg., H. 4, S. 28-29

MÜLLER, P. (2015): Bewegte Therapie? Laufen als Therapiebaustein bei pathologischen Glücksspielern im ambulanten Setting. Masterarbeit, Studiengang Suchthilfe, Katholische Stiftungsfachhochschule München

MÜLLER, S., WEBER, J., MARFIEWICZ, I., FÜRSTENBERG, M., BAUR, H. & MAYER, F. (2009): Einfluss von Sitzen, Stehen, Gehen und Laufen auf die Fußlängsgewölbeausprägung. Abstract. In: DEUTSCHE ZEITSCHRIFT FÜR SPORTMEDIZIN, 60. Jg., Nr. 7-8, S. 205; http://www.zeitschrift-sportmedizin.de/fileadmin/content/archiv2009/heft07_08/abstracts_komplett.pdf

MÜLLER, T. (2013): Depressionen: Sport hilft so gut wie Antidepressivum. In: http://www.aerztezeitung.de/medizin/krankheiten/neuro-psychiatrische_krankheiten/depressionen/article/850155/depressionen-sport-hilft-antidepressivum.html (03.12.2013)

MÜLLER-DANTZER, S. (2009): Auswirkungen von Lauftherapie in der Rehabilitation schizophren Erkrankter. In: BARTMANN, U. (Hrsg.): Fortschritte in Lauftherapie, Bd. 2. Tübingen, S. 63-71

MÜLLERLEILE, G. (2009): Erhöhung der Therapieeffizienz einer Psychotherapie durch Joggen. In: BARTMANN, U. (Hrsg.): Fortschritte in Lauftherapie, Bd. 2. Tübingen, S. 53-62

MÜLLER-WOHLFAHRT, H.-W. (2001): Mensch, beweg Dich! So stärken Sie Ihr Bindegewebe. München, S. 111-115

MUHREN, G. (2013/14): Lauftherapie als Lebensbalance. Effekte und Auswirkungen der Lauftherapie auf die Ausgeglichenheit der individuellen Lebensbalance. In: DLZ-RUNDSCHAU, 25. Jg., H. 49/50, S. 30-32

MS [Multiple Sklerose] und Marathon (2001). In: FORUM PSYCHOSOMATIK, H. 1; http://www.lebensnerv.de/fp/fp01-1/fp01-1-10-030--ms_und_marathon.htm

MURPHY, S. (2003): Lauf-Guide speziell für Frauen. (for fitness, for fun, for you) München, Wien, Zürich

MUSTER, M. & ZIELINSKI, R. (2006): Bewegung und Gesundheit. Gesicherte Effekte von körperlicher Aktivität und Ausdauertraining. Mit einem Beitrag zur chronischen Herzinsuffizienz von K. Meyer. Darmstadt

NABATNIKOWA, M. J. (Red.) (1974): Ausdauerentwicklung. Berlin (DDR)

Nach dem Infarkt: Lebensweise umstellen (o. J.). In:
http://www.krankenkassen.de/gesundheit/Vorsorge-krankenkassen/herzwoche-herzinfarkt/herzinfarkt-sport/

Nach der Chemo wird geschwitzt. Während der Rehabilitation brauchen Krebspatienten Training statt Schonung. (2002) In: PSYCHOLOGIE HEUTE, 29. Jg., H. 3, S. 54

NEES, K. (2011): Dem Kopfschmerz davonlaufen. In: UNIZEIT (Hrsg.: Christian-Albrechts-Universität zu Kiel), Nr. 65, S. 8; http://www.uni-kiel.de/unizeit/index.php?bid=650802

Negative Folgen vom Training: Exzessives Joggen belastet Kreislauf (2015). In:
http://www.n-tv.de/wissen/Exzessives-Joggen-belastet-Kreislauf-article14440106.html
(03.02.2015)

NEHLS, M. (2014): Die Alzheimer-Lüge. Die Wahrheit über eine vermeidbare Krankheit. München, Kap. 17: Dem Alzheimer davonlaufen, S. 345-377

NEUBAUER, C. (2005): Das Vollweib-Training. Meine Workouts für eine Wohlfühl-Figur. München, S. 82-105

Neue medizinische Langzeitstudie: Jogging ist die Sportart mit dem geringsten Todesrisiko (1986). In: MARATHON AKTUELL, Nr. 1, S. 44

Neuer Schwung. Mit täglichem Körpertraining auf dem Laufband verbessern an der Freiburger Uniklinik Krebspatienten ihre Kondition. (1993). In: DER SPIEGEL, H. 45, S. 264-266

NEUMAIR, B. (2013): Und tschüss ... Einfach mal weglaufen. In: CONDITION, H. 10, S. 54-57

NEUMANN, B. (2005): Fit mit dem Schrittzähler. Mit Spaß zu messbarem Erfolg. Freiburg im Breisgau

NEUMANN, B., SCHWARZ, A., SCHWEPPE, R. & ZITTLAU, J. (2007): Laufen für Einsteiger. Walking, Nordic Walking, Jogging. Stuttgart

NEUMANN, G. (1991): Immunsystem nach Marathon geschwächt. In: SPIRIDON, H. 2, S. 16-17

NEUMANN, G. (1991): Ausdauerbelastung. Ein sportmedizinischer Ratgeber. Leipzig, Heidelberg

NEUMANN, G. (1994): Zur Stoffwechselregulation beim Lauf. In: BECKER, U. (Hrsg.): Leichtathletik im Lebenslauf. Bericht vom Breitensport-Kongreß des Deutschen Leichtathletik-Verbandes vom 23. bis 25. Oktober 1992 in Mainz. (Edition Leichtathletik, Bd. 8) Aachen, S. 336-341

NEUMANN, G., PFÜTZNER, A. & BERBALK, A. (1999): Optimiertes Ausdauertraining. Aachen

NEUMANN, G. & HOTTENROTT, K. (2002): Das große Buch vom Laufen. Aachen

NEUMANN, N.-U. (o.J.): Lauftherapie bei Demenz und Depression. In: http://lauftherapie-vdl.de/joomla/index.php/de/lauftherapie-zielgruppen-spezifisches-angebot/93-lauftherapie-bei-demenz-und-depression

NEUMANN, N.-U. & FRASCH, K. (2005): Biologische Mechanismen antidepressiver Wirksamkeit von körperlicher Aktivität. In: PSYCHONEURO, 31. Jg., H. 10

NEUMANN, N.-U. & FRASCH, K. (2008): Neue Aspekte zur Lauftherapie bei Demenz und Depression – klinische und neurowissenschaftliche Grundlagen. In: DEUTSCHE ZEITSCHRIFT FÜR SPORTMEDIZIN, 59. Jg., H. 2, S. 28-33

Neunmal klug! Neun neue Erkenntnisse über die gesundheitlichen Effekte des Laufens (2013). In: RUNNER'S WORLD, H. 11, S. 18

NEWRZELLA, E. (2009): Einstellungen von Berufspraktikern der Sozialen Arbeit zu Körpertherapien und Joggen. In: BARTMANN, U. (Hrsg.): Fortschritte in Lauftherapie, Bd. 2. Tübingen, S. 73-81

NIEDERSEER, D. & NIEBAUER, J. (2010): Bewegungstherapie bei koronarer Herzkrankheit. In: BAUMANN, K.-M. & STILLER, N. (Hrsg.): Bewegungstherapie bei internistischen Erkrankungen. Berlin, Heidelberg, S. 115-142

NIESS, A. (1997): Zuckerkrank. Ursachen, Behandlungsmöglichkeiten. In: RUNNER'S WORLD, H. 10, S. 32-34

NIEß, A. (2015): Ist Laufen wirklich gesund fürs Herz? „Was muss ich als Läufer und Wettkampfsportler beachten?" Vortrag, DLV-Kongress „Erlebnisraum Leichtathletik – ein Leben lang", 13.-15. März 2015, Ruit. [Präsentation auf Anfrage beim Referenten anforderbar: andreas.niess@med.uni--tuebingen.de]

NIESTEN-DIETRICH, U. et al. (1994): Wirkungen eines Geh-, Lauf- und Krafttrainings auf Leistungsfähigkeit und Fettstoffwechselparameter. In: DEUTSCHE ZEITSCHRIFT FÜR SPORTMEDIZIN, 45. Jg., H. 1, S. 18-20, 25-30

NIKOLA, U. (2015): Gelebte Inklusion: Laufen mit Down-Syndrom. In: http://www.br.de/radio/b5-aktuell/sendungen/das-fitnessmagazin/laufen-down-syndrom-fuerth-100.html (16.03.2015)

NINGEL, R. (2013): Lust am Laufen. Startklar in 42 Schritten. Betzenstein

NOACK, W. (1983): Die Auswirkungen eines frühzeitigen Ausdauertrainings auf den passiven Bewegungsapparat bei Kindern und Jugendlichen. In: JOCH, W. (Hrsg.): Ausdauerleistungsfähigkeit im Kindes- und Jugendalter (Beiträge zur sportlichen Leistungsförderung, Bd. 13) Berlin, S. 96-99

Noch langsamer laufen [Fettverbrennung] (2000). In: SPIRIDON, H. 4, S. 63

NONNENMACHER, A. et al. (2015): Hausmittel gegen Bluthochdruck. In: http://gesundpedia.de/Hausmittel_gegen_Bluthochdruck (30.03.2015)

NORMANN, S.-A. v. (2009): Morgens joggen, aber richtig. In: http://www.beyourbest.de/gesundheit/morgens-joggen-aber-richtig/

NOWAK, B. (o. J.): Herzschrittmacher & Sport: Was ist erlaubt? Was ist verboten? In: http://www.herzstiftung.de/Herzschrittmacher-Sport.html

NÜSSLI, S. & FISCHER, S. (o. J.): Flow im Sport. Wenn es wie von alleine geht. In:
http://www.fitforlife.ch/gesundheit/psychologie/artikel/flow-im-sport/

Nur „moderates" Joggen verlängert das Leben (2015). In:
http://www.welt.de/gesundheit/article137060155/Nur-moderates-Joggen-verlaengert-das-
Leben.html (03.02.2015)

Nur „moderates" Laufen auf Dauer gut für die Gesundheit: Forscher warnen vor exzessivem
Jogging (2015). In: http://www.t-online.de/lifestyle/id_72771012/jogging-ist-nur-moderat-gut-
fuer-die-gesundheit.html (04.02.2015)

Nur nicht überanstrengen: Langsame Läufer leben länger (2013). In: CME, Nr. 4, S. 4

Ob blind, mit Hörgerät oder Prothesen – Joggen geht immer! (o. J.). In:
http://www.tivital.de/joggen-mit-behinderung/

OBEREM, S. (2006): Laufen macht Laune. Das Wohlfühltraining für Frauen. München

OERTEL, R., WALTHER, A. & KIRCH, W. (2009): Sport als Gesundheitsprävention und
Gesundheitsrisiko. In: PRÄVENTION UND GESUNDHEITSFÖRDERUNG, 4, S. 240-244

OERTEL-KNÖCHEL, V. (2015): Aktiv für die Psyche. Körperliche Aktivität & psychische
Gesundheit. Präsentation, Landeskonferenz Hessen 27.05.2015. In:
http://www.hage.de/files/oertel_sport___psychische_gesundheit.pdf

ÖSTERREICHISCHE BUNDESSPORT-ORGANISATION (Hrsg.) / WEIß, O. et al. (2001):
Sport und Gesundheit. Die Auswirkungen des Sports auf die Gesundheit – eine sozio-
ökonomische Analyse. Wien. In:
http://www.vdloe.at/wien/infos/studien/Weiss_Endbericht_studie_21.9.PDF

ÖSTERREICHISCHE FRAUENLAUF GMBH (2015): Philosophie Laufen. In:
https://www.oesterreichischer-frauenlauf.at/show_bericht.php?ber_id=258&fpid=10
(31.05.2015)

ÖSTERREICHISCHE KREBSHILFE (Hrsg.) (2012): Bewegung bei Krebs. Empfehlungen,
Tipps, Adressen. Wien, S. 14, 18;
http://www.krebshilfe.net/uploads/tx_brochure/bewegungbeikrebs1212.pdf

OLNEY, R. R. (1980): Laufen macht Spaß. Ravensburg

OPEL, S. v. (2015): Gesund laufen – ein Leben lang. Der schonende Weg zu Fitness,
Gesundheit und Wohlbefinden. München

ORDER, U. & UHLENBRUCK, G. (1988): Immunbiologische Aspekte des Ausdauertrainings
unter Berücksichtigung des Einflusses von Sport auf die Krebsentstehung. In: DEUTSCHER
VERBAND LANGLAUFENDER ÄRZTE (Hrsg.): Ausdauersport – Bedeutung für Prävention
und Rehabilitation. Augsburg, S. 82-93

ORLITZ, G. (2004): Heilfasten für Läufer? In: SPIRIDON, H. 4, S. 60

ORLOWSKI, M. & DÖLLE, R. (2004): Laufen als Therapie. Über körperliche und seelische
Prozesse beim Laufen. Im Gespräch mit Reinhard Dölle. In: KRÄMER, H., ZOBEL, K. &
IRRO, W. (Hrsg.): Marathon. Ein Laufbuch in 42,195 Kapiteln. Göttingen, S. 167-172

ORTENAU KLINIKUM (2012): Der lange Lauf gegen den Krebs. In: http://www.ortenau-
klinikum.de/ortenau-klinikum/wwwortenau-klinikumde/1-

hauptnavigation/presse/pressearchiv/pressemitteilung-archiv/artikel/der-lange-lauf-gegen-den-krebs/ (30.03.2012)

OSTERESCH, S. (2015): Stress abbauen durch Laufen. In: http://wie-stress-abbauen.de/stress-abbauen-durch-laufen/ (22.03.2015)

OTHMER, A. (2013/14): Dabeibleiben! Nützliche Strategien für Laufanfänger. In: DLZ-RUNDSCHAU, 25. Jg., H. 49/50, S. 45-50

OTTO, P. (2001): be active! Das große Fitnessbuch. Niedernhausen/Ts.

OVERATH, C. H. (2012): Einfluss eines aeroben Ausdauertrainings auf die Migräneerkrankung. Untersuchung der Wirkung eines aeroben Ausdauertrainings auf die Häufigkeit und Intensität von Migräneattacken, die kortikale Aufmerksamkeitsbereitschaft und die Informationsverarbeitung bei Migränepatienten. Dissertation, Universität Kiel, Philosophische Fakultät

OVERATH, C. H., DARABANEANU, S. & GERBER, W. D. (2012): Wirksamkeit von Ausdauersportprogrammen bei der Migräneerkrankung. In: PSYCHOLOGIE IN ÖSTERREICH, 32. Jg., H. 3-4, S. 314-318

OVERBECK, P. (2012): Jungbrunnen Joggen: Wer regelmäßig läuft, lebt länger. In: SPRINGERMEDIZIN.DE (04.05.2012)

OVERBECK, P. (2012): Jungbrunnen Joggen: Wer regelmäßig läuft, lebt länger. In: URO-NEWS, Nr. 7-8, S. 8

PAEPCKE, H. (2000): Einfluss eines Ausdauertrainings auf ausgewählte immunologische Parameter und Zellfunktionstests bei Senioren. Dissertation, Institut für Immunbiologie, Universität Köln

PAHMEIER, I. (2012): Sportliche Aktivität und psychosomatische Beschwerden. In: FUCHS, R. & SCHLICHT, W. (Hrsg.): Seelische Gesundheit und sportliche Aktivität. (Sportpsychologie, Bd. 6) Göttingen, S. 78-99:

PAHMEIER, I. & BREHM, W. (1998): Multiple Beschwerden. In: BÖS, K. & BREHM, W. (Hrsg.): Gesundheitssport. Ein Handbuch. (Beiträge zur Lehre und Forschung im Sport, Bd. 120) Schorndorf, S. 296-307

PALM, J. (1973): Ein Schlauer trimmt die Ausdauer. (Hrsg.: Deutscher Sportbund) Frankfurt a. M.

PALM, J. (1976): Ausdauersport als Freizeitsport. (Hrsg.: Deutscher Sportbund) Frankfurt a. M.

PALM, J. (?): Der sanfte Weg zur Fitneß. (Teil 1) In: DEUTSCHES ÄRZTEBLATT, H. 48, S. 2915-2918

PALM, J. (?): Der sanfte Weg zur Fitneß. (Teil 2) In: DEUTSCHES ÄRZTEBLATT, H. 49, S. 2987-2993

PANNEWIG, K. (1998): Warum oder wozu laufe ich? – Oder: Warum und weshalb ich früher nicht gelaufen bin. In: DLZ-RUNDSCHAU, Ausg. 20, S. 21

PAPE, D., SCHWARZ, R. & GILLESSEN, H. (2003): Satt, schlank, gesund. Das Ernährungs-

Praxisbuch nach dem Insulinprinzip inkl. Tipps zu Bewegung und Immunsystem. Köln, S. 139-167

PAßMANN, M. (2014): Fühl dich wohl, geh laufen. In: Laufen macht glücklich. Beilage im HANDELSBLATT, 03.04.2014; https://www.dropbox.com/s/6nvgfsx48729xn0/Laufen_macht_gluecklich.pdf

PAUMKIRCHNER, P. (2014): Wer tritt, stärkt sein Immunsystem. In: DIE PRESSE, 23.02.2014; http://diepresse.com/home/science/1566172/Wer-tritt-staerkt-sein-Immunsystem?_vl_backlink=/home/science/index.do (22.02.2014)

Pausieren, wenn die Puste knapp wird. Asthmatiker sollen Sport treiben (2008). In: WIESBADENER KURIER, 12.11.2008, S. 29

PAWELZIK, M. R. (2008): Ausdauertraining und psychische Gesundheit. 1. Münsteraner Marathon-Medizin-Symposium, Samstag, 16. August 2008. In: https://www.volksbank-muenster-marathon.de/_data/Abstract_Dr._Pawelzik.pdf

PEER, M. (2007): Staffel nierenkranker Kinder beim 23. Asics-Dauerlauf durch die Kölner Südstadt. In: http://www.laufen-in-koeln.de/lik4.php?aid=A-4243 (28.04.2007)

PEIL, J. M., RÖDER, F. & WAGNER, G. (1992): Der Weg zum Wohlgefühl. In: SPORT SPECIAL / CONDITION, 23. Jg., H. 4, S. 12-13

PEKRUN, G. (1998): Einfluß von Ausdauertraining, Clomipramin und Placebo auf psychologische und physiologische Parameter bei Panikstörung. [Dissertation, Mathematisch-Naturwissenschaftliche Fachbereiche der Universität Göttingen 1997] Göttingen

PENKER, M. (2007): Alles fliesst! Das Erleben des „Flows". In: CONDITION, H. 4, S. 18-22

PENKER, M. (2007): Laufend abnehmen mit der richtigen Einstellung. In: CONDITION, 38. Jg., H. 5, S. 16-17

PETER, D. (1988): Wenn Läuferinnen nach Zärtlichkeit hungern ... In: CONDITION, H. 9, S. 6-7

PETERS, C. & STEMPER, T. (1996): Laufen. Niedernhausen/Ts.

PETERS, C., LÖTZERICH, H. & UHLENBRUCK, G. (1996): Bewegung und Sport als Therapiemöglichkeit in der Krebsnachsorge. In: GEBURTSHILFE UND FRAUENHEILKUNDE, 56. Jg., S. M19-M23

PETERSEN, J. (2008): Brainrunning – neue Wege. Norderstedt

PETERSEN, J. (2011): Brainrunning: Der Weg zur körperlichen und geistigen Höchstleistung. Niebüll

PETERSEN, N. (o. J.): Lauftraining auf der Internationalen Raumstation ISS. In: http://www.athenlauf.de/index.php?id=108

PETERSEN, O. & GORETZKI, S. (2001): Der Fatburner. Das Programm mit Garantie. Fett verbrennen – dauerhaft abnehmen. Reinbek

PETZOLD, H. G. (2014): Integrative Depressionsbehandlung auf neurowissenschaftlicher Grundlage – Veränderungen des „depressiven Lebensstils" mit „Bündeln" komplexer

Maßnahmen in der „Dritten Welle" Integrativer Therapie. In: http://www.fpi-publikation.de/images/stories/downloads/textarchiv-petzold/petzold-2014i-integrative-depressionsbehandlung-neurowissenschaftliche-grundlage-dritte-welle.pdf, S. 20, 24, 26

PFANNENKUCH, U.-J. (2011): Laufen mit TeilnehmerInnen eines Laufkurses in der Volkshochschule. In: BARTMANN, U. (Hrsg.): Fortschritte in Lauftherapie, Bd. 3. Tübingen, S. 131-133

PFEIFER, K. (2011): Schulungen bei muskuloskeletalen Erkrankungen in der medizinischen Rehabilitation: Stellenwert (in) der Bewegungstherapie. In: http://www.zentrum-patientenschulung.de/tagungen/tagung2011/WS_2_1_Pfeifer_Schulungen_Bewegungstherapie.pdf

PFISTER, G. (1996): Was ist Gesundheit? Frauen, Sport und Gesundheit aus sozialwissenschaftlicher Perspektive. In: PFISTER, G. (Hrsg.): Fit und gesund mit Sport. Frauen in Bewegung. Berlin, S. 49-67

PFÖRRINGER, W. & ULLMANN, C. (1989): Joggen, Laufen, Springen. Risiken erkennen, Unfälle vermeiden, Verletzungen heilen. München

PINGEL, U. (2014/15): Therapeutisches Lauftraining in Schinkel. Ein persönlicher Rückblick auf eine Initiative der Dörpshölp. In: DLZ-RUNDSCHAU, 26. Jg., H. 51/52, S. 16

PIZZORNO, L. & WRIGHT, J. (2013): Das Osteoporose-Buch. Starke Knochen ein Leben lang. Was Sie selbst tun können. Kirchzarten bei Freiburg, S. 229-257: 231

PLAG, J., GAUDLITZ, K. & STRÖHLE, A. (2015): Sporttherapie bei Angsterkrankungen. In: MARKSER, V. Z. & BÄR, K.-J. (Hrsg.): Sport- und Bewegungstherapie bei seelischen Erkrankungen. Forschungsstand und Praxisempfehlungen. Stuttgart, S. 71-95

PLAG, J., SCHUMACHER, S. & STRÖHLE, A. (2015): Aerobe Bewegung bei der Zwangsstörung. In: MARKSER, V. Z. & BÄR, K.-J. (Hrsg.) (2015): Sport- und Bewegungstherapie bei seelischen Erkrankungen. Forschungsstand und Praxisempfehlungen. Stuttgart, S. 96-112: 103

PLANET WISSEN & BERGS, G. (2013): Laufen als Therapie. Interview: Günther Bergs. In: https://www.planet-wissen.de/sport_freizeit/laufen/geschichte_des_laufens/interview_bergs.jsp

PLATEN, P. (1994): Sport und Immunsystem. In: BECKER, U. (Hrsg.): Leichtathletik im Lebenslauf. Bericht vom Breitensport-Kongreß des Deutschen Leichtathletik-Verbandes vom 23. bis 25. Oktober 1992 in Mainz. (Edition Leichtathletik, Bd. 8) Aachen, S. 344-347

PLATEN, P. (2001): Osteoporose – sind Prävention und Therapie durch Sport möglich? In: BUNDESGESUNDHEITSBLATT: GESUNDHEITSFORSCHUNG – GESUNDHEITSSCHUTZ, 44. Jg., H. 1, S. 52-59

PLATEN, P. (o. J.): Osteoporose – sind Prävention und Therapie durch Sport möglich? In: http://www.netzwerk-osteoporose.de/index.php/content/view/61/113/

POGGEMANN, G. (1992): Stoffwechsel voll im Griff. (Marathonlaufen als Therapie – I) In: SPIRIDON, 18. Jg., H. 7, S. 16-17

POIRIER, M. & BRAVI, S. (2015): Das Laufbuch für Faulenzerinnen. Ein 4-wöchiges Laufprogramm. Tipps – Tricks – Übungen. München

PONTES, U. (2013): Was Sport im Gehirn bewirkt. In:
http://dasgehirn.info/handeln/motorik/was-sport-im-gehirn-bewirkt-2912/ (01.08.2013)

POTT, H.-G., JUNG, K. & BRESCH, H. (1981): Der Einfluß von Dauerlauf auf die
Streßverträglichkeit. In: CONDITION, 12. Jg., H. 1, S. 12-14

PRAMANN, U. (1985): Lust am Laufen. Jogging – Trablaufen – Trimmlaufen – Dauerlaufen –
Langstreckenlaufen. München

PRAMANN, U. (1998): Laufen. (Kleine Philosophie der Passionen) München, S. 65-70

PRAMANN, U. (2001): Lauf dich schlank! Lust am Laufen – Schritt für Schritt zur Traumfigur.
München

PRAMANN, U. (2002): Runner's Basics. Die Grundlagen für mehr Laufspaß und Leistung.
Minden 2002, S. 11

PRATSCHKO, M. (2004): Die neue Lust am Laufen. In: FOCUS, Nr. 11, S. 80-86

PRATSCHKO, M. & BAUMANN, D. (2004): Laufen kann jeder. In: FOCUS, Nr. 11, S. 89-90

PREDEL, H. G. (2007): Bluthochdruck und Sport. In: DEUTSCHE ZEITSCHRIFT FÜR
SPORTMEDIZIN, 58. Jg., Nr. 9, S. 328-333; http://www.zeitschrift-
sportmedizin.de/fileadmin/content/archiv2007/heft09/328-333.pdf

PREDEL, H. G. & TOKARSKI, W. (2005): Einfluss körperlicher Aktivität auf die menschliche
Gesundheit. In: BUNDESGESUNDHEITSBLATT, Nr. 8, S. 833-840

PRESSETEXT (2009): Laufen als Therapie: Dreiteilige Expertenrat-Serie gestartet. Erster
Teil "Laufen Sie sich gesund". In: http://www.pressetext.com/news/20090317010
(17.03.2009)

PREUK, M. (2013): Brustkrebs vorbeugen: Spazierengehen schützt vor Brustkrebs. Täglich
Gehen hilft, täglich Joggen noch mehr. In:
http://www.lifeline.de/themenspecials/brustkrebs/Spazierengehen-als-Krebspraevention-
id116301.html (07.10.2013)

PRIESEMUTH, H. (1995): Ausdauerlaufen im Sportunterricht gestalten und aneignen. In:
KÖRPERERZIEHUNG, 44. Jg., H. 10, S. 416-426

PROCHNOW, T. (Hrsg.) (2004): Lauf-Lexikon. Die 444 wichtigsten Begriffe zum Laufen von
A – Z. Regensburg

PROCHNOW, T. (2013): Lauffibel: Vom Anfänger bis zum Marathonläufer. Regensburg

PROCHNOW, T., BRINGMANN, W. & HAMMER, C (2002): Laufen ohne Beschwerden.
Prävention, Therapie und Rehabilitation. Ein Fachbuch für Läufer, Physiotherapeuten und
Mediziner. Regensburg

PROELL, R. (o. J.): Abnehmen durch Sport – Aber wie? In:
http://www.laufexperten.de/laufen-mit-lex/gesundheit-und-ernaehrung/abnehmen-durch-
sport.html

PRO FORMANCE (o. J.): Laufen zur Prävention und Therapie. In: http://www.pro-
formance.de/index.php?id=news-

anzeigen0&tx_ttnews%5Bpointer%5D=1&tx_ttnews%5Btt_news%5D=35&tx_ttnews%5Bbac
kPid%5D=57&cHash=c4014a5a76

PRO MENTE SANA et al. (o. J.): Psychische Gesundheit pflegen. In: https://www.wie-gehts-dir.ch/gesund-bleiben/psychische-gesundheit-pflegen/

PSI & WEBER, U. (1998): 1001 Gründe für das Laufen. Deutsches Lauftherapiezentrum feierte zehnjähriges Bestehen. In: DLZ-RUNDSCHAU, Ausg. 20, S. 30-32

Psoriasis: Laufen und Aerobic schützen vor Schuppenflechte (2012). In: http://www.focus.de/gesundheit/gesundleben/fitness/news/psoriasis-laufen-und-aerobic-schuetzen-vor-schuppenflechte_aid_757805.html (24.05.2012)

PSYCHOLOGIE HEUTE & GRAF, C. (2002): Schützt Sport vor Krebs? Gefragt: Dr. med. Christine Graf. In: PSYCHOLOGIE HEUTE, 29. Jg., H. 3, S. 55

Psychotherapie in der Behandlung von Depressionen (o. J.). In: http://www.gesundheitswerkstatt.de/gesundheitstipp/bewegungstherapie/psychotherapie.der. behandlung.von.depressionen.html

PYRLIK, M. (2011): Frauenpower im Ausdauersport - Training, nein danke, ich habe meine Tage ... In: CONDITION, H. 11, S. 36-38

PYRLIK, M. (2012): Frauenpower im Ausdauersport - Training, nein danke, ich habe meine Tage ... In: http://www.germanroadraces.de/24-0-27416-frauenpower-im-ausdauersport--training-nein-danke.html (23.01.2012)

RABENSTEINER, D. (2002): Jetzt wird Laufen zum Erlebnis. Wien

RABENSTEINER, D. (2004): Diabetes mellitus und Fettleibigkeit. In: ZWICK, H. (Hrsg.): Bewegung als Therapie. Gezielte Schritte zum Wohlbefinden. Wien, S. 91-126

RADOVANOVIC, D. (1999): Gang- und Laufanalyse in der Physiotherapie: Möglichkeit zur Behandlung von Kniebeschwerden bei Freizeitsportlern durch veränderte Lauftechnik. In: SCHWEIZERISCHE ZEITSCHRIFT FÜR SPORTMEDIZIN UND SPORTTRAUMATOLOGIE, 47. Jg., H. 2, S. 106-107

RAETHER, M.-T. (1999): Wirbelsäulengymnastik in der Lauftherapie. In: WEBER, A. (Hrsg.): Hilf dir selbst: Laufe! Das Paderborner Modell der Lauftherapie und andere Konzepte für langfristig gesundes und erfolgreiches Laufen. Paderborn, S. 335-342

RANK, M., FREIBERGER, V. & HALLE, M. (2012): Sporttherapie bei Krebserkrankungen. Grundlagen, Diagnostik, Praxis. Stuttgart

RATEY, J. R. & HAGERMAN, E. (2009): Superfaktor Bewegung. Kirchzarten bei Freiburg

RAU, A. & POURSAIADI, M. (o. J.): Dem Krebs davongelaufen – Krebspatient läuft Marathon. In: http://www.gesuendernet.de/gesundheit/item/380-dem-krebs-davongelaufen-%E2%80%93-krebspatient-l%C3%A4uft-marathon.html

Raus! Jetzt! Mit guter Laune fit durch den Winter (2014). In: FOCUS, Nr. 51, S. 94ff

RAUT, W. (o. J.): Herzinfarkt – was nun? In: KRANKENHAUS BUCHHOLZ (Hrsg.), http://www.krankenhaus-buchholz.de/de/fachdisziplinen/innere/Vortraege/Herzinfarktwasnun.pdf, S. 20ff

READER'S DIGEST (Red.) (1999): Ratgeber Medizin. Klassische und natürliche Wege der Heilung. Stuttgart, Zürich, Wien, S. 65, 127-128

REBSTOCK, D. (2008): Diagnose MS. Mit der Krankheit laufen. In: RUNNING, H. 10, S. 80-81

REESE, N. (o. J.): Stressabbau: Stress abbauen leicht gemacht. In: http://www.heilpraxisnet.de/hausmittel/stressabbau-wie-stress-abbauen.html

REFFGEN, C. (2014): Sport macht glücklich. In: http://www.montemare.de/blog/2014/05/sport-macht-gluecklich/ (26.05.2014)

Regelmäßiges Laufen verzögert das Altern. [Untersuchung der Stanford University, Kalifornien] (2008). In: RUNNER'S WORLD, H. 11, S. 16

REGLI, M. (2009): spiritual move oder die Kunst des meditativen Laufens. Ein Essay über das Laufen im Rahmen der Weiterbildung MAS in Applied Spirituality Evang.-ref. Landeskirche Zürich. In: http://www.spiritualmove.ch/spiritual-move/dokumentation/, 20091101_Essay.pdf

REGLI, M. (2010): Von aussen nach innen laufen. In: PFARRBLATT (Bern), 27.02.2010; http://www.spiritualmove.ch/fileadmin/user_upload/02_Medienberichte/20100227_Artikel_Pfarrblatt.pdf

REGLI, M. (2010): Spiritual Move. Laufen als Form einer spirituellen Praxis. Masterarbeit in „Advanced Studies in Applied Spirituality", Universität Zürich; http://www.spiritualmove.ch/spiritual-move/dokumentation/, 20100821_Masterarbeit_Maria_Regli.pdf

REGLI, M. (2011): Verbunden mit mir und allem, was mich umgibt. [Meditatives Laufen] In: FERMENT, H. 4, S. 35; http://www.spiritualmove.ch/spiritual-move/dokumentation/, 201106_Aritkel_Ferment.pdf

REIM, N. & WORMER, E. J. (2015): Gesund laufen. Effektiv laufen, walken und wandern. (Reihe "Gesundheit, Vitalität & Lebensfreude", Hrsg.: E. J. Wormer & J. A. Bauer), Köln (Vertrieb über Aldi Süd)

REIMANN, M. (2010): Leben mit Multipler Sklerose: „Jedes Mal ein Psychospiel". In: http://www.rundschau-online.de/lokales/leben-mit-multipler-sklerose--jedes-mal-ein-psychospiel-,15185494,15435564.html (10.01.2010)

REIMERS, C. D. & BROOCKS, A. (Hrsg.) (2003): Neurologie, Psychiatrie und Sport. Stuttgart

REIMERS, C. D., BROOCKS, A. et al. (Hrsg.) (2014): Prävention und Therapie neurologischer und psychischer Krankheiten durch Sport. München, Berlin

REINDELL, H. (1975): Das Sportherz ist kerngesund. In: SPIRIDON, 1. Jg., H. 4, S. 6-9

REINDELL, H. et al. (1960): Herz-Kreislaufkrankheiten und Sport. München

REINDELL, H. & KÖNIG, K. (1966): Körperliche Aktivität und Herz- und Kreislauferkrankungen. Prophylaxe, Therapie und Rehabilitation. München

REINDL, F. (2014): Laufen für die Gesundheit. In: SÜDWEST PRESSE, http://www.swp.de/ulm/themen/gesundheit/2014_11_gesund03/Laufen-fuer-die-Gesundheit;art1204039,2491912 (11.03.2014)

REINECKE, K., SCHEER, V., HEITKAMP, H., WRENGER, M., REINSBERGER, C. & BAUMEISTER, J. (2015): Evaluation eines Trainingsprogramms zur Verbesserung der Gesundheit und Fitness bei Feuerwehrleuten. In: DEUTSCHE ZEITSCHRIFT FÜR SPORTMEDIZIN, 66. Jg., Nr. 7-8, S. 187; http://www.zeitschrift-sportmedizin.de/fileadmin/content/archiv2015/Heft_78/Abstracts_2015_0708.pdf

REINECKE, M. (2006): Vor was läufst du eigentlich davon? In: BONNEMANN, A., GRELL, J. & RICHTER, K. (Hrsg.): Laufen und Lauftherapie. Ein Lesebuch. Regensburg, S. 211-215

REINECKE, M. (2007): Laufen – weit mehr als eine sportliche Aktivität. Auswirkungen körperlicher Betätigung auf die Psyche. In: INFO GESUNDHEIT, Nr. 1 (News der Kantonalen Stelle für Gesundheitsförderung Luzern), S. 8-9

REINER, A., KLEINE, W. & HAUTZINGER, M. (1990): Zur Anlage und Effektivität eines Ausdauertrainings bei leichten bis mittelschweren Depressionen. In: KLEINE, W. & HAUTZINGER, M. (Hrsg.): Sport und psychisches Wohlbefinden. Beiträge zum Lehren und Lernen im Gesundheitssport. (Edition Sport & Wissenschaft, Bd. 4) Aachen, S. 70-98

REINHARDT, C., LAU, A., HOTTENROTT, K. & STOLL, O. (2006): Flow-Erleben unter kontrollierter Beanspruchungssteuerung. Ergebnisse einer Laufbandstudie. In: ZEITSCHRIFT FÜR SPORTPSYCHOLOGIE, 13. Jg., H. 4, S. 140-146

REINHARDT, C., WIENER, S., HEIMBECK, A., STOLL, O., LAU, A. & SCHLIERMANN, R. (2008): Flow in der Sporttherapie der Depression – ein beanspruchungsorientierter Ansatz. In: BEWEGUNGSTHERAPIE UND GESUNDHEITSSPORT, 24. Jg., S. 147-151

REINHARDT, R. K. (2008): Studie der Uni Ulm bestätigt: Laufen macht schlau. (Pressemitteilung) In: http://www.uni-ulm.de/home2/presse/pressemitteilung/article/studie-der-uni-ulm-bestaetigt-laufen-macht-schlaubrprofessor-manfred-spitzer-sport-mach.html (18.04.2008)

REINHARDT, R. K. (2009): Laufen macht schlau. Aerobes Ausdauer-Lauftraining, Genotyp und Kognition. Dissertation, Fakultät für Geistes- und Sozialwissenschaften, Universität Karlsruhe (TH); http://digbib.ubka.uni-karlsruhe.de/volltexte/documents/907194

REINHARDT, R. K. (2011): Laufen macht schlau. Aerobes Ausdauer-Lauftraining, Genotyp und Kognition. Saarbrücken

REINHARDT, R. K. & STROTH, S. (o. J.): Laufen macht schlau! Der Einfluss von Lauftraining auf die Leistungsfähigkeit des Gehirns. In: http://www.medizin.uni-greifswald.de/pathophys/lehre/seminar_molekulare_neurowissenschaften/seminarthemen/14_(Zubeh%FGr)_Laufen%20macht%20schlau.pdf

REINHARDT, R. K., STROTH, S. & BÖS, K. (o. J.): Laufen macht schlau! Körperliche Aktivität verbessert die Leistungsfähigkeit des Gehirns. In: http://www.athenlauf.de/fileadmin/files/Beitraege/Laufen_macht_schlau_Athenlauf.pdf

REINHARDT, S. (2007): Joggen, Walken, Tanzen: Wie Bewegung die Psyche stärkt. In: PSYCHOLOGIE HEUTE, H. 8, S. 20-25

REINHARDT, S. (2010): „Ich kann Hürden überwinden!" Wie Bewegung die Psyche stärkt. In: PSYCHOLOGIE HEUTE COMPACT, H. 26: Unser Körper, S. 36-41

REINHOLD, D. (1994): Sporttherapie bei Herz-Kreislauf-Erkrankungen. In: SCHEIBE, J. (Hrsg.): Sport als Therapie. Konzepte für die stationäre und ambulante Heilbehandlung. Berlin, S. 139-152

REINHOLD, D. (1994): Sporttherapie bei Erkrankungen des Stoffwechsels. In: SCHEIBE, J. (Hrsg.): Sport als Therapie. Konzepte für die stationäre und ambulante Heilbehandlung. Berlin, S. 156-160

REINHOLD, D. & SCHEIBE, J. (1994): Sporttherapie bei Erkrankungen des Atemsystems. In: SCHEIBE, J. (Hrsg.): Sport als Therapie. Konzepte für die stationäre und ambulante Heilbehandlung. Berlin, S. 152-155

REINMUTH, M. (2004): Wolfgang W. Schüler – Sozialpädagogische Intervention durch Sport (Reihe: IGL-Mitglied des Monats). In: CONDITION, 35. Jg., H. 6, S. 51; http://igl-ev.de/9.html

REINSCH, M. (2015): Angewandte Sportpolitik: Laufen gegen den Hass. In: http://www.faz.net/aktuell/sport/sportpolitik/angewandte-sportpolitik-laufen-gegen-den-hass-13582703.html (14.05.2015)

RENNER, R. (2003): Herz und Kreislauf durch Bewegung fördern. Qualitätssiegel ‚Sport pro Gesundheit'. In: DEUTSCHE ZEITSCHRIFT FÜR SPORTMEDIZIN, 54. Jg., Nr. 5, S. 155-156; http://www.zeitschrift-sportmedizin.de/fileadmin/content/archiv2003/heft05/qualisiegel_sportproGesundh_05_03.pdf

RESCHKE, M. & SCHACK, H.-H. (1998): Laufen. Vom Jogging zum Marathon. Das Handbuch. Berlin

REULE, B. (2000): Literaturanalyse der neueren Erkenntnisse der Auswirkungen des Joggens auf Angst und Depressionen. Diplomarbeit, FH Würzburg-Schweinfurt

REULE, B. & BARTMANN, U. (2002): Joggen zur Behandlung von Depressionen. In: FORUM KRANKENHAUSSOZIALARBEIT , 2. Jg., S. 54-58

REULE, B. & BARTMANN, U. (2009): Joggen zur Behandlung von Depressionen. In: BARTMANN, U. (Hrsg.): Fortschritte in Lauftherapie, Bd. 2. Tübingen, S. 11-22

REUSCHENBACH, G. (1996): Lauftherapie in der Psychiatrie. Profitieren jugendliche Patienten vom Laufen? In: DLZ-RUNDSCHAU, Ausg. 16, S. 16-17

REUß, P. (1990): Gemeinsam zu Gesundheit und Wohlbefinden – die Karlsruher Strategie gegen Herz-Kreislaufkrankheiten. In: WEBER, A. (Hrsg.): Bewegung braucht der Mensch. Langsamer Dauerlauf als Vehikel für gesünderes Leben? Erkrath, S. 75-84

REUSS-BORST, M. A. & WENTROCK, S. (2013): Innovative individualisierte Rehabilitationskonzepte in der Onkologie. In: DEUTSCHE MEDIZINISCHE WOCHENSCHRIFT, 138. Jg., H. 17, S. 895-901: S. 898; http://www.rehazentren-bw.de/fileadmin/Dateien/ZEN/pdf/RBW_IndiviRehaOnkologie_DMW_Sonderdruck_2013_17.pdf

REUTER, H.-E. (Hrsg.) (1996): Der große Gesundheits-Check. Vorbeugen ist besser als heilen. Berlin, S. 201-204, 234-237

REUTER, I. & ENGELHARDT, M. (2007): Sport und M. Parkinson. In: DEUTSCHE ZEITSCHRIFT FÜR SPORTMEDIZIN, 58. Jg., Nr. 5, S. 122-131; http://www.zeitschrift-sportmedizin.de/fileadmin/content/archiv2007/heft05/122-131.pdf

REYMANN, D. & BIRKEL, J. (2013): Der Lauf - Guide für Frauen: Das maßgeschneiderte Trainingskonzept. München

RHEIN, K.-P. (1997): Die Vorteile des Joggens aus medizinisch-naturheilkundlicher Sicht. In: PARACELSUS REPORT, H. 5; http://www.paracelsus-magazin.de/alle-ausgaben/26-paracelsus-51997/69-die-vorteile-des-joggens-aus-medizinisch-naturheilkundlicher-sicht.html (2009-2014)

RICHTER, B. & RICHTER, R. (2014/15): Laufen für Kinder. Das Paderborner Modell im Einsatz bei einem Kinderlaufkurs. In: DLZ-RUNDSCHAU, 26. Jg., H. 51/52, S. 36-37

RICHTER, C. (1993): Wenn nichts mehr läuft, dann lauf! – Gedanken einer Lauf-Anfängerin – In: DLZ-RUNDSCHAU, Ausg. 9, S. 25

RICHTER, H. (1986): Herzkrank? – Lauf dich gesund. In: MARATHON, 3. Jg., H. 4, S. 18-19

RICHTER, K. (1995): Meditation und Laufen. Dargestellt an Fallbeispielen aus einer Lauftherapiegruppe. (Hrsg.: Deutsches Lauftherapiezentrum; Praxis-Reihe „Lauftherapie", Bd. 2) Oberhaching

RICHTER, K. (1995): Das Behandlungsprogramm in der Lauftherapie. Vortrag auf dem 14. Sportärzte-Weiterbildungslehrgang des Sportärztebundes Rheinland-Pfalz e. V. am 5. November 1994 in Lahnstein. In: DLZ-RUNDSCHAU, Ausg. 14, S. 25-30

RICHTER, K. (1999): Gesundheit durch Laufen und Meditation. In: WEBER, A. (Hrsg.): Hilf dir selbst: Laufe! Das Paderborner Modell der Lauftherapie und andere Konzepte für langfristig gesundes und erfolgreiches Laufen. Paderborn, S. 224-242

RICHTER, K. (2000): Aspekte der praktischen Lauftherapie. Vortrag zur Eröffnung von Kurs IX – Aus- und Weiterbildung zum Lauftherapeuten, Freitag, 16. April 1999, Bad Lippspringe. In: DLZ-RUNDSCHAU, Ausg. 23, S. 30-34

RICHTER, K. (2002): Lauftherapie – Laufpädagogik: ein ganzheitliches Konzept. In: DLZ-RUNDSCHAU, 14. Jg., H. 28, S. 46-49

RICHTER, K. (2004): Carl-Jürgen Diem. (Wegbereiter der Lauftherapie – 8). In: DLZ-RUNDSCHAU, 16. Jg., H. 31, S. 34-41

RICHTER, K. (2004): Neues Ausbildungskonzept für DLZ-Laufgruppenleiterin / DLZ-Laufgruppenleiter. In: DLZ-RUNDSCHAU, 16. Jg., H. 32, S. 23-24

RICHTER, K. (2005): Carl-Jürgen-Diem: Der Lauftreff und das Darmstädter Modell. In: WEBER, A. & SCHÜLER, W. W. (Hrsg.): Warum Cooper Aerobics erfand. Regensburg. S. 133-152

RICHTER, K. (2006): Laufen mit Alexander Weber. In: BONNEMANN, A., GRELL, J. & RICHTER, K. (Hrsg.): Laufen und Lauftherapie. Ein Lesebuch. Regensburg, S. 27-32

RICHTER, K. (2006): Lauftherapie – und was dann? DLZ-Laufgruppenleiterin/DLZ-Laufgruppenleiter – ein neues Ausbildungskonzept. In: BONNEMANN, A., GRELL, J. & RICHTER, K. (Hrsg.): Laufen und Lauftherapie. Ein Lesebuch. Regensburg, S. 83-87

RICHTER, K. (2008): Wenn Laufen zur Lebensschule wird. 20 Jahre DLZ (Deutsches Lauftherapiezentrum). In: SPIRIDON, 34. Jg., H. 4, S. 22-23

RICHTER, K. (2009): 10 Jahre „Lauftreff 99 – Flotter Klaus". In: KATH. PFARRGEMEINDE ST. JOSEF LENDRINGSEN (Hrsg.): Gemeindebrief, Ausgabe 2009, S. 12-13

RICHTER, K. (2011/12): 20 Jahre Aus- und Weiterbildung im Deutschen Lauftherapiezentrum (DLZ): Erinnerungen und Erlebnisse eines Zeitzeugen. In: DLZ-RUNDSCHAU, 23. Jg., H. 45/46, S. 5-8

RICHTER, K. (2012): Laufen über alles! In: SCHÜLER, W. W. (Hrsg.): Laufende Begegnungen. Berlin, S. 84-98

RICHTER, K. (2013): Praktische Lauftherapie. In: WEBER, A., RICHTER, K. & SCHÜLER, W. W.: Lauftherapie nach dem Paderborner Modell – ein Königsweg zur Selbsthilfe. (Hrsg.: Deutsches Lauftherapiezentrum) Bad Lippspringe, S. 38-53

RICHTER, K. (2013): Systemische Lauftherapie. In: WEBER, A., RICHTER, K. & SCHÜLER, W. W.: Lauftherapie nach dem Paderborner Modell – ein Königsweg zur Selbsthilfe. (Hrsg.: Deutsches Lauftherapiezentrum) Bad Lippspringe, S. 78-88

RICHTER, K. (2013/14): Das Prinzip der Einfachheit: Lauftherapie in einer komplexen Welt. (Vortrag anlässlich des 25jährigen DLZ-Jubiläums) In: DLZ-RUNDSCHAU, 25. Jg., H. 49/50, S. 26-29

RICHTER, K. & SCHÜLER, W. W. (2014): Jubiläum eines Klassikers: 25 Jahre Ausbildung in Lauftherapie (DLZ). In: http://www.laufreport.de/training/dlz25/dlz25.htm (07.12.2014)

RICHTER, K. & SCHÜLER, W. W. (2014/15): Jubiläum eines Klassikers: 25 Jahre Ausbildung in Lauftherapie (DLZ). In: DLZ-RUNDSCHAU, 26. Jg., H. 51/52, S. 22-25

RICHTER, R. (2012/13): Predictive Run. Höher, weiter, schneller? Nein, exakter! In: DLZ-RUNDSCHAU, 24. Jg., H. 47/48, S. 35-37

RICHTER, R. (2013): Lauftherapeutische Fallstudie mit einer Beispiellösung. In: WEBER, A., RICHTER, K. & SCHÜLER, W.W. (2013): Lauftherapie nach dem Paderborner Modell – ein Königsweg zur Selbsthilfe. (Hrsg.: Deutsches Lauftherapiezentrum) Bad Lippspringe, S. 54-65

RIEDEL, C. (2010): Stressbewältigung durch Sport – Warum Laufen den Kopf freimacht. In: http://www.netzathleten.de/Sportmagazin/Gesundheitsratgeber/Stressbewaeltigung-durch-Sport-Warum-Laufen-den-Kopf-freimacht/7846078478766342599/head (31.08.2010)

RIEDEL, C. (2011): Weihnachtsdepression ade – Laufen hebt die Laune. In: http://www.netzathleten.de/gesundheit/ratgeber-gesundheit/item/2629-weihnachtsdepression-ade-laufen-hebt-die-laune (27.12.2011)

RIEDEL, C. (o. J.): Die größten Irrtümer beim Laufen: Viel hilft viel. In: http://www.experto.de/b2c/gesundheit/sport-und-gesundheit/laufen-walking/die-groessten-irrtuemer-beim-laufen-viel-hilft-viel.html

RIEDEL, C. (o. J.): Laufen hilft gegen Cellulite. In: http://www.experto.de/b2c/gesundheit/sport-und-gesundheit/laufen-walking/laufen-hilft-gegen-cellulite.html

RIEDEL, C. (o. J.): Laufen Sie sich gesund [Laufen und Immunsystem]. In: http://www.experto.de/b2c/gesundheit/sport-und-gesundheit/laufen-walking/laufen-sie-sich-gesund.html

RIEDEL, C. (o. J.): Schadet Laufen den Gelenken? In: http://www.experto.de/b2c/gesundheit/sport-und-gesundheit/laufen-walking/schadet-laufen-den-gelenken.html

RIEDMÜLLER, J.-U. (2010): Wolfgang W. Schüler. 25 Jahre Engagement in der Lauftherapie (1985 – 2010). In: www.lauftherapie-vdl.de/index.php?id=100

RIEL, D. (1987): Auswirkungen eines systematischen Lauftrainings auf das Selbst- und Körperkonzept. Diplomarbeit, Deutsche Sporthochschule Köln

RIELÄNDER, M. (1985): Gesund durch Geländelauf. Celle

RIENHARDT, J. (1997): Beweg dich! Gesund, schlank und gut drauf. Warum Sport die beste Therapie ist. In: STERN, H. 17, S. 34-46

RIES, J. (2002): Prävention durch Bewegung und Sport. In: CONDITION, H. 10, S. 27-29

RIESS, G. (o. J.): Warum sollte ich Sport treiben? In: http://www.herzundsport.de/index.php?id=12

RIMON, D. (1978): Ich lief dem Tode davon. Die Geschichte des David Rimon, Israel. In: BUNDESVERBAND DER HERZ- UND KREISLAUFBEHINDERTEN / ANTI INFARKT CLUB E. V. (Hrsg.): [?], Düsseldorf, Oktober, S. 11

RIMON, D. (1983): Vom Herzinfarkt zum Olympischen Volkslauf. Tel Aviv

RINGER, U. (2003): Laufen als Therapie: Schwitzen fürs Leben. In: LAUFZEIT, H. 7-8, S. 22-25; http://www.laufzeit.de/archiv/2003/lz2003-07Schwitzen.htm

RISKE, D. (o. J.): Über das Joggen und Laufen. In: http://www.derwegzurrohkost.de/Sport/Jogging01.html

RITTNER, V. (1985): Laufen gegen Innen- und Aussenwelt. In: USKO, H.-J. (Hrsg.): Marathon. Berlin, S. 103-107

ROBERT-KOCH-INSTITUT (Hrsg.) / MENSINK, G. (2003): Bundes-Gesundheitssurvey: Körperliche Aktivität. Aktive Freizeitgestaltung in Deutschland. Berlin, S. 6-9; https://www.gbe-bund.de/pdf/koerperliche_aktivitaet.pdf

ROBERTS, M. (2001): Fit in 90 Tagen. Das Trainingsprogramm der Stars. München, Starnberg

ROCHAU, K.-R. (1984): Laufen und Autogenes Training als integrale Bestandteile körperlich-seelischen Wohlbefindens. In: WEBER, A. (Hrsg.): Gesundheit und Wohlbefinden durch regelmäßiges Laufen. Paderborn, S. 75-83

RÖCKER, K. (1995): Laufen – idealer Schutz gegen Erkältungen. Sie müssen nur die richtige Dosis finden. In: RUNNER'S WORLD, H. 1-2, S. 16-18

RÖHLING, I. (o. J.): News [Forschungsergebnisse zum Laufen]. In: http://www.insa-roehling.de/laufen/news.htm

RODERMOND, K. (2011/12): Lauftherapie als arbeitsbegleitende Maßnahme in einer Werkstatt für Menschen mit Behinderung unter dem Aspekt der Inklusion. In: DLZ-RUNDSCHAU, 23. Jg., H. 45/46, S. 32-35

RODTMANN, V. (2014): Was ist eigentlich eine „Lauftherapie"? In: MEER MAGAZIN. Neues aus der Steinhuder Meer Region, http://www.meer-magazin.de/ratgeber/gesundheit-ernaehrung/ist-eigentlich-eine-lauftherapie-8005/ (25.11.2014)

RODTMANN, V. (2014): Ratgeber: Lauftherapie. In: DIE GESUNDHEITSZEITUNG – Hannover und Umland; http://www.die-gz.de/hannover/ratgeber/ratgeber_14_10_02.html

ROGGE, H. (1997): Laufen als Therapie: Ich lebe heute in einer anderen Welt [Abstinenz]. In: LAUFZEIT, H. 4, S. 11; http://www.laufzeit.de/archiv/1997/lz1997-04abstinenz.htm

ROHDE, G. (1987): Laufen löst psychische Spannung bei Suchtkranken. In: CONDITION, 18. Jg., H. 8, S. 14

ROHDE, G. (1995): Läufer und Säufer. In: SPIRIDON, 21. Jg., H. 7, S. 26

ROHÉ, F. (1978): Zen des Laufens. Berlin

ROHE, U. (1991): Arbeitsamt fördert Lauftherapeuten. Seminar in Bad Lippspringe. In: SPIRIDON, 17. Jg., H. 3, S. 28

ROQUES, V. v. (1978): Laufen: „Besser als Sex, Drogen und Alkohol". In: DER SPIEGEL, H. 48, S. 208-223

ROSCHER, J. (1987): ÜberLeben. Ein Läufer-Roman. Berlin

ROSCHINSKY, J. (2003): Fatburning. Workout, Ausdauer, Ernährung. Aachen, S. 92-99

ROSE, M. (2014): Da geht noch was. Mit diesen neun Tipps intensivieren Sie Ihr Ausdauertraining und kurbeln Stoffwechsel, Fettverbrennung und Kalorienverbrauch an. In: LAVIVA, Juni, S. 61

ROSE, M. (o. J.): Joggen bei Kälte: So macht Laufen auch im Herbst gute Laune. In: http://www.brigitte.de/figur/fitness-fatburn/laufen-im-herbst-1179623/

ROSE, M. (o. J.): Laufen: Tipps gegen Langeweile. In: http://www.brigitte.de/figur/fitness-fatburn/laufen-langeweile-569152/

ROSENBERGER, F., MEYER, T. & KINDERMANN, W. (2005): Beeinflusst die Geschwindigkeitswahl beim Dauerlauf einer gegebenen Strecke den Kalorienverbrauch? Kurzvortrag. In: DEUTSCHE ZEITSCHRIFT FÜR SPORTMEDIZIN, 56. Jg., Nr. 7-8, S. 265; http://www.zeitschrift-sportmedizin.de/fileadmin/content/archiv2005/heft0708/Abstractheft_korr_Endversion.pdf

ROSENBERGER, F., MEYER, T., WALITZEK, S. & KINDERMANN, W. (2007): Effekt eines einjährigen aeroben Ausdauertrainings auf den Ruheumsatz. In: DEUTSCHE ZEITSCHRIFT FÜR SPORTMEDIZIN, 58. Jg., Nr. 7-8, S. 235; http://www.zeitschrift-sportmedizin.de/fileadmin/content/archiv2007/heft07_08/Do_nachmittag.pdf

ROSSETTO, M. (2003): Einfach Laufen. Setz Dich in Bewegung. Ein sportmedizinischer Ratgeber. (Verl. A & O des Wissens)

ROSSETTO, M. (2006): Startschuss: Wie viel Bewegung ist gesund? In: FIT FOR LIFE, H. 1-2; http://www.fitforlife.ch/gesundheit/

ROSSETTO, M. (2009): Sport und Blutdruck. In: FIT FOR LIFE, H. 1-2, S. 66-67; http://sportklinik-basel.ch/files/fitforlife/Sport%20&%20Blutdruck.pdf

ROST, R. (1984): Sport nach Infarkt: Laufen ohne zu schnaufen. In: ÄRZTLICHE PRAXIS, 36. Jg., H. 39, S. 1105

ROST, R. (1984): Herz und Sport. Eine Standortbestimmung der modernen Sportkardiologie. Erlangen

ROST, R. (1991): Sport- und Bewegungstherapie bei inneren Krankheiten. Lehrbuch für Sportlehrer, Übungsleiter, Krankengymnasten und Sportärzte. Köln

ROST, R. (1994): Sport und Gesundheit. Berlin, Heidelberg, New York

ROST, R. (1998): Sportmedizin – Spagatwissenschaft zwischen Leistung und Gesundheit. In: SPECTRUM DER SPORTWISSENSCHAFTEN, 10. Jg., H. 1, S. 50-73

ROST, R. (1998): Herz-Kreislauf-Probleme. In: BÖS, K. & BREHM, W. (Hrsg.): Gesundheitssport. Ein Handbuch. (Beiträge zur Lehre und Forschung im Sport, Bd. 120) Schorndorf, S. 243-255

ROST, R. (Hrsg.) (2001): Lehrbuch der Sportmedizin. Köln

ROST, R., HOLLMANN, W. & LIESEN, U. H. (1976): Körperliches Training mit Hochdruckpatienten. Ziele und Probleme. In: HERZ – KREISLAUF, 8. Jg., Nr. 12, S. 680-692

ROTH, H. O. (1977): Ausdauersport als Freizeitsport. Modellseminar 1976 in Malente. (Hrsg.: Deutscher Sportbund) Frankfurt a. M.

ROTH, S. (2001): Kompensatorisches Laufen als sozialpädagogische Hilfestellung in der Suchtkrankenhilfe. München (GRIN)

ROTH, S. (2001): Kompensatorisches Laufen als sozialpädagogische Hilfestellung in der Suchtkrankenhilfe. Vom Werde-Gang zum Lebens-Lauf. (Theorie und Forschung, 691 / Sozialpädagogik, 9) Regensburg

ROTH, T. (o. J.): Asthma und Sport. In: http://www.laufpirat.de/thema/asthma-und-sport.html

ROTH, T. (o. J.): Sport und das Immunsystem: Weniger ist mehr. In: http://www.laufpirat.de/thema/sport-und-das-immunsystem.html

ROTHFISCHER, K. (2013): Joggen. In: http://www.mydoc.de/fitness/training/joggen-208 (23.04.2013)

ROTHFISCHER, K. & FROBÖSE, I. (2011): Laufen statt Diät – „Aufhören, wenn es am schönsten ist". In: http://www.netdoktor.de/magazin/laufen-statt-diaet-aufhoeren-wenn-es-am-schoensten-ist/ (30.03.2011)

ROWLANDS, M. (2014): Der Läufer und der Wolf. Berlin

RUBOW, B. (2014): Dieser Sport hilft bei Kopfschmerzen. In: http://www.msn.com/de-de/gesundheit/medizinisch/dieser-sport-hilft-bei-kopfschmerzen/ar-BBbs5Fm

RUDOLPH, M. (2012): Die Magie des Laufens. In: http://www.zeitzuleben.de/18314-die-magie-des-laufens/

Rückenschmerzen: Das Kreuz mit dem Kreuz - Bewegung hilft gegen die Beschwerden (BKK- & DAK-Gesundheitsreport 2011) (2012). In: http://www.germanroadraces.de/24-0-27691-rueckenschmerzen-das-kreuz-mit-dem-kreuz-.html (10.02.2012)

RÜCKER, P. (1998): Ich bin viel ruhiger geworden. In: CONDITION, 29. Jg., H. 5, S. 48

RÜEGG, J. C. (2009): Dem Trübsinn davonlaufen. Hirnforscher beginnen zu verstehen, wieso Bewegung ein gutes Antidepressivum ist. In: PSYCHOLOGIE HEUTE, H. 4, S. 56-57

RÜMMELE, E. (1988): Grenzerfahrungen im Sport. In: SCHULKE, H.-J. (Hrsg.): Alltagslauf als Aufbruch. (Schriftenreihe des Allgemeinen Deutschen Hochschulsportverbandes, Bd. 11) Wuppertal, S. 78-100

RÜMMELE, E. (1989): Dauerlauf in der Depressionstherapie. In: SCHULKE, H.-J. & SPERLE, N. (Hrsg.): Anfängerprogramme im Ausdauersport. Berichtsband zum 7. ADH-Symposium „Anfänger und Abbrecher im Ausdauersport". Universität Bremen 1987. (Schriftenreihe „Gesundheit, Sport, Ernährung", Bd. 2) Bremen, S. 80-86

RÜMMELE, E. (1993): Die Behandlung von Depressionen anhand differenzierter bewegungstherapeutischer Verfahren. In: CHRISTMANN, F., DIETRICH, M. & LARBIG, W. (Hrsg.): Ambulante Verhaltensmedizin und Psychotherapie. Der Blick über den Zaun. München, S. 159-166

RÜTHER, T. (2015): Gesundheit und Risikofaktoren im Laufsport. In: DEUTSCHER LEICHTATHLETIK-VERBAND (Hrsg.): Kongressdokumentation „Erlebnisraum Leichtathletik – ein Leben lang", 13.-15. März 2015, Ruit. Darmstadt ,S. 33-37

RUF, B. (2013): Herzinfarkt vorbeugen: Das hilft. In: http://www.diabetes-ratgeber.net/Herzinfarkt/Herzinfarkt-vorbeugen-Das-hilft-279081.html (04.10.2013)

Rundumberatung und –betreuung für Hypertoniker (2015). In: LAUFZEIT & CONDITION, 46. Jg., H. 7+8, S. 12-14

RUNNER'S WORLD (2013): Der große Abnehm-Guide – So laufen Sie sich schlank. In: http://www.runnersworld.de/ernaehrung/der-grosse-abnehm-guide-so-laufen-sie-sich-schlank.66401.htm (04.01.2013)

RUNNER'S WORLD & WEBER, A. (2008): Nach dem Zugspitz Extremberglauf: Der Mensch hat immer das Risiko gemocht [Interview]. In: http://www.runnersworld.de/laufevents/der-mensch-hat-immer-das-risiko-gemocht.96507.htm (16.07.2008)

RUNNER'S WORLD & WEBER, A. (2008): Im aktuellen Interview: Der Mensch hat das Risiko stets gesucht. In: DLZ-RUNDSCHAU, 20. Jg., H. 39/40, S.22-24

RUNNER'S WORLD & MARLOVITS, A. (2009): Laufen beeinflusst unser Gehirn [Interview]. In: http://www.runnersworld.de/gesundheit/laufen-beeinflusst-unser-gehirn.102159.htm

RUNNER'S WORLD & WEBER, A. (2012/13): Interview mit Prof. Alexander Weber. In: DLZ-RUNDSCHAU, 24. Jg., H. 47/48, S. 40-41

RUNNER'S WORLD & WEBER, A. (2014): Was ist Lauftherapie? Therapie in Laufschuhen. (Ein Interview mit Prof. Weber) In: http://www.runnersworld.de/gesundheit/therapie-in-laufschuhen.342544.htm (23.12.2014)

RUNTASTIC TEAM (2015): Fit und stark: So beeinflusst & stärkt Laufen deinen Körper. In: http://blog.runtastic.com/de/sport-fitness/so-beeinflusst-laufen-deinen-koerper/ (14.03.2015)

RUPPERT, J. (1996): Lauftherapie als Möglichkeit der Bewältigung von spezifischen Belastungen, denen MitarbeiterInnen einer sozialen Einrichtung ausgesetzt sind. In: DLZ-RUNDSCHAU, Ausg. 16, S. 12-13

SAARLÄNDISCHER RUNDFUNK & STEFFNY, M. (1981): Sehen Sie das nicht zu idealistisch? (Interview) In: SPIRIDON, H. 4, S. 18-20, 33-35

SANDIG, D. (2011): Marathontraining mit HIV-Infektion – Erfahrungsbericht und erste Ergebnisse einer sportwissenschaftlichen Begleitstudie. In: BARTMANN, U. (Hrsg.): Fortschritte in Lauftherapie, Bd. 3. Tübringen, S. 103-110

SANDIG, D. (2012): Lauftherapie bei HIV-Infektionen: Kann Sport die Therapie ergänzen? In: http://www.trainingsworld.com/training/sportmedizin-lauftherapie-hiv-infektionen-kann-sport-therapie-ergaenzen-2541498.html (28.10.2012)

SANDIG, D. (2015): Laufen aus sportmedizinischer Sicht. In: http://www.trainingsworld.com/sportarten/laufen-sti129744/ausdauertraining-laufen-aus-sportmedizinischer-sicht-4906729.html (15.04.2015)

SANDIG, D. (2015): Laufen aus sportmedizinischer Sicht. In: http://www.merkur-online.de/outdoor/laufen/ausdauertraining-laufen-aus-sportmedizinischer-sicht-4910773.html (15.04.2015)

SANDIG, D. (2015): Laufen, Walken und Nordic Walking im Vergleich. In: http://www.trainingsworld.com/sportarten/laufen-sti129744/ausdauertraining-laufen-walken-und-nordic-walking-im-vergleich-4906754.html (16.04.2015)

SANDIG, D. & JOCHUM, H. (2010): Praxishandbuch Laufen: Trainingsmanagement leicht gemacht. Bonn

Sanftes Laufen - Lauftherapie: neue Wege? (2008). In: http://www.freenet.de/lifestyle/sanftes-laufen--lauftherapie-neue-wege_765432_4749016.html?pictureshowoffset=2 (23.04.2008)

ST. HEDWIG-KRANKENHAUS, BERLIN (o. J.): Laufen für die Seele. (Unsere Angebote) In: http://www.alexianer-berlin-hedwigkliniken.de/st_hedwig_krankenhaus/unsere_angebote/krankenhaus/hilfen_bei_psychischen_erkrankungen/ambulante_angebote/laufen_fuer_die_seele/

SANTEL, A. (2006): Lauftherapeuten und Dienstvorgesetzte – ist das möglich? Beschreibung eines Projektes an einer Kinderintensivstation. In: DLZ-RUNDSCHAU 18. Jg., H. 35, S. 37-42

SAUER, G. & GENNEPER, A. / VERBAND DER LAUFTHERAPEUTEN (2011): Die Qualitäten lauftherapeutischer Programme – Ziele, Inhalte und Methoden. Zusammenfassung. In: VDL (Hrsg.): INFO-BRIEF für Mitglieder, Nr. 3, September, Anlage

SCHAAR, B. (1992): Spezielle Aspekte des Laufens bei Patienten mit Asthma bronchiale. In: BINKOWSKI, H. & HUBER, G. (Hrsg.): Stehen – Gehen – Laufen. Sporttherapeutische

Aspekte. (Kleine Schriftenreihe des Deutschen Verbandes für Gesundheitssport und Sporttherapie, Bd. 3) Waldenburg

SCHACK, T. (1999): Der Flash ohne Heroin? Wenn Laufen zur Sucht wird. Vortrag gehalten auf dem 14. Sportwissenschaftlichen Hochschultag, Heidelberg

SCHADE, H. (2004): Mit Joggen gegen Arterienverstopfung. Gezielte Sporttherapie hilft bei Gefäß- und Herzerkrankungen. In: http://www.deutschlandfunk.de/mit-joggen-gegen-arterienverstopfung.709.de.html?dram:article_id=87326 (02.11.2004)

SCHÄFER, M. (2000): Potenzprobleme im Sport – Eine vergleichende Studie zwischen Radfahrern und Läufern. Diplomarbeit, Institut für Natursport und Ökologie, Deutsche Sporthochschule Köln

SCHÄFER, M. (2001): Laufen hebt die Stimmung. Alexander Webers Paderborner Lauftherapie steht seit 12 Jahren im Dienst der Gesundheit. In: DLZ-RUNDSCHAU, Ausg. 25, S. 57-58

SCHÄFER, U (2012): Lauf- und Ausdauersport – ein Sport für jedermann. In: http://www.dr-ullrich-schaefer.de/2012/03/12/lauf-und-ausdauersport-ein-sport-fur-jedermann/ (12.03.2012)

SCHÄFER, U. (2012): 10 gute Gründe zu Laufen oder zu Walken. In: http://www.dr-ullrich-schaefer.de/2012/03/12/10-gute-grunde-zu-laufen-oder-zu-walken/ (12.03.2012)

SCHÄFERS, G. (2003): Magisch laufen: Gesünder und schneller mit der Kraft der Natur. Regensburg

SCHARHAG-ROSENBERGER, F. (2008): Ausmaß, Variabilität und Zeitverlauf von Anpassungserscheinungen an ein 50-wöchiges gesundheitssportliches Ausdauertraining. Dissertation, Philosophische Fakultät der Universität des Saarlandes, Saarbrücken; http://scidok.sulb.uni-saarland.de/volltexte/2009/1848/pdf/Dissertation_ScharhagRosenberger.pdf

SCHARHAG-ROSENBERGER, F., MEYER, T., WALITZEK, S. & KINDERMANN, W. (2009): ,Nonresponder' bei gesundheitssportlichem Ausdauertraining. Abstract. In: DEUTSCHE ZEITSCHRIFT FÜR SPORTMEDIZIN, 60. Jg., Nr. 7-8, S. 170; http://www.zeitschrift-sportmedizin.de/fileadmin/content/archiv2009/heft07_08/abstracts_komplett.pdf

SCHAUER, G. (2004): Mit hoher emotionaler Intelligenz laufen. Wie sich das Laufverhalten auf die Gefühlswelt auswirkt. In: LAUFSPORT-MARATHON, Ausg. Juli/August

SCHAY, J. & WEBER, A. (2003): Interview mit Prof. Dr. Alexander Weber, Leiter der Aus- und Weiterbildung zum Lauftherapeuten im DLZ. In: DLZ-RUNDSCHAU, 15. Jg., H. 30, S. 30-31

SCHAY, P. (2003): Laufen streichelt die Seele. In: RUNNER'S WORLD, H. 12, S. 68-72

SCHAY, P. (2010): Sport als Möglichkeit der Stressbewältigung. Ein Leistungsangebot in der medizinischen und sozialen Rehabilitation. In: SCHAY, P. (Hrsg.): Innovative Hilfe- und Leistungsangebote in der Drogenhilfe. Wiesbaden, S. 161-188

SCHAY, P. (2013): Lauftherapie - ein übungs- und erlebniszentrierter Behandlungsansatz im Kontext Sucht. In: SCHAY, P., LOJEWSKI, I. & SIEGELE, F. (Hrsg.): Integrative Therapie in der Drogenhilfe. Theorie, Methoden, Praxis in der sozialen und medizinischen Rehabilitation. Stuttgart, Kap. 11

SCHAY, P., JAKOB-KRIEGER, C., PETZOLD, H. & WAGNER, M. (2001): Lauftherapie als übungs- und erlebniszentrierte Behandlungsmethode der Integrativen Therapie in der medizinischen Rehabilitation Drogenabhängiger – eine supervisorische Herangehensweise. Düsseldorf

SCHAY, P., PETZOLD, H. G., JAKOB-KRIEGER, C. & WAGNER, M. (2004): Lauftherapie streichelt die Seele – Lauftherapie mit Drogenabhängigen. In: INTEGRATIVE THERAPIE, 30. Jg., H. 1-2, S. 150-175

SCHAY, P., PETZOLD, H. G., JAKOB-KRIEGER, C. & WAGNER, M. (2006): Lauftherapie als übungs- und erlebniszentrierte Behandlungsmethode der Integrativen Therapie in der medizinischen Rehabilitation Drogenabhängiger – Theorie, Praxis. Forschung. In: PETZOLD, H. et al. (Hrsg.): Integrative Suchtarbeit. Innovative Modelle, Praxisstrategien und Evaluation. Wiesbaden, S. 159-204

SCHEIBE, J. (Hrsg.) (1994): Sport als Therapie. Konzepte für die stationäre und ambulante Heilbehandlung. Berlin

SCHEIBE, J. et al. (1994): Spezielle Methoden der Sporttherapie. In: SCHEIBE, J. (Hrsg.): Sport als Therapie. Konzepte für die stationäre und ambulante Heilbehandlung. Berlin, S. 45-79, hier: S. 45-48 (Gehen und Laufen)

SCHEIBE, J. & WICK, C. (1994): Erkrankungen des Stütz- und Bewegungssystems. In: SCHEIBE, J. (Hrsg.): Sport als Therapie. Konzepte für die stationäre und ambulante Heilbehandlung. Berlin, S. 162-183, hier: S. 176 (Sporttherapie nach Hüftgelenkarthroplastik)

SCHEICH, G. (o. J.): Laufen gut für die Seele [Vortrag, Sparkassenforum Oelde, 07.02.2011]. In: http://www.psychotherapie-scheich.de/Lauftraining.html

SCHELOSKE, M. (2008): Länger fit und gesund durch Lauftraining. Studie belegt die positiven Effekte regelmäßiger Bewegung. (Werkstattnotiz 109). In: http://www.wissenswerkstatt.net/2008/08/13/laenger-fit-und-gesund-durch-lauftraining-studie-belegt-die-positiven-effekte-regelmaessiger-bewegung-werkstattnotiz-109/ (13.08.2008)

SCHERER, E. (o. J.): Die Fitmacher. Lauftraining nach der Frühschicht, Veggie-Menue in der Mittagspause und Ergonomieschulung nach Feierabend: So macht sich das Werk Lautern fit für den Frühling. In: https://opelpost.com/04/2015/die-fitmacher-2/

SCHEUMANN, H. (2003): Wandern, Walken, Joggen. (Reihe: Ein Leben lang) Aachen

SCHICK, A. (1997): Ausdauertraining easy. München

SCHIEBEL, J. (1997): Ausdauersport und psychische Gesundheit. Bericht zu einem Studienprojekt im Rahmen des Magisterstudienganges an der FU Berlin. In: DVS-INFORMATIONEN, H. 1, S. 34-36; http://www.sportwissenschaft.de/fileadmin/pdf/dvs-Info/1997/1997_1_schiebel.pdf

SCHIELKE, S. (2003): Schön & schnell. Das Laufbuch für Frauen. München

SCHILDBERGER, B. (o. J.): Hebammenberatung im Rahmen der Mutter-Kind-Pass Vorsorge. Österreichisches Hebammengremium. S. 57-60: Bewegung. In: http://salzburg.hebammen.at/files/2014/02/StartUP-Hebammenberatung-Vortrag.pdf

SCHILLER, G. (2003): Joggen für die Seele. In: DNP – DER NEUROLOGE & PSYCHIATER, 10. Jg., S. 26-30

SCHILLINGER, B. (2001): Lauftherapie für Kinder. In: SPIRIDON, 27. Jg., H. 4, S. 36-37

SCHITTENHELM, K. (1991): Laufen als Erlebnis. In: KUHLMANN, D. & SCHULKE, H.-J. (Red.): Perspektiven der Laufbewegung. Referate der Tagung an der Willi Weyer Akademie, Führungs- und Verwaltungs-Akademie Berlin des DSB 1989-1991. (Akademieschrift 31) Frankfurt a. M., S. 39-44

SCHLÄBITZ, M. (1991): Aerobic-Pabst auch für Kinder-Fitneß. In: CONDITION, 22. Jg., H. 11, S. 7

SCHLÄBITZ, M. (1991): Laufen lernen. (Sporttherapie in der Klinik am Hellweg) In: CONDITION, 22. Jg., H. 12, S. 39

SCHLÄBITZ, M. (1992): Multikulturelle Laufschule. Bei Harry Arndt steht Integration im Vordergrund. In: SPORT SPECIAL / CONDITION, 23. Jg., H. 9, S. 28-29

SCHLÄBITZ, M. & HOLLMANN, W. (1991): Interview: Prof. Dr. Hollmann: Ausdauer und Krebs. In: SPORT SPECIAL / CONDITION, 22. Jg., H. 4, S. 66-68

SCHLATTMANN, A. (1982): Selbstkonzept und körperliche Fitness. Eine empirische Analyse unter besonderer Berücksichtigung der Bewegungskoordination. Diplomarbeit, Deutsche Sporthochschule Köln

SCHLECH, N. (o. J.): Laufen zum Abnehmen, bessere Gesundheit und Wohlbefinden. In: http://www.abnehmenaberwie.de/laufen-zum-abnehmen-bessere-gesundheit-und-wohlbefinden/

SCHLESKE, W. (1987): „Meditatives" Laufen im Sportunterricht. In: SPORTUNTERRICHT, 36. Jg., H. 4, S. 140-146

SCHLESKE, W. (1987): Meditative Erfahrungen durch entspanntes Langlaufen – ihre Entstehung und Bedeutung in einer sich wandelnden Gesellschaft. In: SPORTWISSENSCHAFT, 17. Jg., H. 2, S. 151-170

SCHLESKE, W. (1988): Meditatives Laufen. Abenteuer der Selbstentdeckung und Welterfahrung. Lebenschancen durch meditative Selbsterziehung. Stuttgart, Bonn

SCHLESKE, W. (1993): Bewegungsmeditation - selbsttherapeutische Streßbewältigung und Förderung eines ökologischen Bewusstseins. In: CHRISTMANN, F., DIETRICH, M. & LARBIG, W. (Hrsg.): Ambulante Verhaltensmedizin und Psychotherapie. Der Blick über den Zaun. München, S. 100-112

SCHLESKE, W. (1994): Entspannung und meditative Erfahrungen durch ausdauerndes Laufen. In: SPIRIDON, 20. Jg., H. 9, S. 24-25

SCHLEYER, R. (2001): Lauf dich frei! Das Paderborner Modell der sanften Lauftherapie. In: DOM (Paderborn), Nr. 29, 22. Juli, S. 22-23

SCHLICHT, W. (1995): Wohlbefinden und Gesundheit durch Sport. Schorndorf

SCHLOTTERER, W. (1995): Magersucht und Ausdauersport. In: SPIRIDON, H. 11, S. 12-14

SCHLOTTMANN, K. J. (2004): Lauftherapie-Workshop der SPI mit dem DLZ. In: DLZ-RUNDSCHAU, 16. Jg., H. 31, S. 9

Schlüsselrolle der Endorphine erstmals bewiesen: Joggen macht wirklich high! (2008) In: MMW – FORTSCHRITTE DER MEDIZIN, Nr. 14, S. 17

Schlüsselrolle der Endorphine erstmals nachgewiesen: So macht Joggen high (2008). In: INFO NEUROLOGIE & PSYCHIATRIE, Nr. 4, S. 57

SCHMID, P., POKAN, R. & PILZ, H. (2000): Bewegungstherapie bei arterieller Hypertonie. In: JOURNAL FÜR HYPERTONIE, Sonderheft 2, S. 19-25; http://www.kup.at/kup/pdf/258.pdf

SCHMID, W. (2014): Lauftherapie gegen Stress und Burnout – Tipps von zwei Lauftherapeuten. In: https://www.youtube.com/watch?v=OrUp9NpU4g4 (18.02.2014)

SCHMIDT, A. (2005): Fatburning mit der Pulsuhr. München

SCHMIDT, A. (2011): Anita Kinle, starke Frau mit starker Truppe [Laufclub 21 für Menschen mit Down-Syndrom]. In: SPIRIDON, H. 4, S. 30-31

SCHMIDT, D., STRÜDER, H. K., KRAUSE, B. J., HERZOG, H., HOLLMANN, W. & MÜLLER-GÄRTNER, H.-W. (2001): Einfluss von Ausdauertraining auf die zerebrale Repräsentation episodischer Gedächtnisvorgänge im Alter. In: DEUTSCHE ZEITSCHRIFT FÜR SPORTMEDIZIN, 52. Jg., Nr. 12, S. 369-376; http://www.zeitschrift-sportmedizin.de/fileadmin/content/archiv2001/heft12/a05_12_01.pdf

SCHMIDT, D. & STRUNZ, U. (2014): Interview mit Dr. Ulrich Strunz (Motivationsgespräche). In: http://www.dirkschmidt.com/interview-mit-dr-ulrich-strunz/ (08.07.2014)

SCHMIDT, F. (1986): Schützt sportliche Aktivität vor Krebs? In: DEUTSCHE ZEITSCHRIFT FÜR SPORTMEDIZIN, 37. Jg., H. 2, S. 40-42

SCHMIDT, F. (1986): Schützt sportliche Aktivität vor Krebs? In: PHYSIKALISCHE THERAPIE, 7. Jg., H. 5, S. 274-276

SCHMIDT, F. (1986): Schützt sportliche Aktivität vor Krebs? In: CONDITION, 17. Jg., H. 7-8, S. 29-31

SCHMIDT, G. (1996): Auch Alter schützt vorm Joggen nicht oder: Ein Jahr Lauftherapie aus der Sicht einer 60jährigen. In: DLZ-RUNDSCHAU, Ausg. 15, S. 13

SCHMIDT, M. R. u. a. (2005): Gesund und fit mit Pulsuhr. Ausdauersport mit Herzfrequenzsteuerung. Fulda

SCHMIDT, S. M. et al. (1997): Der Einfluß einer ambulanten Sporttherapie auf das Asthma bronchiale bei Kindern. In: PNEUMOLOGIE, 51, S. 835-841

SCHMIDT-TRUCKSÄSS, A., HUONKER, M., HALLE, M.; DICKHUTH, H. H. & SANDROCK, M. (2008): Einfluss der körperlichen Aktivität auf die Arterienwand. In: DEUTSCHE ZEITSCHRIFT FÜR SPORTMEDIZIN, 59, Jg., Nr. 9, S. 200-205; http://www.zeitschrift-sportmedizin.de/fileadmin/content/archiv2008/heft09/schmidt_trucksaess_908_.pdf

SCHMIEDEL, V. (o. J.): Betablocker. In: HABICHTSWALDKLINIK, http://www.1-medikamente.de/betablocker/

SCHMIEDEL, V. (o. J.): Bluthochdruck. In: HABICHTSWALDKLINIK, http://www.herz-kreislauf-erkrankungen.de/bluthochdruck/

SCHMIEDEL, V. (o. J.): Kopfschmerzen und Migräne – Teil 6: Kopfschmerzen und Psyche. In: HABICHTSWALDKLINIK, http://www.migraene-1.de/kopfschmerzen-psyche/

SCHMITT, R. (2004): Laufen an einem Sonderpädagogischen Förderzentrum. Beschreibung eines Laufprogramms für Schülerinnen und Schüler mit erhöhtem Förderbedarf im Bereich der emotionalen und sozialen Entwicklung. In: DLZ-RUNDSCHAU, 16. Jg., H. 31, S. 21-27

SCHMITT, R. (2004): Das Laufprogramm „Gelassen läuft's mit Joggi Jog" – Beschreibung eines Laufprogramms am Sonderpädagogischen Förderzentrum Sulzbach-Rosenberg. In: BEHINDERTENPÄDAGOGIK IN BAYERN, 47. Jg., H. 2, S. 91-93

SCHMITT, R. (2011): Laufen auf dem Stundenplan. In: STAATSINSTITUT FÜR SCHULQUALITÄT UND BILDUNGSFORSCHUNG MÜNCHEN (Hrsg.): Erziehung unterstützen – sonderpädagogische Angebote für Schulen auf dem Weg zur Inklusion. (Multimediale Fortbildungsbausteine) München. DVD.

SCHMUNK, V. (2010): Ersetzt das Laufen den Psychiater? In: http://www.jog-n-yoga.de/2010/11/09/ersetzt-das-laufen-den-psychiater/

SCHMUNK, V. (2010): Warum laufen gut für die Psyche ist. In: http://www.jog-n-yoga.de/2010/12/21/warum-laufen-gut-fur-die-psyche-ist/

SCHNABEL, S. (2010): Mit Bewegung gegen Schulstress – Sport speziell für Lehrer. In: FORUM SCHULE, H. 1; http://www.schulministerium.nrw.de/docs/bp/Lehrer/Beratung/Gesundheit/Kontext/Mit-Bewegung-gegen-Schulstress/index.html

SCHNEIDER, C. (o. J.): Lockeres Laufen: bereits geringe Bewegung hat enormen gesundheitlichen Nutzen! In: http://www.schneider-kardiologe.de/neues-und-wichtiges/

SCHNEIDER, S. (2013): Ist Laufen Beten? Spirituelle Dimensionen sportlicher Aktivität und (neuro-)physiologische Dimensionen christlicher Spiritualität. Dissertation, Bonn; http://hss.ulb.uni-bonn.de/2013/3193/3193.pdf

SCHNEITER, C. (1984): Durch Sport zu Gesundheitsbewußtsein. In: CONDITION, 15. Jg., H. 5, S. 27-29

SCHNEPPER, W. (1995): Herz, Sport, Fitneß und Gesundheit.

SCHNURR, E.-M. (2015): Gehirnjogging. Was, wenn beim Sport nicht nur die Muskeln wachsen, sondern auch das Gehirn? Könnte das gegen Demenz und Depressionen helfen? Forscher suchen nach Antworten. In:DER SPIEGEL - WISSEN, H. 2: Bewegung! Fit bleiben, Spaß haben, länger leben, S. 46-51

SCHÖN, M. (2012): Physiologische Anpassungen an den Laufsport. Gezieltes Training zur Auslösung von Anpassung Erscheinungen. Diplomarbeit. München

SCHÖN KLINIK (2014): Herz & Laufen. Laufen für ein herzgesundes Leben [Interview mit Dr. Jürgen Pache]. In: http://www.schoen-kliniken.de/ptp/medizin/organe/herz-blut/art/02125/ (26.09.2014)

SCHÖN KLINIK (o. J.): Panikstörung. Laufen als Therapie & Prävention. In: http://www.schoen-kliniken.de/ptp/medizin/psyche/angststoerung/paniktoerungen/therapie/art/03713/

SCHÖNEGGE, H. (2006): Bauch weg & mehr: Strandschlank in 6 Wochen. In: FIT FOR FUN, H. 6, S. 29-36

SCHÖNHAMMER, R. (1991): In Bewegung. Zur Psychologie der Fortbewegung. München

SCHÖNHAMMER, R. (1994): Laufbilder – Zur Kinästhesie des Joggens. In: STACH, R. (Hrsg.): Zur Psychologie des Laufens. Frankfurt a. M., S. 72-88

SCHOLZ, H. (1983): Der Bio-Plan für die Gesundheit. Ärztlicher Ratgeber für ein natürliches Leben. München

SCHOLZ, M. (2014): Nach alledem jetzt der Zehnte! Berlin-Marathon trotz Brustkrebs. In: SPIRIDON, 40. Jg., H. 9, S. 12-14

SCHOMAKER, R. (2009): "Wenn das Laufen auf die Knochen geht ..." Dr. med. Ralph Schomaker vom Zentrum für Sportmedizin beim „10. Münsteraner Dialog: Sportverletzt – was jetzt?" In: http://www.germanroadraces.de/24-0-12348-wenn-das-laufen-auf-die-knochen-geht.html (25.09.2009)

SCHOMAKER, R. (2013): Stellungnahme zu den jüngsten Herztodfällen im Laufsport - Dr. med. Ralph Schomaker, Rennarzt Volksbank Münster Marathon. In: http://www.germanroadraces.de/24-0-34121-stellungnahme-zu-den-juengsten-herztodfaellen-im-laufsport.html (16.04.2013)

SCHONERT-HIRZ, S. (2002): Alles wollen, alles können, alles schaffen: energy. Stress in Energie umwandeln, innere Kraftquellen entdecken, Ziele sicherer erreichen. München, S. 45-51

SCHRADER, K.-A. (1965): Einfluß kurzzeitiger Laufbelastung auf den Wachheitsgrad von 12- bis 14jährigen Schülern in nachfolgenden Unterrichtsstunden. Eine vergleichende Untersuchung über den Verlauf der optischen Flimmerverschmelzungsfrequenz nach kurzzeitiger Organbelastung. In: LEIBESÜBUNGEN, H. 8, S. 8-14.

SCHRAMM, M. (2006): Lauffeuer – Das Lauf-Buch für Körper, Seele und Geist. Wuppertal

SCHRAND, P. (2002): Alles gut gelaufen! In: ELTERN, H. 5, S. 113-116

SCHRÖDER, J. (2010): Grundlagen des Trainings: Ausdauer, Kraft, Bewegung und Koordination. In: BAUMANN, K.-M. & STILLER, N. (Hrsg.): Bewegungstherapie bei internistischen Erkrankungen. Berlin, Heidelberg, S. 23-37

SCHRÖDER, E. P. & HAHN, S. (2007): Informationen: Ausdauersport Laufen [Praxis Dr. med. E. Peter Schröder & Dr. med. Sabine Hahn]. In: http://www.medix-eps.de/informationen/index.php (15.04.2007)

SCHRÖDER, S. (2011/12): Lauftherapie und HEDE-Training. Eine Projektstudie mit Lehrern. In: DLZ-RUNDSCHAU, 23. Jg., H. 45/46, S. 36-39

SCHRÖDER, S. (2011): Laufen mit chronisch psychisch kranken Erwachsenen. In: BARTMANN, U. (Hrsg.): Fortschritte in Lauftherapie, Bd. 3. Tübingen, S. 67-76

SCHUBERT, T. (2010/11): Erfolgreicher durch Laufen. In: DLZ-RUNDSCHAU, 22. Jg., H. 43/44, S. 49-50

SCHUBERT, T. (2014/15): Zertifizierung der lauftherapeutischen Arbeit mit Langzeitarbeitslosen. In: DLZ-RUNDSCHAU, 26. Jg., H. 51/52, S. 15

SCHUBMANN, R. (o. J.): Bewegungstherapie in der Prävention von Herz-Kreislauf-Erkrankungen. In: http://www.dbkg.de/ajax/pa_upload1/pdf/3_Bewegungstherapie_in_der_Praevention.pdf

SCHÜLE, K. (2006): Bewegung und Krebs – Anfänge und Hintergründe aus 25 Jahren. In: SCHÜLE, K. & BAUMANN, F. T. (Hrsg.): 2. Kongress Bewegung, Sport und Krebs. 25 Jahre Bewegung und Sport in der Krebsnachsorge, 25 Jahre Landesgemeinschaft für Rehabilitation. Abstract-Band, Deutsche Sporthochschule Köln, 22.-24.09.2006, S. 7-8; http://www.lsb-nrw.de/fileadmin/daten/lsb/downloads/Breitensport/Sport_und_Gesundheit/Grundlagen/Absr actband-komplett.pdf

SCHÜLER, K. P. (1974): Wenn zwei das gleiche tun. Deine Gesundheit. In: THEORIE UND PRAXIS DER KÖRPERKULTUR, 23. Jg., H. 12, S. 362-363

SCHÜLER, W. W. (1985): Macht Sucht Beine? In: CONDITION, 16. Jg., H. 4, S. 58-60

SCHÜLER, W. W. (1985): Wenn Heim-Kinder laufen. In: CONDITION, 16. Jg., H. 6, S. 60-61

SCHÜLER, W. W. (1986): 100-km-Staffellauf – informiert laufen. CONDITION, 17. Jg., H. 2, S. 33-34

SCHÜLER, W. W. (1989): Langlauf in der Heimerziehung. Magister-Arbeit, Pädagogisches Institut, Universität Mainz

SCHÜLER, W. W. (1991): Sozialpädagogische Intervention durch Sport – dargestellt am Beispiel des Langstreckenlaufs. Eine empirische Untersuchung an Kindern und Jugendlichen im Heim. Berlin

SCHÜLER, W. W. (1994): Ansprache anläßlich des 4. Aus- und Weiterbildungskurses für angehende Lauftherapeutinnen und Lauftherapeuten am 15. April 1994 in Bad Lippspringe. In: DLZ-RUNDSCHAU, H. 12, S. 4

SCHÜLER, W. W. (1994): Lauftherapie bei verhaltensauffälligen Kindern und Jugendlichen. Begründungslinien – Bausteine – Konzeptentwurf. Hausarbeit, Deutsches Lauftherapiezentrum, Bad Lippspringe

SCHÜLER, W. W. (1995): Grundlegung der Lauftherapie mit verhaltensauffälligen Kindern und Jugendlichen – eine Zusammenfassung. In: DLZ-RUNDSCHAU, Ausg. 13, S. 23

SCHÜLER, W. W. (1995): Hilfe zur Erziehung in einer Tagesgruppe. Zur Konstruktion des Arbeitsfeldes Gruppe am Beispiel der THG Biebrich. (Kleine Schriften zur Sozialpädagogischen Praxis) Wiesbaden, S. 21-22

SCHÜLER, W. W. (1996): Lauftherapie bei verhaltensauffälligen Kindern und Jugendlichen. Begründungen – Bausteine – Konzeptentwurf. Mit Auswahlbibliographie >Laufen im Kindes- und Jugendalter< (1980 – 1994). (Hrsg.: Deutsches Lauftherapiezentrum, Praxis-Reihe „Lauftherapie", Bd. 3) Oberhaching

SCHÜLER, W. W. (1998): Lauftherapie mit Kindern und Jugendlichen. Plädoyer für ein offenes Praxiskonzept. In: DLZ-RUNDSCHAU, Ausg. 20, S. 2-8

SCHÜLER, W. W. (1999): Zur lauftherapeutischen Beeinflussung von Verhaltensstörungen bei Kindern und Jugendlichen – aufgezeigt an US-amerikanischen Untersuchungen. In:

WEBER, A. (Hrsg.): Hilf dir selbst: Laufe! Das Paderborner Modell der Lauftherapie und andere Konzepte für langfristig gesundes und erfolgreiches Laufen. Paderborn, S. 264-274

SCHÜLER, W. W. (1999): Lauftherapie mit verhaltensauffälligen Kindern und Jugendlichen: Laufen – keine bittere Medizin! In: DLZ-RUNDSCHAU, Ausg. 22, S. 12-13

SCHÜLER, W. W. (2000): Workshop „Entwicklungsförderung durch Bewegung und Sport – aufgezeigt am Beispiel des Dauerlaufs". In: OFFENER KANAL OLDENBURG: Bundestagung für Tagesgruppen (IGfH): Baukasten Tagesgruppe: Vielfalt – Chancen – Grenzen. 30.03. – 01.04.2000. Oldenburg (Film)

SCHÜLER, W. W. (2000): Thaddeus Kostrubala – „Ich war der Normaltyp des Hochgefährdeten". (Wegbereiter der Lauftherapie – 1) In: DLZ-RUNDSCHAU, Ausg. 23, S. 20-22

SCHÜLER, W. W. (2000): Bundestagung mit Lauftherapie-Workshop. In: DLZ-RUNDSCHAU, 12. Jg., H. 24, S. 10

SCHÜLER, W. W. (2001): Kenneth H. Cooper – „Ein Gramm Prävention ist mehr als ein Pfund Therapie". (Wegbereiter der Lauftherapie – 3) In: DLZ-RUNDSCHAU, H. 25, S. 24-32

SCHÜLER, W. W. (2001): 25 Ausgaben DLZ-Rundschau 1988 – 2001. Autoren-, Sach- und Personenregister. (Hrsg.: Deutsches Lauftherapiezentrum) Beilage der DLZ-RUNDSCHAU, H. 26. Bad Lippspringe

SCHÜLER, W. W. (2002): John H. Greist – „Laufen ist eine effektive Ergänzung zur Psychotherapie, um depressive Patienten zu behandeln". (Wegbereiter der Lauftherapie – 5). In: DLZ-RUNDSCHAU, 14. Jg., H. 28, S. 40-45

SCHÜLER, W. W. (2002): Wie aktuell ist John H. Greist? In: DLZ-RUNDSCHAU, 14. Jg., H. 28, S. 45

SCHÜLER, W. W. (2003): Gerhard Uhlenbruck – „Jeder Infekt trainiert das Immunsystem. An die Stelle des Infekts setzen wir den Ausdauersport". (Wegbereiter der Lauftherapie - 6). In: DLZ-RUNDSCHAU, 15. Jg., H. 30, S. 36-43

SCHÜLER, W. W. (2005): Arthur Lydiard – „Je mehr Sie investieren, desto höher sind die Zinsen." (Wegbereiter der Lauftherapie – 10). In: DLZ-RUNDSCHAU, 17. Jg., H. 33, S. 26-31

SCHÜLER, W. W. (2005): Kenneth H. Cooper: Ein Gramm Prävention ist mehr als ein Pfund Therapie. [überarbeitet] In: WEBER, A. & SCHÜLER, W. W. (Hrsg.): Warum Cooper Aerobics erfand. Regensburg, S. 31-44

SCHÜLER, W. W. (2005): Arthur Lydiard: Je mehr Sie investieren, desto höher sind die Zinsen. In: WEBER, A. & SCHÜLER, W. W. (Hrsg.): Warum Cooper Aerobics erfand. Regensburg, S. 45-53

SCHÜLER, W. W. (2005): John H. Greist: Laufen gegen depressive Verstimmung. [überarbeitet] In: WEBER, A. & SCHÜLER, W. W. (Hrsg.): Warum Cooper Aerobics erfand. Regensburg, S. 55-64

SCHÜLER, W. W. (2005): Thaddeus Kostrubala: Ich war der Normaltyp des Hochgefährdeten. [überarbeitet] In: WEBER, A. & SCHÜLER, W. W. (Hrsg.): Warum Cooper Aerobics erfand. Regensburg, S. 65-70

SCHÜLER, W. W. (2005): Alexander Weber – Laufen ist das, was jeder Einzelne daraus macht. In: WEBER, A. & SCHÜLER, W. W. (Hrsg.): Warum Cooper Aerobics erfand. Regensburg, S. 81-102

SCHÜLER, W. W. (2005): Gerhard Uhlenbruck: Ausdauersport trainiert das Immunsystem. [überarbeitet] In: WEBER, A. & SCHÜLER, W. W. (Hrsg.): Warum Cooper Aerobics erfand. Regensburg, S. 117-132

SCHÜLER, W. W. (2006): Veröffentlichungen von und über Alexander Weber. In: BONNEMANN, A., GRELL, J. & RICHTER, K. (Hrsg.): Laufen und Lauftherapie. Regensburg, S. 18-26

SCHÜLER, W. W. (2006): Lauftherapie im Vorschulalter. Versuch einer Positionsbestimmung. In: BONNEMANN, A., GRELL, J. & RICHTER, K. (Hrsg.): Laufen und Lauftherapie. Regensburg, S. 70-82

SCHÜLER, W. W. (2006): „Gesund und leistungsfähig bis ins hohe Alter" – Wildor Hollmanns aktuelles Buch, Leben und Werk. In: DLZ-RUNDSCHAU, 18. Jg., H. 36, S. 42-46

SCHÜLER, W. W. (2007): Lockeres Ferien-Laufprogramm in der vorletzten und letzten Sommerferienwoche für D-Jugend und Eltern/Geschwister. [Handreichung für PSV Grün-Weiß Wiesbaden, Abt. Handball] vervielfältigter Übungsplan, Wiesbaden

SCHÜLER, W. W. (2007): „Laufprofessor" Alexander Weber. Eine „Werkschau" anlässlich seines 70. Geburtstages. In: DLZ-RUNDSCHAU, 19. Jg., H. 37/38, S. 21-23

SCHÜLER, W. W. (2007): Spurensuche: Gesundheitsrezept „Laufen" in der Antike. In: DLZ-RUNDSCHAU, 19. Jg., H. 37/38, S. 44-48

SCHÜLER, W. W. (2007): Erfolgsstory. In: DEUTSCHES LAUFTHERAPIEZENTRUM: „Gesund ist der Mensch von unten nach oben!" 20 Jahre Deutsches Lauftherapiezentrum. Bad Lippspringe. (DVD)

SCHÜLER, W. W. (2008): Vom Selbstversuch zur Serie: Das Deutsche Lauftherapiezentrum in Bad Lippspringe – 20 Jahre im Dienste der Gesundheit. In: LAUFZEIT, 19. Jg., H. 4, S. 20-21

SCHÜLER, W. W. (2008): 20 Jahre Deutsches Lauftherapiezentrum (DLZ). Eine Erfolgsstory. In: CONDITION, 39. Jg., H. 5, S. 48-49

SCHÜLER, W. W. (2008): William J. Bowerman – „Trainiere, aber quäle dich nicht" (Wegbereiter der Lauftherapie – 11). In: DLZ-RUNDSCHAU, 20. Jg., H. 39/40, S. 40-44

SCHÜLER, W. W. (2008): In memoriam: Prof. Dr. Ralph S. Paffenbarger, Pionier des Alterslaufs und der Fitness-Bewegung (1922-2007). In: DLZ-RUNDSCHAU, 20. Jg., H. 39/40, S. 45-46

SCHÜLER, W. W. (2008): Lauftherapie mit Kindern und Jugendlichen. In: www.lauftherapie-vdl.de/index.php?id=3

SCHÜLER, W. W. (2009): Kommunalperspektivischer Ansatz der Förderung von Problemschülern durch Ausdauersport Laufen – „Students Run L.A.", ein U.S.-amerikanisches Erfolgsmodell. In: DLZ-RUNDSCHAU, 21. Jg., H. 41/42, S. 32-36

SCHÜLER, W. W. (2009): Gerhard Uhlenbruck, Wegbereiter der Lauftherapie, ist 80 –
Fakten, Anekdoten, Zusammenhänge eines bewegten Lebens. In: DLZ-RUNDSCHAU, 21.
Jg., H. 41/42, S. 37-40

SCHÜLER, W. W. (2009): Spurensuche (2): Erziehungsrezept „Laufen" im Philantropismus.
Zum 250. Geburtstag von Johann Christoph Friedrich GutsMuths. In: DLZ-RUNDSCHAU,
21. Jg., H. 41/42, S. 41-45

SCHÜLER, W. W. (2009): 15 Jahre Verband der Lauftherapeuten (VDL). Laudatio, gehalten
auf der Mitgliederversammlung des VDL am 21.11.2009 in Bad Lippspringe. In:
www.lauftherapie-vdl.de/index.php?id=85

SCHÜLER, W. W. (2010): 22. September 2010: Pionier der Lauftherapie feiert 80.
Geburtstag! Für und über Thaddeus L. Kostrubala. In: www.lauftherapie-
vdl.de/index.php?id=104

SCHÜLER, W. W. (2010/11): Thaddeus L. Kostrubala, Wegbereiter der Lauftherapie, ist 80 –
Fakten, Anekdoten, Zusammenhänge eines bewegten Lebens. In: DLZ-RUNDSCHAU, 22.
Jg., H. 43/44, S. 40-48

SCHÜLER, W. W. (2011): Ausbildung zur Lauftherapeutin / zum Lauftherapeuten (DLZ) –
Eintritt ins dritte Jahrzehnt. In: www.laufreport.de/nachrichten/dlz11/index3.htm

SCHÜLER, W. W. (2011): Weiterbildung zur Lauftherapeutin/zum Lauftherapeuten (DLZ):
Seit 20 Jahren „am Laufen". In: CONDITION, 42. Jg., H. 4, S. 52-53

SCHÜLER, W. W. (2012): Kinderlauftreffs – von D wie Darmstadt bis V wie Vlotho. In:
CONDITION, 43. Jg., H. 4, S. 62

SCHÜLER, W. W. (Hrsg.) (2012): Laufende Begegnungen. Ein Lesebuch zum 75.
Geburtstag von Prof. Dr. Alexander Weber. Berlin

SCHÜLER, W. W. (2012). With a little help from my friends. Mein Weg zum Laufen und zur
Lauftherapie. In: SCHÜLER, W. W. (Hrsg.): Laufende Begegnungen. Berlin, S.164-205

SCHÜLER, W. W. (2012). Lauftraining als Bestandteil des Handballtrainings mit Kindern –
inwieweit nutzbringend und attraktiv gestaltbar? Vortrag im Rahmen der Fortbildung für
Trainer/Übungsleiter Handball, veranstaltet vom PSV Grün-Weiß Wiesbaden am 18.08.2012
in der Hessischen Polizeiakademie, Wiesbaden. Vervielfältigtes Manuskript

SCHÜLER, W. W. (2012): California Dreamin' – mit den Augen eines Lauftherapeuten. In:
CONDITION, 43. Jg., H. 11, S. 40-41

SCHÜLER, W. W. (2012/13): Zur Bedeutung der Lauftherapie für die Gesundheit. Vortrag.
In: DLZ-RUNDSCHAU, 24. Jg., H. 47/48, S. 24-29

SCHÜLER, W. W. (2013): Lauftherapie-Standard-Literatur. In:
http://lauftherapie-vdl.de/joomla/index.php/de/lauftherapie-artikel-bücher-studien-
rezensionen/108-vdl-lauftherapie-standard-literatur.html (Februar)

SCHÜLER, W. W. (2013). Die Aus- und Weiterbildungen am Deutschen
Lauftherapiezentrum. In: WEBER, A., RICHTER, K. & SCHÜLER, W. W.: Lauftherapie nach
dem Paderborner Modell – ein Königsweg zur Selbsthilfe. (Hrsg.: Deutsches
Lauftherapiezentrum) Bad Lippspringe, S. 89-100

SCHÜLER, W. W. (2013): Die Publikationen des Deutschen Lauftherapiezentrums – eine kommentierte Auswahl. In: WEBER, A., RICHTER, K. & SCHÜLER, W. W.: Lauftherapie nach dem Paderborner Modell – ein Königsweg zur Selbsthilfe. (Hrsg.: Deutsches Lauftherapiezentrum) Bad Lippspringe, S. 101-111

SCHÜLER, W. W. (2013): Prof. Dr. Ulrich Bartmann. In: http://www.lauftherapie-vdl.de/joomla/index.php/de/lauftherapie-wegbereiter-förderer/131-dr-ulrich-bartmann-dgvt

SCHÜLER, W. W. (2013): Deutsches Lauftherapiezentrum feierte 25-jähriges Bestehen. In: CONDITION, H. 10, S. 43

SCHÜLER, W. W. (2013/14): Wo die Lauftherapie zu Hause ist – Deutsches Lauftherapiezentrum, 25 Jahre alt (Gekürzte Fassung des Festvortrages, gehalten am 15. Juni 2013, im Rahmen der 25-Jahr-Feier) In: DLZ-RUNDSCHAU, 25. Jg., H. 49/50, S. 22-25

SCHÜLER, W. W. (2014): Lauftherapie mit Kindern und Jugendlichen. Psychische Gesundheit und Leistungsfähigkeit durch ausdauerndes Laufen. Der Ausbildungs- und Praxisbegleiter. Aachen (auch als ebook)

SCHÜLER, W. W. (2014): Bruno Papenhoff, großer Förderer des Kinder-Ausdauerlaufs. Laudatio, gehalten auf der IGL-Jahreshauptversammlung am 7. Juni 2014 in Bad Arolsen-Wetterburg. In: LAUFZEIT & CONDITION, H. 9, S. 48-49

SCHÜLER, W. W. (2014): Lauftherapie-Standard-Literatur [überarbeitet]. In: http://www.lauftherapie-vdl.de/joomla/index.php/de/lauftherapie-artikel-bücher-studien-rezensionen/108-vdl-lauftherapie-standard-literatur (19.09.2014)

SCHÜLER, W. W. (2014): Jubiläum mit Kurs 25 – Eröffnung am 17. April 2015 zur Weiterbildung zum Lauftherapeuten (DLZ). In: http://conditionmagazin.com/wordpress/?p=1398 (21.11.2014)

SCHÜLER, W. W. (2014) Bruno Papenhoff, ein großer Förderer des Kinderlanglaufs. Laudatio, gehalten auf der IGL-Jahreshauptversammlung am 7. Juni 2014 in Bad Arolsen-Wetterburg. In: http://www.lauftherapie-vdl.de/joomla/index.php/de/lauftherapie-zielgruppen-spezifisches-angebot/189-lauftherapie-für-kinder-und-jugendliche-seit-25-jahren (24.11.2014)

SCHÜLER, W. W. (2014/15): Lauftherapie bei Menschen mit Sehbehinderung und Blindheit – eine persönliche Annäherung. In: DLZ-RUNDSCHAU, 26. Jg., H. 51/52, S. 26-28

SCHÜLER, W. W. (2015): Lockeres Lauftraining. In: KRUMPHOLZ, D.: PSV-Handballheft für Trainerinnen und Trainer. Ein Handbuch für die Praxis. Wiesbaden: PSV Grün-Weiss Wiesbaden, S. 67 / Kap. 9.7: Schwerpunkt VI

SCHÜLER, W. W. (2015): Uni für Bewegung. Deutsches Lauftherapiezentrum in Bad Lippspringe eröffnet 25. Ausbildungskurs. In: LAUFZEIT & CONDITION, 46. Jg., H. 1-2, S. 20

SCHÜLER, W. W. (2015): [Interessant für Lauftherapeuten: Ausbildung zum] Laufbegleiter für Sehbehinderte und Blinde. In: http://www.lauftherapie-vdl.de/joomla/index.php/de/lauftherapie-aus-weiter-bildung-zum-lauftherapeuten/192-laufbegleiter-für-sehbehinderte-und-blinde (30.01.2015)

SCHÜLER, W. W. (2015): IART- [International Association of Running Therapists] Fachgruppe traf sich in Deutschland. In: VERBAND DER LAUFTHERAPEUTEN (Hrsg.): Info-Brief 03/2015 für Mitglieder, 23. Juli 2015, S. 1

SCHÜLER, W. W. (2015): Hommage an Prof. Dr. Gerhard Uhlenbruck im Literaturhaus Köln. In: VERBAND DER LAUFTHERAPEUTEN (Hrsg.): Info-Brief 03/2015 für Mitglieder, 23. Juli 2015, S. 2

SCHÜLER, W. W. (2015): IART- [International Association of Running Therapists] Treffen in Deutschland. In: http://www.lauftherapie-vdl.de/joomla/index.php/de/component/content/article/81-vdl-lauftherapie/lauftherapie-praxis/193-iart-treffen-in-deutschland (27.07.2015)

SCHÜLER, W. W.; LEONHARDT, J. & HILLNHÜTTER, E. G. (1997): Lauftherapeuten (DLZ) befragt: Nach der Ausbildung der Sprung in die Praxis. In: DLZ-RUNDSCHAU, Ausg. 17, S. 27-29

SCHÜLER, W. W. & RICHTER, K. (2002): Gesund durch Laufen. Bibliografie deutschsprachiger Literatur. Wiesbaden

SCHÜLER, W. W. & ROSENDAHL, H. (2005): Verband Deutscher Lauftherapeuten (VDL) – 10 Jahre alt. In: DLZ-RUNDSCHAU, 17. Jg., H. 33, S. 8-9

SCHÜLER, W. W. & RICHTER, K. (2006-2014): Nachtrag zu „Gesund durch Laufen. Bibliografie deutschsprachiger Literatur". (jährliche Ergänzungen – eDokument)

SCHÜTTE, S. & ROSE, M. (2007): run. Das große Brigitte-Laufbuch. München

SCHÜTZ, K. (2011): Mental Jogging. Laufend Erfolg & Motivation. Chemnitz (Hörbuch-Download)

SCHÜTZ, K. (2012): Mental Jogging. Laufend mit Leichtigkeit abnehmen. Chemnitz (Hörbuch-Download)

SCHÜTZ, K. (2013): Mental Jogging. Laufend mehr Glück & Lebensfreude. Chemnitz (Hörbuch-Download)

SCHÜTZ, K. (2014): Jogging Meditation. Mit Achtsamkeit Laufen. Chemnitz (Hörbuch-Download)

SCHULKE, H.-J. (1985): Die Avantgarde einer neuen Breitensportkultur. 15 Thesen zur Laufbewegung in der BRD. In: OLYMPISCHE JUGEND, 30. Jg., H. 8

SCHULKE, H.-J. (Hrsg.) (1988): Alltagslauf als Aufbruch. (Schriftenreihe des Allgemeinen Deutschen Hochschulsportverbandes, Bd. 11) Wuppertal

SCHULKE, H.-J. (1988): Abstinenzler, Abbrecher, Alltagsläufer. Kulturhistorische Aspekte zur Motivationsdynamik beim Dauerlaufen. In: SCHULKE, H.-J. (Hrsg.): Alltagslauf als Aufbruch. Wuppertal, S. 59-77

SCHULKE, H.-J. (1988): Laufbewegung als Avantgarde einer neuen Breitensportkultur? Eine Durchsicht aktueller Literatur zur Laufbewegung. In: SCHULKE, H.-J. (Hrsg.): Alltagslauf als Aufbruch. (Schriftenreihe des Allgemeinen Deutschen Hochschulsportverbandes, Bd. 11) Wuppertal, S. 221-239

SCHULKE, H.-J. (1991): Eine Sportart nimmt ihren Lauf... Standpunkte und Fortlaufendes an einer kulturellen Bewegung. In: KUHLMANN, D. & SCHULKE, H.-J. (Red.): Perspektiven der Laufbewegung. Referate der Tagung an der Willi Weyer Akademie, Berlin 1989 – 1991. (Akademieschrift 31) Frankfurt a. M., S. 6-18

SCHULKE, H.-J. (2007): Lebenslauf: Ikarus im Vorübereilen. In: JÜTTING, D. H. (Hrsg.): Wer läuft denn da? Studien zur Laufbewegung. Münster, S. 117-125

SCHULKE, H.-J. (o. J.): Lebenslauf: Zwischen Transport und Selbstbewegung. Gedankengänge über biologische Arterhaltung, Technologiefolgen und Selbstlauf. In: http://hjschulke.de/documents/lebenslauf.pdf

SCHULKE, H.-J. & SPERLE, N. (Hrsg.) (1989): Anfängerprogramme im Ausdauersport. Berichtsband zum 7. ADH-Symposium „Anfänger und Abbrecher im Ausdauersport". Universität Bremen 1987. (Schriftenreihe „Gesundheit, Sport, Ernährung", Bd. 2) Bremen

SCHULKE, H.-J. & FIETZE, U. (Hrsg.) (1989): Belastung und Erholung beim Dauerlauf. Berichtsband zum wissenschaftlichen Symposium im Rahmen des Bremen Marathon 1988. (Schriftenreihe „Gesundheit, Sport und Ernährung, Bd. 3) Universität Bremen

SCHULKE, H.-J., FIETZE, U., MAHLTIG, G. & SCHARF, G. (Hrsg.) (1989): Gesundheit in Bewegung (Edition Sport & Wissenschaft, Bd. 12). Aachen

SCHULKE-VANDRE, J. (1989): Sinnliche Erfahrung sportbezogenen Ernährungshandelns und individuell-gesellschaftliche Bedeutung gesunder Lebensführung. In: SCHULKE, H.-J. & SPERLE, N. (Hrsg.): Anfängerprogramme im Ausdauersport. Berichtsband zum 7. ADH-Symposium „Anfänger und Abbrecher im Ausdauersport". Universität Bremen 1987. (Schriftenreihe „Gesundheit, Sport, Ernährung", Bd. 2) Bremen, S. 100-120

SCHULTES, E. (2011): Warum Laufen glücklich macht. Auf den Spuren des Runner's High. In: http://www.wdr.de/tv/applications/fernsehen/wissen/quarks/pdf/Q_Laufen_2.pdf, S. 8-9

SCHULZ, H. et al. (1998): Die Trainingslaktatkonzentration bei Laufanfängern. In: GESUNDHEITSSPORT UND SPORTTHERAPIE, 14. Jg., S. 76-80

SCHULZ, K.-H. & SCHILLINGS, W. (2010): Ist Training die bessere Medizin? In: AKTIV LAUFEN, September/Oktober, S. 24-25

SCHULZE, D. (o. J.): Joggen mit Übergewicht: Das bringt es Ihnen. In: http://www.experto.de/b2c/gesundheit/sport-und-gesundheit/laufen-walking/joggen-mit-uebergewicht-das-bringt-es-ihnen.html

SCHUMACHER, K. & SCHELLWORT, S. (2014): Besser laufen – kompakt: Der Weg zum schnelleren und gesünderen Laufen. Köln

SCHUMACHER, P. E. (2009): Amputation verhindert. In: SPIRIDON, H. 11, S. 60

SCHUMANN, B. (1986): Laufen nach Herzinfarkt. In: CONDITION, 17. Jg., H. 3, S. 23-24

SCHUMANN, B., JUNG, K. & MEYER, G. (1986): Erfahrungen aus einem 6-monatigen Kinder-Lauftreff. In: ROST, R. & STARISCHKA, S. (Hrsg.): Das Kind im Zentrum interdisziplinärer sportwissenschaftlicher Forschung. (Dortmunder Schriften Sport, Bd. 2/3) Erlensee, S.289-298

SCHWALENBERG, A. (2003): Laufen. Power Schritt für Schritt. München

SCHWAN, U. (2006): Bewegungstherapie, Training und Sport. In: HALHUBER, C. (Hrsg.): Bypassoperation, Ballondilatation, Stents. (Der große Trias-Ratgeber) Stuttgart, 5. Aufl., S. 142-153

SCHWARK, J. (1995): Die unerfüllten Sportwünsche. Zur Diskrepanz von Sportwunsch und Sportrealität Erwachsener (Münsteraner Schriften zur Körperkultur, Hrsg.: Hübner, H., Institut für Sportkultur und Weiterbildung im Fachbereich Sportwissenschaft der Westfälischen Wilhelms-Universität Münster, Bd. 19). Münster

SCHWARZ, A. & SCHWEPPE, R. (1999): Licht für die Seele. Raus aus dem Stimmungstief! München, S. 52-54

SCHWARZ, M. (2005): Auf dem Weg zu mir – Laufen und Meditieren. In: FREUNDESBRIEF (Hrsg.: proMissio e.V. in der Ev. Kirche in Hessen und Nassau), Ausg. 1: Pilgern, S. 12-14

SCHWARZ, T. F. (2014): Jogging verringert die Brustkrebsmortalität. In: GYNÄKOLOGIE + GEBURTSHILFE, H. 7, S. 21; http://www.springermedizin.de/servlet/spmblob/5360066/pdfPrintArticle/jogging-verringert-die-brustkrebsmortalitaet.pdf

SCHWEBEL, W. (o. J.): Carl-Jürgen Diem – Ein Motor der modernen Laufbewegung wird 70 Jahre alt. In: http://www.igl-ev.de/9.html

SCHWEIGER, S. (2015): Lauf für dein Leben. In: FOCUS-GESUNDHEIT, Nr. 23: Bewegung, S. 28-33

SCHWEINBERGER, J. (2014): Abnehmen durch Laufen: Fünf Fitness-Irrtümer. In: SPIEGEL ONLINE, http://www.spiegel.de/gesundheit/ernaehrung/abnehmen-durch-laufen-fuenf-fitness-irrtuemer-a-951872.html (06.02.2014)

SCHWEIZERHOF, W. (1988): Die Auswirkungen des regelmäßigen Laufens auf den Menschen unter Berücksichtigung psychischer Aspekte. Diplomarbeit, Deutsche Sporthochschule Köln

SCHWENKMEZGER, P. (1985): Welche Bedeutung kommt dem Ausdauertraining in der Depressionstherapie zu? In: SPORTWISSENSCHAFT, 15. Jg., H. 2, S. 117-135

SCHWENKMEZGER, P. (1998): Depressionen und Angst. In: BÖS, K. & BREHM, W. (Hrsg.): Gesundheitssport. Ein Handbuch. (Beiträge zur Lehre und Forschung im Sport, Bd. 120) Schorndorf, S. 289-295

SCHWERDTFEGER, A. (2012): Sportliche Aktivität und Angst. In: FUCHS, R. & SCHLICHT, W. (Hrsg.): Seelische Gesundheit und sportliche Aktivität. (Sportpsychologie, Bd. 6) Göttingen, S. 186-207

SCOTT, D. (2001): Das große Laufbuch für Frauen. Schlank, fit und mehr Power durch Bewegung. Mülheim a. d. R.

SEILER, D. (1983): Blutfette, Arteriosklerose und Ausdauersport. In: SPIRIDON, 9. Jg., H. 6, S. 21-23

Selbst ein wenig Laufen hält länger gesund (2014). In: MEDIZINAUSKUNFT, http://www.medizinauskunft.de/artikel/aktiv/fitness/joggen-lebensdauer-31-07-14.php

Selbstbewusster durch Sport (2010). In: http://www.fid-gesundheitswissen.de/sportmedizin/laufen-und-joggen/laufen-und-joggen-selbstbewusster-durch-sport/ (26.05.2010)

Selbstbewusstsein: Auch faule Sportler fühlen sich attraktiv [US-Studie]. (o. J.). In: http://www.fitforfun.de/sport/ …

Selbstbewusstsein stärken mit Jogging: Disziplin hebt das Ego! (2014). In: http://blog.fitmio.de/selbstbewusstsein-staerken-mit-jogging-disziplin-hebt-das-ego (10.06.2014)

SELL, C. (2003): Laufen und Abnehmen. In: CONDITION, 34. Jg., H. 12, S. 40-41

SELL, C. (2007): Laufen und Abnehmen. Was im Körper passiert, wenn wir laufen. In: CONDITION, 38. Jg., H. 5, S. 10-15

SENFTEN, R. (2009): Blindes Vertrauen. In: FIT FOR LIFE, Dezember, S. 36-40

Senioren und Laufen. Auch Senioren können und sollen laufen (o. J.): In: http://www.joggen-online.de/lauftraining/trainingstipps/senioren-und-laufen.html

Service: Was ist Lauftherapie? (2010). In: LAUFZEIT, H. 2

SEUBERT, D. (o. J.): Studie: Joggen für die Gesundheit – 5 bis 10 Minuten Laufen fürs Herz. In: http://www.shape.de/fitness/jogging/a-59878/5-bis-10-minuten-laufen-fuers-herz.html

SEUFERT, G. (1995): Eindrücke von der ersten Pirmasenser Lauftherapiegruppe. In: DLZ-RUNDSCHAU, Ausg. 13, S. 34-35

SEVERIN-LENZ, K. (2004): Welche Fragestellung verbindet sich mit dem Thema „Laufen im leistungsorientierten Bereich – Laufen mit Leistungsambitionen"? In: DLZ-RUNDSCHAU, 16. Jg., H. 31, S. 14-18

SHAPE & WEBER, A. (2008): „Dreimal pro Woche zu laufen ist ideal!" [Interview] In: SHAPE, H. 1

SHAW, R. (2010): Hilft regelmäßiger Sport gegen Angststörungen? In: http://www.praxis-dr-shaw.de/blog/hilft-regelmasiger-sport-gegen-angststorungen/ (26.02.2010)

SHEEHAN, G. (1986): Als ich die Fitness entdeckte. In: CONDITION, 17. Jg., H. 5, S. 30

SHEEHAN, G. (1987): Fit rund um die Uhr. Stuttgart, Bonn

SHEPHARD, R. J. & ASTRAND, P. (Hrsg.) (1993): Ausdauer im Sport. Eine Veröffentlichung des IOC in Zusammenarbeit mit der FIMS. (Enzyklopädie der Sportmedizin, Bd. 2) Köln

SHORTER, F. (2005): Laufen. Das Trainingsbuch für Anfänger und Fortgeschrittene. Starnberg

SIEGMUND-SCHULTZE, N. (1998): Sport und Immunsystem: „Auch im Alter nie mehr der alte". In: http://www.wissenschaft.de/archiv/-/journal_content/56/12054/1596985/Sport-und-Immunsystem:-%22Auch-im-Alter-nie-mehr-der-alte%22/ (01.10.1998)

SIEGMUND-SCHULTZE, N. (2009): Sport ist so wichtig wie ein Krebsmedikament. In: DEUTSCHES ÄRZTEBLATT, 106. Jg., H. 10, S. A444-447

SIMMEL, S., HÖRTERER, H. & HORSTMANN, T. (2009): Sport nach Hüft-Totalendoprothese – Expertenmeinung versus Patientenrealität. In: DEUTSCHE ZEITSCHRIFT FÜR SPORTMEDIZIN, 59. Jg., Nr. 11, S. 268-272: 269, 271; http://www.zeitschrift-sportmedizin.de/fileadmin/content/archiv2008/heft11/simmel.pdf

SIMON, D. (2015): Koronare Herzkrankheit und stabile Angina pectoris. In: http://www.apotheken.de/gesundheit-heute-news/article/koronare-herzkrankheit-und-stabile-angina-pectoris/ (20.02.2015)

SIMON, J. (2007): Laufen mit Paaren. In: DLZ-RUNDSCHAU, 19. Jg., H. 37/38, S. 31-35

SIMON, J. & SCHUMACHER, B. (o.J.): "Wie aus zwölf Wochen mehr als vierzehn Jahre und aus einem Projekt eine Lebensaufgabe wurde" - Lauftherapie für geistig behinderte Menschen. In: http://lauftherapie-vdl.de/joomla/index.php/de/lauftherapie-zielgruppen-spezifisches-angebot/94-lauftherapie-fuer-geistig-behinderte-menschen

SIMON, N. (2014): Mit Leibeskräften. Schwimmen, Joggen, Krafttraining – damit beginnen Brustkrebs-Patientinnen heute schon bald nach ihrer Operation. In: STERN – GESUND LEBEN, Nr. 5, S. 92-95

SIMON, S. (1996): Jogging – Entstehung, Entwicklung, soziokulturelle Aspekte. Eine Literaturrecherche. Diplomarbeit, Institut für Sportwissenschaft, Universität Wien

SIMONEIT, F. (2008): „Verdammt, wir haben gewonnen!" Wie schwer erziehbare und benachteiligte Jugendliche durch das Laufen eine neue Perspektive bekommen. In: RUNNER'S WORLD, H. 2, S. 52-55

SIMONSOHN, B. (o. J.): Die Heilkraft der Bewegung. Neue revolutionäre Ergebnisse. In: http://www.barbara-simonsohn.de/fitness.htm

Sind Männer anders krank? (2001). In: APOTHEKEN UMSCHAU, 15. August, S. 10-16

Sind Sie gestresst – oder laufen Sie schon? (2006) In: AKTIV LAUFEN, H. 1, S. 70, 73

SINDERMANN, K. (1991): Individuelle Therapie der Suchtkrankheit – Behandlungsstrategien im Psychiatrischen Krankenhaus Ybbs. In: WIENER ZEITSCHRIFT FÜR SUCHTFORSCHUNG, 14. Jg., Nr. 1-2, S. 39-40; http://www.api.or.at/wzfs/beitrag/WZ_14_1991_12_04_Sindermann.pdf

SIPPEL, P. (2000): Cholesterin-Ratgeber. Gesund ernähren – besser leben. (Kleine Gesundheits-Bibliothek) München, S. 65-66

SISSON, M. (2015): Gesundheitsgeheimnisse aus der Steinzeit. Das revolutionäre Primal Health-Konzept. München, S. 261-266

SKINNER, J. S. (Hrsg.) (1989): Rezepte für Sport- und Bewegungstherapie. Belastungsuntersuchungen und Aufstellung von Trainingsprogrammen beim Gesunden und Kranken. Köln

SKINNER, J. S. (1989): Allgemeine Grundsätze zur Erstellung von Bewegungsprogrammen. In: SKINNER, J. S. (Hrsg.): Rezepte für Sport- und Bewegungstherapie. Belastungsuntersuchungen und Aufstellung von Trainingsprogrammen beim Gesunden und Kranken. Köln, S. 42-55

SKINNER, J. S. (1989): Bedeutung des höheren Lebensalters für Belastungsuntersuchungen und Trainingsempfehlungen. In: SKINNER, J. S. (Hrsg.): Rezepte für Sport- und Bewegungstherapie. Belastungsuntersuchungen und Aufstellung von Trainingsprogrammen beim Gesunden und Kranken. Köln, S. 95-105

SKOWASCH, D. (o. J.): Brustschmerz – Koronare Herzkrankheit. In: http://p26251.typo3server.info/fileadmin/user_upload/PDFs/Brustschmerz.pdf, S. 14

SÖCHTING, R. & SCHMIDT, D. (1983): Jogging. Weg zum Selbst. Jogging oder der rote Hut, der weiße Hut. Hannover

So kommen Sie auf die Beine. (2010). In: STERN – GESUND LEBEN, H. 5: Ängste und Depressionen: Wege aus dem Seelentief, S. 110

SOLMS, A. (2004): Konzentration trainieren. Gedächtnis schulen und Stress abbauen. München, S. 171ff

SOLMS, A. (2009): Das große Buch der Konzentrationstechniken. Motivation steigern, Prüfungen vorbereiten, Konzentration trainieren, Entspannung lernen. München, S. 212-216: Die Lauftherapie

SONNENBERG KLINIK (2013): Krebs und Bewegungstraining. In: http://www.sonnenberg-klinik.de/krebs-und-bewegungstraining.html (30.07.2013)

SONNTAG, E. (1999): Joggen mit Kindern und dessen Auswirkungen auf das schulische Verhalten von Grundschülern. Diplomarbeit, FH Würzburg-Schweinfurt

SONNTAG, E. & BARTMANN, U. (2004): Bessere Leistung durch Laufen bei Grundschulkindern. In: RUNNING, H. 2, S. 34

SONNTAG, E. & BARTMANN, U. (2007): Joggen mit Kindern. Auswirkungen auf das schulische Verhalten von Grundschülern. In: BARTMANN, U. (Hrsg.): Fortschritte in Lauftherapie, Bd. 1. Tübingen, S. 21-34

SONNTAG, F. (o. J.): Wandern ist bei Herzerkrankungen ideal. In: http://www.herzstiftung.de/Wandern-Herz.html

SONNTAG, F. (o. J.): Welche Sportarten sind bei einer KHK zu empfehlen? In: http://www.herzstiftung.de/Sport-KHK.html

SONNTAG, W. (1967): Das Volk am Start. In: STUTTGARTER ZEITUNG vom 29.05.1967

SONNTAG, W. (1967): Es geht nicht um Silber, sondern um die Gesundheit. In: STUTTGARTER ZEITUNG vom 06.10.1967

SONNTAG, W. (1968): Wenn Herr Jedermann Sport treibt. In: STUTTGARTER ZEITUNG vom 18.5.1968

SONNTAG, W. (1968): Ein olympischer Ruf an die Alten. In: STUTTGARTER ZEITUNG vom 06.12.1968

SONNTAG, W. (1974): Der Arzt im Trainingsanzug. In: STUTTGARTER ZEITUNG vom 23.02.1974

SONNTAG, W. (1974): Ein Trend zum Außergewöhnlichen. In: OLYMPISCHES FEUER, H. 3

SONNTAG, W. (1974): Zum Volkslauf nun auch der „Lauftreff". In: STUTTGARTER ZEITUNG vom 05.04.1974

SONNTAG, W. (1975): Trimm-Trab. Eine neue Aktion der Trimm-dich-Fans: Die Menschen sollen mehr laufen. In: DIE ZEIT, Nr. 14 (28.03.1975); http://www.zeit.de/1975/14/trimm-trab

SONNTAG, W. (1976): Ich-Identität durch Ausdauerübung. In: SPIRIDON, 2. Jg., H. 6, S. 26-28

SONNTAG, W. (1976): Das Wohlbehagen des Langstreckenläufers. In: STUTTGARTER ZEITUNG, 24.07.1976

SONNTAG, W. (1977): Das Wohlbehagen des Langstreckenläufers. In: CONDITION, 8. Jg., H. 1, S. 23-25

SONNTAG, W. (1978): Wanderlauf durch Oberschwaben. In: SPIRIDON, H. 4

SONNTAG, W. (1978): „Sie können ja noch laufen..." In: DIE ZEIT vom 23.6.1978

SONNTAG, W. (1978): Im Pulk der Jogger. In: STUTTGARTER ZEITUNG vom 09.12.1978

SONNTAG, W. (1979): Wenn ein Arzt läuft, glauben ihm die Patienten. In: FRANKFURTER ALLGEMEINE ZEITUNG vom 11.06.1979

SONNTAG, W. (1979): Spaß am Laufen. Jogging für die Gesundheit. Niedernhausen

SONNTAG, W. (1979): Lauf zur Arbeit! In: DIE ZEIT vom 28.12.1979

SONNTAG, W. (1980): Warum unsere Ärzte mehr laufen sollten. In: http://www.zeit.de/1980/07/warum-unsere-aerzte-mehr-laufen-sollten

SONNTAG, W. (1981): Vieles muß noch bewiesen werden. In: SPIRIDON, H. 1, S. 11-12

SONNTAG, W. (1981): Stopp den falschen Propheten. Zwei Briefe von Werner Sonntag. In: SPIRIDON, H. 2, S. 8-9

SONNTAG, W. (1982): Eine psychologische Umfrage: Was bedeutet Laufen in Ihrem Leben? In: SPIRIDON, H. 8, S. 30

SONNTAG, W. (1982): Laufende Ärzte tagten in Hannover. Die Psyche stand im Mittelpunkt. In: SPIRIDON, H. 10, S. 28

SONNTAG, W. (1984): Ernst van Aaken zum Gedenken. In: CONDITION, 15. Jg., H. 3, S. 8-14

SONNTAG, W. (1985): Unruhe über Tatarennachricht [Krebs durch Joggen?]. In: CONDITION, 16. Jg., H. 2, S. 7

SONNTAG, W. (1985): Mehr als Marathon. Handbuch für Ultralangläufer, Bd. 1. Aachen, S. 71-138

SONNTAG, W. (1987): Sportherz – angepasst bis zum physiologischen Maximum [Fortbildungsveranstaltung des Deutschen Verbandes langlaufender Ärzte]. In: CONDITION, 18. Jg., H. 8, S. 6-8

SONNTAG, W. (1988): Fit mit Laufen. Niedernhausen, S. 68-79

SONNTAG, W. (1988): Heidelberger Lauftage: Laufen und Gesundheit. In: CONDITION, 19. Jg., H. 6, S. 18

SONNTAG, W. (1988): Belastung und Erholung beim Dauerlauf. (Wissenschaftliches Symposium im Rahmen des Bremen-Marathon) In: CONDITION, 19. Jg., H. 10, S. 22-24

SONNTAG, W. (1990): Wenn die besten Zeiten vorbei sind. In: DER LÄUFER, H. 5

SONNTAG, W. (1997): Dauerlauf ist gut für die Seele und fördert die geistige Fitneß. Bei einem Symposion zur begleitenden Therapie durch Joggen treten die Sportpsychologen in den Vordergrund. In: FRANKFURTER ALLGEMEINE ZEITUNG, Nr. 95, 24.04.1997, S. 32

SONNTAG, W. (1997): Lauftherapeutische Kasuistik: Fall Sonntag. In: CONDITION, 28. Jg., H. 7-8, S. 64

SONNTAG, W. (1997): Dauerlauf ist gut für die Seele und fördert die geistige Fitneß. In: DLZ-RUNDSCHAU, Ausg. 18, S. 12

SONNTAG, W. (1997): Lauftherapeutische Kasuistik: Fall Sonntag. In: DLZ-RUNDSCHAU, Ausg. 18, S. 14

SONNTAG, W. (1997): Therapeuten in Laufschuhen. Erstmals in der Öffentlichkeit: das Deutsche Lauftherapiezentrum. In: CONDITION, 28. Jg., H. 7-8, S. 64-65

SONNTAG, W. (2003): Medizinische Moden. Ein Beitrag zur Bewußtseinsschärfung. In: DLZ-RUNDSCHAU, 15. Jg., H. 29, S. 21-27

SONNTAG, W. (2003): Die dritte Säule unseres Wohlbefindens: Bewegung. In: DER GESUNDHEITSBERATER, H. 3

SONNTAG, W. (2004): Dr. med. Dieter Kleinmann: Arzt, Läufer und laufmedizinischer Generalist. (Wegbereiter der Lauftherapie – 9) In: DLZ-RUNDSCHAU, 16. Jg., H. 32, S. 34-37

SONNTAG, W. (2005): Dieter Kleinmann: Arzt, Läufer und laufmedizinischer Generalist. In: WEBER, A. & SCHÜLER, W. W. (Hrsg.): Warum Cooper Aerobics erfand. Regensburg, S. 153-162

SONNTAG, W. (2006): Aussteiger. Nicht jeder ist ein Lebensläufer. Über Läufer, die sich vom Laufen verabschieden. In: RUNNER'S WORLD, H. 3, S. 88-89

SONNTAG, W. (2006): Wie alles so gekommen ist. Ganz persönliche Erinnerungen aus der Vorzeit des Deutschen Lauftherapiezentrums. In: BONNEMANN, A., GRELL, J. & RICHTER, K. (Hrsg.): Laufen und Lauftherapie. Regensburg, S. 40-43

SONNTAG, W. (2007): [Dr. med. Karl Otto Hartmann, der Pionier des deutschen Herzsports, am 30. Dezember 2006 gestorben] Eintragung vom 6. Mai 07. In: Sonntags Tagebuch, http://www.laufreport.de/vermischtes/sonntag/sonntag_archiv/so702.htm

SONNTAG, W. (2008): [Deutsche Gesellschaft für Kardiologie – Herz- und Kreislaufforschung e. V. (DGK) beschäftigte sich auf ihrer Jahrestagung in Mannheim mit Todesfällen im Sport] Eintragung vom 5. April 08. In: Sonntags Tagebuch, http://laufreport.de/vermischtes/sonntag/sonntag.htm

SONNTAG, W. (2008): Therapeuten in Laufschuhen. Zum zwanzigjährigen Bestehen des Deutschen Lauftherapie-Zentrums. In: http://laufreport.de/nachrichten/dlz/dlz.htm

SONNTAG, W. (2008): [Studie „Laufen macht schlau"] Eintragung vom 2. Mai 08. In: Sonntags Tagebuch, http://laufreport.de/vermischtes/sonntag/sonntag.htm

SONNTAG, W. (2008): [Zum Deutschen Verband langlaufender Ärzte und Apotheker e. V.] Eintragung vom 5. Dezember 08. In: Sonntags Tagebuch, http://laufreport.de/vermischtes/sonntag/sonntag.htm

SONNTAG, W. (2009): [250. Geburtstag von Johann Christoph Friedrich GutsMuths] Eintragung vom 8. August 09. In: Sonntags Tagebuch, http://laufreport.de/vermischtes/sonntag/sonntag.htm

SONNTAG, W. (2010): Ernst van Aaken zum Gedenken. In: http://www.laufreport.de/portraits/personen/aaken/aaken.htm (Mai 2010)

SONNTAG, W. (2012): [Dr. med. Dieter Maisch am 19. September 95 Jahre alt geworden] Eintragung vom 24. September 12. In: Sonntags Tagebuch, http://laufreport.de/vermischtes/sonntag/sonntag.htm

SONNTAG, W. (2013): [Deutsches Lauftherapiezentrum 25 Jahre alt] Eintragung vom 17. Juni 13. In: Sonntags Tagebuch, http://laufreport.de/vermischtes/sonntag/sonntag.htm

SONNTAG, W. (2013): [Dr. med. Hans-Henning Borchers im Alter von 72 Jahren gestorben] Eintragung vom 24. September 13. In: Sonntags Tagebuch, http://laufreport.de/vermischtes/sonntag/sonntag.htm

SONNTAG, W. (2015): [Lauftraining im Freien als Wohltat für die Augen] Eintragung vom 19. Mai 15. In: Sonntags Tagebuch, http://www.laufreport.de/vermischtes/sonntag/sonntag.htm

SOPART, J. (1979): Laufen – Jogging für Jedermann. Köln

SOURON, S. (2010): Schritt für Schritt zurück ins Leben. In: STERN – GESUND LEBEN, H. 5: Ängste und Depressionen: Wege aus dem Seelentief, S. 106-109

SOURON, S. (2013): Schwanger und Sport? Na klar! Bewegung während der Schwangerschaft hat sowohl für das Kind als auch die Mutter viele Vorteile. In: DEUTSCHE ZEITSCHRIFT FÜR SPORTMEDIZIN, 64. Jg., Nr. 5; http://www.zeitschrift-sportmedizin.de/fileadmin/content/archiv2013/Heft_5/24_dossier_5_2013.pdf

SOWA, M. (2006): Sieger für einen Tag. Wenn körperlich und geistig behinderte Menschen im Mittelpunkt des Laufgeschehens stehen. In: RUNNER'S WORLD, H. 6, S. 94-95

SOYKA, D. (1990): Einfluß von Jogging auf Migräneverlauf. In: DER SCHMERZ, 4. Jg., H. 2, S. 109

SPANGENBERG, R. (1982): Der Herzinfarkt als Spiel des Lebens. In: SPIRIDON, H. 10, S. 24-25

SPANGENBERG, R. (1988): Motivationswandel beim Laufen. In: SPIRIDON, 14. Jg., H. 1, S. 52

SPANGENBERG, R. (1990): Laufen keine Wundermedizin. In: SPIRIDON, 16. Jg., H. 2, S. 22

SPANIER, Y. (2004): Einfach loslaufen. Eine Lauftherapie hilft gestressten Managern beim Abschalten. (Die Welt, 17.07.2004) In: DLZ-RUNDSCHAU, 16. Jg., H. 32, S. 12

SPECHT, C. (2007): Auswirkungen eines Laufprogramms bei Mädchen und jungen Frauen in einer heilpädagogischen Einrichtung. In: BARTMANN, U. (Hrsg.): Fortschritte in Lauftherapie, Bd. 1. Tübingen, S. 49-62

SPILKER, H. (1986): Laufbeschwerden müssen nicht sein. In: CONDITION, 17. Jg., H. 7-8, S. 31-32

SPILLER, C. (2011): Das Marathon-Paradox. In: ZEIT ONLINE, http://www.zeit.de/sport/2011-09/marathon-paradox-herzinfarkt-berlin (23.09.2011)

SPILLER, M. (2015): Gut behütet ins Ziel: Sport als Therapie – Diabetes Programm Deutschland. In: LAUFZEIT & CONDITION, 46. Jg., H. 5, S. 11-13

SPINO, M. (1988): Laufen. Die innere Dimension. Der Weg zum bewußten Training. Laufen als Spiel mit dem Körper. Ravensburg. (3. Aufl., Ulm, 1990)

SPIRIDON & WEBER, A. (1998): Laufen, Eros und sexuelle Lust. Interview mit Prof. Dr. Alexander Weber. In: SPIRIDON, 24. Jg., H. 2, S. 12

SPITZBART, M. (2000): Fit forever. 3 Säulen für Ihre Leistungsfähigkeit: Bewegung, Ernährung, Denken. Nürnberg, S. 45-69

SPITZBART, M. (o. J.): Bewegungstherapie bei Krampfadern. In: http://www.fid-gesundheitswissen.de/experten/dr-michael-spitzbart/bewegungstherapie-bei-krampfadern/

SPITZBART, M. (o. J.): Jogging: Die Fettverbrennung ankurbeln. In: http://www.fid-gesundheitswissen.de/experten/dr-michael-spitzbart/jogging-fettverbrennung-ankurbeln/

SPITZBART, M. (o. J.): Jogging: Zu hartes Training ungesund. In: http://www.fid-gesundheitswissen.de/experten/dr-michael-spitzbart/jogging-zu-hartes-training-ungesund/

SPITZNER, G. & EHRLER, W. (1988): Laufen mit psychisch Kranken. In: CONDITION, 19. Jg., H. 6, S. 8-9

SPLITTER, M. & ROSENBAUM, M. (2015): Initiative nach der Diagnose [Typ-1-Diabetes]. Im Interview, Dr. Michel Rosenbaum, Deutscher Behinderten Sportverband. In: LAUFZEIT & CONDITION, 46. Jg., H. 5, S. 14

Sport: Glücksfaktor für Körper und Seele (2010). In: http://www.fid-gesundheitswissen.de/sportmedizin/laufen-und-joggen/laufen-und-joggen-selbstbewusster-durch-sport/ (26.05.2010)

Sport als Psychotherapie? Immer häufiger kombinieren Psychotherapeuten ihre „Redekur" mit Sport – aus gutem Grund. (1992) In: PSYCHOLOGIE HEUTE, 19. Jg., H. 1, S. 48-51

Sport auch bei Bluthochdruck. Viele Fragen musste Prof. Ingo Froböse bei der Sprechstunde zu „Fit in jedem Alter" beantworten (2008). In: http://www.rundschau-online.de/magazin/sport-auch-bei-bluthochdruck,15184902,15584062.html (16.04.2008)

Sport dem Alter anpassen (2010). In: http://news.netpro.de/2010/06/sport-dem-alter-anpassen/ (30.06.2010)

Sport für Hypertoniker? Ja, aber die Tücke liegt im Detail (2005). In: http://www.aerztezeitung.de/medizin/krankheiten/herzkreislauf/bluthochdruck/article/355926/sport-hypertoniker-ja-aber-tuecke-liegt-detail.html (26.05.2005)

Sport gegen Osteoporose. (1998) In: CONDITION, 29. Jg., H. 2, S. 5

Sport hat mich gerettet. (2006) In: VITAL, H. 3, S. 76-83

SPORT IN BERLIN & HÖHLER, G. (2012): Laufen macht intelligent, weil es Fett im Gehirn abbaut - Gespräch mit Prof. Dr. Gertrud Höhler über das neue LSB-Projekt. In: http://www.germanroadraces.de/24-0-29819-laufen-macht-intelligent-weil-es-fett-im.html (21.06.2012)

Sport in der Schwangerschaft (2011). In: http://www.familie.de/gesundheit/sport-schwangerschaft-540511.html (02.10.2011)

Sport ist die beste Altersvorsorge (2009). In: http://derstandard.at/1253808067438/Bewegung-Sport-ist-die-beste-Altersvorsorge (29.09.2009)

Sport nach einem Herzinfarkt: In Maßen sinnvoll (o. J.). In: http://www.t-online.de/ratgeber/gesundheit/krankheiten/id_61987810/sport-nach-einem-herzinfarkt-in-massen-sinnvoll.html

Sport nach Herzinfarkt trainiert Herzleistung (2011). In: http://www.lifeline.de/themenspecials/herzinfarkt/sport-nach-herzinfarkt-trainiert-herzleistung-id32064.html (11.01.2011)

Sport trotz Asthma? (2010). In: http://derstandard.at/1277336644392/Lunge-Sport-trotz-Asthma (24.06.2010)

Sport und Stressabbau sind die beste Medizin (o. J.). In: http://www.hoelderlinapotheke.de/bluthochdruck/therapie

Sport vertreibt selbst schwere Depressionen (2011). In: http://www.focus.de/gesundheit/ratgeber/depression/news/psychologie-sport-vertreibt-selbst-schwere-depressionen_aid_658823.html (25.08.2011)

Sportliche Betätigung und Sauna mit hohem Blutdruck (Hypertonie) (o. J.). In: http://www.sportgesundheit.eu/hoher_blutdruck_hypertonie.htm

SPRENGER, M. (1990): Entspannt laufen [3. Klasse]. In: SPORTPÄDAGOGIK, 14. Jg., H. 5, S. 35-36

SPRING, P. (1985): Ausdauertraining – auch im Turnen das A und O. Wichtig für die physische und psychische Entwicklung. In: DER LÄUFER, 2. Jg., H. 4, S. 30-32

SPRINGER, E. (2002): Lauftherapie mit hyperaktiven Kindern – eine empirische Studie. In: DLZ-RUNDSCHAU, 14. Jg., H. 27, S. 25-30

SPRINGER, E. (2003): Mein Anfang mit praktischen Lauftherapiekursen – ein Erfahrungsbericht. In: DLZ-RUNDSCHAU, 15. Jg., H. 29, S. 14-15

SPRINGER, E. (o. J.): Erfahrungen. In: http://www.learn2run.de/erfahrungen.htm

SPRINGER, U. (2006): Lachen und Laufen hält Leib und Seele zusammen. In: BONNEMANN, A., GRELL, J. & RICHTER, K. (Hrsg.): Laufen und Lauftherapie. Regensburg, S. 101-109

SRAHLER, D. (2010): Institut für Sportmedizin: Marathon nach einem Herzinfarkt? In: KLINIKUM ZEITUNG, NÜRNBERG; http://www.klinikum-nuernberg.de/DE/aktuelles/knzeitung/2010/201004/sportmedizin.html (06.10.2010)

SSC RUNNING & MARLOVITS, A. (2007): Warum Laufen glücklich macht. Ein psychologischer Erklärungsversuch von Andreas Marlovits. In: http://www.bmw-berlin-marathon.com/news-und-media/news/2007/05/17/warum-laufen-gluecklich-macht.html (17.05.2007)

STACH, R. (Hrsg.) (1994): Zur Psychologie des Laufens. Frankfurt a. M.

STACH, R. (1994): Marathon. Eine Bewegung. In: STACH, R. (Hrsg.): Zur Psychologie des Laufens. Frankfurt a. M., S. 36-48

STADLER, A. & KUNZ, M. (1997): Fit, gesund, knackig: Der ideale SPORT für Sie. In: FOCUS, H. 18, S. 158-171

STADT BAD LIPPSPRINGE (o. J.): Das Deutsche Lauftherapiezentrum. In: http://www.bad-lippspringe.com/wDefault/gesundheit/lauftherapiezentrum.php

STADT ZÜRICH & STADTSPITAL WAID (2002): Merkblatt für Patienten nach Herzinfarkt. In: https://www.stadt-zuerich.ch/content/dam/stzh/waid/Deutsch/Neuer%20Ordner%20(3)/PDF/Kliniken/Medizin/Kardiologie/Merkblatt%20fuer%20Patienten%20nach%20Herzinfarkt.pdf, S. 2-3

STAHL, S. (2012): Zöliakie und Sport. Meine kleine Sportgeschichte. In: MAHLSTEDT, S. (Hrsg.): „Ich laufe, um zu laufen ..." Eine Frauen-Laufen-Anthologie. Norderstedt, S. 119-122

STALL, J. (2003): Go – Laufen mit Musik. (Buch + CD) München

Standard-Laufprogramm des Deutschen Lauftherapiezentrum e. V. Bad Lippspringe. (1997). In: DLZ-RUNDSCHAU, Ausg. 18, S. 18

STANGL, A. (o. J.): Laufen und die sehr positiven Effekte auf den Fettmetabolismus und der Vermeidung der Arterosklerose. In: http://www.athenlauf.de/index.php?id=147

STAROSTZIK, C. (2013): Copenhagen City Heart Study: Läufer leben länger – wenn sie nicht übertreiben. In: SPRINGERMEDIZIN.DE (13.03.2013)

STAROSTZIK, C. (2013): Sterberisiko sinkt: Zum längeren Leben joggen. In: http://www.aerztezeitung.de/medizin/krankheiten/herzkreislauf/herzinfarkt/article/835319/sterberisiko-sinkt-laengeren-leben-joggen.html (28.03.2013)

STAROSTZIK, C. (2014): Copenhagen City Heart Study: Läufer leben länger – aber was ist die optimale Trainingsdosis? In: SPRINGERMEDIZIN.DE (11.02.2014)

STEFES, H.-J. (2012): Laufen für Frauen, ein Segen oder eine Gefahr? In: http://www.netzwerk-frauengesundheit.com/laufen-fuer-frauen-ein-segen-oder-eine-gefahr/ (20.08.2012)

STEFFEN, E. (2014): Trainingseffekte eines moderaten Ausdauertrainings bei älteren depressiven Patienten auf spiroergometrische und isokinetische Variablen. Dissertation, Medizinische Fakultät, Eberhard Karls Universität, Tübingen; https://hsbiblio.uni-tuebingen.de/xmlui/bitstream/handle/10900/53942/Disertation%20Erik%20Steffen%202014.pdf?sequence=1&isAllowed=y, S. 21ff

STEFFENS, T. (2006): Milliarden-Ersparnis. Die Zahl der sportlich Aktiven steigt, vor allem die Zahl der regelmäßigen Läufer. Sie entlasten den Staat und das Gesundheitssystem erheblich. In: RUNNER'S WORLD, H. 12, S. 4

STEFFENS, T. (2007): Kinder-Lauftraining muss nicht sein. Laufen allein ist keine kindgerechte Sportaktivität (Ratgeber). In: RUNNER'S WORLD, H. 5, S. 22

STEFFENS, T. (2009): Basisbuch Laufen - Laufen leicht gemacht. Aachen

STEFFENS, T. & GRÜNING, M. (1999): Das Laufbuch. Hamburg

STEFFENS, T. & GRÜNING, M. (2003): Runner's World: Laufen. Das Einsteigerbuch. Reinbek, S. 60-65 (Abnehmen durch Laufen)

STEFFENS, T. & GRÜNING, M. (2005): Laufen – die 100 besten Tipps. Reinbek

STEFFENS, T. & GRÜNING, M. (2007): Das Laufbuch für Frauen. Reinbek

STEFFNY, H. (1993): Mit Ausdauersport gegen Krebs. In: SPIRIDON, 19. Jg., H. 11, S. 10-11

STEFFNY, H. (1997): Joschka Fischer: Vom Turnschuh-Minister zum Marathon-Kandidaten. In: SPIRIDON, 23. Jg., H. 12, S. 9-10

STEFFNY, H. (2003): Das rehabilitative Lauftraining – „Move it or lose it!". In: KULENKAMPFF, H.-A. & BERG, A. (Hrsg.): Ausdauersport in der Rehabilitation. Ein Beitrag zum 25-jährigen Bestehen der Median-Kliniken, Bad Krozingen. Berlin, S. 101-117

STEFFNY, H. (2004): Das große Laufbuch. Alles, was man übers Laufen wissen muss. München

STEFFNY, H. (2004): Von Null auf 42. Herbert Steffny rät. In: SPIRIDON, H. 6, S. 22

STEFFNY, H. & FISCHER, J. (1997): Dem Herzinfarkt davongelaufen. Herbert Steffny interviewt Joschka Fischer. In: SPIRIDON, 23. Jg., H. 12, S. 11-12

STEFFNY, H. & PRAMANN, U. (1998): Perfektes Lauftraining. Schritt für Schritt gesund und fit. Von Jogging bis Marathon. München, S. 13-23

STEFFNY, H. & PRAMANN, U. (2001): Fit for run. München

STEFFNY, H. & PRAMANN, U. (2003): Perfektes Lauftraining. München, Hamburg, S. 13-25

STEFFNY, H. & FEIL, W. (2009): Die Lauf-Diät. München

STEFFNY, H. & FEIL, W. (2014): Die kleine Lauf-Diät. München

STEFFNY, M. (1974): Lauf mit. Mainz (Frankfurt a. M. 1979)

STEFFNY, M. (1979): Lebens-Lauf. Laufen als neue Erfahrung für Körper und Psyche. Köln

STEFFNY, M. (1982): In Oregon wurde das Jogging groß. Die großen Trainer: Bill Bowermann. In: SPIRIDON, H. 10, S. 44-45

STEFFNY, M. (1984): Farewell, Fixx! In: SPIRIDON, 10. Jg., H. 8, S. 6

STEFFNY, M. (1993): Jogger sind besser im Job. In: SPIRIDON, 19. Jg., H. 8, S. 19

STEFFNY, M. (1994): Jogger sind besser im Job. In: DLZ-RUNDSCHAU, Ausg. 11, S. 18-19

STEFFNY, M. (1994): Ratgeber: Magersucht. In: SPIRIDON, 20. Jg., H. 7, S. 25

STEFFNY, M. (1996): Abnehmen durch Laufen. In: SPIRIDON, 22. Jg., H. 6, S. 19-20

STEFFNY, M. (1996): Heilsames Barfußlaufen. In: SPIRIDON, 22. Jg., H. 7, S. 14-16

STEFFNY, M. (1997): Fitneß-Minimum: Wie weniger auch mehr sein kann. In: SPIRIDON, 23. Jg., H. 7, S. 14-15

STEFFNY, M. (1998): Fastenläufe als Erfolgsgeheimnis. In: SPIRIDON, H. 1, S. 14-15

STEFFNY, M. (1999): „Man muß die Vögel noch singen hören!" Ärzte Symposium Bad Füssing. In: SPIRIDON, H. 3, S. 10-11

STEFFNY, M. (2002): Laufen ist am effektivsten [Kalorienverbrauch]. In: SPIRIDON, H. 9, S. 16

STEFFNY, M. (2005): Laufen. Tipps für Langstreckenläufer. (Reihe „Gesund leben") Köln

STEFFNY, M. (2006): Laufen Hand in Hand: Blinde zu neuen Horizonten führen. In: SPIRIDON, H. 1, S. 6-7

STEFFNY, M. (2006): Laufsucht als Irrlicht. In: SPIRIDON, 32. Jg., H. 4, S. 4

STEFFNY, M. (2007): Wie herzgesund sind die Oldies? Marathon-Studie in Düsseldorf. In: SPIRIDON, 33. Jg., H. 3, S. 32-33

STEFFNY, M. (2008): Wieviel Lauf-Kilometer sind effektiv? [Kalorienverbrauch] In: SPIRIDON, H. 6, S. 20-21

STEFFNY, M. (2009). Andi macht auf jeden Fall weiter. Das Laufprojekt „Jugend bewegt sich über Grenzen" mit einer Halbmarathon-Staffel junger Gefangener in Siegburg. In: SPIRIDON, 35. Jg., H. 3, S. 44-45.

STEFFNY, M. (2009): Die Seele ist schneller als der Körper. („Je länger ich laufe, um so kleiner werden meine Probleme.") – Drogenabhängigkeit – In: SPIRIDON, H. 12, S. 33

STEFFNY, M. (2010): Van Aaken als Prophet des Dauerlaufs. Waldnieler Lauftraining. In: SPIRIDON, H. 3, S. 12-13; http://www.laufmagazin-spiridon.de/pages/ratTat/2010/heft_03_10seite12-13.pdf

STEFFNY, M. (2010): Die zauberhafte Wirkung des Laufens. In: SPIRIDON, H. 4, S. 28-29

STEFFNY, M. (2011): 20 Jahre lang 50 bleiben. In: SPIRIDON, H. 8, S. 15-17

STEFFNY, M. (2014): Der lange Kampf für den Ausdauersport. Portrait Dr. Ernst van Aaken. In: SPIRIDON, H. 3, S. 8-9

STEFFNY, M. (2014/15): Bin ich laufsüchtig? In: SPIRIDON, 40. Jg., H. 12-01, S. 24-25

STEFFNY, M. (2015): Billigste und wirksamste Form der Fitness. Die zehn Gebote des Laufens, Teil 2: Du sollst deine Ausdauer verbessern! In: SPIRIDON, 41. Jg., H 3, S. 24-25

STEFFNY, M. & BREUER, R. (1982): Das Frauen-Laufbuch. Hilden

STEFFNY, M. & UHLENBRUCK, G. (1998): Läufer leben länger und sterben gesünder. Spiridon-Gespräch mit Prof. Gerd Uhlenbruck. In: SPIRIDON, 24. Jg., H. 3, S. 30-31

STEFFNY, M. & UHLENBRUCK, G. (2009): Laufen macht glücklicher als Sex. Spiridon-Gespräch mit Prof. Dr. Gerhard Uhlenbruck. In: SPIRIDON, H. 7, S. 14-15

STEHRER, S. (2014): Schlank durch Sport: Wie richtige Bewegung beim Abnehmen hilft. In: http://www.medizinpopulaer.at/archiv/seele-sein/details/article/schlank-durch-sport.html (05.2014)

STEINAU, M. & FRANKE, J. (1996): Eignung von Sport-, Spiel- und Bewegungsformen in Abhängigkeit von einzelnen Schadensbildern. In: GESUNDHEITSSPORT UND SPORTTHERAPIE, 12. Jg., H. 3, S. 18-20

STEINBACH, M. (2013): Fot ladies only: 10 intime Fragen für Läuferinnen. In: http://www.womenshealth.de/fitness/ausdauer/10-intime-fragen-fuer-laeuferinnen.19908.htm#5 (04.02.2013)

STEINBACH, M. (2014): 8 Gründe, um mit dem Laufen anzufangen. (Reihe: Lust auf Laufen) In: http://www.womenshealth.de/8-gruende-um-mit-dem-laufen-anzufangen.19921.htm#1 (20.10.2014)

STEINER, J. & REGLI, M. (2010): Spirituelles Laufen: Joggen bis zur Erleuchtung. [Interview] In: BERNER ZEITUNG, 20.03.2010, S. 39; http://www.spiritualmove.ch/fileadmin/user_upload/02_Medienberichte/20100320_Interview_BZ.pdf

STEINMAßL-WIRRER, M. (2008): Sport statt Pillen. Beispiele für effiziente Krankheitsprävention durch Ausdauer- und Krafttraining. In: http://www.springermedizin.at/artikel/1567-sport-statt-pillen (04.12.2008)

STEINSDÖRFER, I. (1988): Im Trainingsanzug gegen die Sucht nach Alkohol anrennen. Paderborner >Jogging-Professor< entwickelte Lauftherapie. In: WESTFALEN-BLATT, Nr. 12 vom 15. Januar 1988

STELLMACHER, M. (2014/15): Lauftherapie im Maßregelvollzug. Eine Projekt-Studie im LWL-Zentrum für forensische Psychiatrie Lippstadt. In: DLZ-RUNDSCHAU, 26. Jg., H. 51/52, S. 33-35

STELTER, R. (1996): Du bist wie dein Sport. Studien zur Entwicklung von Selbstkonzept und Identität. Schorndorf

STEMPER, T. (1988): Gesundheit – Fitness – Freizeitsport. Praxis des modernen Gesundheitssports. Köln, S. 13-20, 52-61

STEMPER, T. & LAGERSTRÖM, D. (1984): Richtig laufen. In: SPORT & GESUNDHEIT, 1. Jg., H. 2, S. 24-26

STENGEL, S., TUTTOR, M. & KEMMLER, W. (2013): Einfluss der Reizintensität beim Lauftraining auf die Entwicklung der Ausdauerleistungsfähigkeit. Abstract Nr. 139, In: DEUTSCHE ZEITSCHRIFT FÜR SPORTMEDIZIN, 64. Jg., Nr. 7/8, S. 230; http://www.zeitschrift-sportmedizin.de/fileadmin/content/archiv2013/Heft_7_8/42_abstract_129_160.pdf

STENGLEIN, M. (1999): Joggen oder Workout?. In: MEN'S HEALTH, Dezember, S. 89-90

STENZEL, R. (2013/14): Laufen lernen verändert. Erkenntnisse und Ergebnisse aus meiner Projektarbeit mit einer Frauenlaufeinsteigergruppe. In: DLZ-RUNDSCHAU, 25. Jg., H. 49/50, S. 38-39

STERZING, B., ECKERT, S. & SEITZ, B. (2007): Ja, wo laufen Sie denn?! Trainingsempfehlungen und wichtige Hinweise für das Lauftraining der Generation 50+. In: CONDITION, H. 11, S. 33-35

STERZING, B. & SEITZ, B. (2008): Diabetes mellitus und Sport. Körperliche Aktivität für mehr Lebensqualität. In: CONDITION, 39. Jg., H. 3, S. 26-27

STEURI, H. (1990): Der Lauf-Encounter – Laufen und Gruppengespräche. In: WEBER, A. (Hrsg.): Bewegung braucht der Mensch. Langsamer Dauerlauf als Vehikel für gesünderes Leben? Erkrath, S. 105-113

STICKDORN, S. (2007): Auf den Spuren Zatopeks – Eine qualitative Studie zum Marathonlauf als Freizeitsport. In: JÜTTING, D. H. (Hrsg.): Wer läuft denn da? Studien zur Laufbewegung. Münster, S. 75-86

STIENSMEIER-PELSTER, J., MEYZA, P. & LENZEN, H.-G. (1989): Alkoholismus und Handlungskontrolle: Der Einfluß eines Lauftrainings auf den Therapieverlauf bei handlungs- und lageorientierten Alkoholabhängigen. In: SUCHTGEFAHREN, 35. Jg., S. 356-367

STILGENBAUER, F., REIßNECKER, S. & STEINACKER, J. M. (2003): Herzfrequenzvorgaben für Ausdauertraining von Herzpatienten. In: DEUTSCHE ZEITSCHRIFT FÜR SPORTMEDIZIN, 54. Jg., Nr. 10, S. 295-296; http://www.zeitschrift-sportmedizin.de/fileadmin/content/archiv2003/heft10/stint_10_03.pdf

STILLE, W. (1975): Der Langlauf – als Erziehungsmittel. In: CONDITION, 6. Jg., H. 3, S. 8-9

STILLER, J., PFEFFER, I. & ALFERMANN, D. (2008): Beeinflusst präventiver Gesundheitssport das physische Selbstkonzept? In: CONZELMANN, A., HÄNSEL, F. & ANDERS, D. (Hrsg.): Sport und Selbstkonzept. Struktur, Dynamik und Entwicklung [Beiträge zur Lehre und Forschung im Sport, Band 161]. Schorndorf, S. 80-91

STÖBER, T. (2009): Therapeutisches Laufen mit autistisch behinderten Männern. In: BARTMANN, U. (Hrsg.): Fortschritte in Lauftherapie, Bd. 2. Tübingen, S. 109-110

STÖCKEL, D. (2009): Lauftherapie zur Unterstützung der verhaltenstherapeutischen Behandlung bei Depressionen und Angststörungen für Patienten einer ambulanten Praxis. In: BARTMANN, U. (Hrsg.): Fortschritte in Lauftherapie, Bd. 2. Tübingen, S. 41-52

STÖWE, C. (2014): Laufen ist meine Therapie. In: http://travelrunplay.de/laufen-ist-meine-therapie/ (14.08.2014)

STOLL, J. (2014): Mit Leistungssport die Drogensucht überwunden. In: http://www.augsburger-allgemeine.de/mindelheim/Mit-Leistungssport-die-Drogensucht-ueberwunden-id30613187.html (15.07.2014)

STOLL, O. (1992): Betr. „Laufen macht heiter". In: CONDITION, 23. Jg., H. 1-2, S. 7

STOLL, O. (1996): Psychologisches Training in Ausdauersportarten am Beispiel einer Streßintervention. In: PSYCHOLOGIE UND SPORT, 3. Jg., H. 4, S. 139-147

STOLL, O. (1997): Endorphine, Laufsucht und Runner's High. Aufstieg und Niedergang eines Mythos. In: LEIPZIGER SPORTWISSENSCHAFTLICHE BEITRÄGE, 28. Jg., H. 1, S. 102-121; http://www.ilug.uni-halle.de/wp-content/uploads/2008/05/runners-high.pdf

STOLL, O. (2000): Ausdauersport und psychologische Aspekte im Freizeit- und Breitensport. In: ZIEMAINZ, H., SCHMIDT, U. & STOLL, O. (Hrsg.): Psychologie in Ausdauersportarten. Butzbach-Griedel, S. 8-36

STOLL, O. (2001): Wirkt sportliche Aktivität ressourcenprotektiv? Lengerich

STOLL, O. (2011): Sport als Methode zum Stressabbau. 2. Prophylaxe-Seminar des KNS. [Präsentation] In: http://www.kompetenznetz-schlaganfall.de/fileadmin/download/Fortbildung_Oktober_2011/Stoll_mitW.pdf

STOLL, O. & WAGNER, P. (1992): Ein wissenschaftlicher Überblick: Was ist eigentlich ‚runner's high'? In: SPIRIDON, 18. Jg., H. 10, S. 54-55

STOLL, O. & OGLES, B. (1997): Warum Marathonläufer laufen. In: SPIRIDON, 23. Jg., H. 4, S. 22-24

STOLL, O. & ROLLE, J. (1997): Persönlichkeitsprofile und habituelle Stressbewältigung bei Ultralangstreckenläufern. In: SPORTWISSENSCHAFT, 27. Jg., S. 161-172

STOLL, O. & ZIEMAINZ, H. (2012): Laufen psychotherapeutisch nutzen. Grundlagen, Praxis, Grenzen. Berlin, Heidelberg

STOLL, O. & ZIEMAINZ, H. (2012): Psychotherapie, Sporttherapie, Lauftherapie – worüber reden wir? [Laufen psychotherapeutisch nutzen, Kap. 1] In: http://www.springer.com/cda/content/document/cda_downloaddocument/9783642050510-c1.pdf?SGWID=0-0-45-1266360-p174287264 (PDF)

STOLL, O. & ZIEMAINZ, H. (2012): Lauftherapie - Wirkungen und Perspektiven. In: RÖßLING, W. (Hrsg.): UEFA Fussball Europameisterschaft 2012. Heidelberg, S. 36-39

STRAUSZ, M. (2012): Depression: Weglaufen hilft nicht. In: http://news.doccheck.com/de/385/depression-weglaufen-hilft-nicht/ (22.08.2012)

STRAUZENBERG, S. E. (1977): Gesundheitstraining. Berlin (DDR), S. 148

STRAUZENBERG, S. E. (1979): Grundbedingungen für die Belastungsgestaltung zur gerichteten Beeinflussung der Herz-Kreislauf- und Stoffwechselfunktion bei Erwachsenen durch Freizeit- und Erholungssport. In: MEDIZIN & SPORT, 19. Jg., H. 1-2, S. 36-42

STRAUZENBERG, S. E. (1980): Ausdauerübungen in der Prävention und Therapie von Stoffwechselstörungen. In: MEDIZIN & SPORT, 20. Jg., S. 162-168

STRAUZENBERG, S. E. (2006): Gesund und lebensfroh bis ins hohe Alter. Dresden, S. 58, 65, 116, 121, 123, 188, 196, 197, 202, 204

STRAUZENBERG, S. E. & CLAUSNITZER, H. (1972): Beitrag zur Beeinflussung des Serumcholesterinspiegels durch Körperübungen und Sport. In: MEDIZIN & SPORT, 12. Jg., H. 8, S. 239-241

Stress. Die deutsche Krankheit (2002). In: APOTHEKEN UMSCHAU, H. A12 (02.12.2002), S. 34-40

STRIEGEL, H. (2006): Ratgeber: Steigt das Herzinfarktrisiko beim Training am Morgen? In: RUNNER'S WORLD, H. 4, S. 25

STRIEGEL, H. (2006): Ratgeber: Kann Laufen Cellulite verursachen? In: RUNNER'S WORLD, H. 9, S. 24

STRÖHLE, A. (2006): Körperliche Aktivität, Sport und psychische Gesundheit. In: HOHAGEN, F. & NESSELER, T. (Hrsg.): Wenn Geist und Seele streiken. Handbuch psychische Gesundheit. München, S. 84-92

STROHECKER, I. (2007): Laufen und Leben nach dem Herzinfarkt. In: RUNNER'S WORLD, H. 9, S. 12-13

STROHECKER, I. (2010): Lauf aus der Sucht. In: RUNNER'S WORLD, H. 9, S. 58-62

STROHECKER, I. (2013): Laufen trotz Herzinfarkt. In: RUNNER'S WORLD, H. 5, S. 24

STROHECKER, I. (2014): "Laufen war meine Therapie". In: RUNNER'S WORLD, H. 9, S. 18-19

STROHECKER, I. (2015): "Ich bin ins Leben zurückgelaufen". In: RUNNER'S WORLD, H. 1, S. 20-21

STROHECKER, I. (2015): „Ich empfinde jeden Lauf als Geschenk". [Medikamentenfrei nach Vorhofflimmern] In: RUNNER'S WORLD, H. 3, S. 16-17

STROHECKER, I. (2015): Laufen als Ersatzdroge. Der Sozialpädagoge und Lauftherapeut Frank Wagner bringt Drogensüchtige zum Laufen. In: RUNNER'S WORLD, H. 8, S. 20

STRUBE, W., FALKAI, P., HASAN, A. & BUNSE, B. (2015): Neue Ansätze in der Schizophrenietherapie. In: DER NEUROLOGE & PSYCHIATER, Nr. 1, S. 46-56

STRÜNKER, E. (2014): Selbstbewusstsein stärken mit Laufen: Disziplin hebt das Ego! In: FITMIO MAGAZIN, http://blog.fitmio.de/selbstbewusstsein-staerken-mit-laufen

STRUNZ, U. (1999): Forever young. Das Erfolgsprogramm. Laufen Sie sich jung! Essen Sie sich jung! Denken Sie sich jung! München (14. Aufl. 2001)

STRUNZ, U. (2000): Forever young. Das Leicht-Lauf-Programm. Ultralight-Lauf: locker, leicht, lächelnd. Ihr Start in ein neues Leben. München

STRUNZ, U. (2001): Forever young. Meine 15 besten Fitness-Tipps. München, S. 16-19

STRUNZ, U. (2004): Frohmedizin, der aktive Weg zur Gesundheit: ohne Pillen und Medikamente, neue Strategien gegen Herzinfarkt, Schlaganfall, Diabetes ... München

STRUNZ, U. (2006): Laufen ... Wunderpille Sport. In: RUNNING SPECIAL, H. 3, S. 70-71

STRUNZ, U. (2011): forever young news: Lauf um Dein Leben! In: http://www.strunz.com/news.php?newsid=1516&tag=Herzinfarkt&ab=0 (30.06.2011)

STRUNZ, U. (2012): laufend gesund. So mobilisieren Sie die heilende Kraft des Körpers. München

STRUNZ, U. (2014): forever young news: Laufen ist das Nadelöhr. In: http://www.strunz.com/news.php?newsid=2802&tag=&ab=0 (03.08.2014)

STUCKHARD, P. (2014): Laufen, ohne zu schnaufen. (Gesund durch den Frühling, 5) In: NEUE WESTFÄLISCHE vom 22./23.03.2014; http://www.laufergebnis.de/info/laufen_ohne_zu_schnaufen/laufen_ohne_zu_schnaufen.html

Studie: Kurzes Laufen so gut wie langes Joggen (2014). In: http://www.t-online.de/lifestyle/abnehmen/id_70433248/kurzes-laufen-ist-genau-so-gut-wie-intensives-jogging.html

Studie zu Bewegungsmangel: Todesursache Faulheit (2012). In: http://www.spiegel.de/gesundheit/ernaehrung/fitness-mangelnde-bewegung-toetet-jaehrlich-fuenf-millionen-menschen-a-845012.html (18.07.2012)

SUCHY, C., PRESSLER, A. & HALLE, M. (2014): Körperliches Training in der Sekundärprävention kardiovaskulärer Erkrankungen - sind die Guidelines noch aktuell? In: AKTUELLE KARDIOLOGIE, 3. Jg., H. 6, S. 365-369

SUTER, E. & MARTI, B. (1988): Laufen beeinflußt das Cholesterinprofil. Zürcher Studie über Dauerleistung, Körper- und Blutfette. In: LÄUFER, 5. Jg., H. 5, S. 46-48

SUTER, E.; MARTI, B. et al. (1991): Effekte von Jogging auf psychisches Befinden und saisonale Stimmungsschwankungen: Eine randomisierte Studie mit gesunden Frauen und Männern. In: SCHWEIZER MEDIZINISCHE WOCHENSCHRIFT, 121, S. 1254-1263

SWITZER, K. (2000): Laufen und Walking. Das sanfte Programm für Frauen. Reinbek

SWITZER, K. & ROBINSON, R. (2006): Faszination Marathon. Geschichten und Bilder rund um die magischen 42,195 Kilometer. München. S. 76-85

SZIRT, G. (2009): Laufsport für und mit Sehbehinderten. Basel

TASSER, B. (2015): Laufen und Krebs. Ein Oberösterreicher tankt beim Laufen Kraft, um besser mit seiner Krankheit umzugehen. In: ÖSTERREICHISCHER RUNDFUNK (ORF), http://tvthek.orf.at/program/heute-leben/4660213/heute-leben/9716577/Laufen-und-Krebs/9716592 (06.05.2015)

TAUSCH, R. (1996): Hilfen bei Stress und Belastung. Was wir für unsere Gesundheit tun können. (Vollst. überarb. u. erw. Neuausg.) Reinbek, S. 274-281

TAUSCH, R. (1999): Streßbelastungen: Bedeutsame Verminderung durch Bewegungstraining. In: WEBER, A. (Hrsg.): Hilf dir selbst: Laufe! Das Paderborner Modell der Lauftherapie und andere Konzepte für langfristig gesundes und erfolgreiches Laufen. Paderborn, S. 181-192

TAUSCH, R. (2006): Selbst-Disziplin. In: BONNEMANN, A., GRELL, J. & RICHTER, K. (Hrsg.): Laufen und Lauftherapie. Regensburg, S. 141-153

TECHNIKER KRANKENKASSE (2010): Sport als Therapie. Mit Bewegung zu mehr Gesundheit. Aachen

TECHNIKER KRANKENKASSE (2014): Diabetiker laufen sich fit – in 18 Städten. In: http://www.hcc-magazin.com/diabetiker-laufen-sich-fit-18-staedten/12381 (26.03.2014)

TEICHERT, A. (2011): Soziales Training mit Gruppen. Einstellungs- und Verhaltensänderung durch Kompetenzerwerb. Berlin, S. 81-82

TEUFFEL, F. (2008): Jogging: Wie Erwachsene laufen lernen. In: http://www.tagesspiegel.de/weltspiegel/gesundheit/jogging-wie-erwachsene-laufen-lernen/1226358.html (05.05.2008)

TEUFFEL, F. (2010): Auslauf für den Kopf - Gut für Konzentration, Gedächtnis und die Stimmung. Regelmäßiges Laufen wirkt. Wissenschaftliche Studien haben bewiesen, dass Joggen nicht nur das Herz stärkt, sondern auch die geistige Leistung fördert. In: TAGESSPIEGEL, 10. Mai 2010; http://www.germanroadraces.de/24-0-16073-auslauf-fuer-den-kopf--gut-fuer.html (12.05.2010)

TEUFFEL, F. (2013): Ausdauer für die Seele. Seit 25 Jahren gibt es in Deutschland Lauftherapeuten. In: TAGESSPIEGEL, 07.04.2013, S. 20

TEUSCH, H. (2015): Stolz auf die eigene Leistung. [Lauftherapie für Kinder] In: http://www.volksfreund.de/nachrichten/sport/laufen/laeufe_region/faehrturm/Faehrturmlauf-Schweich-Stolz-auf-die-eigene-Leistung;art293138,4156492 (11.03.2015)

THEMESSL, P. (1997): Von der Leistungsverweigerin zur perfekten Dauerläuferin: Dagmar überwand den inneren Schweinehund. In: DLZ-RUNDSCHAU, Ausg. 18, S. 26

THEUERMEISTER, D. (Red.) (2014): Laufpioniere in Deutschland: Dr. Ernst van Aaken. In: R1 RUNNING FIRST, Ausg. 1, S. 28-31; http://www.runningfirst.de/laufpioniere-in-deutschland/

THIEL, M. & STRUNZ, U. (2000): „Wer die Beine bewegt, dem geht im Kopf ein Licht an." Im Interview: Dr. Ulrich Strunz. In: LAUFZEIT, H. 9, S. 32; http://www.laufzeit.de/archiv/2000/lz2000-09_32.htm

THIMME, D. (2012/13): Die Natur, der Wald und wir – die Läufer. In: DLZ-RUNDSCHAU, 24. Jg., H. 47-48, S. 48-49

THOMAS, H. (1986). Laufen mit Jugendlichen. CONDITION, 17. Jg., H. 3, S. 28-29.

THOMPSON, N. (2015): Die Geheimnisse des perfekten Laufens. In: http://www.arte.tv/guide/de/046962-000/die-geheimnisse-des-perfekten-laeufers

THOR-WIEDEMANN, S. (2001): Laufen als Therapie. In: HÖR ZU, H. 18, S. 116

THURM, U. & GEHR, B. (2009): Diabetes- und Sportfibel. Mit Diabetes weiter laufen. Mainz (3., akt. u. erw. Aufl.)

TISCHER, K.-H. & DOENECKE, P. (2001): Plötzlicher Herztod beim Lauftreff [Darmstadt] – Ergebnisse über 27 Jahre. Abstract. In: DEUTSCHE ZEITSCHRIFT FÜR SPORTMEDIZIN, 52. Jg., H. 7-8, S. 58; http://www.zeitschrift-sportmedizin.de/fileadmin/content/archiv2001/heft07_08/Abstractbandneu.pdf

TÖDTER, R. (2014): Spirituelles Laufen. Spirituelles Laufen in Theorie und Praxis. Norderstedt

TORNAU, C. (o. J.): Laufwissen. Warum überhaupt Laufen? […] In: http://www.laufen.org/laufwissen/

Training für die grauen Zellen. (2008). In: RUNNER'S WORLD, H. 12, S. 30-31

Trainingsprogramm für Laufanfänger. Ein bewährtes Rezept im DLZ. (1990) In: DLZ-RUNDSCHAU, Ausg. 4, S. 29

TREICHEL, P. (1984): Anspannung und Entspannung. In: CONDITION, 15. Jg., H. 6, S. 54-57

TREICHEL, P. (1987): Jeder spricht vom Streß (1. Teil). In: CONDITION, 18. Jg., H. 7, S. 17-19

TREICHEL, P. (1987): Jeder spricht vom Streß (2. Teil). In: CONDITION, 18. Jg., H. 8, S. 12-13

TREICHEL, P. (1987): Jeder spricht vom Streß (3. Teil). In: CONDITION, 18. Jg., H. 9, S. 26-27

TREICHEL, P. (1987): Jeder spricht vom Streß (4. Teil). In: CONDITION, 18. Jg., H. 10, S. 30-31

TREICHEL, P. (1987): Jeder spricht vom Streß (5. Teil). In: CONDITION, 18. Jg., H. 11, S. 29-30

TREUTLEIN, G. (1985): Körperwahrnehmung und Körpererfahrung beim Laufen. In: HOCHSCHULSPORT, 12. Jg., H. 11, S. 7-10

TREUTLEIN, G. (1986): Faszinierende Leichtathletik – auch durch Körpererfahrung. In: TREUTLEIN, G., FUNKE, J. & SPERLE, N.: Körpererfahrung in traditionellen Sportarten. Wuppertal, S. 31-97

TREUTLEIN, G. (1988): Körperwahrnehmung und Körpererfahrung beim Laufen. In: MARATHON AKTUELL, 8. Jg., H. 8-9, S. 4-8

TREUTLEIN, G. (1988): Bewusstes Laufen: Ein Beitrag zu körperlichem und seelischem Wohlbefinden – Körperwahrnehmung und Körpererfahrung beim Laufen. In: SCHULKE, H.-J. (Hrsg.): Alltagslauf als Aufbruch. (Schriftenreihe des Allgemeinen Deutschen Hochschulsportverbandes, Bd. 11) Wuppertal, S. 193-206

TREUTLEIN, G. (1989): Vorerfahrungen im Ausdauersport bei Schülern und Jugendlichen – methodische Konsequenzen bei Erwachsenen. In: SCHULKE, H.-J. & SPERLE, N. (Hrsg.): Anfängerprogramme im Ausdauersport. Berichtsband zum 7. ADH-Symposium „Anfänger und Abbrecher im Ausdauersport". Universität Bremen 1987. (Schriftenreihe „Gesundheit, Sport, Ernährung", Bd. 2) Bremen, S. 138-142

TREUTLEIN, G. (1989): Körpererfahrungs- und gesundheitsorientiertes Laufen (-Lernen). In: SCHULKE, H.-J. & FIETZE, U. (Hrsg.): Belastung und Erholung beim Dauerlauf. Berichtsband zum wissenschaftlichen Symposium im Rahmen des Bremen Marathon 1988. (Schriftenreihe „Gesundheit, Sport und Ernährung, Bd. 3) Universität Bremen, S. 123-135

TREUTLEIN, G. (1992): Körperwahrnehmung und Körpererfahrung in der Leichtathletik. In: TREUTLEIN, G., FUNKE, J. & SPERLE, N. (Hrsg.): Körpererfahrung im Sport. wahrnehmen – lernen – Gesundheit fördern. (ADH-Schriftenreihe des Hochschulsports, Bd. 13) Aachen (2., überarb. Aufl. von Treutlein, G.; Funke, J.; Sperle, N., Hrsg., 1986, Körpererfahrung in traditionellen Sportarten, Wuppertal), S. 67-105

TREUTLEIN, G. (1994): Beim Laufen der Weisheit des Körpers eine Chance geben. In: KNÖRZER, W. (Hrsg.): Ganzheitliche Gesundheitsbildung in Theorie und Praxis. Heidelberg, S. 159-170

TREUTLEIN, G. & KNÖRZER, W. (1988): Barfuß-Laufen – Thema schulischer Gesundheitserziehung. In: SCHULKE, H.-J. (Hrsg.): Alltagslauf als Aufbruch. (Schriftenreihe des Allgemeinen Deutschen Hochschulsportverbandes, Bd. 11) Wuppertal, S. 124-137

TRUSHEIM, B. (1996): Richtig atmen – gesünder leben. Mit praktischem Gesundheitsbegleiter. (Praxis-Ratgeber sportinform) München, S. 108-109

TSF-Vortragsreihe Sport und Gesundheit „Laufen – Medizin mit Spaßfaktor" (2015). In: http://www3.tsfwelzheim.de/wordpress/?p=12418 (12.07.2015)

UHLENBRUCK, G. (1973): Liebe Laufen-lernen, lerne Laufen lieben! In: CONDITION, H. 14, S. 32-36

UHLENBRUCK, G. (1983): Ist Laufen manchmal eine Sucht? In: SPIRIDON, 9. Jg., H. 3, S. 36

UHLENBRUCK, G. (1984): Der provozierende Prophet. Zum Tode von Dr. van Aaken. In: SPIRIDON, 10. Jg., H. 4, S. 6

UHLENBRUCK, G. (1985): Keine Anhaltspunkte (Dubiose dpa-Meldung schockierte Läufer) [Krebs durch Joggen?] In: SPIRIDON, H. 3, S. 16-17

UHLENBRUCK, G. (1985): Drei Tage war ich Läufer krank ... In: SPIRIDON, H. 9, S. 64

UHLENBRUCK, G. (1987): Von Typen, Tonikern und ihrem Training. In: SPIRIDON, H. 4, S. 10-12

UHLENBRUCK, G. (1988): Ist Laufen manchmal eine Sucht? In: SPIRIDON, H. 3, S. 36

UHLENBRUCK, G. (1988): Immunbiologische Aspekte des Ausdauertrainings unter Berücksichtigung des Einflusses von Sport auf die Krebsentstehung. In: DEUTSCHER VERBAND LANGLAUFENDER ÄRZTE (Hrsg.): Ausdauersport – Bedeutung für Prävention und Rehabilitation. (Schriftenreihe des DVLÄ, H. 2) Augsburg

UHLENBRUCK, G. (1989): Laufsucht oder Auf der Suche nach dem Lauf? In: SPIRIDON, 15. Jg., H. 1, S. 3

UHLENBRUCK, G. (1989): Warum Laufen vorm Altern schützt. In: SPIRIDON, 15. Jg., H. 2, S. 25ff

UHLENBRUCK, G. (1989): Immunkompetenz, Krebs und Sport – Streß und sportliche Aktivität. In: SCHULKE, H.-J., FIETZE, U., MAHLTIG, G. & SCHARF, G. (Hrsg.): Gesundheit in Bewegung (Edition Sport & Wissenschaft, Bd. 12). Aachen

UHLENBRUCK, G. (1990): Fitneß und Frühsterblichkeit. In: SPIRIDON, 16. Jg., H. 2, S. 12

UHLENBRUCK, G. (1990): Hommage an van Aaken (II). In: SPIRIDON, H. 6, S. 20ff

UHLENBRUCK, G. (1992): Wohin geht der Breitensport? In: ÄRZTLICHE PRAXIS, 44. Jg., Nr. 96, S. 5 (auch als Sonderdruck)

UHLENBRUCK, G. (1992): Sport, Streß und Immunsystem: Psychoonkologische Aspekte für Prävention und Nachsorge. In: JAHRBUCH PSYCHOONKOLOGIE, S. 7-22

UHLENBRUCK, G. (1992): Sport und Fitneß – ein Leib-Seele-„Problem"? In: NATuR UND GANZHEITSMEDIZIN, 5. Jg., S. 50-52

UHLENBRUCK, G. (1993): Sport, Alter und Immunsystem. In: MEDIZINISCHE WELT, 44. Jg., S. 303-308

UHLENBRUCK, G. (1993): Wie Sporttreiben psychische Funktionen beeinflußt. In: TW SPORT & MEDIZIN, 5. Jg., H. 6, S. 395-398 (auch als Autorensonderdruck)

UHLENBRUCK, G. (1994): Ernst van Aaken: Was bleibt – nach 10 Jahren?! In: SPIRIDON, 20. Jg., H. 6, S. 19-20

UHLENBRUCK, G. (1994): Sport und Neurologie: Streß durch Sport? In: THERAPIEWOCHE, 44. Jg., Nr. 18, S. 1014-1018

UHLENBRUCK, G. (1994): Immunologische Aspekte im Seniorensport. In: BECKER, U. (Hrsg.): Leichtathletik im Lebenslauf. Bericht vom Breitensport-Kongreß des Deutschen Leichtathletik-Verbandes vom 23. bis 25. Oktober 1992 in Mainz. (Edition Leichtathletik, Bd. 8) Aachen, S. 243-248

UHLENBRUCK, G. (1994): Mentales Glück wirkt auf's Immunsystem zurück. In: NEUROLOGIE PSYCHIATRIE, 8, S. 238-239

UHLENBRUCK, G. (1996): Sport und das Immunsystem. In: THE CLUB OF COLOGNE (Hrsg.): Gesundheitsförderung und körperliche Aktivität. Köln, S. 189-207

UHLENBRUCK, G. (1996): Krebs und Infektionsrisiko im Griff. Alterskongreß in Heidelberg. In: SPIRIDON, 22. Jg., H. 10, S. 15-17

UHLENBRUCK, G. (2000): Laufen verbessert Hirnleistung. In: SPIRIDON, 26. Jg., H. 2, S. 6

UHLENBRUCK, G. (2001): Spiridon-Ratgeber: Sport und Krebs. In: SPIRIDON, 27. Jg., H. 12/01-01/02, S. 19

UHLENBRUCK, G. (2002): Prostata-Krebs davonlaufen? In: SPIRIDON, H. 8, S. 22

UHLENBRUCK, G. (2003): Wie lässt sich unser Immunsystem durch Ausdauertraining stärken? In: OM – ZEITSCHRIFT FÜR ORTHOMOLEKULARE MEDIZIN, 1. Jg., H. 2, S. 8-11

UHLENBRUCK, G. (2003): Ratgeber: Krebs-Nachsorge. In: SPIRIDON, 29. Jg., H. 6, S. 19

UHLENBRUCK, G. (2004): Kann man durch Ausdauerlaufen sein Immunsystem stärken? In: JÜTTING, D. H. (Hrsg.): Die Laufbewegung in Deutschland – interdisziplinär betrachtet. (Global-lokale Sportkultur, Bd. 11) Münster, S. 223-231

UHLENBRUCK, G. (2004): Laufen in Köln. In: HERLING, O. & SEVERIT, F.: Laufbuch Köln. Köln, S. 10-19

UHLENBRUCK, G. (2005): Stammzellen-Fundus: Fitness für Gefäße. In: SPIRIDON, 31. Jg., H. 9, S. 18

UHLENBRUCK, G. (2006): Krebs und Herzinfarkt davonlaufen? In: SPIRIDON, 32. Jg., H. 10, S. 18-19

UHLENBRUCK, G. (2009): Sport und Krankheit: Regel und Ausnahme. In: SPIRIDON, 35. Jg., H. 3, S. 14

UHLENBRUCK, G. (2013): Warum Laufen so gesund ist. In: SPIRIDON, 39. Jg., H. 4, S. 17

UHLENBRUCK, G. (2014): Ein Pionier mit Power. Portrait Dr. Ernst van Aaken. In: SPIRIDON, H. 3, S. 10

UHLENBRUCK, G. (2014): Sport und Immunabwehr: Aspekte zur Lauftherapie – unter Berücksichtigung der Adressatengruppe Kinder und Jugendliche. In: SCHÜLER, W. W.: Lauftherapie mit Kindern und Jugendlichen. Aachen, S. 353-372

UHLENBRUCK, G. (2014): Ist Fitness auch erblich? In: SPIRIDON, 40. Jg., H. 7-8, S. 25

UHLENBRUCK, G. (2015): Die Botenstoffe des Muskels: Vom Sinnvollen sportlicher Bewegung. In: SPIRIDON, 41. Jg., H. 6, S. 16

UHLENBRUCK, G. (o. J.): Grußwort. [Initiative „Fitness goes Schule" des Vereins „Wir stärken dich e. V."] In: http://www.aktion-schule.org/index.php/grusswort

UHLENBRUCK, G. & ORDER, U. (1987): Perspektiven, Probleme und Prioritäten: Sportimmunologie – Die nächsten 75 Jahre? In: DEUTSCHE ZEITSCHRIFT FÜR SPORTMEDIZIN, 38. Jg., S. 991-995

UHLENBRUCK, G. & LEDVINA, I. (1990): Ausdauersport, Immunsystem und Krebs. Teil eines Vortrages während der IGÄL-Ausdauersportwoche in Arolsen. In: CONDITION, 21. Jg., H. 10, S. 14-15

UHLENBRUCK, G., LAGERSTRÖM, D. & PLATEN, P. (1994): Gesundheitsorientiertes Ausdauertraining. Köln

UHLENBRUCK, G. & LEDVINA, I. (1994): Physischer Gesundbrunnen als psychische Energiequelle. In: SPIRIDON, 20. Jg., H. 5, S. 28-29

UHLENBRUCK, G. & LEDVINA, I. (1997): Die Rolle des Immunsystems in der Rehabilitation durch Sport. In: WEIß, M. & LIESEN, H. (Hrsg.): Rehabilitation durch Sport. 1. Internationaler Kongreß des Deutschen Behinderten-Sportverbandes 1995. Marburg, S. 407-416

UHLENBRUCK, G. & JUNG-PRITZ, M. (2006): Ausdauertraining und Immunabwehr. In: AKTIV LEBEN. Die Vitalstoff-Rundschau. H. 2, S. 1-5

ULARDT, J. v. (2009): Laufen mit depressiven Menschen. In: BARTMANN, U. (Hrsg.): Fortschritte in Lauftherapie, Bd. 2. Tübingen, S. 29-40

ULLYOT, J. (1980): Sportarzt und Trainer ohne Beispiel. In: SPIRIDON, 6. Jg., H. 4, S. 8-10

ULSAMER, B. (2007): Joggen im Kindes- und Jugendalter aus orthopädischer Sicht. In: BARTMANN, U. (Hrsg.): Fortschritte in Lauftherapie, Bd. 1. Tübingen, S. 79-88

Umfrage: „Sport steigert Selbstbewusstsein bei Frauen!" (2008) In: http://www.newsmax.de/umfrage-sport-steigert-selbstbewusstsein-bei-frauen---news74032.html (02.09.2008)

UNGER, K. (2007): Der Reiz des Waldes auf den Sportler. Diplomarbeit, Institut für Natursport und Ökologie, Deutsche Sporthochschule Köln

UNIVERSITÄT ROSTOCK (2014): Junger Arzt gibt als Marathon-Läufer das Beispiel. Rostocker Herzspezialisten plädieren für aktiven Lebensstil. In: http://www.uni-rostock.de/aktuelles/pressemeldungen/detailansicht-pressemeldung/news-artikel/junger-arzt-gibt-als-marathon-laeufer-das-beispie/ (13.08.2014)

Unser Lauf ist ein Miteinander. [Training für sehbehinderte Läuferinnen und Läufer] (2014) In: HANDICAPFORUM (Hrsg.: Behindertenforum AKI Region Basel), Nr. 4, S. 10-11

VAIDA, L. (2012): Lauftherapie. Positive Auswirkungen von Sport auf die Psyche. (Studienarbeit) München (GRIN)

VARGAS LLOSA, M. (1980): Laufen – ein intellektuelles Vergnügen. In: SPIRIDON, H. 5, S. 12-13

VEITINGER, T. (2011): Hilft Joggen gegen Depressionen? In: BERNER ZEITUNG, http://www.bernerzeitung.ch/leben/gesellschaft/Hilft-Joggen-gegen-Depressionen/story/12026616 (12.09.2011)

VELDE, C., WANKE, E., WURSTER, G. et al. (2008): Fit bis ins hohe Alter. Sportmedizinische Empfehlungen für Frauen in der zweiten Lebenshälfte. In: DEUTSCHE ZEITSCHRIFT FÜR SPORTMEDIZIN, 59. Jg., Nr. 12, Dossier, S. 3-5; http://www.zeitschrift-sportmedizin.de/fileadmin/content/archiv2008/heft12/dossier_12_2008.pdf

VERBAND DER LAUFTHERAPEUTEN (2014): Sommerakademie 2014 des VDL – ein Rückblick. In: VDL (Hrsg.): INFO-BRIEF für Mitglieder, September, S. 1-6

VERBAND DER LAUFTHERAPEUTEN (2014): Einseitige Sicht [Stellungnahme des Vorstandsgremiums zum Interview „Psychische Gesundheit im Mittelpunkt" mit Prof. Ulrich Bartmann in Spiridon Heft 9/14]. In: SPIRIDON, 40. Jg., H. 11, S. 48

VERBAND DEUTSCHER LAUFTHERAPEUTEN (o. J.): Faltblatt „Was will der VDL?" Mettmann

Verband Deutscher Lauftherapeuten gegründet (VDL). (1995): In: DLZ-RUNDSCHAU, Ausg. 13, S. 10

Verringertes Sterberisiko. (1986) In: DER SPIEGEL, H. 14, S. 209

VESTEWIG, K. (2011): Bewegung heißt das Wundermittel. In: http://www.swp.de/ulm/nachrichten/politik/Bewegung-heisst-das-Wundermittel;art4306,1184613 (25.10.2011)

VIEGENER, U. (2015): Sport als Jungbrunnen [US-Studie mit 65jährigen Joggern]. In: http://www.mydoc.de/fitness/training/sport-jungbrunnen-1930 (26.02.2015)

VIELLEHNER, J. (o. J.): Vier Stolperfallen im Laufsport: Grundlegendes. In: http://gps.de/misserfolg-grundlegendes/

VILLIGER, B., TRITSCHLER, T. & ZINSLIL, M. (2000): Manuelle Medizin und Sport: Laufen, Joggen. In: MANUELLE MEDIZIN, H. 5, S. 289-293

VILLINGER, B. et al. (1991): Ausdauer. Stuttgart, New York

VISTANO PORTAL (2012): Lauftherapie. In: http://www.vistano-portal.com/wissenlexikon/gesundheit_wissen/l/lauftherapie.html (08.05.2012)

VÖLKER, K. (2004): Laufen – ein Allheilmittel für die Gesundheit? In: JÜTTING, D. H. (Hrsg.): Die Laufbewegung in Deutschland – interdisziplinär betrachtet. (Global-lokale Sportkultur, Bd. 11) Münster, S. 233-239

VÖLKER, K. & LAGERSTRÖM, D. (1991): Kleines Lexikon - Hypertonie und Bewegung. Köln

VÖLKER, M. (1986): Ergebnisse eines sechswöchigen Lauftrainings nach dem Intervallausdauerprinzip mit asthmakranken Jugendlichen (Schweregrad III – IV). Dissertation, Universität Frankfurt

VÖLKSCH, M. (1976): Freizeitorientiertes Dauerlauftraining als Beitrag zur Gesunderhaltung. (Teil 1) In: PRAXIS DER LEIBESÜBUNGEN, 17. Jg., H. 9, S. 176-177

VÖLKSCH, M. (1976): Freizeitorientiertes Dauerlauftraining als Beitrag zur Gesunderhaltung. (Teil 2) In: PRAXIS DER LEIBESÜBUNGEN, 17. Jg., H. 10, S. 187-189

VOGEL, B. (2014): Untersuchung der Assoziation von sportlicher Aktivität zur Frühgeburtlichkeit anhand der „Baby Care" Daten. Dissertation, Medizinische Fakultät, Ludwig-Maximilians-Universität München; http://d-nb.info/106387503X/34

VOGELBERG, K. H.; MÜLLER, H. J.; UTERMANN, G. (1982): Koronarinsuffizienz und HDL-Cholesterin bei 70jährigen Männern mit und ohne Bewegungstraining. In: HERZ – KREISLAUF, 14. Jg., H. 5, S. 274-278

VOGT, L. & NEUMANN, A. (Hrsg.) (2006): Sport in der Prävention. Handbuch für Übungsleiter, Sportlehrer, Physiotherapeuten und Trainer. Köln

VOGT, N. (2014): Kurzurlaub von Negativgedanken. (BZ-Serie Lauflust) In: http://www.badische-zeitung.de/leichtathletik-regional/kurzurlaub-von-negativgedanken--85846874.html (04.06.2014)

VOGT, N. & FUCHS, R. (2014): „Sport hilft präventiv und therapeutisch gegen Depressionen" (BZ-Serie Lauflust) In: http://www.badische-zeitung.de/sport-hilft-praeventiv-und-therapeutisch-gegen-depressionen (04.06.2014)

VOITH, M. (2003): Ein Lauftherapiekurs als Weg zum selbstädigen Laufen! Ein Modell zur Planung und Durchführung von Kursen. In: DLZ-RUNDSCHAU, 15. Jg., H. 29, S. 16-20

VOLLERT, H. (1979): Heilung durch Dauerlauf. In: SPIRIDON, H. 2, S. 15

VOLLERT, H. (1984): Komplette Langlaufmethode. Aus Sehnsucht würdig zu leben. Radolfzell

VOLLERT, H. (1985): Räuber, Radikale und Langläufer. (Dubiose dpa-Meldung schockierte Läufer) [Krebs durch Joggen?] In: SPIRIDON, H. 3, S. 18

VOLLERT, H. (1986): Ausdauersport bremst Krebs. In: SPIRIDON, 12. Jg., H. 4, S. 15

VOß, C. (2015): Laufen ohne zu schnaufen. In: WESTFÄLISCHE NACHRICHTEN, http://www.wn.de/Specials/Fit-in-den-Sommer/1961842-Tipps-fuer-Fitness-Einsteiger-Laufen-ohne-zu-schnaufen (04.05.2015)

VOUNATSOS, T. (1987): Vom Sinn des langsamen Dauerlaufs. In: SPIRIDON, 13. Jg., H. 6, S. 16-17

VOUNATSOS, T. (1992): Den Angstmachern die Leviten gelesen! In: SPIRIDON, 18. Jg., H. 6, S. 20-21

VOUNATSOS, T. (2006): Fettverbrennung und Bewegung. In: SPIRIDON, 32. Jg., H. 12, S. 14-15

WABEL, W. (1998): Sportliche Aktivitäten als Stimmungsmacher. Subjektive Theorien zum Alltag mittels sportlicher Aktivitäten. Dissertation, Universität Bayreuth

WACHE, H. (2013): Mit dem Laufen anfangen lohnt sich. In: http://www.laufen-total.de/lauftraining/mit-dem-laufen-anfangen/ (06.06.2013)

WADE, J. & STARRINGER, G. (2001): Basic Fitness. Alles, was man braucht, um schnell & mit Spaß topfit zu sein. München

WAGNER, P. & STOLL, O. (1992): Entspannt oder erregt durch Laufen? In: SPIRIDON, 18. Jg., H. 3, S. 54-55

WAGNER, S. (2013): Tumor-Prophylaxe: Sport nach der Chemo stärkt Krebsabwehr. In: http://www.lifeline.de/themenspecials/krebs/sport-nach-der-chemo-staerkt-krebsabwehr-id91369.html (04.02.2013)

WAIBEL, M. J. (2009/2010): Ausdauertherapie als übungszentrierte Modalität im Rahmen der IBT zur kognitiven, emotionalen und körperlichen Spannungsregulation/Selbstregulation. In: INTEGRATIVE BEWEGUNGSTHERAPIE, Nr. 1, S. 18-25; http://www.dgib.net/?x=zeitschrift&y=online-archiv (PDF-Download)

WAIBEL, M. J. & Petzold, H. G. (2009): Integrative Ausdauertherapie bei depressiven Erkrankungen. In: WAIBEL M.J. & JAKOB-KRIEGER, C. (Hrsg.): Integrative Bewegungstherapie. Störungsspezifische und ressourcenorientierte Praxis. Stuttgart, S. 81-97

WAITZ, M. (o. J.): Risiko Herzinfarkt – wie viel Sport ist gesund? In: http://www.platinnetz.de/magazin/gesundheit/krankheiten/risiko-herzinfarkt-wie-viel-sport-ist-gesund

WALLNER, R. (2014): Schlank, gesund, gut gelaunt. Warum Jogger die besseren Menschen sind. In: FOCUS ONLINE, http://www.focus.de/gesundheit/gesundleben/fitness/laufen/jogging/jogging-laufend-fit-werden_aid_10196.html (11.05.2014)

WALTHER, M. (2003): Laufen und Arthrose. In: http://www.freenet.de/lifestyle/gesundheit/ernaehrung/laufen-und-arthrose_761414_533122.html (01.04.2003)

WALTHER, M. & KIRSCHNER, S. (2004): Führt Laufsport vorzeitig zu degenerativen Veränderungen am Hüftgelenk? In: ZEITSCHRIFT FÜR ORTHOPÄDIE, 142, S. 213-20

Wann ist Laufen lebensverlängernd? (2015). In: SPIRIDON, 41. Jg., H. 5, S. 58

Wann Marathonlaufen lebensgefährlich wird (2012): In: http://www.aerztezeitung.de/news/article/801345/wann-marathonlaufen-lebensgefaehrlich.html (19.01.2012)

Wann Marathonlaufen lebensgefährlich wird (2012). In: http://www.germanroadraces.de/24-0-27358-wann-marathonlaufen-lebensgefaehrlich-wird--

Aerzte-zeitung.html (20.01.2012)

WARTA, C. (2010): Manager-Hobby Marathon. Laufen ist der Lieblingssport von Akademikern und Besserverdienern. In: http://www.sueddeutsche.de/karriere/work-life-balance-manager-hobby-marathon-1.568176 (17.05.2010)

WARTA, C. (2013): Schritt für Schritt. Erstmals gibt es in München eine Laufgruppe für Menschen, die an Depressionen leiden. In: SÜDDEUTSCHE ZEITUNG vom 12.04.2013; http://www.sz-adventskalender.de/artikel/schritt-fur-schritt/

Warum laufen? 5 Fragen an 5 Wegbereiter der Lauftherapie. In: DLZ-RUNDSCHAU, 32. Jg., H. 32, S. 42-48

Warum laufen oder joggen? (o. J.). In: http://www.lauftipps.ch/laufsport/dauerlauf-anfaenger/warum-laufen/

Warum soll ich bei Bluthochdruck Sport machen? (o. J.). In: http://www.bluthochdruck-patienten.de/leben/leben3.html#

Was ist besser: Joggen oder Walken? (o. J.) In: http://www.brigitte.de/figur/fitness-fatburn/joggen-walken-548434/

Was tun bei Depression? (o. J.). In: http://www.aelter-werden-in-balance.de/bewegung-hilft/depression.html

WASSER, K. (1981): Langlauf in der Schule. Eine Freizeitsportart mit hohem gesundheitlichem Stellenwert. Examensarbeit, Köln

WEBER, A. (1977): Aggressionskanalisierung durch sportliche Betätigung? In: SPORTWISSENSCHAFT, H. 2, S. 181-190

WEBER, A. (1981): „Ich fühle mich unglaublich wohl" – Warum Läufer laufen. Eine Untersuchung der Motive von Gewohnheitsläufern. In: PSYCHOLOGIE HEUTE, 8. Jg., H. 8, S. 38-41

WEBER, A. (1981): Mehr Lebensfreude durch Laufen. (I) In: VOLKSSPORT, 2. Jg., H. 5, S. 40-42

WEBER, A. (1981): Erlebt und erforscht: Mehr Freude durch Laufen. (II). In: VOLKSSPORT, 2. Jg. H. 6, S. 30-33

WEBER, A. (1982): Falschen Göttern nachzulaufen. In: VOLKSSPORT, 3. Jg., H. 1, S. 22-25

WEBER, A. (1982): Laufen – Motive und Wirkungen. Eine repräsentative Untersuchung an Volkslaufteilnehmern. In: SPORTWISSENSCHAFT, 12. Jg., H. 2, S. 174-184

WEBER, A. (1982): Warum eigentlich Laufen? Eine Repräsentativ-Untersuchung an Volkslaufteilnehmern liefert interessante Befunde. In: SPIRIDON, H. 2, S. 28-29

WEBER, A. (1982/1983): Läufer-Lust. Laufen und Sex. In: VOLKSSPORT, 3./4. Jg., H. 6/1, S. 52-53

WEBER, A. (1983): Gegen einseitige Leistungsorientierung im Volkslauf. In: VOLKSSPORT, 4. Jg., H. 5, S. 39f

WEBER, A. (1984): Was nützt denn Laufen? In: CONDITION, 15. Jg., H. 2, S. 28-29

WEBER, A. (1984): Wenn Laufen zur Sucht wird. In: VOLKSSPORT, 5. Jg., H. 2, S. 32-42

WEBER, A. (Hrsg.) (1984): Gesundheit und Wohlbefinden durch regelmäßiges Laufen. Paderborn

WEBER, A. (1984): Mehr Lebensfreude durch Laufen. In: WEBER, A. (Hrsg.): Gesundheit und Wohlbefinden durch regelmäßiges Laufen. Paderborn, S. 13-29

WEBER, A. (1984): Regelmäßiges Laufen beeinflußt den ganzen Menschen – Veränderungen im seelischen Bereich. In: WEBER, A. (Hrsg.): Gesundheit und Wohlbefinden durch regelmäßiges Laufen. Paderborn, S. 63-74

WEBER, A. (1984): Lauftherapie mit Alkoholabhängigen an einer Kurklinik. In: WEBER, A. (Hrsg.): Gesundheit und Wohlbefinden durch regelmäßiges Laufen. Paderborn, S. 99-111

WEBER, A. (1984): Laufen verbindet – Kommunikatives Laufen. In: WEBER, A. (Hrsg.): Gesundheit und Wohlbefinden durch regelmäßiges Laufen. Paderborn, S. 127-142

WEBER, A. (1984): Laufen als Behandlungsmethode – eine experimentelle Untersuchung an Alkoholabhängigen in der Klinik. In: SUCHTGEFAHREN, 30. Jg., H. 3, S. 160-167

WEBER, A. (1984): Vom Alkohol weglaufen. In: CONDITION, 15. Jg., H. 5, S. 46-49

WEBER, A. (1984): Kommunikatives Laufen. In: MEYER, E. (Hrsg.): Spiel und Medien in Familie, Kindergarten und Schule. Heinsberg, S. 425-437

WEBER, A. (1984): Lauftherapie für Alkoholiker. In: SPIRIDON, 10. Jg., H. 5, S. 39-41

WEBER, A. (1984): Laufen – dreimal wöchentlich. Rezept gegen Alkoholabhängigkeit. In: PSYCHOLOGIE HEUTE, 11. Jg., H. 6, S. 16-18

WEBER, A. (1984): Laufrezepte. Was dir die Sache mit dem Laufen erleichtert, wenn du anfängst oder mal in einer Krise steckst. Bruchhausen-Vilsen

WEBER, A. (1984): Laufrezepte helfen beim Einstieg. In: MARATHON SPECIAL, S. 34-35

WEBER, A. (1985): Laufen als Therapie bei Alkoholabhängigkeit? Feldexperiment an einer Kurklinik. In: SPORT & GESUNDHEIT, 2. Jg., H. 1, S. 34-37

WEBER, A. (1985): Körperliches und seelisches Wohlbefinden durch Laufen – eine wissenschaftliche Untersuchung bei Hausfrauen in der BRD. In: DER LÄUFER (schweiz. Monatszeitschrift für den Lauf- und Ausdauersport), 2. Jg., H. 2, S. 34-36

WEBER, A. (1985): „Ich fühle mich unglaublich wohl." In: REDAKTION PSYCHOLOGIE HEUTE (Hrsg.): Die Körper, die wir sind. Mit Leib und Seele leben. Weinheim, S. 124-127

WEBER, A. (1985): Frauen auf neuen Wegen. Beobachtungen und Erkenntnisse nach einem Jahr Laufpraxis. In: SPIRIDON, 11. Jg., H. 10, S. 25-27

WEBER, A. (1985): Streßkontrolle durch das Bewegungsrezept Laufen? Ein wissenschaftliches Laufexperiment mit Frauen liefert Hinweise. In: DER LÄUFER, 2. Jg., H. 12, S. 42-45

WEBER, A. (1986): Seelisches Wohlbefinden durch Laufen. (Reihe „Fit für das Leben") Oberhaching

WEBER, A. (1986): Laufen – Massenbewegung und Einzelmotive. In: KURZ, D. & SCHÜTTE, U. (Hrsg.): Leichtathletik. (Texte zur Theorie der Sportarten, Bd. 6) Schorndorf, S. 50-53

WEBER, A. (1987): Ausdauersport verbessert die Lebensqualität: Laufen über 50 – eine Pilotstudie. In: DER LÄUFER, 4. Jg., H. 4, S. 40-44

WEBER, A. (1987): Trainingsprogramm für Lauf-Anfänger. (Reihe „Der Trainings-Begleiter") Oberhaching

WEBER, A. (1987): Lauftherapie für Alkoholabhängige. In: ERNÄHRUNGS-UMSCHAU, 34. Jg., H. 7, S. 229-232

WEBER, A. (1987): Wohlbefinden und Streßerleben lassen sich durch Laufen günstig beeinflussen – Ergebnisse aus einer experimentellen Untersuchung zur Lauftherapie mit Hausfrauen. In: SCHRIFTENREIHE DES DEUTSCHEN VERBANDES LANGLAUFENDER ÄRZTE E. V., S. 126-133

WEBER, A. (1987): Thesen zum Thema „Anfänger und Abbrecher im Ausdauersport" aus psychologischer Sicht. In: HOCHSCHULSPORT, 14. Jg., H. 11, S. 17-20

WEBER, A. (1987): Lauftherapie bei Alkoholikern: Macht Joggen trocken? In: MEDICAL TRIBUNE, Nr. 48, S. 9

WEBER, A. (1988): Anfängerlaufen für Hausfrauen. In: SCHULKE, H.-J. (Hrsg.): Alltagslauf als Aufbruch. (Schriftenreihe des Allgemeinen Deutschen Hochschulsportverbandes, Bd. 11) Wuppertal, S. 168-175

WEBER, A. (1989): Laufen. In: PUMA AG. (Hrsg.): Sport Terminer. Herzogenaurach, S. 48-59

WEBER, A. (1989): Thesen zum Thema „Anfänger und Abbrecher im Ausdauersport" aus psychologischer Sicht. In: SCHULKE, H.-J. & SPERLE, N. (Hrsg.): Anfängerprogramme im Ausdauersport. Berichtsband zum 7. ADH-Symposium „Anfänger und Abbrecher im Ausdauersport". Universität Bremen 1987. (Schriftenreihe „Gesundheit, Sport, Ernährung", Bd. 2) Bremen, S. 88-91

WEBER, A. (1989): Laufen als Therapie. Paderborn: Deutsches Lauftherapiezentrum e. V.

WEBER, A. (1990): Laufen. (Laufen für Gesundheit und Fitness) In: DLZ-RUNDSCHAU, Ausg. 3, S. 21

WEBER, A. (1990): In seinen Körper „hineinhorchen". In: DLZ-RUNDSCHAU, Ausg. 4, S. 26

WEBER, A. (1990): Laufen. 2. Teil. In: DLZ-RUNDSCHAU, Ausg. 4, S. 46-47

WEBER, A. (Hrsg.) (1990): Bewegung braucht der Mensch. Langsamer Dauerlauf als Vehikel für gesünderes Leben? Erkrath

WEBER, A. (1990): Wieviel Laufen ist gesund? – Der heutige Mensch zwischen Bewegungsmangel und Fitness-Sucht. In: WEBER, A. (Hrsg.): Bewegung braucht der Mensch. Langsamer Dauerlauf als Vehikel für gesünderes Leben? Erkrath, S. 33-46

WEBER, A. (1991): Lauftherapie – eine erlernbare Kunst? In: PHYSIKALISCHE THERAPIE IN THEORIE UND PRAXIS, 12. Jg., H. 12, S. 917-921

WEBER, A. (1991): Burnout und Lauftherapie – Diagnose, Symptome, Behandlungsweg, Erfolgsmessung. In: MEYER, E. (Hrsg.): Burnout und Streß. Praxismodelle zur Bewältigung. Baltmannsweiler, S. 86-95

WEBER, A. (1992): 10 Schritte zur Verringerung des Verletzungsrisikos beim Laufen. In: DLZ-RUNDSCHAU, 4. Jg., Ausg. 7, S. 35

WEBER, A. (1993): Dauerlauf als Therapie. In: KOSMETIK INTERNATIONAL, H. 6, S. 45

WEBER, A. (1993): Warum Lauftherapie? In: DLZ-RUNDSCHAU, Ausg. 10, S. 21

WEBER, A. (1993): Lauftherapie – eine erlernbare Kunst? In: KLEMNT, K., OSWALD, F. & RIEDER, A. (Hrsg.): Bildung – Schwelle zur Freiheit. EPSO-Symposium '91. Linz

WEBER, A. (1994): Laufen als Psycho-Therapie. In: BECKER, U. (Hrsg.): Leichtathletik im Lebenslauf. Bericht vom Breitensport-Kongreß des Deutschen Leichtathletik-Verbandes vom 23. bis 25. Oktober 1992 in Mainz. (Edition Leichtathletik, Bd. 8) Aachen, S. 350-354

WEBER, A. (1995): „THERA-FIT" – Konzept und Methode. In: PÄDAGOGISCHES FORUM, H. 3, S. 159-160

WEBER, A. (1996): Laufen ist ein ganzheitliches Geschehen. In: GEISTIG FIT, H. 2, S. 9-10

WEBER, A. (1996): Laufen ist ein ganzheitliches Geschehen. In: DLZ-RUNDSCHAU, Ausg. 15, S. 16

WEBER, A. (1996): THERA-FIT – Konzept und Methode. In: DLZ-RUNDSCHAU, Ausg. 15, S. 20-23

WEBER, A. (1997): Gedanken zum 1. Bad Lippspringer Symposium „Gesundheitsförderung durch Lauftherapie" vom 17. bis 20. April 1997. In: DLZ-RUNDSCHAU, Ausg. 17, S. 23-24

WEBER, A. (1997): Geleitwort zum 1. Bad Lippspringer Symposium. In: Programmheft „Gesundheitsförderung durch Lauftherapie", 17. – 20. April 1997. Bad Lippspringe, S. 6-8

WEBER, A. (1997): Die ersten Schritte in ein neues Leben. Professor Alexander Weber beschreibt für STERN-Leser, wie sie allmählich in Schwung kommen und Lust am Laufen gewinnen können. In: STERN, H. 17, S. 46

WEBER, A. (1997): Die ersten Schritte in ein neues Leben. Oder: Warum Peter Wieser sein Leben veränderte. In: DLZ-RUNDSCHAU, Ausg. 18, S. 16-17

WEBER, A. (1997): Die ersten Schritte in ein neues Leben. Professor Alexander Weber beschreibt für STERN-Leser, wie sie allmählich in Schwung kommen und Lust am Laufen gewinnen können. In: DLZ-RUNDSCHAU, Ausg. 18, S. 17-18

WEBER, A. (1998): Tips für Laufanfänger. In: DLZ-RUNDSCHAU, Ausg. 19, S. 28-29

WEBER, A. (Hrsg.) (1999): Hilf dir selbst: Laufe! Das Paderborner Modell der Lauftherapie und andere Konzepte für langfristig gesundes und erfolgreiches Laufen. Paderborn

WEBER, A. (1999): Vorwort. In: WEBER, A. (Hrsg.): Hilf dir selbst: Laufe! Das Paderborner Modell der Lauftherapie und andere Konzepte für langfristig gesundes und erfolgreiches Laufen. Paderborn, S. 7-9

WEBER, A. (1999): Das Paderborner Modell der Lauftherapie. In: WEBER, A. (Hrsg.): Hilf dir selbst: Laufe! Das Paderborner Modell der Lauftherapie und andere Konzepte für langfristig gesundes und erfolgreiches Laufen. Paderborn, S. 13-53

WEBER, A. (1999): Rundbriefe an LT-Kursteilnehmer stärken die Motivation. In: DLZ-RUNDSCHAU, Ausg. 22, S. 14-16

WEBER, A. (1999): Anmerkungen zu Thomas Böhmer: Krebs und laufen? – Krebs und laufen!!! In: DLZ-RUNDSCHAU, Ausg. 22, S. 17

WEBER, A. (2000): Psychologische Aspekte des Langstreckenlaufs in der Lauftherapie. In: ZIEMAINZ, H., SCHMIDT, U. & STOLL, O. (Hrsg.): Psychologie in Ausdauersportarten. Butzbach-Griedel, S. 55-66

WEBER, A. (2000): Fitness ist messbar. In: DLZ-RUNDSCHAU, Ausg. 23, S. 23-24

WEBER, A. (2000): Ernst van Aaken – Der Dauerlauf als Sport und Medizin. (Wegbereiter der Lauftherapie – 2). In: DLZ-RUNDSCHAU, Ausg. 24, S. 24-31

WEBER, A. (2000): Laufen für Wohlbefinden und Fitness. 10 einfache Handlungsanweisungen und Tipps zur Steigerung und Erhaltung der Motivation. Paderborn. (www.active-books.de)

WEBER, A. (2001): Begegnungen mit Reinhard Tausch: Briefe (1976-2001). In: LANGER, I. (Hrsg.): Menschlichkeit und Wissenschaft. Festschrift zum 80. Geburtstag von Reinhard Tausch. Köln, S. 135-154

WEBER, A. (2002): Beantworteter Fragebogen des Instituts für Sportkultur und Weiterbildung an der Westfälischen Wilhelms-Universität Münster. In: DLZ-RUNDSCHAU, 14. Jg., H. 27, S. 24

WEBER, A. (2002): George Sheehan – Suche nach höherem Sinn. (Wegbereiter der Lauftherapie – 4) In: DLZ-RUNDSCHAU, 14. Jg., H. 27, S. 32-35

WEBER, A. (2002): „Es geht alles leichter von der Hand." In: SENIOREN-RATGEBER, H. 11, S. 24

WEBER, A. (2002): „Es geht alles leichter von der Hand." In: DLZ-RUNDSCHAU, 14. Jg., H. 28, S. 10

WEBER, A. (2002): Über Alter, Wellness und Fitness. Auszüge aus der Rede von Alexander Weber anläßlich seiner Verabschiedung aus der Uni am 10.07.2002. In: DLZ-RUNDSCHAU, 14. Jg., H. 28, S. 31-35

WEBER, A. (2003): Sheehans Suche nach einem höheren Sinn. (Wegbereiter gesundheitsorientierten Laufens) In: SPIRIDON, 29. Jg., H. 2, S. 17-19

WEBER, A. (2003): Der Weg zum Lauftherapeuten. Wie kann ich Lauftherapeut werden? In: DLZ-RUNDSCHAU, 15. Jg., H. 29, S. 28-34

WEBER, A. (2004): Joan L. Ullyot: Botschafterin des Frauenlaufs – Laufen verhilft Frauen zu einem freieren und selbstbewussteren Leben. (Wegbereiter der Lauftherapie – 7). In: DLZ-RUNDSCHAU, 16. Jg., H. 31, S. 28-33

WEBER, A. (2004): Beantworteter Fragebogen des Instituts für Sportkultur und Weiterbildung an der Westfälischen Wilhelms-Universität Münster. In: JÜTTING, D. H. (Hrsg.): Die Laufbewegung in Deutschland – interdisziplinär betrachtet. (Global-lokale Sportkultur, Bd. 11) Münster, S. 240

WEBER, A. (2004): Wie kann ich Lauftherapeut werden? In: JÜTTING, D. H. (Hrsg.): Die Laufbewegung in Deutschland – interdisziplinär betrachtet. (Global-lokale Sportkultur, Bd. 11) Münster, S. 241-254

WEBER, A. (2004): Die andere Wellness. In: DLZ-RUNDSCHAU, 16. Jg., H. 32, S. 29-33

WEBER, A. (2004): Warum laufen? 5 Fragen an ... Prof. Dr. Alexander Weber. In: DLZ-RUNDSCHAU, 16. Jg., H. 32, S. 47-48

WEBER, A. (2005): Ernst van Aaken. Dauerlauf als Sport und Medizin. In: WEBER, A. & SCHÜLER, W. W. (Hrsg.): Warum Cooper Aerobics erfand. 11 große Theoretiker der Lauf-Gesundheit. Regensburg, S. 15-30

WEBER, A. (2005): George A. Sheehan. Suche nach höherem Sinn. In: WEBER, A. & SCHÜLER, W. W. (Hrsg.): Warum Cooper Aerobics erfand. 11 große Theoretiker der Lauf-Gesundheit. Regensburg, S. 71-80

WEBER, A. (2005): Joan L. Ullyot. Laufen verhilft Frauen zu einem freieren und selbstbewussteren Leben. In: WEBER, A. & SCHÜLER, W. W. (Hrsg.): Warum Cooper Aerobics erfand. 11 große Theoretiker der Lauf-Gesundheit. Regensburg, S. 103-116

WEBER, A. (2005): Forschungsprojekt zur Systemischen Lauftherapie erfolgreich gestartet. In: DLZ-RUNDSCHAU, 17. Jg., H. 34, S. 4-6

WEBER, A. (2006): Gesundheitsförderung durch Lauftherapie – der Weg zum Lauftherapeuten. In: BONNEMANN, A., GRELL, J. & RICHTER, K. (Hrsg.): Laufen und Lauftherapie. Regensburg, S. 44-56

WEBER, A. (2009): Körperliches und seelisches Wohlbefinden und Lauftherapie. In: LINDEN, M. & WEIG, W. (Hrsg.): Salutotherapie in Prävention und Rehabilitation. Köln, S. 149-160

WEBER, A. (2013): Gesund ist der Mensch von unten nach oben – für sein Wohlbefinden braucht er körperliche Bewegung. In: WEBER, A., RICHTER, K. & SCHÜLER, W. W.: Lauftherapie nach dem Paderborner Modell – ein Königsweg zur Selbsthilfe. (Hrsg.: Deutsches Lauftherapiezentrum) Bad Lippspringe, S. 8-12

WEBER, A. (2013): Das Paderborner Modell der Lauftherapie. In: WEBER, A., RICHTER, K. & SCHÜLER, W. W.: Lauftherapie nach dem Paderborner Modell – ein Königsweg zur Selbsthilfe. (Hrsg.: Deutsches Lauftherapiezentrum) Bad Lippspringe, S. 13-37

WEBER, A. (2013): Wir Läufer und unsere stummen Signale. In: WEBER, A., RICHTER, K. & SCHÜLER, W. W.: Lauftherapie nach dem Paderborner Modell – ein Königsweg zur Selbsthilfe. (Hrsg.: Deutsches Lauftherapiezentrum) Bad Lippspringe, S. 66-77

WEBER, A. (2013/14): Zum Gedenken an George A. Sheehan – Leitfigur und Vordenker der Lauftherapie (5.11.1918 – 1.11.1993). In: DLZ-RUNDSCHAU, 25. Jg., H. 49/50, S. 14

WEBER, A. (2014/15): Die Menschen werden immer dicker. – BKK vor Ort und Deutsches Lauftherapiezentrum (DLZ) als Vorreiter: Gegen den Bewegungsmangel und für eine intensivere individuelle Gesundheitsförderung. In: DLZ-RUNDSCHAU, 26. Jg., H. 51/52, S. 5

WEBER, A. & GEHLEN, S. (1982): Seelisches Gleichgewicht durch [Laufen und] Yoga-Übungen. In: MEYER, E. (Hrsg.): Kinder und Jugendliche in seelischer Not. Möglichkeiten der pädagogischen und therapeutischen Intervention durch Lehrer, Eltern und Erzieher. Braunschweig, S. 353-367

WEBER, A. & KRÜGER, M. (1984): Der Marathonlauf: Zur psychologischen Vorbereitung des Anfängers. In: MARATHON SPECIAL, Ausg. 1984, S. 44-47

WEBER, A. & WEICHLER, H. (1998): Vorgestellt: Hildegard Weichler – spät begonnen. In: DLZ-RUNDSCHAU, Ausg. 20, S. 24-25

WEBER, A. & RICHTER, W. (2002): Alkoholsucht mit Laufen bekämpfen. Ein Interview mit Willi Richter (72). In: DLZ-RUNDSCHAU, 14. Jg., H. 27, S. 31

WEBER, A. & KÖNIG, E. (2002): „Man muss sich immer anstrengen" – ein Plädoyer für regelmäßige Bewegung im Alter. Aufzeichnungen aus einem Gespräch mit Erika König. In: DLZ-RUNDSCHAU, 14. Jg., H. 28, S.12-14

WEBER, A. & REDECKER, T. (2005): Laufen in der Suchtbehandlung. Ein Gespräch mit Dr. med. Thomas Redecker, Dipl.-Psych., Chefarzt an der Klinik am Hellweg in Oerlinghausen. In: DLZ-RUNDSCHAU, 17. Jg., H. 33, S. 16-19

WEBER, A. & SCHÜLER, W. W. (2005): Warum Cooper Aerobics erfand. 11 große Theoretiker der Lauf-Gesundheit. Regensburg

WEBER, A., RICHTER, K. & SCHÜLER, W.W. (2013): Lauftherapie nach dem Paderborner Modell – ein Königsweg zur Selbsthilfe. Bad Lippspringe

WEBER, A., RICHTER, K. & SCHÜLER, W.W. (2013/14): Literatur für Kursantinnen / Kursanten in der Aus- und Weiterbildung des Deutschen Lauftherapiezentrums (DLZ). In: DLZ-RUNDSCHAU, 25. Jg., H. 49/50, S. 18-19

WEBER, C. (1997): Von den Anfängen des Laufens als Therapie. In: DLZ-RUNDSCHAU, Ausg. 17, S. 18-19

WEBER, C. (1999): Frauen und Laufen – Wege zu einem besseren Körpergefühl. In: WEBER, A. (Hrsg.): Hilf dir selbst: Laufe! Das Paderborner Modell der Lauftherapie und andere Konzepte für langfristig gesundes und erfolgreiches Laufen. Paderborn, S. 163-180

WEBER, C. (2013): Hilft Sport gegen Depressionen? In: http://www.sueddeutsche.de/gesundheit/psychisches-leiden-hilft-sport-gegen-depressionen-1.1768828 (12.09.2013)

WEBER, H. G. (1980): Laufende Ärzte formieren sich. In: SPIRIDON, 6. Jg., H. 5

WEBER, H. G. (1980): Laufen ist die beste Kur. In: SPIRIDON, H. 9, S. 26

WEBER, H. (1982): Besonders für Ältere: Täglich trainieren – Gesundheit für's Leben. In: SPIRIDON, H. 2, S. 18-19

WEBER, J., SCHÖNFELD, C. & SPRING, A. (2009): Sport nach mikrochirurgischer lumbaler Bandscheibenoperation. Abstract. In: DEUTSCHE ZEITSCHRIFT FÜR SPORTMEDIZIN, 60. Jg., Nr. 7-8, 219; http://www.zeitschrift-sportmedizin.de/fileadmin/content/archiv2009/heft07_08/abstracts_komplett.pdf

WEBER, M. (2011/12): Was richtig glücklich macht: Metabolic Balance in Verbindung mit Laufen. Ein Interview mit Eva und Nadja. In: DLZ-RUNDSCHAU, 23. Jg., H. 45/46, S. 22-24

WEBER, M. (2012/13): Von der Schwierigkeit Lebensstile zu verändern – „Beim zweiten Anlauf werde ich es schaffen!" In: DLZ-RUNDSCHAU, 24. Jg., H. 47/48, S. 38-39

WEBER, M. (2014): Den Sorgen davonlaufen. In: EINFACH DA SEIN, Eine Zeitschrift der Stiftung Cellitinnen e. V., H. 6, S. 18-19; http://www.antonius-koeln.de/upload/Einfachdasein_6_14_7_3172.pdf

WEBER, T. (2004): Gesundheit von A bis Z. Heute: B wie Bewegung. In: WIESBADENER KURIER, 07.08.2004, S. 7

WEBER, U. (1997): Laufen als Therapie. 1. Bad Lippspringer Symposium. In: SPIRIDON, 23. Jg., H. 5, S. 49

WEBER, U. (1998): Langsames Laufen als Erfolgsrezept. 10 Jahre Deutsches Lauftherapiezentrum. In: SPIRIDON, 24. Jg., H. 5, S. 20

WEBER, U. & LUTZ, R. (1997): „Wir sind alle Läufer" – Ein Gespräch mit Ronald Lutz. In: DLZ-RUNDSCHAU, Ausg. 18, S. 14-16

WEGMANN, U. (2007): Rechtliche Rahmenbedingungen der Lauftherapie. In: BARTMANN, U. (Hrsg.): Fortschritte in Lauftherapie, Bd. 1. Tübingen, S. 101-105

WEHR, N. (2013): Lieblingssport: Warum uns Laufen glücklich (und gesund) macht. In: http://www.brigitte.de/figur/fitness-fatburn/laufen-gluecklich-1174560/ (16.08.2013)

WEHR, N. (2014): Neue Studie: Schon fünf Minuten Joggen halten uns gesund. In: http://www.brigitte.de/gesund/gesundheit/fuenf-minuten-joggen-gesund-1206576/ (29.07.2014)

WEHR, N. (o. J.): Bewegung bei Hitze: So klappt's mit dem Laufen im Sommer. In: http://www.brigitte.de/figur/fitness-fatburn/laufen-im-sommer-1172454/

WEIDEMANN, H. & SAMEK, L. (Hrsg.) (1982): Bewegungstherapie in der Kardiologie. Eine Bestandsaufnahme. Darmstadt

WEIDEMANN, H. & MEYER, K. (1991): Lehrbuch der Bewegungstherapie mit Herzkranken. Pathophysiologie, Trainingslehre, Praxis. Darmstadt

WEIDRINGER, H. (1982): Laufen und seelisches Befinden. In: CONDITION, 13. Jg., H. 5, S. 16-17

WEIDT, B. (1996): Sport und Bluthochdruck. Ich glaub, mich trifft der Schlag. In: LAUFZEIT, H. 3, S. 17; http://www.laufzeit.de/archiv/1996/lz1996-03schlag.htm

WEIDT, K. (1990): Lieben Läufer länger? In: LAUFZEIT, H. 10, S. 4; http://www.laufzeit.de/archiv/1990/lz1990-10Lieben.htm

WEIGELT, M., STEGGEMANN, Y., MACHLITT, D. & ENGBERT, K. (2012). Sport- und Bewegungstherapie bei psychischen Erkrankungen - Eine kritische Reflexion und Handlungsempfehlungen für den Sport mit depressiven Patienten. In: PSYCHOTHERAPIE IM DIALOG, 13. Jg., H. 4, S. 91-93

WEIGELT, M., BERWINKEL, A., STEGGEMANN, Y., MACHLITT, D. & ENGBERT, K. (2013): Sport und psychische Gesundheit – Ein Überblick und Empfehlungen für die Sport- und Bewegungstherapie mit depressiven Patienten. In: http://blogs.uni-paderborn.de/perspektivwechsel/files/2015/01/Weigelt-et-al-2013_LSB_Sporttherapie_Depression.pdf

WEILER, B., HOCK, J., KLENK, G., KULLMER, T. & KINDERMANN, W. (1985): Beurteilung der aeroben Kapazität im Feldtest (12-Minuten-Lauftest) im Vergleich zur Laufbandergometrie. In: FRANZ, I. W., MELLEROWICZ, H. & NOACK, W. (Hrsg.): Training und Sport zur Prävention und Rehabilitation in der technisierten Umwelt. Berlin

WEIS, B. (2014): Durchs Laufen 26 Kilo abgenommen. In: http://www.runnersworld.de/laufevents/durchs-laufen-26-kilo-abgenommen.331186.htm (07.10.2014)

WEISING, W. (2015): Der sportliche Bildungsweg. Wo man in Deutschland Lauflehrer wird. In: LAUFZEIT & CONDITION, 46. Jg., H. 4, S. 10-16: S. 15: Weiterbildung zum Lauftherapeuten

WEISING, W. & HEEPE, W. (2015): Gefahr ohne Symptome [Bluthochdruck]. Interview mit Dr. med. Willi Heepe, Praxis für Allgemein- und Sportmedizin und präventive Kardiologie Berlin. In: LAUFZEIT & CONDITION, 46. Jg., H. 7+8, S. 8-11; http://www.germanroadraces.de/files/bp_news/43/43373/doc/gefahr-ohne-symptome-interview-mit-dr-med-willi-heepe-laufzeit-condition.pdf (27.07.2015)

WEISING, W. & HEEPE, W. (2015): Gefahr ohne Symptome [Bluthochdruck]. Interview mit Dr. med. Willi Heepe, Praxis für Allgemein- und Sportmedizin und präventive Kardiologie Berlin. In: http://www.germanroadraces.de/24-0-43373-gefahr-ohne-symptome--interview-mit-dr.html (27.07.2015)

WEISS, C. (2011): Laufend zu sich und Gott finden. [Theologin Maria Regli] In: AUFBRUCH, Unabhängige Zeitschrift für Religion und Gesellschaft, Juli, S. 45; http://www.spiritualmove.ch/fileadmin/user_upload/02_Medienberichte/201106_Artikel_aufbruch.pdf

WEIß, T. & WICK, C. (1994): Sporttherapie bei neurologisch-psychiatrischen Erkrankungen. In: SCHEIBE, J. (Hrsg.): Sport als Therapie. Konzepte für die stationäre und ambulante Heilbehandlung. Berlin, S. 189-196, hier: S. 190 (Sporttherapie bei Alkoholikern)

WEISSER, B. (2011): Sport nach Herz-Kreislauf-Erkrankungen. In: http://www.hochdruckliga.de/sport-nach-herz-kreislauf-erkrankungen.html (04.08.2011)

WEISWEILER, P. et al. (1985): Effekte eines intensiven Ausdauertrainings auf die Serumlipoproteine von Männern und Frauen. In: HERZ – KREISLAUF, 2, S. 82-85

WEISZ, S. (1989): Sporttherapie mit Alkoholkranken im Rahmen einer sechsmonatigen Entwöhnungsbehandlung. In: SUCHTGEFAHREN, 35. Jg., H. 3, S. 184-190

WEITL, M. (1999): Möglichkeiten und Grenzen subjektiver Belastungssteuerung im gesundheitsorientierten Ausdauersport. (Schriften zur Sportwissenschaft, Bd. 16) Hamburg

Welcher Sport zum Abnehmen? Die effektivsten Sportarten (o. J.). In: http://www.fitforfun.de/abnehmen/schlankmacher/welcher-sport-zum-abnehmen-die-effektivste-sportart_aid_10317.html

WELSCH, G., HARRE, D. & DONATH, D. (1974): Sportmedizinische Erkenntnisse aus dem Leistungssport für die effektive Gestaltung des Trainings zur Förderung der Gesundheit und Leistungsfähigkeit. In: MEDIZIN & SPORT, H. 14

WENDT, T. (2005): Rehabilitation nach Herzinfarkt – Neue Aspekte. In: SIEGFRIED, I. & HOFFMANN, G. (Hrsg.): Kongressbericht: Neue Aspekte im Herzsport. Arbeitstagung der Gesellschaft für Prävention und Rehabilitation von Herz-/Kreislauferkrankungen in Hessen e.V. (GPR), Fulda-Künzell, 23.-24.04.2004. Düsseldorf, Köln, http://www.egms.de/static/pdf/meetings/sportmed2004/04sportmed1.pdf

Weniger Angst und Streß durch Bewegung. Wissenschaftliche Untersuchungen brachten interessante Ergebnisse. (1994) In: GESUNDHEIT KONKRET. (Hrsg.: Schwäbisch Gmünder Ersatzkasse. H. 139, S. 14

Weniger Sexualhormone durch Ausdauertraining (1985): In: CONDITION, H. 1, S. 41

WERDING, S. (1999): Mit Laufen auf die Beine kommen. Therapiezentrum schwört bei zu viel Streß auf Bewegung. In: DLZ-RUNDSCHAU, Ausg. 21, S. 38

WERNHART, S., DINIC, M., PRESSLER, A. & HALLE, M. (2015): Prävention kardiovaskulärer Erkrankungen durch Sport und körperliche Aktivität. Eine Frage der Intensität? In: HERZ, 40. Jg., H. 3, S. 361-368

WERNITZWIG, K. (2013): Gesundheitsdroge Laufen. In: http://www.forumgesundheit.at/portal27/portal/forumgesundheitportal/content/contentWindow?action=2&viewmode=content&contentid=10007.688328 (April)

WERTH, C. (2010): Laufen als Herzensangelegenheit [Kinder mit Herzerkrankung]. In: SPIRIDON, H. 2, S. 13

WESSINGHAGE, E. & WESSINGHAGE, T. (1987): Laufen. Der Ratgeber für Ausrüstung, Technik, Training, Ernährung, Frauenlaufen und Laufmedizin. München, Wien, Zürich

WESSINGHAGE, T. (1994): Gesundheitliche Bedeutung des Ausdauertrainings. (Trainingsserie, Teil III) In: CONDITION, 25. Jg., H. 9, S. 42-44

WESSINGHAGE, T. (1996): Laufen. Der Ratgeber für Ausrüstung, Technik, Training, Ernährung und Laufmedizin. München, S. 137-143

WESSINGHAGE, T. (2010): Schwangere dürfen und sollen Sport treiben. [Kolumne] In: http://gesundheitsnews.imedo.de/news/1015486-schwangere-durfen-und-sollen-sport-treiben (07.04.2010)

WESSINGHAGE, T. (2013): Koronare Herzerkrankungen. Bewegung ist die beste Medizin. In: GESUND UND FIT mit Prof. Dr. Thomas Wessinghage, H. 2, S. 6-7

WEULE, K. (1989): Jogging – Entwicklungen und Ursachen einer modernen Sportbewegung. Diplomarbeit, Deutsche Sporthochschule Köln

WEWETZER, H. (2008): Warum Laufen gesund ist. Heute: Bewegung hält die Gefäße jung. In: Tagesspiegel, 15. Juni 2008; http://www.germanroadraces.de/24-0-5757-warum-laufen-gesund-ist--dr-hartmut.html (18.06.2008)

Wie Bewegung glücklich macht (o. J.). In: http://www.fid-gesundheitswissen.de/sportmedizin/laufen-und-joggen/laufen-und-joggen-wie-bewegung-gluecklich-macht/

Wie fit sind Sie? Testen Sie Ihre Fitness anhand des Ausdauertests nach Cooper (2005). In: CONDITION, H. 5, S. 49

Wie Joggen bei Migräne hilft (2010). In: http://www.netzathleten.de/lifestyle/body-soul/item/1041-wie-joggen-bei-migraene-hilft (15.02.2010)

WIENECKE, E. (2000): Fit statt fertig. – easy fit: das individuelle Bewegungsprogramm gegen Stress und Infarkt. Bielefeld

WIERSING, E. (2006): Anthropologische Gedankensplitter und Fragen eines lesenden Läufers. In: BONNEMANN, A., GRELL, J. & RICHTER, K. (Hrsg.): Laufen und Lauftherapie. Regensburg, S. 112-140

Wieso Sport schlau macht (2015). In: http://www.msn.com/de-de/gesundheit/kraft/wieso-sport-schlau-macht/ss-AA9woHq

WIKIPEDIA (2011): Lauftherapie. In: http://de.wikipedia.org/wiki/Lauftherapie (31.08.2011)

WIKIPEDIA (2014): Ernst van Aaken. In: http://de.wikipedia.org/wiki/Ernst_van_Aaken (27.11.2014)

WIKIPEDIA (2015): Jogging. In: http://de.wikipedia.org/wiki/Jogging (27.03.2015)

WIKIPEDIA (2015): Gerhard Uhlenbruck. In: http://de.wikipedia.org/wiki/Gerhard_Uhlenbruck (29.04.2015)

WIKOWSKI, R. (Red.) (1980): Ausdauerleistungsfähigkeit im Schulsport. Sportmedizinische und sportmethodische Begründung der physischen Ausdauerentwicklung. Berlin (DDR)

WILD, F. (2005): Laufen gegen Wechseljahrsbeschwerden – Teil 1. In: DLZ-RUNDSCHAU, 17. Jg., H. 34, S. 41-49

WILD, F. (2006): Laufen gegen Wechseljahrsbeschwerden – Teil 2. In: DLZ-RUNDSCHAU, 18. Jg., H. 35, S. 43-51

WILD, F. (2007): Präsentation "Willkommen beim Info-Abend!" (zum Lauftherapiekurs). In: http://slideplayer.org/slide/215665/

WILDNER, M. (2015): Erfolgskonzept Sport: Laufen steigert Erfolg auf dem Arbeitsmarkt. In: http://www.runnersworld.de/training/laufen-steigert-erfolg-auf-dem-arbeitsmarkt.350722.htm (23.02.2015)

WILHELM, K. (1994): Trainingseffekte. In: GEO WISSEN, Ausg. 20: Körper Bewegung Gesundheit, S. 98-109

WILLEKE, S. (1995): Erhöhung des Gesundheitspotentials an der Allergie- und Asthmaklinik Bad Lippspringe. In: DLZ-RUNDSCHAU, Ausg. 13, S. 37

WILLMANN, U. (2000): Auf, trapp, trapp. Deutschland läuft. Wohin? Ins hohe Alter? Oder zum Orthopäden? Fünf Ratgeber für das schnelle Glück! In: DIE ZEIT, No. 41; http://www.zeit.de/2000/41/Auf_trapp_trapp (05.10.2000)

WIMMER, A. (o. J.): Laufen für die Libido. Wie moderates Joggen die Lust anregt. In: http://www.medizinpopulaer.at/archiv/seele-sein/details/article/laufen-fuer-die-libido.html

WINKLER, B. (2011): Ich laufe dem Krebs davon. Novum-Verlag

WINTERFELD, H.-J., STRANGFELD, D. & SIEWERT, H. (1983): Der Einfluß von Sauna- und Laufserien auf Blutdruck, periphere Mikrozirkulation und Leistungsverhalten bei essentieller Hypertonie. In: ZEITSCHRIFT F. D. GES. INNERE MEDIZIN, 38. Jg., H. 18, S. 494-497

WINTERFELD, H.-J. et al. (1988): Sporttherapie bei Patienten mit ischämischer Herzkrankheit und Hypertonie nach aortokoronarer Venen-Bypass-Operation.In: ÖSTERREICHISCHES JOURNAL FÜR SPORTMEDIZIN, 18. Jg., H. 3, S. 20-23

WIPPICH, V. (o. J.): Charakter-Workout: Mit Sport die Persönlichkeit verändern. 1 – Ausdauersport. In: http://www.laviva.com/leben/charakter-workout-mit-sport-die-persoenlichkeit-veraendern/

WIRZ, J. (2011): Wie viel Laufen ist sinnvoll? In: CONDITION, H. 6; http://www.germanroadraces.de/24-0-25058-wie-viel-laufen-ist-sinnvoll--juerg.html (09.09.2011)

WIRZ, J. (2011): Leben Läufer wirklich länger? In: CONDITION, 42. Jg., H. 11, S. 56-58

WIRZ, J. (?): Schritt um Schritt zu mehr Gesundheit. In: FIT FOR LIFE; H. ?, S. 39-42; http://www.diearztpraxis.com/files/20130219224114386_b.pdf

WÖLLZENMÜLLER, F. (1979): Richtig jogging, dauerlaufen. – später: Jogging. München (10. überarb. Aufl. 2001), S. 9-23

WÖLLZENMÜLLER, F. & GRÜNEWALD, B. (1974): Die Gesundheitskarriere durch Ausgleichssport. München, Gütersloh, Wien

WÖLLZENMÜLLER, F. & GRÜNEWALD, B. (1977): Ausdauersport. Neun Programme zum Fitbleiben. München

WÖLLZENMÜLLER, F. & GRÜNEWALD, B. (1980): Ausdauertraining: Laufen, Radfahren, Skilanglauf, Schwimmen. München

WOLFF, J. (2015): 111 Gründe, laufen zu gehen. Berlin

WOLL, A. (1996): Gesundheitsförderung in der Gemeinde. Eine empirische Untersuchung zum Zusammenhang von sportlicher Aktivität, Fitneß und Gesundheit bei Personen im mittleren und späteren Erwachsenenalter. (Dissertation, Universität Frankfurt) Neu-Isenburg

WONNEBERGER, M. & SCHMIDT, S. (2015): Ausdauertraining bei Multiple Sklerose – Trainingsaktivität in Abhängigkeit des Schweregrads der Fatigue. In: DEUTSCHE ZEITSCHRIFT FÜR SPORTMEDIZIN, 66. Jg., H. 4, S. 92-97; http://www.zeitschrift-sportmedizin.de/artikel-online/archiv-2015/heft-4/ausdauertraining-bei-multiple-sklerose-trainingsaktivitaet-in-abhaengigkeit-des-schweregrads-der-fatigue/

WOOD, P. D. (1986): So werden Sie schlank, ohne zu fasten. In: DAS BESTE, Juni

WOOD, P. D. (1989): Fettstoffwechselstörungen. In: SKINNER, J. S. (Hrsg.): Rezepte für Sport- und Bewegungstherapie. Belastungsuntersuchungen und Aufstellung von Trainingsprogrammen beim Gesunden und Kranken. Köln, S. 172-186

WORM, H.-L. (2004): Lauftherapie. Eine Möglichkeit der Förderung verhaltensauffälliger Kinder und Jugendlicher. In: FÖRDERSCHULMAGAZIN, H. 3, S. 5-7

WORMS, F. (1977): Zur Dosierung des Ausdauertrainings in der Sporttherapie nach der Herzfrequenz unter besonderer Berücksichtigung des Dauerlaufs. In: MEDIZIN & SPORT, 17. Jg., H. 7, S. 232-235

WORMS, F. (1980): Der Einfluß einer Kurbehandlung mit ausdauerbetontem Training auf Leistungsparameter und Blutdruck bei Hypertonikern und Kreislaufgesunden. In: DEUTSCHES GESUNDHEITSWESEN, 35. Jg., S. 1150-1154 und 1207-1212

WORMS, F., BITTNER, R. & HUNGER, K.-L. (1977): Erfahrungen mit dem Dauerlauf in der Sporttherapie eines Sanatoriums. In: MEDIZIN & SPORT, 17. Jg., H. 7, S. 236-239

WÜRTTEMBERGISCHER LEICHTATHLETIK-VERBAND (Hrsg.) (o. J.): Lauf-Treff & Walking-Treff – Der Begleiter. Stuttgart

WÜRZ, S. (198.): Laufen ohne Ende? Examensarbeit, Marburg

WÜSTNER, A., RIEBEL, D. & ROSENBAUM, N. (2015): Laufprogramm: Von der "schnaufenden Dampflok" zum fitten Läufer. (Diabetes Programm Deutschland) In: http://www.diabetes-online.de/a/1703159 (28.04.2015)

WULZ, V. (1999): Lauftherapie und T'ai Chi. In: WEBER, A. (Hrsg.): Hilf dir selbst: Laufe! Das Paderborner Modell der Lauftherapie und andere Konzepte für langfristig gesundes und erfolgreiches Laufen. Paderborn, S. 243-250

WYDRA, G. (o. J.): Ausdauertraining für Fitness und Gesundheit. Ein spezielles Programm für Einsteiger und Wiederbeginner. In: http://www.vdes.org/fileadmin/bilder_dateien/Sport_und_Gesundheit/Wydra_Ausdauer_Einst eiger.pdf

YEAGER, S. (2014): Ist Sitzen das neue Rauchen? In: RUNNER'S WORLD, H. 9, S.60-65

ZAHNER, M. (2014): Volkssport Joggen: Der Körper muss sich ans Laufen gewöhnen. In: http://www.stuttgarter-zeitung.de/inhalt.volkssport-joggen-der-koerper-muss-sich-ans-laufen-gewoehnen.aeb5a876-70eb-46e0-81ed-67a110a3230c.html (27.07.2014)

ZAK – ZENTRUM FÜR AGOGIK (Hrsg.) (1996): Jogging und Depression. Basel

ZAPF, J. (1998): Ernährung als gesundheitsförderliche Ergänzung einer sportlichen Aktivierung. In: BÖS, K. & BREHM, W. (Hrsg.): Gesundheitssport. Ein Handbuch. (Beiträge zur Lehre und Forschung im Sport, Bd. 120) Schorndorf, S. 308-317

ZEECK, A. & SCHLEGEL, S. (2012): Sportliche Aktivität und Essstörungen. In: FUCHS, R. & SCHLICHT, W. (Hrsg.): Seelische Gesundheit und sportliche Aktivität. (Sportpsychologie, Bd. 6) Göttingen, S. 229-250

ZEHETGRUBER, M. (2004): Erniedrigter Blutdruck. In: http://www.netdoktor.at/krankheit/niedriger-blutdruck-7674 (Oktober)

10 goldene Regeln für gesundes Sporttreiben. Der Sportarzt rät: Sport hält jund und fit. (o. J.) In: http://www.sportunterricht.de/lksport/10regeln.html

10 gute Gründe fürs Laufen (2010). In: http://www.menshealth.de/fitness/ausdauersport/10-gute-gruende-fuers-laufen.152350.htm (03.05.2010)

10 praktische Tipps für mehr Selbstbewusstsein (o. J.). In: http://www.selbstbewusstsein-staerken.net/10-praktische-tipps-fuer-mehr-selbstbewusstsein/

10 ultimative Tipps gegen Stress (o. J.). In: http://eatsmarter.de/gesund-leben/10-ultimative-tipps-gegen-stress

ZEILBERGER, K. (2011): Joggen. In: http://www.netdoktor.de/Gesund-Leben/Sport+Fitness/Sportarten/Joggen-10497.html (12.05.2011)

ZELZER, U. M. (2002): Das Frauen-Laufbuch. Ein Begleitbuch zum lustvollen Laufen. (Steirische Verl.-Ges.)

Zen und die Kunst des Laufens. Nur auf den ersten Blick ein Widerspruch: Meditation und Sport. (2014) In: LEX MAGAZIN, Ausg. 1, S.14-15

ZENTRUM FÜR SPORTMEDIZIN, BERLIN (o. J.): Sport und Übergewicht. (Empfehlungen für Sportreibende. Informationsbroschüre). In: http://www.sportgesundheitspark.de/component/docman/doc_view/44-uebergewicht.html?Itemid=

ZERETZKE, W. (2001): Anita Kunzmann: Der Krebshölle entlaufen. In: SPIRIDON, 27. Jg., H. 12/01-01/02, S. 17

ZERNER, J. M. (1985): Die Kunst, alt zu werden. In: CONDITION, 16. Jg., H. 5, S. 40, 45-49

ZIEGLER, R. (1998): Check it out! Langlauf im Jugendalter – der Sportmediziner rät ... In: CONDITION, H. 3, S. 1517

ZIEGLER, R. (1992): Gesund trotz oder durch Sport? In: SPORT SPECIAL / CONDITION, H. 10, S. 44-47

ZIEMAINZ, H., SCHMIDT, U. & STOLL, O. (Hrsg.) (2000): Psychologie in Ausdauersportarten. Butzbach-Griedel

ZIMMER, A. et al. (1982): Der Einfluß sportlicher Ausdauerbelastungen auf das biologische Abwehrsystem des Menschen. In: MEDIZIN & SPORT, 22, S. 45-48

ZIMMERLE, M. (2004): Laufen gegen den Wettlauf mit uns selbst. Wie weit hilft die Körperübung Laufen zum Bestehen in der modernen Lebenswelt? In: DLZ-RUNDSCHAU, 16. Jg., H. 32, S. 38-42

ZIMMERMANN, K. (2012/13): Männergesundheit – Laufen schützt und macht Spaß! Lauftherapie speziell für Männer. In: DLZ-RUNDSCHAU, 24. Jg., H. 47/48, S. 46-47

ZIMMERSTÄDT, G. (1996): Leben mit Sport. Aktiv im Alter. Heidelberg

ZITTLAU, J. (2004): Lauf dich glücklich. Der Laufkurs für Körper und Seele, Stuttgart

ZITTLAU, J. (2008): Wie Joggen euphorisch und schmerzfrei macht. In: http://www.welt.de/welt_print/article1789711/Wie-Joggen-euphorisch-und-schmerzfrei-macht.html (12.03.2008)

ZOPF, E. & BAUMANN, F. (2012): Prostatakrebs. In: BAUMANN, F. T., JÄGER, E. & BLOCH, W. (Hrsg.): Sport und körperliche Aktivität in der Onkologie. Berlin, S. 179-188: 185

Zu viel Sport ist schädlich für die Gesundheit (2014). In: http://www.presseportal.de/pm/6329/2662445/stern-gesund-leben-stellt-fest-zu-viel-sport-ist-sch-dlich-f-r-die-gesundheit (12.02.2014)

ZUPANC, P. (2003): Die Bedeutung der Lauftherapie bei der Behandlung psychisch Kranker. Magister-Arbeit, Fakultät für Kulturwissenschaften, Universität Klagenfurt

ZUSCHMANN, E. (2011): Run out of the blues. Lauftraining als medizinische Therapie gegen Depression. In: RUNNING, H. 3, S. 66-67

ZUSCHMANN, E. (2013): Dem Burnout davonlaufen. In: RUNNING, H. 4, S. 76-77

ZUSCHMANN, E. (2013): Wie das Laufen Krebspatienten neue Perspektiven eröffnen kann. In: RUNNING, H. 6, S. 82-83

Zustand nach Herzinfarkt (o. J.). In: http://www.medizinfo.de/kardio/khk/nachinfarkt.shtml

Zweifache Olympiasiegerin: Heike Drechsler gibt Tipps rund um den Laufsport (o. J.). In: http://womensrun.runnersworld.de/heike-drechsler-gibt-tipps-rund-um-den-laufsport.318444.htm

ZWINGENBERGER, S., KRUMMENAUER, F. & FABIAN, K. (2007): Quantifizierung der Zeitabhängigkeit des Fettstoffwechsels innerhalb einer Laufbandergometrie. Poster Nr. 304. In: DEUTSCHE ZEITSCHRIFT FÜR SPORTMEDIZIN, 58. Jg., Nr. 7-8, S. 275; http://www.zeitschrift-sportmedizin.de/fileadmin/content/archiv2007/heft07_08/Sa_vormittag.pdf

Zwischen Erde und Himmel. Joggende Navajo-Indianer in New Mexico (1998). In: DER SPIEGEL, H. 35, S. 149

ZYBON, J. (2010): Dürfen sich Zöliakie-Betroffene mit Ausdauertraining belasten? In: DZG AKTUELL (Hrsg.: Deutsche Zöliakie Gesellschaft), H. 1, S. 40-41; http://www.berliner-laufmasche.de/media/Verschiedene%20PDFs/Ausdauertraining%20Zoeli.PDF

ZYBON, J. (2010): Zöliakie und Lauftherapie. In: DZG AKTUELL, H. 2, S. 24-27; http://www.berliner-laufmasche.de/media/Verschiedene%20PDFs/Zoeliakie%20und%20Lauftherapie.PDF

ZYBON, J. (2012): Wie ich zu der Läuferperson wurde … In: MAHLSTEDT, S. (Hrsg.): „Ich laufe, um zu laufen …" Eine Frauen-Laufen-Anthologie. Norderstedt, S. 161-167

ZYBON, J. (2012): Laufen auf 24 Beinen. Erfolgreiche Therapeutinnen. In: SPIRIDON, 38. Jg., H. 4, S. 34; http://www.berliner-laufmasche.de/media/Verschiedene%20PDFs/Laufen%20auf%2024%20Beinen.pdf

ZYBON, J. (2013): Lauftherapie als ganzheitliche Verführung. (25 Jahre Lauftherapie, I) In: SPIRIDON, 39. Jg., H. 2, S. 18-19; http://www.berliner-laufmasche.de/media/Verschiedene%20PDFs/Ganzheitliche%20Verfuehrung.PDF

ZYBON, J. (2013): Teamgeist hellt die Stimmung auf. (25 Jahre Lauftherapie, II) In: SPIRIDON, 39. Jg., H. 3, S. 18-19; http://www.berliner-laufmasche.de/media/Verschiedene%20PDFs/Teamgeist.PDF

ZYBON, J. (2013): Viel Lob und ein Geschenk. [Jubiläum 25 Jahre Deutsches Lauftherapiezentrum]. In: SPIRIDON, H. 7-8, S. 30-31; http://www.berliner-laufmasche.de/media/Verschiedene%20PDFs/25%20Jahre%20DLZ.pdf

ZYBON, J. (2013): Die Entdeckung des eigenen Sprits. In: SPIRIDON, 39. Jg., H. 9, S. 20 + 22; http://www.berliner-laufmasche.de/media/Verschiedene%20PDFs/Entdeckung%20des%20eigenen%20Sprits.pdf

ZYBON, J. (2013): Erfahrungsbericht vom Laufen im Knast. - "Der Polizei schneller weglaufen!" In: http://www.germanroadraces.de/24-0-35884-erfahrungsbericht-vom-laufen-im-knast-der.html (13.09.2013)

ZYBON, J. (2013): Laufend die Seele putzen. In: SPIRIDON, H. 10, S. 17; http://www.berliner-laufmasche.de/media/Verschiedene%20PDFs/Lauf%20gegen%20Depression.pdf

ZYBON, J. (2013/14): „Wir sind keine Jungs, wir sind Banditen!" Ein Erfahrungsbericht vom Laufen im Knast. In: DLZ-RUNDSCHAU, 25. Jg., H. 49/50, S. 35-37; http://www.berliner-laufmasche.de/media/Verschiedene%20PDFs/DLZ-Rundschau.pdf

ZYBON, J. (2014): Deutschlands schnellster Alkoholiker. Portrait Wilfried Jackisch. In: SPIRIDON, H. 3, S. 21-22; http://www.berliner-laufmasche.de/media/Verschiedene%20PDFs/Portraet%20Wilfried%20Jakisch.pdf

ZYBON, J. (2015): Laufen als Therapie – Glaube, Laufen, Hoffnung. [Laufen gegen den Brustkrebs] In: https://www.germanroadraces.de/24-0-42695-laufen-als-therapie--glaube-laufen-hoffnung.html (27.05.2015)

ZYBON, J. (2015): 9. Knastmarathon in Darmstadt – Safety first! In: https://www.germanroadraces.de/24-0-42797-9-knastmarathon-in-darmstadt--safety-first.html (05.06.2015)

ZYBON, J. & KOSTRUBALA, T. (2013): „Das Laufen verändert Menschen" (Interview). In: SPIRIDON, 39. Jg., H. 9, S. 21

ZYBON, J. & SCHOLZ, M. (2014): Die 10-Kämpferin. Steckbrief Manuela Scholz. [Berlin-Marathon trotz Brustkrebs] In: SPIRIDON, 40. Jg., H. 9, S. 14

ZYBON, J. & BARTMANN, U. (2014): Psychische Gesundung im Mittelpunkt. Interview mit Prof. Ulrich Bartmann. In: SPIRIDON, 40. Jg., H. 9, S. 48-49; http://www.berliner-laufmasche.de/media/Verschiedene%20PDFs/Interview%20Porf%20Bartmann.pdf

Anhang A:

Schriftliche Hausarbeiten im Rahmen der Weiterbildung zu Lauftherapeuten/innen am Deutschen Lauftherapiezentrum (DLZ), Bad Lippspringe

ADAMASZEK, R. (1999): Zieleinlauf – „Denn der Weg ist das Ziel". Ein Selbstbildnis.

AENGENHEISTER, V. (2011): Laufen und Yoga.

ANSCHÜTZ, M. (1995): Der Lauf als Katharsis.

ASSENMACHER, K.-D. (2010): Mein Weg zum Lauftherapeuten – Bewegende Momente auf dem Weg zu mir selbst.

BACHMANN, G. (1994): Lauftherapeutische Motivations-Strategie, aufgezeigt an einer präventiven Einzeltherapie.

BACHMANN, U. (2009): Bewegender Start in den Frühling 2009. Ein Anfänger-Lauftherapiekurs im ländlichen Raum. Darstellung meiner Erfahrungen und Beobachtungen.

BALUCH-HILGERS, J. (1993): Wie 13- bis 18jährige Jugendliche sportliche und läuferische Aktivitäten und deren Stellenwert im Hinblick auf die eigene Freizeitgestaltung einschätzen.

BARTEL, B. (1994): Lauftherapie als Einzelbetreuung, dargestellt an zwei ausgewählten Beispielen.

BAUER, H. (2006): Wieviel Bewegung braucht der Mensch? Laufen als Prävention von Zivilisationserkrankungen.

BAUER, J. (2010): Lauftherapie & XCO. Ein Programm für Laufeinsteiger.

BAUER, W. (1998): Warum Spitzenpolitiker Marathon laufen – Eine Fallstudie bei österreichischen Volksvertretern.

BAUMANN, K.-H. (1997): Laufen – Lauftherapie – Lauftherapeut. Eine vergleichende Begriffsanalyse.

BECKER, K. (1996): Einfluß von regelmäßigem Laufen auf Gesamt-, HDL- und LDL-Cholesterin bei Patienten mit Hypercholesterinämie.

BECKMANN-LOEKS, T. (2010): „Motivational Interviewing (MI)" als Gesprächsmethode im Umgang mit schwierigen auffälligen (Läufer-) Personen in der Lauftherapie. Erfahrungen anhand eines Fallbeispiels.

BEGAS, S. (2005): Möglichkeiten und Grenzen der Lauftherapie im Unterricht der Schule für Praktisch Bildbare.

BEHRENS, B. (2010): Lauftherapie mit einer Frauengruppe. Konzept, Verlauf, Beobachtungen und Ergebnisse.

BEHRENS, D. (2002): Durchführung und Auswirkung der Lauftherapie bei Typ-II-Diabetes.

BEITEN, H.-L. (1999): Laufen und laufen lassen – Ein Beitrag zur Motivation von Einzelläufern.

BERGS, G. (2005): „Hörbuch über das Paderborner Laufmodell".

BERGSTRAEßER, A. (2003): Ganz bewusst laufen. Eine Einzelfallstudie.

BERNREITER, H. (1999): Die Anwendung der Lauftherapie bei psychisch kranken Menschen im Betreuten Einzelwohnen.

BEUTLER-GAUGLITZ, V. (2006): Lauftherapie bei Personen mit dem Ziel einer Gewichtsreduzierung und Ernährungsumstellung.

BEYELER, D. (2002): Lauftherapie im Rahmen einer Ferienwoche mit Lebensstilanalyse.

BIERHAKE, B. (2003): Lauftherapie mit Asthmatikern. Sind Veränderungen nach einem 12wöchigen LT-Kurs nachweisbar?

BINDEMANN, E. (2007): Lauftherapie bei älteren Menschen im Übergang vom Erwerbsleben in den Ruhestand.

BISCHOFF, C. (2005): Übergewichtige Kinder und Jugendliche als Problem der heutigen Industriegesellschaft – Eine Fallstudie.

BISCHOFF, U. (2013): Darstellung einer umfassenden Marketingkonzeption für lauftherapeutische Angebote im ländlich geprägten Raum – Stolpersteine, Erfolgsfaktoren, Praxistipps.

BLOCK, T. (2007): Grundzüge einer therapeutischen Trainingslehre.

BLUMENSAAT, R. (1993): Anlaufschwierigkeiten: Lauftherapeutische Basisarbeit in einem Ballungsraum bzw. Großkrankenhaus.

BODE, A. (2003): Lauftherapie mit übergewichtigen Jugendlichen. Ernährungsumstellung mit einem „90-Tage-Programm".

BÖHME, I. (2003): Einführung des „Paderborner Modells der Lauftherapie" bei der Beiersdorf AG gemeinsam mit der betrieblichen Gesundheitsförderung.

BÖHMER, T. (1995): Selbsthypnose und Laufen. Ein Selbsterfahrungsbericht.

BOEKEN, S. (2004): Laufen und Flow. Eine empirische Untersuchung des Zusammenhangs.

BÖKER, M. (2007): Veränderung des Medienkonsums – unter Berücksichtigung der Gewaltprävention – durch die Durchführung eines Laufprojekts in der Jahrgangsstufe 8 einer Gesamtschule.

BONNEMANN, A. (1996): Zur Entwicklung des Anspruchsniveaus bei Läufern. Ein Beitrag zum Erleben von Erfolg und Mißerfolg.

BOSCH, B. (2010): Lauftherapie als strukturgebendes Element bei Depressionen.

BOTZON, R. (2002): Grenz-Erfahrungen mit der Lauftherapie.

BRAASCH, U. (1993): Lauftherapie bei einer Einzelperson. Ein Fallbeispiel aus der Erziehungsberatungsstelle.

BRANDT, R. (2013): Laufend zurück zu dir, zum Einfachen, zu deinen Wurzeln.

BRANG, D. (2012): Lauftherapie als Mittel zur Resilienzförderung unter Einbeziehung neurobiologischer Erkenntnisse.

BRAUN, I. (2006): Laufen mit Jugendlichen in der Pubertät unter besonderer Berücksichtigung des Selbstkonzepts.

BRITTAIN, A. (2013): Die Idee eines Spendenlaufs bekommt Beine.

BRITTAIN, R. (2013): Energiestoffwechselanalyse als Kontrollinstrument in der Lauftherapie.

BRODOWSKI, G. (2005): Leichter laufen mit Bildern.

BROEKMATE, L. (2014): Die bewegte Pause – ganzheitliche Seminargestaltung – Bewegung für Kopf und Körper.

BROKOF, K. (2000): Lauftherapie mit Laufanfängern am Beispiel von zwei Probanden.

BROTZKI, R. (2003): Laufen mit Hund.

BRÜCK, S. (2009): Implementierung eines Gesundheitsmanagements in ein Unternehmen – hier: eine Genossenschaftsbank in der Südpfalz.

BRUNNER, E. (2000): Eine Laufgruppe entsteht und entwickelt sich. Beschreibung der Veränderungen in psychischer und physischer Hinsicht.

BRUNNER, S. (1998): Marathonläufer auf den billigen Plätzen.

BRUNS, S. (1995): Die Zwei-Übungen-Methode zur Erhaltung bzw. Erlangung einer stabilen psychophysischen Gesundheit. Ein Ergänzungsprogramm zur Lauftherapie.

BRUNS, W. & SCHUMM, S. (2003): Auswirkungen eines nach lauftherapeutischen Grundsätzen durchgeführten betrieblichen Laufprojektes auf die Beschäftigten und Perspektiven für das Unternehmen – dargestellt am Beispiel des Klinikum Nürnberg.

BUCHHOLZ, A. (1993): Lauftherapie in der Stressbewältigung. Die Möglichkeit, mit der Lauftherapie das Vegetativum zu erreichen. Einzelfallbeschreibungen.

BUDAHN, M. (2009): Mein Weg zum Marathon oder warum wir laufen müssen.

BÜCKEN, F.-J. (1996): Von der Lauftherapie zum sportlichen Laufen. Eine Langzeitstudie mit Beobachtungen, Befragungen und Analysen.

BÜNGER, M. (2014): Gemeinde laufend in Bewegung. Lauftherapie und Gemeindearbeit – eine pastorale Herausforderung

BÜTTNER, M. (2012): Laufen mit 6- bis 8jährigen Kindern – eine Adaption des Paderborner Modells.

BÜTTNER, P. (2013): Marathontraining als Lauftherapie für männliche Strafgefangene in der Justizvollzugsanstalt Darmstadt „Fritz-Bauer-Haus".

BULTMANN, J. (2010): Körperliche und seelische Effekte meines Lauftherapiekurses mit Anfängern anhand meiner Beobachtungen.

BUSCH-BÜTTNER, U. (2004): Kinesiologische Übungen in einem Frauenlauftherapiekurs als ergänzende Maßnahme zur Lauftherapie.

CARLBERG, R. (2002): Kritische Betrachtung des Erfolges von Lauftherapie bei beruflich stark engagierten Personen.

CHRISTIANS-HINRICHSEN, A. (1998): Lauftherapie für Berufsmusiker – praktische Studie anhand einer ausgewählten Zielgruppe.

CHRISTIANSEN, S. (2010): Positive Auswirkungen des Laufens auf Patienten im Maßregelvollzug nach § 64 StGB anhand des modifizierten Paderborner Modells.

CIPURA, M. (1998): Laufen und Persönlichkeitsentwicklung – ein Beitrag zu einer psychologischen Theorie der Lauftherapie.

COENEN, E. (2003): Laufen – Entspannen – Ernähren. Ein Trainingskonzept zur Förderung der Persönlichkeitsentwicklung 15-18jähriger weiblicher und männlicher Jugendlicher.

CONCEIÇÃO, T. da (2013): Lauftherapie: Ein Lösungsansatz zur Erlangung und Förderung von Empowerment!

CORNELIUS, J. (2009): Feststellen von Motivationsbrüchen in lauftherapeutischen Prozessen und mögliche Interventionen.

CORS, P. (2006): Lauftherapie bei Diabetes und Adipositas.

CREMER, M. (1998): Lauf wohin dein Herz dich trägt – ein Selbsterfahrungsbericht.

DAAS, U. H. (1993): Die Frauen-Kleingruppen in der Lauftherapie, dargestellt an einem eigenen Projekt.

DAHL, J. von (2009): Der Lauftherapeut in seiner Rolle als Berater bei der Laufausrüstung.

DAHL, M. (1996): Durch Lauftherapie dem Leben im Klimakterium mehr Aktivität geben.

DEBENER, U. (1998): Laufen mit Doppeldiagnose Sucht und Psychose am Beispiel einer Einzeltherapie im Heimbereich des Fachbereiches Psychiatrie in vBA Bethel.

DEGEN, R. (1998): Die Person des Lauftherapeuten als Vorbild.

DEISENROTH, M. (2004): Gründung einer Laufschule. Fragen von LaufteilnehmerInnen an die LauftherapeutInnen.

DENKENA, F. (2009): Lauftherapie mit seelisch behinderten Menschen.

DIETER, W. (1997): Möglichkeiten und Grenzen der Lauftherapie im Rahmen eines 3-wöchigen stationären Gruppenprogramms für Reha-Patienten mit chronischen Rückenschmerzen.

DIPPE, J. (1998): Lauftherapie als Interventionsmaßnahme im Feuerwehrdienst.

DITTRICH, S. (2004): Lauftherapie mit einem unterschenkelamputierten Patienten.

DREYER, U. (2007): Lauftherapie im Kontext der beruflichen Rehabilitation (Teilhabe am Arbeitsleben) von Menschen mit psychischen Beeinträchtigungen im Beruflichen Trainingszentrum des Berufsförderwerks Friedehorst – Bremen.

DROPMANN, M. (2008): Laufend entspannen – entspannt laufen.

DRUCKENTHANER, M. (2003): Adressatenspezifisches Laufen. LZ bei Diabetes mellitus Typ 1. Eine Einzelfallstudie mit einer 13jährigen Jugendlichen. Vom Lauftraining zur Lauftherapie – vom Leistungslauf zum Wohlfühllauf.

DUNSCHE, M. (2000): Lauftherapiekurs mit allein erziehenden Frauen. Physische und psychosoziale Auswirkungen.

DUX, M. (2014): Lauftherapie und Krafttraining – eine Projekt-Studie im Rahmen eines LT-Kurs ergänzend mit Elementen aus dem Krafttraining.

EBERHARD, W. (2001): Wecke die Kraft in dir. Laufkurs an der Reha-Klinik „Hüttenbühl" für psycho-somatische Erkrankungen in Bad Dürrheim.

ECKARDT, I. (2013): Lauftherapie und NLP-Coaching – Möglichkeiten der Ressourcenstärkung in der Lauftherapie durch NLP.

EHLERS, R. (2014): Das eigene Tempo finden - Projekt eines Wochenend-Intensiv-Seminars mit Teilnehmerinnen und Teilnehmern unterschiedlicher Lauferfahrung.

EICKELS-BEERDEN, C. v. (1996): Lauftherapie mit einer alters- und geschlechtsheterogenen Gruppe unter besonderer Berücksichtigung von Frauen im Klimakterium.

EILERS, G. (2005): Lauftherapie - ein Weg zu mehr Eigenverantwortung.

ENDRIZZI, H. (2005): Lauftherapie und Kreativtherapie. Eine Untersuchung des Zusammenhangs an Fallbeispielen.

ENGELS, K. (2003): Erfolgreich LT-Kurse anbieten. Empirische Untersuchung zur Gestaltung von Kursangeboten.

EPPINGER, F. (1993): Zur Veränderung von Lebensgewohnheiten bei Teilnehmern an einem Lauftherapie-Kurs für Betriebsangehörige, dargestellt an ausgewählten kasuistischen Beispielen.

ERB, H. (2006): Lauftherapie mit Krankenpflegeschülerinnen.

ERDMANN, C. (2004): Lauftherapie in der Frauenarztpraxis – Entwurf eines Konzepts.

ERNST, H. (1996): Auswirkungen einer Sport- und Lauftherapie auf biologische Parameter während einer Regenerations- und Aktivkur – am Beispiel der Deutschen Flugsicherung (DFS).

ESCHBACH, R. (2010): Lauftherapie als Instrument in der beruflichen Qualifizierung junger Flüchtlinge.

FACKLER, A. (1996): Transplantation und Laufen – ein Erfahrungsbericht.

FADER, B. (2006): Wenn Laufen zur Sucht wird.

FELDHAUS, U. (2000): Lauftherapie als Einzeltherapie – dargestellt an einem Fallbeispiel.

FELDHUS, F. (1993): Lauftherapie im Rahmen einer 28-tägigen Mutter-Kind-Kur. Möglichkeiten und Grenzen.

FEYZEE-SHANDI, F. (2005): Einstieg in die für Läufer zweckmäßige gesunde Ernährung – Ratgeber für Anfänger.

FIGGEN, W. (1994): Lauftherapie und Autogenes Training mit aufmerksamkeitsgestörten Kindern in der Orientierungsstufe einer Hauptschule.

FISCHER, M. (2004): Vom Gefängnis der Bulimie zum New York City Marathon 2003 – Ein Lebens-Lauf-Bericht.

FISCHER, U. (1997): Erfahrungen und Horizonte aus lauftherapeutischer Arbeit mit Frauen im ländlichen Bereich über den Zeitraum eines Jahres.

FLÖTER, D. (2011): Laufen als Therapie. Eine natürliche Bewegungsform als Baustein eines Behandlungskonzepts bei Depression. Ein Praxisprojekt mit sieben depressiv erkrankten Menschen auf Basis wissenschaftlicher Befunde.

FRITZ, O. (1998): Laufen mit Kindern aus einem Hort des Caritasverbandes Frankfurt/Main – Eine Verlaufsdarstellung.

FRÜCHTE, J. (2005): Lauftherapie mit Jugendlichen einer vollstationären, intensivpädagogischen Einrichtung.

FUHRMANN, G. (2006): Lauftherapie und Chaosforschung. Laufen für Körper, Geist und Seele – Laufen mit Körper, Geist und Seele. Der Schmetterlingseffekt in der Lauftherapie.

FUHRMANN-MICHELS, H. (1999): Die Integration der Lauftherapie in das Gesamtkonzept einer Orthopädischen Rückenschule unter Berücksichtigung des Yoga und der Zilgrei-Methode.

FUNKE, S. (2012): Gesundheitsorientiertes Laufen nach dem Paderborner Modell. Beschreibung des Kursverlaufs und Ergebnisse.

GEHR, M. (2001): Lauftherapie mit Schrothkurpatienten und Einheimischen. Parallelen und Unterschiede.

GEHRING, B. (2002): „Laufend älter werden" – Erfassung und Bewertung eines Laufprogramms mit älteren Personen.

GENNEPER, A. (2008): Wie die Gruppe laufen lernt – Zur Entwicklung einer heterogenen Lauftherapie-Gruppe.

GERHARDT, M. (2001): Laufen. Was ist das eigentlich?

GERHARDUS, K. (2007): Lauftherapie für Kinder und Jugendliche mit Mukoviszidose.

GERSTNER, J. (2009): Welche Unfallgefahren können beim Laufen (mit Gruppen) auftreten und was kann man als Leiter zur Vermeidung von Unfällen beitragen?

GIANOTTI-PISCH, U. (1994): Lauftherapie als Streßausgleich. Eigenstudie: Selbstbeobachtung.

GÖBEL-BRAUN, P. (2006): Lauftherapie und Bildung.

GÖRITZ, J. (2004): Lauftherapie als Hilfe zur persönlichen Weiterentwicklung – Erfahrungen mit einem Einsteigerkurs und Gegenüberstellung zu fortgeschrittenen Läufern.

GÖSTENKORS, K. (2005): Laufen als Form der Selbsttherapie bei Vorhofflimmern und Angststörungen/Anpassungsstörungen. Eine Reflexion meiner persönlichen Erfahrungen.

GOLDBECK, M. (2005): Lauftherapie: Einzelbetreuung mit einer an Polyneuropathie erkrankten Person.

GONCZ, P. (2008): Subjektives Wohlbefinden und Laufen – Eine Darstellung der Zusammenhänge am Beispiel einer heterogenen Laufanfängergruppe eines dreimonatigen Lauftherapiekurses.

GORBRACHT, U. (2004): Laufen und die Antwort des Körpers. Eine empirische Untersuchung bei Patienten einer Praxis für Allgemeinmedizin.

GORES, K.-H. (1993): Das Problem der Einstufung einer angepaßten Dosierungsbelastungsbreite in der Lauftherapie zur weiteren Trainingsplangestaltung.

GRAß, M. (2013): Die Laufgruppe – eine Einrichtung der Jugendhilfe.

GRAW, E. (1994): Lauftherapie in der Behandlung von psychiatrischen Patienten – dargestellt am Beispiel einer Lauftherapiegruppe in einer sozialtherapeutischen Übergangseinrichtung.

GRIMM, A. (2000): Lauftherapie mit weiblichen Jugendlichen in schwierigen familiären Belastungssituationen unter besonderer Berücksichtigung von Essstörungen und Körpererleben in der weiblichen Adoleszenz.

GRÖNERT, K. (2009): Lauftherapie als Möglichkeit einer Betriebssportgruppe. Planung, Durchführung und Auswertung eines gemeinsamen 8-Stunden-Laufs.

GRUNDLACH, S. (2005): Ergotherapie und Lauftherapie. Eine Untersuchung.

GRUNWALD, L. (2014): Laufen bei MS- Nutzen ohne Risiko am Falleispiel Dorothea.

GÜTTER, J.-P. (2011): Lauftherapie für psychisch erkrankte oder behinderte Menschen als unterstützende Maßnahme während der beruflichen Rehabilitation und Eingliederung in das Arbeitsleben.

GUTZEN, M. (2005): Sinnvoll laufen. Ein meditativ-lauftherapeutischer Ansatz.

HAARMANN, J. (2010): Selbständig als Lauftherapeut – Der Weg dorthin.

HABERSTUMPF, R. (2009): BMI > 50 und Laufen?!? Eine Langzeitbegleitung.

HACHE, D. (2008): Laufen als Hilfe zur Aggressionsbewältigung in der stationären Jugendeinrichtung.

HAENSEL, C. (2006): Der Weimarer Stadtlauf und die Frauen.

HAID, E. (2009): Laufen und Brustkrebs.

HANTSCHEL, A. (2010): „In Bewegung kommen". Laufen als therapeutisches Angebot für Kinder und Jugendliche in der Kinder- und Jugendhilfe – dargestellt am Beispiel des Sozialpädagogischen Zentrums St. Leonhard in Regensburg.

HARTER, C. (2001): „Jetzt aber los – wir laufen." Dokumentation des Laufkurses an der vhs Ulm im Herbst 2000. Planung, Durchführung und Reflexion („so kann's laufen").

HARTMANN, S. (2010): Lauftherapie zur Motivation für den Sportunterricht.

HAß, A. (1995): Lauftherapie als unterstützende Behandlung bei Depressionen, dargestellt an einem Fallbeispiel.

HAUBRICH, A. C. (2005): Laufen mit berufstätigen Frauen.

HAUFFE, A. (2005): Mein Weg aus Sucht und Abhängigkeit – Laufend in ein selbstbestimmtes Leben.

HAUSER, J. (2006): Laufen mit Multipler Sklerose (MS) – ein Erfahrungsbericht.

HECHT-WITTMANN, I. (1998): Präsentation eines Leitfadens zur Erstellung einer Homepage – dargestellt am Beispiel einer Lauftherapeutin im World Wide Web.

HECKER-HESSE, B. (2007): Laufen mit psychisch Kranken – Beobachtungen im Rahmen einer Lauftherapiegruppe mit psychisch kranken Menschen aus dem Bereich eines Sozialpsychiatrischen Zentrums.

HEGGEN, H. (2000): Lauftherapie mit jugendlichen Häftlingen in der Justizvollzugsanstalt Heinsberg. Beschreibung der Auswirkungen auf die Lebens- und Berufswegplanung in der Vorbereitungsphase auf die Haftentlassung.

HEIL, C. (1994): Lauftherapie bei Prüfungsangst – eine Fallstudie.

HEIM, R. (2005): Lauftherapie als Teil der Integrativen Therapie in der Arbeit mit Suchtkranken.

HEIN, M. (1994): Lauftherapie mit alkoholabhängigen Patienten im Rahmen einer Entwöhnungskur am Psychiatrischen Krankenhaus in Weissenau.

HEINE, P. (2001): Laufen, Lauftherapie, Wohlbefinden: empirische Fallstudien und Erhebungen.

HEINE, U. (1993): Laufen mit Drogenabhängigen am Beispiel der Reha-Klinik Agethorst.

HEINRICHS, D. (1996): Lauftherapie als therapeutisches Instrument im Rahmen der Depressionsbehandlung.

HEITFELDT, U. (2004): Zum Problem der Laufsucht: Ist der trainierte Läufer süchtig?

HELLER, E. (2003) : Lauftherapie mit Müttern – Eine Fallstudie unter besonderer Berücksichtigung sozialer Aspekte.

HELMS, R. (1999): Lauftherapie mit Patienten auf einer soziotherapeutischen Station.

HENKEL, E. (2009): Wecklauf(en) statt Weglaufen. Ein Laufprojekt an der AHG Klinik Ederbergland für drogenabhängige Männer und Frauen.

HENKEMEIER, G. (2000): Schritt für Schritt zum Wohlfühlgewicht. Lauftherapie als Methode zur Verbesserung des seelischen und körperlichen Wohlbefindens am Beispiel „Übergewichtige“.

HENS, D. (1999): Laufen – ein Sport nur für Sportliche? Angewandte Lauftherapie im Kinderheim.

HEPFER-HEIM, B. (2009): Vom Einzeltraining zur Leitung eines Einsteiger-Laufkurses an der Volkshochschule. Anekdotische Verhaltensbeobachtungen und deren Ergebnisse.

HERBART, G. (2008): Hier läuft was. Lauftherapie mit Anfängern – zwei Gruppen, ein Ziel.

HERZOG, S. (2003): Lauftherapie-Kurs mit Frauen in der 2. Lebenshälfte im Hinblick auf die psychische Befindlichkeit. Ein Erfahrungsbericht.

HEUFT, D. (2013): Lauftherapie zur Gesundheitsförderung im betrieblichen Rahmen – eine Falldarstellung.

HILLMER, F. (2008): Lauftherapie mit weiblichen Jugendlichen in einer Einrichtung der stationären Jugendhilfe.

HILLNHÜTTER, E. (1994): Motivation und Körperwahrnehmung.

HÖTT-WOLLWERT, M. (2011): Verbesserung muskulärer Dysbalancen durch Lauftechniken bei einer heterogenen Gruppe im Alter zwischen 18 und 50 Jahren.

HOF-HIRSCH, N. (1998): Lauftherapie – Umbruch und Neuanfang – Mein Weg – Ein Erfahrungsbericht.

HOFFMANN, R. (1999): Die Öffentlichkeitsarbeit bei der Vorbereitung und Durchführung des ersten Laufkurses zur Etablierung von weiteren Lauftherapie-Angeboten.

HOFFMEISTER, W. (2009): Rückenbeschwerden und Lauftherapie.

HOHENSTEINER, C. (2007): Schritt für Schritt zum Glück.

HOLPER, W. (2007): Öffnen Sie die Tür zu mehr Gesundheit.

HOLSTEIN-GLASMACHER, H. (2013): Wie kann die Lauftherapie zur Verbesserung des Wohlbefindens und zu einer positiveren Lebenseinstellung beitragen?

HOLTHOFF, H.-W. (1993): Laufen als Erziehungsmittel in der Heimerziehung, dargestellt an ausgewählten Fallbeispielen aus dem Wohnhaus für Kinder und Jugendliche Vorsterhausen in Hamm.

HOMAR, T. (2012): Lauferfahrungen zum Überwinden einer Drogensucht. - Konzeption und Marketingkampagne zur Markteinführung des Unternehmens „Plan B Lauftherapie".

HOMBERGS, M. (2005): Lola rennt, Rosi läuft. Versuch, die Motivation zweier Teilnehmerinnen und der Leiterin eines LT-Kurses zu ergründen.

HOMBERGS, S. (2000): Übergewichtige Frauen und Lauftherapie – eine qualitative empirische Fallstudie.

HORNUNG-PRÖSL, M. (2002): Lauftherapie mit Risikopatienten aus einer Arztpraxis dargestellt am Beispiel einer Patientengruppe.

HUB, A. (2010): Die Schwierigkeit beim Rollenwechsel. Wie aus einer guten Bekannten eine Gruppenleiterin wurde.

HÜLLSTRUNG, A. (2003): Beobachtungen und Veränderungen beim Laufen mit Herzschrittmacher unter lauftherapeutischen Gesichtspunkten.

HÜLSMANN, Y. (2010): Das kleine Laufbuch. Was Sie schon immer über das Laufen wissen wollten.

HÜSCH, M. (2011): Die Teilnahme am Firmenlauf als lauftherapeutisches Projekt mit berufstätigen Müttern.

ISENMANN, J. (2000): Der Lauf in die Freiheit – vom therapeutischen Laufen zum Marathon.

JANK, M. (2000): Frauen im Sport – Lauftherapie als Weg zur Selbstfindung.

JANKE, J. (2003): Mythos Laufsucht.

JOHN, P. (2005): Dreißig Minuten laufen und dann?

JUNG, K. (2009): Lauftherapie mit körperbehinderten Jugendlichen an der Edith-Stein-Schule in Hochheim.

KAILUWEIT, B. (2008): Lauftherapie mit Typ-II-Diabetikern als Teil eines ganzheitlichen Behandlungskonzeptes. Eignet sich die Lauftherapie zur positiven Beeinflussung von Stoffwechsellage, Lebensqualität und Eigenverantwortung?

KAISER, A. (1997): Laufen mit 8-10jährigen Kindern über einen Zeitraum von 12 Wochen.

KANZELMEYER-NELL, E. (2011): Die Sparkasse Stade - Altes Land läuft.

KARAKAS, K. (2013): Lauftherapie als bedeutsames Mittel zur Gesundheitsförderung – exemplarisch dargestellt für Frauen mit Migrationshintergrund.

KARL, H. (2004): Laufen mit Kindern und Jugendlichen – exemplarisch dargestellt an einer alters- und leistungsgemischten Gruppe.

KARPINSKI, R. (2003): Laufen: Wirkstoff ohne Arznei – Abnehmen und Anderes.

KARSTEN, M. (2004): Leicht laufen mit dem ganzen Körper – Laufen nach Feldenkrais.

KATH, B. (1994): Lauftherapie mit einer Patientengruppe der Klinik Waldsanatorium für Abhängigkeitserkrankungen in Bad Lippspringe.

KAVELMANN, U. (1993): Rollenspiel als Hilfe zur Bearbeitung von Motivationsproblemen in einem Lauftherapie-Kurs, aufgezeigt an einer Gruppenstunde.

KEITMANN, R. (2001): Laufschuhberatung für Laufanfängerinnen.

KEMKEMER, M. (2002): Lauftherapie für Eltern im Spannungsfeld von Kindererziehung, Partnerschaft und Beruf.

KEPPLER, B. (1997): Die Anwendung der Lauftherapie nach der Schwangerschaft als Mittel zur Verbesserung des Fitnesszustandes und des Wohlbefindens.

KEVELOH, H. (2013): Lauftherapie als flankierendes Element in der beruflichen Rehabilitation seelisch behinderter Menschen.

KILIAN, M. (2004): Adipositas – Entwicklung und Diskussion eines Konzepts zur Durchführung eines lauftherapeutischen Programms mit adipösen Kindern im Sinne einer ganzheitlichen Therapie.

KISTNER, K. (2006): Grundlagen der Sporternährung unter Berücksichtigung des Ausdauersports.

KLAASSEN, S. (2006): Lauftreff! Lauftherapie! Möglichkeiten, beide Formen miteinander zu nutzen.

KLAASSEN, W. (2006): Lauftherapie als Mittel zur Gesundheitsförderung im Betrieb.

KLASEN, P. (2003): Einzelfallstudie über die Lauftherapie im heilpädagogischen Bereich mit einem Vorschulkind zum Abbau von Aggressionen.

KLEIER, P. (2005): Förderung der Resilienz durch Lauftherapie bei verhaltensoriginellen Kindern und Jugendlichen.

KLEMENT, H. (2005): Lauftherapie als Einzeltherapie. Ein „etwas modifizierter" Lauftherapie-Kurs mit einer 75-jährigen Frau.

KLISCH, C. (2002): Lauftherapie mit Diabetikern.

KLOB, M. (2006): Funktionelle Belastungsparameter und deren Auswirkungen auf den menschlichen Organismus beim Langstreckenläufer.

KLOPPENBURG, M. (1995): Lauftherapie und Therapeutenidentität: Meine Rolle als Lauftherapeut unter Berücksichtigung meiner beruflichen Identität als Sozialarbeiter.

KLOSE, K. (2005): Lauftherapie für Kinder mit Konzentrationsschwächen unter Berücksichtigung kinesiologischer Aspekte in Zusammenarbeit mit deren Eltern.

KNEHR, C. (1997): Lauftherapie im Kontext der Psychoneuroimmunologie.

KNOP-VOLACEK, S. (2007): Lauftherapie als Entwicklungsschritt im Hinblick auf leistungsorientiertes Laufen.

KOCH, D. (1999): Integration durch Laufen.

KÖHLER, E.-M. (2014): Ein modifiziertes Lauftraining nach dem Paderborner Modell mit einer Einsteiger- sowie Fortgeschrittenengruppe in Kombination mit Kräftigungs- und Achtsamkeitsübungen.

KÖNIG, J. (2012): Komm, lauf mit! Tagebuch meines lauftherapeutischen Aufbruchs (Projekttagebuch eines angehenden Lauftherapeuten).

KÖSTER, R. (2006): Laufen als Therapie mit straffällig gewordenen Jugendlichen – von welchen Parametern ist der Erfolg des Projektes abhängig?

KÖTSCHE, U. (2001): Pubertät – Die Krise durchlaufen. Eine Einzelfallstudie.

KOPF, S. (2006): Lauftherapie – eine Möglichkeit zur Verbesserung der Restsymptomatik und Sekundärproblematik nach einem Schlaganfall. Eine Einzelfallstudie.

KORMANN, U. (2012): Lauftherapie und Systemisches Coaching. Möglichkeiten des Zusammenspiels aus der Sicht eines Systemischen Coachs auf seinem Weg zum Lauftherapeuten.

KOLBE, O. (2000): Laufen als existentielles Medium – ein methodisches Instrument in der psychotherapeutischen Behandlung.

KORNMAYER, C. (1995): Lauftherapie – ihre Auswirkungen und Akzeptanz an einer onkologischen Nachsorgeklinik.

KRAUS, G. (1993): Lauftherapie als eine Möglichkeit zur Beschleunigung des therapeutischen Prozesses, dargestellt an zwei kasuistischen Beispielen aus der Praxis.

KRAUSCH, P. (2005): Lauftherapie mit einer Frauenlaufgruppe. Beobachtungen und Erkenntnisse.

KRAUSE, S. (1997): Lauftherapie im Kontext der Psychoneuroimmunologie.

KRAUSE-JÄGER, S. (2008): Lauftherapie an der Universität Paderborn als individuelle betriebliche Gesundheitsförderung.

KRETSCHMER, C. (2005): Hospitation in der Aus- und Weiterbildung zum/zur Lauftherapeuten/in.

KROGNER, K. (2005): Laufen ab 30.

KUCZULABA, M. (2009): Einführung der Paderborner Laufmodells im Rahmen einer Lauftreffgründung für die Mitarbeiter einer Rehabilitationsklinik.

KÜHN, H. (2009): Der sanfte Berglauf als besonderer Baustein der fortgeschrittenen Lauftherapie.

KÜNNEMANN, D. (2013): Laufen hinterlässt Spuren … Laufen mit blinden und sehbehinderten Jugendlichen.

KÜNZLER, F. (1993): Laufen – Meditation – Fasten. Projektbeobachtungen, Planung, Durchführung, Bewertung.

KULLACK, M. (2003): Lauftherapie in einer heilpädagogischen Einrichtung.

KURTH, R. (2003): Dienstleistung Lauftherapie. Eine Diskussion des Zusammenhangs.

KURZBACH, U. (2006): Laufen ist gut für mein Leben. Lebensbilder von Ultramarathonläuferinnen und Ultramarathonläufern.

LAMPE, W. (2007): Kann Laufen, mit dem Ziel einen Marathon zu bestreiten, gesund sein?

LANDAU, R. (1995): Der Einfluß der Lauftherapie auf die persönliche Kompetenz und die soziale Stellung von geistig Behinderten, am Beispiel eines Probanden.

LANEGGER, R. (2002): Laufen als Meditation.

LANGE, S. (2005): Möglichkeiten der Beratung zu den Themen „Puls" und „Ernährung" in Lauftherapiekursen am Beispiel eines Laufkurses für Frauen.

LANGEGGER, Z. (1994): Lauftherapie in der Rehabilitation von psychisch Kranken.

LANGER-GLOCK, B. (2000): Lauftherapie nach Prof. Weber im Behandlungskonzept des niedergelassenen Arztes. Eine empirische Studie bei onkologischen Patientinnen in der Frauenarztpraxis.

LANGLOTZ, D. (1993): Lauftherapie als eine andere Möglichkeit der Kommunikation zwischen Bürger und Institution – dargestellt an einem Projekt mit Pflegestellen und Pflegekindern.

LAUBACH, T. (2010): Lauftherapie und beruflicher Stress. Ein Projekt mit zwei freiberuflichen Frauen.

LAUMER, B. (1997): Lauftherapie mit delinquenten Jugendlichen – eine Fallstudie.

LEIßNER, G. (2005): Wechseljahre – Lauftherapie – Flow.

LEMKE, E. (1994): Lauftherapie und Krebs. Eine Fallstudie.

LEMKE, M. (2013): Eine lauftherapeutische Einzelbetreuung im Vergleich zum Laufeinsteigerkurs des Wedeler Lauftreffs.

LEONHARDT, J. (1994): Laufen mit Bluthochdruckpatienten.

LIEBECK, M. (2000): Lauftherapie als Unterstützung der Gewichtsabnahme bei Personen, die das Diätprogramm der „Deutschen Gesellschaft für gesundes Leben" durchführen.

LINDEMANN, H. (2012): Lauftherapie bei seelisch stark beeinträchtigten Personen – dargestellt am Beispiel einer Einzeltherapie.

LINDER, J. (2003): Lauftherapie als körpertherapeutischer Ansatz in einer Fachklinik für suchtkranke Männer.

LÖGLER-ELLETT, G. (2001): Warum das Laufen der Rede wert ist und wie die Rede des Laufens Wert bestimmt. Untersuchungen zur Kommunikationspsychologie in der Lauftherapie unter besonderer Berücksichtigung des individuellen Vorgesprächs.

LUBER, S. (2006): Ein Lauftherapiekurs ist mehr als nur Laufen. Darstellung eines systemischen Programms mit integrierten Übungen zu den 5 motorischen Hauptbeanspruchungsformen der Kondition.

LUCCHESI, A. (2003): Präsentation eines Leitfadens für die Durchführung einer Einführungsveranstaltung – dargestellt an einem Folienprogramm für eine Lauftherapieinformationsveranstaltung.

MACHWITZ, B. (1997): Lauftherapie als freizeitpädagogisches Angebot in einem Berufsbildungswerk – unter den Erlebnisaspekten Körper- und Naturwahrnehmung.

MADENA, G. (1993): Planung, Organisation, Durchführung und Auswertung eines Lauftherapie-Kurses am Beispiel „Übergewichtige".

MÄHRINGER, E. (2008): Laufen mit einer sehbehinderten Person und ihrem nicht sehbehinderten Partner.

MAI, C. (2003): Kommunikationsstrategien in der Lauftherapie. Eine Studie zur optimalen Gestaltung von Botschaften in der Lauftherapie.

MALINOWSKI, S. (2004): Schichtarbeit und Laufen.

MARGIL, I. (2007): Laufen? Nix für mich! – Vom Nichtlaufen zur Lauflust.

MARKS, P. (2004): Lauftherapie mit Insassen und Mitarbeitern der Sozialtherapeutischen Anstalt Altengamme – Beobachtungen und Ergebnisse.

MATHEIS, B. (2001): Lauftherapie und Presse. Untersuchung von Pressemitteilungen zur Lauftherapie nach kommunikationswissenschaftlichen Gesichtspunkten anhand von zwei Fallbeispielen.

MAYER-EGGER, M. (2004): Vom Walken zum Laufen.

MEYER, A. (1998): Lauftherapie – Einsatzpotential für gestresste Manager.

MEYER, D. (1999): Laufen als Therapie: Was Ärzte darüber wissen.

MEYER, W. (1999): Ausdauersport als Therapie mit Koronarpatienten.

MICHEL, F. (2005): Lauftherapie als Angebot in der stationären Rehabilitation suchtmittelabhängiger Menschen.

MIEHE, H. (2002): Aufbau und Integration von Lauftherapie in der Abteilung Sozialpsychiatrie der Medizinischen Hochschule Hannover.

MOHR, H.-T. (1998): Laufen und Sucht!?! Unter dem Aspekt Erlebnisdimensionen des Laufens.

MOHR, T. (2009): Lauftherapie mit Tages-, Wochenend- und Feriengästen im „Alten Land".

MOHRLÜDER, F. (2006): Gestaltung und Durchführung einer Projektwoche an der Grundschule zum Thema „Dauerlaufen".

MOSHAGE, J. (1999): Möglichkeiten und Grenzen der Stressbewältigung am Beispiel von Läufern, die langjährig in der ambulanten und stationären Straffälligenhilfe tätig sind.

MOST, M. (1995): Zum Berufsbild des Lauftherapeuten unter besonderer Berücksichtigung der Schlüsselqualifikationen.

MÜLLER, M. (2006): Lauftherapie mit Hauptschullehrern und –lehrerinnen zum Stressabbau.

MÜLLER, R. (2005): Laufen als Therapie – die therapeutischen Aspekte des Laufens.

MÜLLER-WOHNE, R. (2006): Laufen – Bestandteil betrieblicher Gesundheitsförderung.

MUHREN, G. (2013): Lauftherapie als Lebensbalance – Effekte und Auswirkungen der Lauftherapie auf die Ausgeglichenheit der individuellen Lebensbalance.

MUSSLER, R. (1997): Ärzte als Förderer der Lauftherapie? Versuch der Einbeziehung von niedergelassenen Ärzten für Allgemein- und Innere Medizin am Beispiel Karlsruhe.

NAUNDORF, H. (2003): „In Berga läuft was". Eine Kleinstadt und seine Ortsteile laufen für einen guten Zweck.

NEERFORTH, P. (2012): Lauftherapie bei Suchterkrankungen.

NEUBECKER, K. (2012): Stress – Teil unseres Lebens.

NEUHAUS, J. (2009): Modelle mentalorientierten Laufens: Runner's High, Flow-Erleben, Mentales Training, Meditatives Laufen, Zen-Running. Vergleich und Bewertung.

NEUMANN, H. (1994): Die Anwendung von Lauftherapie zur Streßbewältigung und Gesundheitserziehung – dargestellt an zwei Einzelstudien.

NIEHAGE, L. (2002): „Wenn meine Beine laufen, bekommt mein Geist Flügel". Motivationsunterstützende Maßnahmen in der Lauftherapie.

NIEMACK, M. (2006): Lauftherapie in Kombination mit Fünf Elemente Ernährung.

OBERSCHILP, A. (2007): Lauftherapie bei Neurodermitis.

OEPPING, A. (1996): Eß- und Trinkverhaltensmanagement mit gesundheitsfördernder Zielsetzung unterstützt durch das Lauftherapieprogramm.

OFFERMANN, T. (2006): Lauftherapie bei neurologischen Erkrankungen (Aneurysmen).

ORTH, W. (1993): Bedeutung der Lauftherapie an Kurkliniken am Beispiel der Kurklinik Buchenholm, Malente.

OSTERTAG, H. (1995): Lauftherapie bei Mehrfachbehinderung. Eine Fallstudie an einem Heimbewohner.

OTHMER, A. (2013): Dabeibleiben! Nützliche Strategien für Laufanfänger zur dauerhaften Aufrechterhaltung der Lauftätigkeit.

OVELGÖNNE, G. (2012): Lauftherapie als Rückfallprophylaxe bei chronisch mehrfach beeinträchtigten Abhängigkeitskranken am Beispiel „Haus Silberstreif" in Warstein.

PABST, A. (2008): Die Einbringung der Lauftherapie in eine stationäre Jugendhilfemaßnahme mit suchtgefährdeten und drogenabhängigen Kindern und Jugendlichen.

PANTKE, B. (2003): Zur Motivation von Laufanfängern im Kontext eines Lauftherapiekurses nach dem Paderborner Modell.

PAPENHOFF, B. (1999): Laufen mit Kindern – Darstellung einer schriftlichen Befragung von Eltern, deren Kinder unter pädagogischer Anleitung an einem Lauftreff teilnehmen.

PASSUT, J. (2008): Die Lauftherapie nach dem Paderborner Modell und ihre Vermarktung – dargestellt am Beispiel einer eigenen Laufschule.

PETER, S. (1996): Lauftherapie mit einem dialysepflichtigen Patienten. Therapieform: Einzeltherapie.

PETSCHELEIT, K. (2003): Einführung der Lauftherapie in einem psychiatrischen Klinikum mit Akutbehandlung. Verlaufsbeschreibung und Beobachtungen bei schizophrenen Patienten.

PFEIFFER-UNCKRICH, F. (2014): Lauftherapie – ein Mittel zur Förderung von Integration (Inklusion) bei einhergehender Steigerung des allgemeinen Wohlbefindens bei Menschen mit und ohne Behinderungen.

PFEIL, E. (1997): Lauftherapie bei Stress und Burnout – dargestellt an ausgewählten Fallbeispielen.

PFENNIG, D. (2009): Leistungssportlerin und Lauftherapeutin – ein Widerspruch?

PFENNIG, O. (2009): Konzept und Leitfaden für die Gründung einer Laufschule.

PILL, B. (1993): Lauftherapie im Rahmen meiner Arbeit an einer Fachklinik für Psychosomatik, dargestellt an Fallbeispielen.

PITTL, A. (2001): Die Auswirkungen der Lauftherapie auf verschiedene Koronarerkrankungen.

POST, J. (2007): Einführung und Integration von Lauftherapie in einem sich neu strukturierenden gesundheitsfördernden Tourismusgebiet.

PRADEL, M. (2007): Laufen in der Trauerzeit.

PRIEß, O. (2011): Sport im Bewegungsraum Wasser – eine sinnvolle Alternative für Läufer jeden Typs.

PRÖßDORF, P. (2009): Umsetzung der Hospitationsbeobachtung in die eigene Laufkursorganisation bzw. –durchführung. Ein Lernprozess.

PUHRSCH, M. (2001): Lauftherapie als „Weg" zur Integration im Sportverein.

RAETHER, M. (1996): Stretching und Wirbelsäulengymnastik als unterstützende Maßnahme in der Lauftherapie.

RASCH, J. (2005): Auswirkungen und Akzeptanz der Lauftherapie in einer Klinik für Sucht- und Mehrfachabhängige.

RASTATTER, E. (2001): Lauftherapie bei Bewegungs(mangel)krankheiten.

RAWE, K. H. (1993): Erfolgskontrolle eines Lauftherapiekurses auf der Grundlage eines selbstentwickelten Fragebogens.

REDWEIK, U. (2006): Laufen mit verhaltensauffälligen Kindern und Jugendlichen an der Förderschule für Lernhilfe „An der alten Leine".

REICH, S. (2012): Lauftherapie mit Personen aus den Bereichen Betreutes Wohnen, Sucht Abhängigkeit und Medizinische Rehabilitation. Beobachtungen, Erkenntnisse.

REINHART, A. (2008): Laufend lernen – geht das? Der Einsatz der Lauftherapie in der Weiterbildung von Führungskräften.

REISCH, A. (2009): Lauftherapie mit Laufanfängern und Laufanfängerinnen. Beobachtung, Erfahrung und Befragung in zwei selbstorganisierten Lauftherapiekursen verschiedener Altersgruppen.

REKEMEYER, B. (2003): Verhaltensänderungen – im Besonderen Stimmungslage und Aggressionen – bei geistig behinderten Menschen durch Lauftherapie. Eine Einzelfallstudie.

RETHSCHULTE, T. (2005): Auswirkungen und Akzeptanz der Lauftherapie in einer Obdachloseneinrichtung.

REUSCHENBACH, G. (1995): Ziele haben – Ziele erreichen. Kann Lauftherapie dazu motivieren? Eine Laufgruppe in der Kinder- und Jugendpsychiatrie.

RICHTER, K. (1993): Meditation und Laufen, dargestellt an Fallbeispielen aus einer Lauftherapiegruppe.

RICHTER, P. (2010): Laufen statt raufen. Lauftherapie als pädagogische Intervention in der Tagesgruppenarbeit.

RIEDL, E.-M. (2005): Fit durch Laufen – Eine Frauengruppe lernt laufen.

RIEVEL, B. (2006): Familienorientiertes Laufen mit Eltern und Vorschulkindern.

RINTELEN, C. (2004): Rosenweg – Aufbau und Durchführung eines adressatenspezifischen Lauftherapiekurs für Personen in der akuten Lebenssituation der Trennung von ihrem Partner.

RODERMOND, K. (2011): Lauftherapie als arbeitsbegleitende Maßnahme in einer Werkstatt für Menschen mit Behinderung unter dem Aspekt der Inklusion.

RODTMANN, V. (2010): Nahrungsergänzungsmittel – Sinn und Unsinn im Sport bzw. in der Lauftherapie.

RÖHLING, I. (2000): Schritt für Schritt – Laufkurs für Frauen in den Wechseljahren.

ROLLER, M. (2003): Laufen mit jugendlichen Rugbyspielern: Training zur Verbesserung der Schnelligkeitsausdauer im Spiel, Therapie zur Steigerung des allgemeinen Wohlbefindens.

ROSENDAHL, H. (1993): Laufen als Erziehungsmittel, um Halt zu geben! – Eine Möglichkeit für Kinder und Jugendliche, ihre Lebens- und Interaktionsbreite zu erweitern!

RÜCK, F. (2008): Narrative Untersuchung an ehemals suchtmittelabhängigen Personen – dargestellt an einer Auswahl von Läuferinnen und Läufern.

RUF, J. (2010): „Was geht?" Physikalische und biomechanische Aspekte beim Gehen und Laufen.

RUPPERT, J. (1995): Lauftherapiekurse als Maßnahme der Mitarbeiterpflege in einer sozialen Einrichtung – Auswirkungen auf Institution und Teilnehmer/innen.

SÄNGER, W. (1996): Über die Lauftherapie zum Gesundheitsläufer.

SAHLER, D. (2004): Lauftherapie und Gewichtsreduktion – eine Studie im Rahmen eines Lauftherapiekurses mit Übergewichtigen.

SANTEL, A. (2005): Lauftherapeutin und Dienstvorgesetzte – ist das möglich? Lauftherapiekurs mit Mitarbeiterinnen einer Kinderintensivstation.

SARASA, M. (2003): Beobachtungen an einem selbst durchgeführten LT-Kurs mit vier Probandinnen.

SATZINGER, M. (2002): Lauftherapie mit einer Diabetikerin in einer gemischten Anfängergruppe.

SAUER, G. (2007): Umsetzung der Lauftherapie: Situation und Perspektiven.

SCHÄFER, G. (2000): Lauftherapie bei Rückenschmerzen – Eine Untersuchung unter besonderer Berücksichtigung der Kraft der wirbelsäulenstabilisierenden Muskulatur.

SCHATTMANN, A. (1998): Der Einfluß der Lauftherapie auf das Streßempfinden während der Prüfungsvorbereitung – Eine Studie mit Studentinnen der Uni Hildesheim.

SCHAY, P. (2000): Laufen streichelt die Seele.

SCHELENZ, S. (2010): Burn Out und Laufen.

SCHEMPP, N. (1996): Das Marketing von Lauftherapie-Kursen.

SCHERTEL, C. (2005): Was bewirkt Lauftherapie bei Kindern und Jugendlichen? Eine Studie im Rahmen eines 12-wöchigen Lauftherapiekurses mit Kindern einer siebten Klasse.

SCHILDWÄCHTER, P. (2009): Clean läuft's besser. Lauftherapie mit drogengefährdeten und drogenabhängigen Jugendlichen.

SCHINHAMMER, T. (1993): Älter werden und in guter Verfassung bleiben: Laufen in der zweiten Lebenshälfte.

SCHINK, P. (2005): Die Lust am Laufen kann man lernen. Flankierende Maßnahmen zur Förderung der Motivation.

SCHLIEPER, J. (1994): Motivation in der Lauftherapie, dargestellt an zwei Fallbeispielen.

SCHLÜTER, C.-E. (2010): Fit und aktiv bleiben in der zweiten Lebenshälfte.

SCHLUNDT, P. (2013): Durch welche lauftherapeutischen Methoden und Anwendungen ist es möglich, mit einem Bandscheibenvorfall und Gleitwirbeln einen Ultramarathon zu laufen?

SCHMIDT, C. (2005): „Im Unterwegssein liegt das Ankommen". Lauferleben in der Literatur – unter besonderer Berücksichtigung lauftherapeutischer Aspekte.

SCHMIDT, U. (2002): „Ich bin doch nicht bekloppt und laufe!" Ein Lauftagebuch. Erfahrungsbericht aus der Arbeit mit verhaltensauffälligen Kindern und Jugendlichen.

SCHMIDT, U. (2003): Lauftherapie mit Jugendlichen in dem Beschäftigungs- und Qualifizierungsprojekt „Take Off".

SCHMITT, R. (2003): Laufen in einem sonderpädagogischen Förderzentrum – Möglichkeiten und Grenzen. Beschreibung eines Laufprogramms für Schülerinnen und Schüler mit einem Förderbedarf im Bereich der emotionalen und sozialen Entwicklung.

SCHNEIDER, W. (1996): Lauftherapie – als Angebot zu Entspannung, Streßabbau und Konzentrationsförderung in einer Berufsfachschule.

SCHOCH, W. (1997): Chronischer Rückenschmerz und Lauftherapie.

SCHOEBERL, A. (2003): Laufbedingte Beschwerden und Verletzungen in der LT. Was sollte der/die Lauftherapeut/in wissen, um Laufen ohne Beschwerden zu ermöglichen?

SCHOMERUS-WEINERT, B. (2012): Winterlauftreff in Bad Bevensen – eine Projektbeschreibung.

SCHÖNHERR-HÖLSCHER, B. (2006): Systemische Lauftherapie – Beschreibung einer Bochumer Laufgruppe der BKK-Aktiv.

SCHOLZ, J. (2010): Einfluss der Lauftherapie auf das Wohlbefinden von massiv-weight-loss

Patienten.

SCHORLAU, R. (2008): Individuelle Betreuung von Führungskräften – Einsatzmöglichkeiten der Lauftherapie.

SCHRAMM, S. (2006): Lauftherapie als Gesundheitsförderung im Betrieb: ein Praxisbeispiel.

SCHRECK, M. (2009): Lauftherapie mit Menschen mit Morbus-Down-Syndrom.

SCHRÖDER, S. (2011): Lauftherapie und psychische Gesundheit bei Lehrern.

SCHUBERT, K. (1994): Lauftherapie als ergänzende Methode in der ambulanten Sozialarbeit.

SCHUBERT, T. (2010): Das Magazin für und über Lauftherapie.

SCHUCHTMANN, S. (2014): Lauftherapie als Motor zu mehr Leistungs- und Belastungsfähigkeit bei Busfahrer(innen)n im öffentlichen Personalnahverkehr (ÖPNV).

SCHÜLER, W. W. (1994): Lauftherapie bei verhaltensauffälligen Kindern und Jugendlichen. Begründungslinien – Bausteine – Konzeptentwurf.

SCHÜLLER, R. (1993): Organisation, Durchführung und Erfolgskontrolle eines Lauftherapie-Kurses im Organisationsrahmen des DLZ.

SCHÜTTE, G. (2001): Psychische Auswirkungen eines leichten Ausdauertrainings bei leicht depressiven Menschen.

SCHÜTZ, C. (1996): Lauftherapie mit übergewichtigen Kindern – eine Verlaufsbeschreibung.

SCHULDT, B.; WITTE, D. (1993): Darstellung eines Lauftherapiekurses für Betriebszugehörige der Kuranstalten und Forschungsinstitute Bad Lippspringe.

SCHULTE, E. (2004): Laufend mein Leben bereichern.

SCHULTE, O. (2001): Lauftherapie und Körperwahrnehmung in bezug auf Körperhaltung und deren Verbesserung (anhand von älteren Patienten / Kursteilnehmern).

SCHULZ, J.-E. (2006): Lauftherapie in einer Einrichtung für junge Erwachsene mit Verhaltensauffälligkeiten, Drogenproblematik und Straffälligkeit im Alter zwischen 18 und 26 Jahren.

SCHULZ, P. (1997): Aquajogging und Lauftherapie – Rehabilitationsschritte nach Kreuzbandoperationen – Eigenstudie.

SCHULZE, W. (1999): Darstellung, Diskussion und Bewertung eines selbstentwickelten Konzeptes für Laufeinsteiger.

SCHUMACHER, B. (1997): Mehr Lebensqualität durch Lauftherapie für Menschen mit geistiger Behinderung.

SCHUMANN, A. (2000): Das Marketing von Laufkursen für Anfänger im Rahmen des Aufbaus einer Laufschule.

SCHUSTER, J. (1996): Psychiater und Lauftherapeuten – Wie läßt sich die Kooperation initiieren und organisieren?

SCHWAMEN, M. van (2002): „Lauftherapie – Lauftreff". Worin liegt der Unterschied?

SCHWARZ, B. (2014): Tagebuch der Lauftherapie: Lauftherapie – Das Glück liegt dir zu Füßen. Eine Projektarbeit im Rahmen eines Lauftherapiekurses mit Teilnehmern des Kreisvolkshochschulkurses „Einstiegskurs für Anfänger" aus Seesen.

SCHWARZ, R. (2010): Der Einfluss von Lauftherapie bei physischer und psychischer beruflicher Belastung.

SCHWUNG, D. (2009): Über die Schwierigkeit, eine Laufgruppe in einer Institution zu gründen.

SEGELER, L. (1999): Langsames Laufen und dynamisches Yoga im ganzheitlichen therapeutischen Vergleich.

SENGENBERGER, U. (1996): Begründung und Erfolgskontrolle der Ausdauerschulung im Rahmen der orthopädischen Rehabilitation.

SEUFERT, G. (1994): Körperliche Befindlichkeit, Selbstwertgefühl und „Wohlfühlgewicht" bei TeilnehmerInnen eines Lauftherapiekurses, dargestellt am Beispiel von gewichtsbewußten Frauen und jungen erwachsenen Heimbewohnern.

SEVERIN-LENZ, K. (2003): Laufen im leistungsorientierten Bereich – Laufen mit Leistungsambitionen.

SEXTL, C. (2006): Laufen mit Frauen.

SIMON, J. (2007): Laufen mit Paaren.

SKORCZEWSKI-STOLZ, S. (2006): Biographiearbeit in der Lauftherapie.

SKUPIN, J. (2010): Lauftherapie in der Gesundheits- und Krankenpflegeausbildung am Klinikum Delmenhorst.

SOCHER, C. (2002): Lauftherapie im Betriebssport als Chance. Gesundheitsförderung bei Gillette.

SPAHR, U. (2005): Gesundheitsförderliches Personalmanagement der Kliniken Ludwigsburg Bietigheim gGmbH.

SPEIDEL, M. (2008): Lauftherapie mit chronischen Schmerzpatienten.

SPIEGEL, M. (2012): Gesundheitsorientiertes Laufen mit Laufeinsteigern. Beobachtungen, Ergebnisse und neue Erfahrungen.

SPOHR, S. (2006): Laufen und Diabetes.

SPONSEL, P. (2005): Der Sinn von Dehnen/Stretching in der Lauftherapie.

SPRINGER, E. (2001): Lauftherapie mit hyperaktiven Kindern – eine empirische Studie.

SPRINGER, U. (2001): Laufen und Humor. Ich laufe lachend und ich lache laufend.

STADTLER, U. (2003): Das Projekt Laufen als therapeutische Zusatzmaßnahme im Förderlehrgang Birkenfeld. Eine Fallstudie mit Jugendlichen in der Zusatzförderung.

STELLER, M. (2007): Lauftherapie-Kurs mit übergewichtigen Frauen im Alter zwischen 35 und 55 Jahren.

STELLMACHER, M. (2014): Lauftherapie im Maßregelvollzug. Eine Projekt-Studie im LWL– Zentrum für Forensische Psychiatrie Lippstadt.

STENEBERG, R. (1993): Lauftherapie im Rahmen der therapeutischen Arbeit an der Tagesklinik.

STENZEL, R. (2013): Schonend laufen lernen nach dem Paderborner Modell. Untersuchungen von Veränderungen am Beispiel einer Laufeinsteigergruppe.

STROWICK, J. (2007): Laufen nach der Schwangerschaft – der Einfluss der Lauftherapie auf das körperliche und seelische Wohlbefinden nach der Schwangerschaft, dargestellt an einer Fallstudie.

STÜRZBECHER, H.-J. (1999): Laufen mit Strafgefangenen der Justizanstalt Innsbruck.

SUPP, G. (1997): Chronischer Rückenschmerz und Lauftherapie.

THEOBALD, P. (1993): Psychophysische Veränderung unter Lauftherapie – ein Erfahrungsbericht.

THIMME, D. (2012): Erlebnisorientiertes Laufen: Beobachtungen, Erfahrungen, Erkenntnisse

THOMAS, H. (1997): Vom Leistungsläufer zum Lauftherapeuten – Erfahrungen und Reflexionen im Verlauf einer Einzellauftherapie.

TIMM, A. (1999): Lauftherapie mit berufstätigen Frauen unter dem Aspekt der Stressbewältigung.

UMBACH, I. (1999): Schritt für Schritt – Meine persönliche Entwicklung durch Laufen und die Auswirkungen auf mein soziales Umfeld.

UNNOLD, F. (2003): Beobachtungen und Erfahrungen mit Laufgruppen.

VERSE, S. (2004): Ausdauersport bei Hypertonie. Welche Form der Hypertonie ist durch ein Lauftraining zu beeinflussen?

VIEBROCK, S. (2003): Qualitäts-Standards in der Lauftherapie.

VOCKRODT, W. (2003): Nichtraucher werden … Raucherentwöhnung unter Anwendung der Verhaltens- und Lauftherapie – eine Kombi-Methode.

VOGELGESANG, F. (2011): Lauftherapie – Gesundheitsförderung durch Ausdauerlaufen.

VOIGT, S. (2005): Laufen in der Psychotherapie mit Suchtpatienten.

VOITH, M. (2002): Lauftherapie als Einstieg zum selbständigen gesundheitsorientierten Laufen. Eine Studie zur Wirksamkeit eines Lauftherapiekurses.

VOLKMANN, M. (2006): Laufen mit psychisch erkrankten Jugendlichen – Entwicklung von Motivation einer therapeutischen Laufgruppe im Stephansstift.

WAGNER, F. (1998): Einstieg in die praktische Arbeit als Lauftherapeut – Ein Erfahrungsbericht.

WAGNER, F. (2004): Entwurf eines ganzheitlichen Lauftherapiekonzepts für suchtspezifische Therapieeinrichtungen.

WAGNER, K. (2011): Lauftherapie mit chronisch mehrfach Abhängigen (CMA) und ihren Betreuern.

WAGNER, M. (2001): Zufriedenheit via Lauftherapie dargestellt am Beispiel ehemaliger Drogengebraucher.

WAGNER, M. (2008): Lauftherapie nach operativer Repositionsspondylodese – ein Selbstversuch.

WAID, B. (1998): Wie es nach dem Laufen weitergeht.

WAßER, J.-P. (2000): 100 km Biel – ein Selbsterfahrungslauf im Kontext der Lauftherapie.

WEBER, J. (2007): Die ganzheitlichen Auswirkungen eines lauftherapeutischen Angebotes auf die Erreichung hilfeplanrelevanter Ziele bei dissozialen Jugendlichen einer stationären Heimgruppe.

WEBER, M. (2001): Aktiv ins Alter: Lauftherapie mit Personen über 50. Eine Darstellung meiner Beobachtungen und Erfahrungen.

WEBER, T. (2004): Lauftherapie als Einstieg in ein gutes Leben.

WEGMANN, M., HECKSTEDEN, A., KRAUSHAAR, J., STEFFEN, A., MORSCH, A., WEBER, C. & MEYER, T. (2013): Der Einfluss verschiedener Ausdauertrainingsmethoden auf Blutlipide. Abstract Nr. 33, 44. Deutscher Sportärztekongress in Frankfurt a. M., 6. – 7. September. In: DEUTSCHE ZEITSCHRIFT FÜR SPORTMEDIZIN, 64. Jg., Nr. 7/8; http://www.zeitschrift-sportmedizin.de/fileadmin/content/archiv2013/Heft_7_8/18_abstract_33_64.pdf

WEICKERT, H. (1993): Ausgewählte Feldenkrais-Übungen für Teilnehmer an Lauftherapie-Kursen.

WEIL, H. (2012): Einzeltherapien nach dem Paderborner Modell der Lauftherapie – Beobachtungen und Erkenntnisse.

WEINDL, J. (2000): Gesucht: Lebensfreude und Motivation, Inspiration und Kreativität. Gefunden: Langsames Laufen.

WEINKE, S. (2006): Die Bedeutung des Laufens für sehbehinderte und blinde Menschen.

WEISS, M. (2006): Lauftherapie mit Kindern bei ADS/ADHS.

WEISSENBACH, M. (2006): Lauftherapie und Pilates bei Stress.

WENNING, B. (2004): Bruxismus und Laufen. Fallstudie mit einer ausgewählten Zielgruppe.

WENK, K. (2004): Männer – Konkurrenz – Karriere – Krankheit. Oder: Über die Abwesenheit der Männer in den Kursen der präventiven Gesundheitsförderung – dargestellt am Beispiel der Lauftherapie.

WERLE, R. (2007): Macht dann Dehnen (Stretching) überhaupt Sinn?

WEYGANDT, L. (2005): Laufen als Ausgleich zum Bewegungsmangel.

WIENER, O. (1997): Lauftherapie als Mittel zur Rauchentwöhnung. Ein Fallbeispiel.

WIESMANN, K.-H. (1996): Laufen als Ausgleich bei Nachtarbeit – Eine Fallstudie.

WILD, F. (2005): Laufen gegen Wechseljahrbeschwerden.

WILLEKE, S. (1994): Lauftherapie und Leib- / Naturmedizin. Selbsterfahrung und Erkenntnisse mit Atemwegserkrankten.

WILLEMS, M. (2004): Zwischen Gewichtsreduzierung und Raucherentwöhnung. Vom Regen in die Traufe. Begleitende Lauftherapie zur Unterstützung der Lebensweise. Eine Fallstudie.

WINTERWERBER, E.-M. (1995): Einfluß der Lauftherapie auf Psyche und Belastungsorgan bei untrainierten Erwachsenen. 6 Fallbeispiele.

WÖRNER, B. (2002): Lauftherapie als Begleitmaßnahme in der Therapie drogenabhängiger Frauen.

WOLF, M. (2003): Was kann LT im Maßregelvollzug leisten? Eine Beobachtungsstudie am Beispiel von 4 Klienten.

WÜSTEN-SCHNIPPERING, B. (2003): Der lauftherapeutische Ansatz im Rahmen der Bewegungstherapie einer Kneipp-Kur.

YILMAZ, C. (2007): Wertschöpfung der Leistung eines Lauftherapeuten. Eine wirtschaftliche Rentabilitätsbetrachtung der Arbeit des Lauftherapeuten als selbständiger Unternehmer und als Nebenberufler im Vergleich.

ZACHOW, M.-E. (2011): Laufen mit hörgeschädigten Menschen (Cochlea-Implantat- und Hörgeräteträger) als Projekt.

ZADEL, K. (2004): Trauernd in Bewegung. Lauftherapie als eine mögliche Form der Begleitung für Witwen und Witwer in der Zeit ihrer Trauer.

ZÄHR, A. (2009): Frauen laufend in Bewegung bringen. Lauftherapie als ganzheitlicher Weg für Frauen mit Mehrfachbelastung als Firmensport in einem Unternehmen.

ZICKEL, R. (2005): Lauftherapie für übergewichtige Kinder und ihre Eltern.

ZIECHMANN, M. (2003): Sport mit Jugendhilfeklientel unter Berücksichtigung lauftherapeutischer Aspekte.

ZIMMERLE, M. (2004): Laufen gegen den Wettkampf mit uns selbst. Wie weit hilft die Körperübung Laufen zum Bestehen in der modernen Arbeitswelt?

ZIMMERMANN, K. (2012): Männergesundheit – Laufen schützt und macht Spaß! Laufen ohne Hast – Lauftherapie speziell für Männer.

ZOTTER, Y. (1996): Laufen während der Schwangerschaft. Einfluß auf das Wohlbefinden.

ZYBON, J. (2010): Ährensache. Pilotstudie an Zöliakie-betroffenen Marathonläufern.

Anhang B:

**Schriftliche Hausarbeiten im Rahmen der Weiterbildung zu
Lauftherapeuten/innen unter der Trägerschaft der Deutschen Gesellschaft für
Verhaltenstherapie (dgvt) in der Kümmert Akademie, Würzburg –
soweit von Absolventen/innen übermittelt**

BARTMANN, V. (2004): Erfahrungen mit einem systematischen und sanften Laufprogramm für Laufanfänger zur Erweiterung eines Lauftreffangebotes.

BOETTCHER, C. (2006): Laufen und Selbstbewusstsein.

BUCHMEIER, E. (2004): Laufen mit Frauen im mittleren Lebensabschnitt.

DIDERICH, A. (2009): Die Hinführung zum Laufsport durch ein bewusst nicht leistungsorientiertes Lauftraining als Ergänzung des Lauftreffangebotes. Laufeinsteiger finden ihren Weg zum Genusslaufen.

GEIL, G. (2005): Lauftherapie für psychisch beeinträchtigte Menschen in Berlin-Reinickendorf.

HIESEL, S. (2012): Die Auswirkung des langsamen Dauerlaufs auf das Selbstbewusstsein und die körperliche Selbstwahrnehmung von Schülern.

HOFAUER, A. (2011): Laufen mit Schülerinnen und Schülern des Pestalozzi-Förderzentrums - Gemeinsam laufend gewinnen.

HOHL, M. (2004): Laufen als Methode der Stressbewältigung.

ILLG, J. (2005): Auswirkungen des langsamen Dauerlaufs auf Verhaltensauffälligkeiten bei Schülern.

KARG, D. (2006): Trägt das Laufen zu einer Optimierung des bestehenden Förderangebotes bei den Kindern einer Schule zur individuellen Sprachförderung bei?

KRAMER, L. (2010): Auswirkungen des langsamen, regelmäßigen Laufens auf Blutdruck und Befindlichkeit.

LANG, P. (2010); Auswirkungen des therapeutischen Laufens auf Klientinnen einer geschlossenen (forensischen) Suchteinrichtung (Maßregelvollzug § 64).

LANGER, F. (2004): Laufen als Präventionsmaßnahme gegen das Burn-out-Syndrom bei Lehrern.

MARKERT, W. (2012): Die Auswirkungen eines Laufprogramms auf Schülerinnen mit Leistungs- und Persönlichkeitsdefiziten in einer multikulturellen Klasse an einer beruflichen Schule.

MAYBAUM, R. (2010): Laufen bei Stress und Burnout.

MEßMER, M. (2007): Power-Walking für Seniorinnen.

OTTMANN, C. (2010): Laufen mit Kindern und Jugendlichen während des stationären Aufenthalts in der Psychosomatik.

PETZOLD, M. (2011): Effekte eines 8-wöchigen Lauftrainings auf das physische und psychische Wohlbefinden bei Müttern.

PFANNENKUCH, U.-J. (2009): Laufen mit TeilnehmerInnen eines Laufkurses in der Volkshochschule.

RÖTTGEN, G. (2009): Joggen mit Kindern. Auswirkungen eines Laufprogramms bei verhaltensauffälligen Kindern in der stationären Jugendhilfe.

SIMONIS, J. (2006): Auswirkungen des Joggens auf die Persönlichkeit bei erwachsenen Teilnehmerinnen einer Laufgruppe.

SPRÖGEL, M. (2009): Optimierung des Therapieangebotes durch eine Laufgruppe (Tagesklinik für Psychiatrie & Psychotherapie).

STAHL, T. (2011): Lauftherapie und Progressive Relaxation in der Prävention – ein Vergleich.

STÖCKEL, D. (2007): Lauftherapie zur Unterstützung der verhaltenstherapeutischen Behandlung bei Depressionen und Angststörungen für Patienten einer ambulanten Praxis.

STRASSER, M. (2009): Auswirkungen des langsamen Laufens zur Burn-out-Prävention / Therapie bei Krankenhauspersonal.

TEICHERT, U. (2014): Laufen und Selbstwertgefühl.

THOMANN, P. (2013): Ein achtwöchiger Laufkurs für Mitarbeiterinnen und Mitarbeiter.

WERTHMANN, K. (2013): Lauftherapie als Form des Empowerments bei chronisch psychisch kranken Menschen.

Zeitfracht Medien GmbH
Ferdinand-Jühlke-Straße 7
99095 Erfurt, Deutschland
produktsicherheit@kolibri360.de